검간 임진일기

黔澗 壬辰日記

임진왜란 당시 경상도 상주 중심으로 활동한 昌義軍의 기록
보물 제1003호, 1592년 4월 14일부터 12월 27일까지의 초서본 전란일기

검간 임진일기

黔澗 壬辰日記

趙靖 원저·申海鎭 역주

보고사
BOGOSA

머리말

이 책은 경상북도 상주 출신 검간(黔澗) 조정(趙靖, 1555~1636)이 1592년 4월 14일부터 12월 27일까지 기록한 초서본《임진일기(壬辰日記)》를 번역한 것이다. '임란일기'나 '진사일기'라는 용어를 사용하지 않고 '임진일기'라 한 것은 검간이 직접 쓴 초서본 현전 일기가 1592년 12월 27일까지이기 때문이다.

조정은 경상북도 의성군 단밀면 속수서원(涑水書院)에 봉안된 인물이다. 본관은 풍양(豐壤), 자는 안중(安仲), 호는 검간(黔澗)이다. 조부는 조희(趙禧)이며, 아버지는 조광헌(趙光憲)이고 어머니는 홍윤최(洪胤崔)의 딸인 남양홍씨이다. 그 사이에는 조정(趙靖)·조익(趙翊)·조굉(趙竑)·조준(趙埈) 4남과 구광원(具光源)·김안절(金安節)·이욱(李勖)에게 시집간 3녀를 두었으니, 조정은 7남매의 장남이다. 학봉(鶴峯) 김성일(金誠一)의 문인이다. 그는 1587년 조부상, 1588년 부친상을 거푸 치상한 뒤로 1591년 37세 때 선묘 아래에 흐르는 검천(黔川)에서 이름을 따 검간(黔澗)이라 자호하였다.

1592년 임진왜란 때 창의군의 참모로서 무기와 군량 조달에 힘쓰는 등 크게 활약하였으며, 1596년 왜와의 강화를 배격하는 상소문을 세 차례나 올렸다고 한다. 1599년 천거로 희릉 참봉이 된 후에 1600년 광흥창 부봉사, 1603년 군기시 주부 등으로 관직 생활을 하다가, 1603년 그해 사마시에 합격하고 호조좌랑이 되었다. 1605년 증광문과에 급제하고나서 주요 낭관 벼슬을 거쳐 대구 판관에 제수되었다가 중국인을 쇄환하는 일로 파직되어 고향 상주로 돌아왔다. 고향에 있으면서 도남서원의 건립을 의론하기도 하고 임진왜란 때 소실된 서당을 중건하기도 하였다. 또한 1612년 청도군수에 임명되어 1615년 11월에까지 재임하여 임기를 채웠으며, 1619년 청리서당(靑里書堂)에서 류성룡의 문집을 교정하였다. 1619년 처가가 있는 안동 임하(臨河)로 이사하였다가 1620년 다시 장천(長川) 본가로 이사하였다. 1623년부터 25년까지 김제군수로 있었으며, 1626년에 형조정랑에 제수되었다가 얼마 후 내섬시 정(內贍寺正)이 되었다. 1627년 정묘호란 때에는 왕을 호종하여 강화도에 들어갔고 얼마 후 봉상시 정(奉常寺正)에 제수되었다. 그 사이 1626년부터 낙동면 승곡리 갑장산 자락에 양진당(養眞堂)을 짓기 시작하여 1628년에 완성했는데, 그곳이 1601년 지은 오작당(悟昨堂) 터의 앞이어서 그 오작당은 1661년 현재의 위치로 이건하였다. 조정은 그 양진당에서 독서 강학하다가 1636년 82세로 졸한 인물이다.

조정의 초서본《임진일기》는 경상북도 북부지역 상주의 사대부와 백성들의 모습과 국난극복을 위한 활동상이 기록되어 있는바, 전란 속에서 하루살이와 같았던 피란민으로서의 경험이 비참했던 조선(朝鮮)의 전장 상황과 함께 조명되면서 마치 추체험하는 듯 실감하도록 묘사되어 있다. 당시의 사회상, 조야의 실상, 군대의 배치상황, 의병의 활동상에 대해서도 동일한 방식으로 자세히 묘사되고 있다. 임진왜란 실기 가운데 저자의 친필 문헌이 희소하기 때문에, 이 초서본은 현재 보물 제1003호로 지정되었고 상주 박물관에 소장되어 있다.

임진왜란이 일어나자 주지하듯 상주(尙州)에서는 창의군(昌義軍), 충보군(忠報軍), 상의군(尙義軍) 등을 비롯한 크고 작은 의병진(義兵陣)이 잇따라 결성되어 일어났다. 1592년 7월 30일에 창의군이 상주 은척면 황령(黃嶺)에서 떨쳐 일어났고, 8월 16일에는 충북 법주사(法住寺) 동구에서 충보군이 뒤따랐으며, 9월 13일에는 충북 괴산과 경북 문경 사이의 백화산(白華山)에서 상의군이 또한 뒤를 이었다. 이러한 의병활동은 경상도에서도 곽재우(郭再祐)가 최초로 의병을 일으켰던 1592년 4월 22일에 비하면 상당히 늦은 것이라 할 수 있고, 호남에서도 류팽로(柳彭老)가 의병을 일으킨 4월 20일과 갈담역(葛覃驛: 전라북도 임실에 위치한 역)에서 당시 최초의 의병전(義兵戰)을 치른 5월 11일에 비하면 또한 마찬가지라 할 수 있다. 여하한 김간 조정은 당시 상주에서 맨먼저 일어난 창의군에서 활동하였던 것인데, 이때 보고 듣고 겪었던 일을 상세히 기록한 것이 바로 초서본 《임진일기》이다.

초서본 현전 《임진일기》는 상하 2책으로 구성된 필사본이며, 2책은 필체와 구성 등이 동일하며 중간에 9일간(1592.6.6.~6.14) 기사가 누락되기는 하였으나 연속되어 있다. 상권은 4월 14일부터 6월 5일까지 51일간의 기사가, 하권은 6월 15일부터 12월 27일까지 191일간의 기사가 기록되어 있는바, 곧 242일간의 일기이다. 기술형식에 있어서 월일은 행을 달리하는 것을 원칙으로 하였지만, 기사가 없는 경우에는 일자(日字)와 일기(日氣)만 적고 행을 달리하지 않은 채 연서(連書)하기도 하였다. 기사는 초서(草書)로 쓰였으며 수정하거나 첨삭한 곳이 상당수 있다.

초서로 기록된 것에서 확인할 수 있듯이 검간이 직면했던 당대의 참혹한 현실을 촌각을 다투며 기록하고자 한 엄정한 기록 정신에 입각해 남겨진 자료라 할 것이며, 가장 원천적인 날것에 해당되는 이본이라 할 수 있다. 예를 들어, 상주 지역을 중심으로 한 창의군의 형성 과정에 대해 자세하게 기록하고 있는바, 상주에서는 창의군이라는 이름의 의병진이 7월 30일 처음 결성되었고, 조정은 창의군의 좌막(佐幕: 참모) 겸 장서(掌書: 서기)를 맡은 것으로 되어 있다. 이는 경북 상주지역에서 처음으로 의병군 조직의 과정 및 활약상을 기록한 것에 해당된다. 그리고 그러한 기록 속에서 조국과 백성을 구하려는 창의군의 맹약과 거병의 명분을 아울러 조명하고 있다. 이에 반해 여타 문헌들은 당대의 기록을 훗날 후손의 첨삭에 의해 정리한 것과 전혀 다르다는 점에서 의미가 있다.

또한 당대 사회를 생생하게 전달하는 자료임과 동시에 역사의 공백을 보유하고 왜곡된 자료를 교정하는 기초 자료의 측면에서도 가치가 크다. 이 점은 임병양란과 관련된 국가의 공식 사서인 《조선왕조실록》의 기록과 비교해 봤을 때 명징하게 확인된다. 즉, 《조선왕조실록》의 기록이 큰 흐름 속에서 줄기를 잡아낸 것이라면, 검간의 《임진일기》는 내밀한 이면의 기록을 생생히 구현함으로써 전쟁의 참상을 증언하는 기록 정신의 가치를 극명하게 보여준 것에 해당된다. 일기에 정초된 다양한 기록은 당대의 정세 및 상황에 대한 사인의 비판과 울분, 고통과 비애의 감정을 노정하고 있기 때문이다. 조선의 국토산하와 신민들이 이러한 지경에 이르게 된 원인을 인재등용의 실책에서 비롯된 것이라 지적하면서 국은을 배신하는 위정자, 화(禍)를 자초하는 위정자, 성(城)도 나라도 내어준 위정자 등을 집중적으로 성토하고 있다. 뿐만 아니라 전란으로 인해 자세한 정황이 제대로 전달되지 못하는 현실을 틈타 성을 버리고 도망친 상주목사 김해(金澥)가 표창을 받은 현실에 대해 울분을 토로하거나 전란의 틈바구니 속에서 상주 사족이 당한 참화의 현실, 그 속에서 노출되는 국가기강의 붕괴와 왜구의 만행 등을 생생하게 펼쳐내고 있다.

이처럼, 16세기 전란실기의 경우 전란의 참화 속에서 타인의 생사를 목도하고 자신의 생존을 획득해야 했던 처절하고 절박한 생존의 기록임과 동시에, 다시 떠올리고 싶지 않은 고통의 기억을 끄집어 내야하는 과정이기도 하여 기록이 가진 현실성과 현장감은 기록자의 고통과 맞바꾼 결과이기도 하다. 때문에 기록 과정에서 사건 당시의 기억이 여과되고 뒤틀리며 착종되어 기록되는 혼선이 노출되기도 한다. 그리고 그 기록 문헌이 후대로 전승되면서 특정한 목적에 의해 후손이나 가문을 중심으로 변개되거나 부연, 확장되어 가공되기도 한다. 그럼에도 불구하고 중요한 점은 실기의 기록으로 인해 우리는 당대의 상황과 현실을 폭넓게 조망할 수 있을뿐더러 세밀한 정황과 왜곡된 현실을 바로잡을 수 있다는 것이다. 이것이 바로 우리 조상이 가진 기록 정신의 정수를 명징하게 보여주는 것에 해당되며 그 대표가 바로 실기(實記)라 할 수 있다.

그렇다면 현시점에서 중요한 것은 역사적 기록의 보고라 할 수 있는 원자료를 오늘날 후손에게 정확하게 보여줄 수 있는 방법이 무엇이냐 하는 점이다. 한문을 사용하지 않는 현세대에게 전통시대의 문헌은 자료의 실존만으로 가치를 적실하게 설명하고 전달하기 어렵다. 현세대의 시각과 소통할 수 있는 방법을 찾아야 하는데 그게 바로 번역이다. 곧 장소 극복으로서가 아니라 시간 극복으로서의 번역에 유념해야 한다. 전통시대 문헌을 정밀한 교감과 역주를 통해 현세대와 교감, 소통할 수 있게 해주는 게 절실하다. 이런 측면에서 검간의 원자료에 대한 자료 집성과 번역 작업이 촉급하게 요구되는바, 이번에 『검간 임진일기』와 『검간 임진일기 자료집성』 2권을 상재한다.

무엇보다도 실기에 등장하는 인명에 대해 단순히 거명하는 수준으로만 두지 않고 그 개인적 사실을 찾을 수 있는 한 최선을 다해 찾아서 혈연과 혼인이며 학연과 지연 관계 등을 파악할 수 있도록 했으며, 지명에 대해서도 자연부락까지 찾을 수 있는대로 찾아서 주석하였다. 실기가 지니고 있는 특성상 주체의 활동과 공간의 이동을 제대로 확인할 수 있어야 하기 때문이다.

한결같이 하는 말이지만 나름대로 최선을 다하고자 했으나 여전히 부족할 터이라 대방가의 질정을 청한다. 그 부족함을 최소화하는데 많은 도움을 주신 풍양조씨 집안 조일희 선생의 덕행을 기린다. 또한 지명 가운데서도 자연부락까지 특정할 수 있도록 베풀어주신 조희열 상주지명연구가의 후의를 기린다. 끝으로 편집을 맡아 수고해 주신 보고사 가족들의 노고와 따뜻한 마음에 심심한 고마움을 표한다.

2021년 8월 빛고을 용봉골에서
무등산을 바라보며 신해진

차례

일러두기

이 책은 다음과 같은 요령으로 엮었다.

01. 번역은 직역을 원칙으로 하되, 가급적 원전의 뜻을 해치지 않는 범위 내에서 호흡을 간결하게 하고, 더러는 의역을 통해 자연스럽게 풀고자 했다. 다음의 서적이 번역하거나 탈초하는데 참고되었다.

『趙靖先生文集(全)』, 李鉉淙 편역, 삼화인쇄, 1977.

『黔澗 趙靖先生 壬亂日記』, 민족문화연구소 편, 영남대학교출판부, 1983.

02. 원문은 저본을 충실히 옮기는 것을 위주로 하였으나, 활자로 옮길 수 없는 古體字는 今體字로 바꾸었다.

03. 원문표기는 띄어쓰기를 하고 句讀를 달되, 그 구두에는 쉼표(,), 마침표(.), 느낌표(!), 의문표(?), 홑따옴표(' '), 겹따옴표(" "), 가운데점(·) 등을 사용했다.

04. 주석은 원문에 번호를 붙이고 하단에 각주함을 원칙으로 했다. 독자들이 사전을 찾지 않고도 읽을 수 있도록 비교적 상세한 註를 달았다.

05. 주석 작업을 하면서 많은 문헌과 자료들을 참고하였으나 지면관계상 일일이 밝히지 않음을 양해바라며, 관계된 기관과 여러분들께 진심으로 감사드린다.

06. 이 책에 사용한 주요 부호는 다음과 같다.

① ( ) : 同音同義 한자를 표기함.

② [ ] : 異音同義, 出典, 교정 등을 표기함.

③ " " : 직접적인 대화를 나타냄.

④ ' ' : 간단한 인용이나 재인용, 또는 강조나 간접화법을 나타냄.

⑤ 〈 〉 : 편명, 작품명, 누락 부분의 보충 등을 나타냄.

⑥ 「 」 : 시, 제문, 서간, 관문, 논문명 등을 나타냄.

⑦ 《 》 : 문집, 작품집 등을 나타냄.

⑧ 『 』 : 단행본, 논문집 등을 나타냄.

07. 초서본과 초서정서본의 텍스트 대조와 관련된 기호에 대한 안내

초서본과 초서정서본을 대조한 내용은 대부분 각주에서 표시하되, 글꼴을 진하게 표기하였다.

① 〈 〉 : 초서정서본을 참고하여 초서본 본문에 삽입한 글자.

② □ : 초서본과 초서정서본 모두 알 수 없는 글자.

③ ◇ : 초서정서본에만 있는 글자 또는 문장.

④ ○ : 초서정서본에서 앞 내용과 다른 내용의 구분 표시 인용.

⑤ 【 】 : 초서정서본에 있는 협주 표시.

검간 임진일기

黔澗 壬辰日記

조정 임진난 기록에 나타난 검간 조정선생의 임진왜란 중 행선도

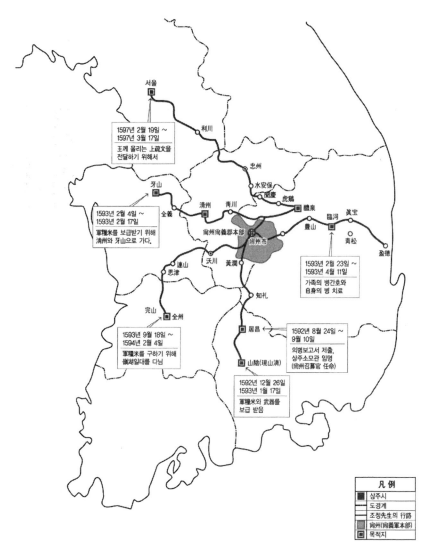

출처 : 조용중 기증유물 특별전 도록(상주박물관, 2009)

4월 경인삭

4월 14일。맑음。

관아의 전령문(傳令文)을 얻어 보고서야, 왜적선 수백 척이 부산(釜山)과 동래(東萊) 등 앞바다에 나타났다는 것을 비로소 알았다. 관가에서 군마(軍馬)를 징발하는 일로 호령이 빗발치자, 마을에서는 그로 인해 소란이 끊이지 않아 안심하고 살기가 어려워 한탄스러웠다.

壬辰 四月大 庚寅朔 十四日。晴。

得官帖, 始聞倭寇數百餘艘, 現形[1]于釜山[2]·東萊[3]等水界云。公家以軍馬調發[4]事, 號令星馳[5], 閭里驛[6]騷, 難得聊生[7], 可嘆[8]。

4월 15일。맑음。

맏아들 기원(基遠)이 장차 내일 신부를 맞이하러 일선(一善: 善山)의 직장(直長) 최립지(崔立之: 崔山立) 집으로 가게 되어, 오늘 먼저 아우 조

---

1) 現形(현형): 형체를 눈앞에 드러냄.
2) 釜山(부산): 한반도의 동남단에 위치한 도시.
3) 東萊(동래): 부산광역시 중북부에 위치한 고을.
4) 調發(조발): 전쟁 혹은 徭役에 사람·馬匹·물품 등을 징발하는 것.
5) 星馳(성치): 별똥이 떨어지듯 매우 빨리 뜀.
6) 驛(역): 連絡不絶. 왕래가 잦아 소식이 끊이지 않음.
7) 聊生(요생): 안심하고 삶.
8) 可嘆: 可歎.

꾕(趙竑)으로 하여금 혼서(婚書)와 폐백(幣帛)을 가져가서 내일 해 뜨는 아침에 맞춰 받아들이게 하였고, 마을의 여러 벗들이 모두 와서 모인 것은 아들이 혼례 의식을 미리 연습한 것을 보기 위한 까닭이었다.

○ 듣건대 학봉(鶴峯: 金誠一) 영감이 형조 참의(刑曹參議)였다가 특별히 경상 우병사(慶尙右兵使)로 임명되었다고 하였다.

十五日。晴。

〈長〉子基遠[9], 將以明日娶婦于一善[10]崔直長立之[11]家, 今日先遣竑弟[12], 齎書幣, 〈趙明〉日旭朝送[13]納, 洞中諸友, 皆來會, 爲見豚兒[14]習儀[15]故也。○ 聞鶴峯[16]令公[17], 以刑曹參議, 特拜[18]右廂[19]。

---

9) 基遠(기원): 趙基遠(1575~1652). 본관은 豐壤, 자는 景進, 호는 樵隱. 아버지는 趙靖, 아우는 榮遠(1577~1640), 弘遠(1583~1609), 亨遠(1585~1643), 興遠(1596~ 1653)이 있고, 첫째 누이는 진성이씨 퇴계 이황의 증손 李岐에게, 둘째 누이는 동래정씨 鄭熠에게 시집갔다. 1596년 3월 아우 영원과 같이 火旺山에서 왜적과 맞서고 있는 郭再祐의 義陣을 찾아가 화왕산성 싸움에 참여하였다. 1606년 아우 홍원과 함께 식년시에 급제하였다. 그해 鄭經世·宋亮·李埈·李埈·金覺 등의 의론으로 지금의 도남서원을 건립할 때 건물을 짓는 幹事의 소임을 충실히 하였다. 1628년 동몽교관으로 천거되어 벼슬에 나아갔고, 1633년 황간 현감이 되었다.

10) 一善(일선): 경상북도 구미시 선산읍의 옛 지명.

11) 立之(입지): 崔山立(1550~?)의 字. 본관 全州, 호는 愚庵. 전주최씨 海平派이다. 아버지는 崔魯, 조부는 崔海, 증조부 崔致雲이며, 거주지는 善山이다. 1591년 식년시 문과에 급제하여 禮曹佐郎을 지냈다. 1603년 선산 현감을 지냈다. 최치운의 손자인 訒齋 崔晛(1563~1640)이 그의 종질 최립지에게 차운한 시가 2편이 있다. 그런데 풍양조씨와 전주최씨 족보 어디에도 이 혼인과 관련된 자취가 기록되어 있지 않다.

12) 竑弟(굉제): 趙竑(생몰년 미상). 본관은 豐壤, 자는 審仲. 찰방과 平市署直長을 지냈다. 그의 형제자매 순서는 장남 趙靖(의성김씨 金克一의 딸), 차남 趙翊(밀양박씨 朴思訥의 딸), 장녀(綾城人 具光源), 차녀(尙州人 金安節), 삼남 趙竑(안동권씨 權景龍의 딸), 삼녀(李劻), 사남 趙竣(예안이씨 李國衡의 딸)이다. 조굉은 2남3녀를 두었으니, 趙承遠과 趙明遠 두 아들, 사위로 찰방 鄭思武, 李萁, 權震聖이다.

13) 送: 微.

14) 豚兒(돈아): 어리석고 철이 없는 아이라는 뜻으로, 자기 아들에 대한 겸칭.

15) 習儀(습의): 여러 의식을 거행하기 위해 미리 연습하는 것.

16) 鶴峯(학봉): 金誠一(1538~1593)의 호. 본관은 義城, 자는 士純. 金克一의 셋째 동생으로, 趙靖의 처삼촌이 된다. 1564년 사마시에 합격했으며, 1568년 증광 문과에 급제하였다. 1577년 사은사의 서장관으로 명나라에 가서 宗系辨誣를 위해 노력했다. 그 뒤

4월 16일。아침부터 비가 내리다가 늦게야 그침。

중당(中堂: 집 안채)에서 아들에게 초계(醮戒: 혼인하기 전에 하는 훈계)하기를, "네가 이 세상에 태어나 한 해를 겨우 넘길 때마다 선조고(先祖考: 작고한 할아버지 趙禧) 직장 부군(直長府君)이 길러주며 마음으로 쏟은 사랑이 매우 독실했으나 성인이 되기까지는 미치지 못했구나. 할아버지가 갑자기 세상을 떠나시고, 선고 부군(先考府君: 작고한 아버지 趙光憲)도 뒤따라 떠나시면서 복록을 누리지 못하시니, 쓸쓸히 남은 이 목숨은 외로이 의지할 곳이 없었느니라. 지금 다행히도 두 영령의 보살핌을 받아 네가 험난한 처지를 능히 면하고서 장가를 가게 되었도다. 말이 이에 미치니 서글픈 감회가 가슴을 가득 채우는구나. 기원(基遠)이 네가 만약 선조(先祖)의 뜻을 깊이 생각하고 부모를 욕되게 하지 않는다면, 하늘에 계신 할아버지의 영령이 응당 또한 저승에서나마 위안되어 기뻐하실 것이다. 아! 너는 아무쪼록 힘써 하여라."고 하였다.

○ 아우 비중(棐仲: 趙翊), 정자(正字) 김이회(金而晦: 金光燁), 송언명(宋

나주목사로 있을 때는 大谷書院을 세워 김굉필·조광조·이황 등을 제향했다. 1590년 通信副使가 되어 正使 黃允吉과 함께 일본에 건너가 실정을 살피고 이듬해 돌아왔다. 이때 서인 황윤길은 일본의 침략을 경고했으나, 동인인 그는 일본의 침략 우려가 없다고 보고하여 당시의 동인정권은 그의 견해를 채택했다. 임진왜란이 일어나자, 잘못 보고한 책임으로 처벌이 논의되었으나 동인인 柳成龍의 변호로 경상우도 招諭使에 임명되었다. 1593년 경상우도 관찰사 겸 순찰사를 역임하다 晉州에서 병으로 죽었다.

17) 令公(영공): 벼슬아치들끼리 서로 높여 부르는 말.

18) 《선조수정실록》1592년 4월 14일 12번째 기사에 의하면, 慶尙右兵使였던 김성일을 잡아다 국문하도록 명하였다가 미처 도착하기 전에 석방시켜 도로 경상우도 招諭使로 삼고 대신 함안군수 柳崇仁을 兵使로 삼았으며, 김성일은 本營으로 달려가 前兵使 曺大坤을 머물게 했다고 하였다. 김성일의 연보에 의하면, 1592년 봄에 형조참의에 特拜되었다가, 4월 경상우도 병마절도사에 特除되었는데, 임진왜란이 일어나자 宣祖의 拿命에 의하며 도성으로 올라오는 도중에 초유사로 임명되어 다시 영남으로 갔던 것으로 되어 있다.

19) 右廂(우상): 右翼에 소속된 군대. 여기서는 右兵使로 쓰였으나, 실제로는 招諭使로 삼은 것이다. 번역에 있어서 이를 '우병사'로 통일하는 것은 主帥로 지칭하는 대목이 있기 때문이다.

彦明: 宋光國, 셋째아들 趙弘遠의 장인), 김자형(金子亨: 金安節, 金宗善의 아들,
검간의 매부), 중방(中房) 김운룡(金雲龍)이 요객(繞客: 신랑을 데리고 가는 사
람)으로서 갔다. 일행이 길을 떠난 뒤, 나는 박백헌(朴伯獻: 朴汝珩)·신
문숙(申文叔: 申景翼, 고령 현감)과 신추백(申樞伯: 申景斗)·현경달(玄景達)·
신직부(申直夫: 申兗, 申景房의 첫째아들, 신경익의 조카) 등과 함께 종만산
(從萬山: 낙동면 상촌리 三峯山) 정상에 올라 동쪽으로 낙동강(洛東江) 나루
터를 바라보니, 아들의 행렬이 벌써 배에 올라 강을 건너고 있었다.

○ 저녁에 부슬비가 내렸다. 들건대 우상(右廂: 경상 우병사)의 행차가
왜적의 변란으로 인하여 이틀 길을 하루에 빨리 달려와서 오늘 상주
(尙州)에 들어온다고 하였다.

十六日。朝雨晚止。

醮[20]豚兒于中堂: "惟爾生, 纔〈閱歲〉, 先祖考直長府君[21], 鞠育懷
〈裏, 鍾愛[22]彌篤, 未及〉成人。祖考遽捐館〈舍[23]〉, 先考府君[24], 亦繼而
不祿, 孤露[25]餘生, 子子靡依。今幸蒙荷〈冥佑, 汝能得免水火[26], 以
至〉長成而有室。言念及此, 悲感〈塡心[27]〉。汝基遠, 若能體念先志, 以
無忝所生, 〈則祖考在天之〉靈, 應亦慰悅於冥冥之中矣。〈嗚呼! 汝其
勉之。"〉○ 舍弟[28]裴〈仲[29]及〉金正字而晦[30]·宋彦明[31]·金子亨[32]·中房

---

20) 醮(초): 醮戒. 혼인 때에 醮禮를 지내기 전에 그 부모가 자녀에게 훈계하는 일.
21) 先祖考直長府君(선조고직장부군): 趙禧(1507~1587)를 가리킴. 司瞻寺直長을 지냈다.
　　趙思忠의 6대손으로 1565년 상주의 운곡마을에 입향하였다.
22) 鍾愛(종애): 매우 사랑함. 매우 귀여워함.
23) 捐館舍(연관사): 죽은 것을 비유하는 말.
24) 先考府君(선고부군): 趙憲(1534~1588)을 가리킴. 본관은 豐壤, 자는 叔度. 아버지는
　　趙禧이고, 장인은 幽谷察訪 洪胤崔이다. 蒼石 李埈이 지은 묘갈명이 있는데, 이준은
　　趙靖의 5남 趙興遠의 장인이다.
25) 孤露餘生(고로여생): 외롭게 살아남아 돌보아주는 사람이 없는 탓에 겨우 살아가는
　　목숨이라는 뜻. 孤는 부모가 없다는 뜻이고, 露는 돌보아주는 사람이 없다는 뜻이다.
26) 水火(수화): 극히 곤란한 환경을 비유적으로 이르는 말.
**27) 초서정서본도 초서본에 몇 글자가 더 있었으나 종이가 삭아서 누락한 채로 정서
　　한 듯.**

金〈雲〉龍繞[33]去。一行發程後, 余與朴伯獻・申〈文叔[34]〉・樞伯[35]・玄景達・申直夫[36]諸君, 登從萬[37]絶頂, 東望洛津, 則兒行已登船渡江矣。○ 夕, 微雨。聞右廂之行, 以賊變, 倍道遄邁, 今日入州云。

4월 17일。날씨가 조금 흐림。

듣건대 우상(右廂: 경상 우병사)의 행차가 죽현(竹峴: 용포리의 죽현원)으

---

28) 舍弟(사제): 남에게 자기 아우를 겸손하게 일컫는 말.

29) 棐仲(비중): 趙翊(1556~1613)의 字. 본관은 豊壤, 호는 可畦. 鄭述의 문인이다. 1582년 생원시를 거쳐 1588년 알성문과에 급제하였으며, 이후 여러 벼슬을 역임한 뒤 세자시강원 필선・병조 좌랑・光州牧使・장령 등을 지냈다. 1592년 임진왜란이 일어났을 때 호남지방에서 의병을 일으키기도 하였다. 의성군 단밀면 涑水書院에 제향되었다.

30) 협주【□爲應敎名光曄】가 있음. 而晦는 金光燁(1561~1610)의 字. 본관은 順天, 호는 竹日. 상주 출신이다. 1590년 증광문과에 급제하였다. 승문원과 예문관에 임용된 뒤 승정원 주서로 옮겼다. 그 뒤 옥당의 저작, 홍문관의 부수찬・부교리・부응교와 사간원의 정언・헌납과 사헌부의 집의・지평 등 요직을 거쳐서 이조정랑과 성균관의 직강・사예・사성을 지냈다. 초서정서본의 협주 光曄은 오기이다. 김광엽은 趙靖에게 그의 셋째아들 趙弘遠의 스승이자 道義之友이었는데, 아들이 1609년에 한양으로 과거 보러 가는 길에 낙마 사고로 죽었고, 또한 김광엽도 1610년에 죽자 그의 죽음을 추모하는 제문과 만사를 지었다.

31) 彦明(언명): 宋光國(생몰년 미상)의 字. 본관은 礪山. 아버지는 宋新民이다. 趙靖의 셋째아들 趙弘遠의 장인이다.

32) 子亨(자형): 金安節(1564~1632)의 字. 본관은 尙州, 호는 樂涯. 아버지는 金宗善이고, 어머니는 眞城李氏 李宰의 딸이다. 趙靖의 둘째 누이의 남편. 상주 長川里 百源村에서 태어났다. 朴守一에게 글을 배운 뒤 成允謙의 문인이 되었다. 임진왜란이 일어나자 金鎰과 모의하여 의병을 일으켰으나 모친 때문에 禮安 溫溪로 피난하였다. 선조 때 진사에 올랐으나 광해군 때 廢母論이 일어나자 文科에의 응시를 포기하였다.

33) 繞(요): 繞客. 혼인 때에 가족 중에서 신랑이나 신부를 데리고 가는 사람.

34) 文叔(문숙): 申景翼(1548~1619)의 字. 본관은 平山, 호는 酒然堂. 申雲의 셋째아들이다. 高靈縣監과 丹城縣監을 지냈다. 그의 생몰년은 鄭經世의 〈祭申文叔文〉을 통해 알 수 있다. 申碩蕃(1596~1675)이 그의 後嗣를 이었다.

35) 樞伯(추백): 申景斗(생몰년 미상)의 字. 본관은 平山. 호는 安分堂. 申雲의 넷째아들이다.

36) 直夫(직부): 申兌(생몰년 미상)의 字. 본관은 平山. 申雲의 첫째아들인 申景房의 첫째 아들이다.

37) 협주【令之三峯山】이 있음. 從萬山은 三峯山이라고도 하는데, 경상북도 상주시 낙동면 上村里에 있는 산이다.

로 길을 잡았다고 해서, 허둥지둥 나가 우상의 행차 말머리에서 선 채
로 뵈었더니, "어제저녁 중원(中原: 충주)에 있다가 변란 소식을 듣고
밤새도록 말을 달려 동틀 새벽에야 상주(尙州)에 들어와서 얼음물 마실
겨를도 없이 급히 본영(本營: 晉州)으로 가네만, 부산(釜山)·동래(東萊)·
양산(梁山) 등의 성들이 모두 이미 함락되고 주장(主將)도 피살당했네."
라고 하였다. 나라가 태평한 날이 오래였는데 갑자기 이런 소식을 듣
게 되니, 가슴이 철렁 내려앉아 무슨 말을 해야 할지 몰랐다. 우후(虞
候: 병마절도사 휘하 무관) 김옥(金玉)·류군서(柳君瑞: 柳復立, 김성일의 생질)
및 김역(金淢: 김성일의 차남)·안경손(安慶孫)이 따라왔다. 왜적의 변란이
이 지경에 이르렀으나, 주수(主帥: 김성일 지칭)는 경악(經幄: 經筵, 임금과
국정을 협의함)의 유신(儒臣)이었기 때문에 말을 타고 활을 쏘는 기예를
익히지 못하여 이 기회에 나아가 왜적을 제압해 이기는 것을 필시 잘
할 수는 없을 것이라서 앞으로의 승패가 어떻게 될지 알 수가 없으니
매우 염려스러웠다.

　　十七日。微陰。

　　聞右廂之行, 取路竹峴[38], 顚倒[39]出去, 立叙于馬頭, 則"昨夕在中
原[40], 聞變終夜驅馳, 平明入州, 未暇飮氷[41], 急赴本營, 釜山·東萊·
梁山[42]等地, 皆已陷城, 主將被殺."云。◇[43] 國家昇平日久, 遠聞此報,

---

38) **협주【長川善山界】가 있음.** 죽현은 상주시 낙동면 龍浦里에 있었던 竹峴院.《尙山誌》
　　에서는, 죽현 아래에 있고 상주와의 거리가 35리라고 하였으며,《慶尙道續纂地理志》
　　에서는 장천 부곡 南里라고 전한다. 비룡리 평오를 쯤里院이라 하는데, 평오라는 이름
　　은 임진왜란 이후 붙여진 이름이라 한다. 죽현을 넘으면 구미시 옥성면 죽원리(지금은
　　대원리로 고쳐 부름)이다.

39) 顚倒(전도): 顚之倒之. 엎어지고 넘어지며 아주 급히 달아나는 모양.

40) 中原(중원): 忠州. 충청북도 북부에 위치한 고을.

41) 飮氷(음빙): 어명을 제대로 수행하지 못할까 애가 탄다는 뜻.《莊子》〈人間世〉의 "내가
　　오늘 아침에 사신의 명을 받고서 저녁에 얼음물을 찾기 시작했다.(今吾朝受命而夕飮
　　氷.)"이라 한 데서 나온 말이다.

42) 梁山(양산): 경상남도 동남부에 위치한 고을.

心膽俱墜, 罔知所喩. 金虞侯玉[44)]·柳君瑞[45)]及金浹[46)]·安慶孫[47)], 陪行
而來耳[48)]. 賊變至此, 而主帥[49)], 以經幄儒臣, 不解弓馬之技, 臨機制
勝, 必非其長, 前頭成敗, 未卜如何, 殊可慮也[50)].

4월 18일。맑음。

심기가 편치 않아 저녁 내내 드러누워 있었다. 들려오는 소식에 의
하면 변경의 보고가 날로 급하여 날아드는 격서(檄書)가 수선스럽고 변
경 일대의 여러 진영(陣營)이 차례로 함락되었다고 하나, 봉화가 타오
르는 것을 볼 때마다 매번 일거(一炬: 평시에 무사할 때의 신호)로 같으니,
이것이 매우 의심스러워 혹자는 변란이 우도(右道: 左道의 오기인 듯)에
서 일어났으므로 우도에서 일거일 것이라 하였고, 또 적들의 꾀가 간
사하고 교활하여 변경의 봉화를 먼저 끄고는 직접 일거만을 높이 쳐들
어서 도내(道內) 군대의 지원을 막고자 한 까닭으로 도내에 있는 봉화
는 늘 일거일 것이라고 하였다.

---

43) 經幄儒臣, 不閑弓馬之技, 而猝遇勁敵, 何以制變?

44) 金虞侯玉(김우후옥): 虞侯 金玉. 경상 우병사 金誠一의 군관이었다.

45) 君瑞(군서): 柳復立(1558~1593)의 字. 본관은 全州, 호는 墨溪. 1592년 임진왜란 때
    외삼촌인 경상우도 관찰사 金誠一 휘하에서 진주성을 공격해온 왜적을 격퇴하였다.
    이듬해 김성일이 병사하면서 성을 사수하라는 유언에 따라, 창의사 金千鎰, 復讐將
    高從厚, 병마절도사 黃進 등과 힘을 합쳐 왜적과 싸웠다. 성이 함락당하자 김천일
    등과 함께 자결하였다.

46) 金浹(김역, 1567~1593): 본관의 義城, 자는 浩源. 金誠一의 차남. 1592년 임진왜란
    때에 金誠一을 모시고 진주성을 지키다가 전몰하였다.

47) 安慶孫: 安處孫.

48) 耳: 矣.

49) 主帥(주수): 조선 8道의 육군 책임자인 兵使 또는 兵馬節度使의 異稱. 道의 국방 책임을
    맡아 유사시 군사적 전제권을 행사할 수 있었던 까닭에 主將 또는 閫帥·守臣 등으로
    불렸다.

50) 賊變至此, 而主帥, 以經幄儒臣, 不解弓馬之技, 臨機制勝, 必非其長, 前頭成敗, 未卜如何?
    殊可慮也: 누락.

十八日。晴。

氣不平, 終夕委臥。流聞邊報日急, 羽書旁午[51], 沿邊列陣, 以次見
陷云, 而連見烽燧, 每準一炬[52], 此甚可疑, 或云變出右[53]道, 故右火
一炬, 又云賊計奸黠, 先滅〈邊烽, 自擧一炬〉, 以杜內兵之援, 故烽火
之〈在內者, 常〉一炬云。

4월 19일。맑음。

아우 비중(棐仲: 趙翊)이 상주(尙州) 읍내에 있으면서 보낸 편지를 받
아보니, 왜놈이 연달아 동래(東萊)·울산(蔚山)·양산(梁山) 등의 거진(巨
鎭)을 함락시키고 이미 밀성(密城: 밀양) 쪽으로 바싹 다가와서 먼저 무
흘역(無訖驛) 마을을 포위했다고 하였다. 변경의 보고가 더욱 급박한데
도 적을 제압하여 승리할 계책이 없으니, 민심이 흉흉하여 모두가 깊
은 산골로 들어가 화란을 피할 생각만 갖고 있었다. 나처럼 잔약하고
용렬하게 태어나 위로 노모를 모시고 아래로 처자를 거느리면서 올망
졸망한 자식들이 편히 지낼 곳마저 없어 속수무책으로 지붕만 쳐다보
고 있으니, 무슨 계책을 세우겠는가? 그저 잠들고 깨어나지 말았으면
하였다. 마침 오늘날을 만났으니, 내가 좋지 못한 때에 태어났을지라
도 어찌 이런 극한 지경에까지 이른단 말인가?

저녁에 현경달(玄景達)이 찾아와서 이에 왜구를 피할 계책을 궁리하
였으나 서로 마주하여 눈물을 흘릴 뿐이었다.

十九日。晴。

得棐仲在州內所寄書, 倭奴連陷〈東萊〉·蔚山·梁山等巨鎭, 已迫密

조선의 경상도(1592.4.20.~4.24)

출처 : 다음카페 Three Kingdoms, 무너지는 경상도

城[54], 先圍無訖驛[55]里云。邊報益急, 而制勝無策, 人心洶懼, 擧有深
入避禍之計。如我孱[56]劣之生, 上奉老母, 下有妻孥, 蠢然諸雛, 無地
可安頓, 束手仰屋, 何以爲計? 尙寐無寱。適丁今日, 我生不辰, 何至
此極? 夕, 玄景達來見, 仍講避寇之策, 相與對泣而已[57]。

4월 20일。맑음。

이른 아침에 상주 목사(尙州牧使: 金澥)가 하도(下道: 아래 지방)에서 패
하여 돌아온다는 기별을 듣고 그의 말머리로 나아가 만나고서 패한 연

---

54) 密城(밀성): 密陽城. 밀양은 경상남도 북동부에 위치한 고을이다.

55) 無訖驛(무흘역): 조선시대 때 밀양의 동쪽 30리에 있던 역.

56) 孱: 駑.

57) 相與對泣而已: 누락.

유를 물었더니, "일찌감치 함창 현감(咸昌縣監: 李國弼)과 함께 1운(運)과 2운(運) 군졸 수천여 명을 거느리고 성주(星州) 땅에 이르러 방백(方伯: 金晬)의 지휘를 받고는 되돌아 대구(大丘: 大邱)로 향하여 장차 대구 밖에서 지원하는 것으로 삼고서 인동(仁同)과 성주 두 고을의 경계에 있는 낙진(洛津)을 건너자마자, 석전(石田) 땅에서 왜구 수십여 명의 무리가 산등성마루에서 내려와 접전하니 아군의 전열(前列)에 있던 자들이 죄다 도륙되고 형세상 지탱할 수가 없어 우리는 겨우 몸만 빠져나와 밤새도록 달려 돌아왔소이다."라고 하였다. 함창 현감 또한 뒤따라 도착했고 일행이 굶주려 얼굴에 핏기 하나 없었는데, 나에게 매우 간절히 밥을 구하여 곧 집으로 맞아가서 술과 밥을 내어 주고는 미처 듣지 못한 것을 세세히 듣건대 그 이야기가 더욱 참담하였으며, 함창·문경(聞慶)·상주 세 고을의 군사가 전부 죽임을 당해 한 사람도 살아남은 자가 없다고 하였다.

지금 이러한 소식을 들으니 오장(五臟)이 타들어 가는 듯해 어찌할 바를 알지 못하다가, 집에 있는 세간살이를 미처 처리할 겨를이 없어 상자 같은 물건은 땅을 파서 묻어두거나 마룻바닥 아래에 감추어 두고, 신주(神主)는 다만 주신(主身: 신주의 本身)만 받들어 꺼내어 모두 궤짝 하나에 담아서 정결한 곳에 깊이 묻어두는데 더디게 끝났다.

비중(棐仲: 趙翊)이 먼저 어머니를 모시고 막내 누이[李昴의 처]·서조모(庶祖母)와 더불어 먼저 출발하여 상주 서쪽 북장산(北長山)으로 향하였고, 처자식들도 뒤따라 함께 갔다. 나와 둘째아들[趙榮遠]은 남아서 기원(基遠: 검간의 첫째아들)이 돌아오기를 기다렸다가 오후가 되어서야 출발해서 저물녘에 북장사(北長寺)에 들어가니, 일행이 모두 무사히 도착해 있었다.

부녀자들은 모두 소를 타고 왔는데, 상주 읍내 및 여러 곳의 사족들 집안도 모두 달아나 숨느라 어미와 딸들이 얼굴을 가릴 겨를도 없이 갈팡질팡 허둥대며 길에 길게 늘어서서 울부짖는 소리가 위로 하늘에 통할 정도였다. 우리 일행은 어머니 이하 서조모, 막내 누이 그리고 나와 익(翊: 可畦), 굉(竑), 기원, 영원(榮遠), 유원(裕遠), 홍원(弘遠), 형원(亨遠), 무의(無儀: 여자아이인 듯) 등 모두 12명과 하인들로 사내종, 계집종, 노약자들까지 모두 50여 명이었다. 이 절에 같이 온 다른 사람들 또한 백여 명에 가까웠으니, 절이 가득히 받아들여도 다 받아들일 수가 없었다.

二十日。晴。

早朝聞州伯, 自下道敗還之寄[58], 出見于馬頭[59], 仍問所由, 則◇[60] "曾與咸昌[61]倅, 率領一二運軍卒數千餘人, 到星州[62]地, 承方伯指揮, 旋向大丘, 將以爲外地之援[63], 纔渡洛津在仁同[64]·星州兩邑之界, ◇[65] 石田[66]之地[67], 有倭寇數十餘輩, 自山脊下來, 接戰, 我軍之前行者, 盡被鏖滅, 勢不得支吾[68], 吾等僅以身免, 達夜馳還。"云云。咸倅亦隨後而至, 一行飢餒, 面無血氣, 憑余求飯甚懇, 卽邀致到家, 出饋酒食, 備聞其所未聞, 其說尤慘, 咸昌·聞慶[69]·尙州三邑之[70]軍, 全數被戮, 無

---

58) 之寄: 누락.
59) 馬頭: 路左.
60) 曰.
61) 咸昌(함창): 경상북도 상주시 북동부에 위치한 고을.
62) 星州(성주): 경상북도 남서쪽에 위치한 고을.
63) 外地之援: 外援之地.
64) 仁同(인동): 경상북도 구미시 동부 지역에 위치한 고을.
65) 則.
66) 石田(석전): 경상북도 漆谷郡 倭館邑 석전리. 임진왜란 기간 중 칠곡은 중로의 요충지로 일본군의 후속부대가 통과하게 되거나 후방경비대가 주둔하는 곳으로 변하였다. 따라서 칠곡은 임진왜란 기간 중 일본에 저항하는 치열한 전투장으로 변하였다. 의병 활동도 칠곡 주변의 지형적 지세를 이용하여 활발히 일어났고, 낙동강을 이용한 적의 보급선을 저지하거나, 약탈물 반출을 막거나 하였다.
67) 石田之地: 石田地.
68) 支吾(지오): 지탱함. 버팀.
69) 聞慶(문경): 경상북도 서북부에 위치한 고을.

一人遺者云云。今⁷¹⁾聞此報, 五內如焚, 莫知所爲, 家藏什件, 未遑料理, 箱篋◇⁷²⁾等物⁷³⁾, 或堀地埋置, 或藏在⁷⁴⁾廳板之下, 神主則只⁷⁵⁾奉出主身⁷⁶⁾, 並置一櫃⁷⁷⁾, 深埋⁷⁸⁾潔處, 當晚。裴仲先⁷⁹⁾奉慈氏⁸⁰⁾, 及季妹與庶祖母先發, 將向州西北長之山⁸¹⁾, 妻屬亦隨而偕去。吾與次兒⁸²⁾, 留待基遠之⁸³⁾還, 當午乃發, 暮投北長寺⁸⁴⁾, 則一行皆無事已到矣。內行⁸⁵⁾

---

70) 之: 누락.

71) 今: 누락.

72) 書冊.

73) 物: 누락.

74) 在: 貯.

75) 只: 누락.

76) 主身(주신): 神主의 本身. 신주는 주신과 받침으로 되어 있으며 밤나무로 만든다. 주신은 앞판(분면식)과 뒤판(함중식)으로 되어 있으며, 앞판을 뒤판의 턱에 끼워 합쳐서 받침에 꽂아 세운다. 앞판에는 신위의 벼슬 등과 봉사자가 누구인지 쓰고, 뒤판에는 누구의 신주인가를 쓴다.

77) 並置一櫃: 入於櫃中.

78) 埋: 藏.

79) 先: 누락.

80) 慈氏(자씨): 어머니 南陽洪氏를 가리킴. 幽谷察訪 洪胤崔(1507~1546)와 둘째부인 缶溪洪氏 소생의 셋째 딸이다. 홍윤최의 본관은 南陽, 자는 繼叔. 그의 부친은 洪頹, 조부는 洪永孝, 증조부는 洪禹傅, 고조부는 洪汝剛이다. 홍부의 둘째아들로서 3살이 되지 않아서부터 고모부 崔自傑 집에서 길러졌다. 1542년 유곡찰방을 지냈다. 그의 첫째부인은 南原梁氏 梁令濟의 딸로 洪瀹·洪涉·洪泌 세 아들을 두었으나 洪涉(생몰년 미상)을 제외하고 모두 후사가 없다. 둘째부인 부계홍씨는 정랑 洪彦忠의 딸로 세 딸만 두었으니, 첫째 딸이 金宇宏(1524~1590)에게, 둘째 딸이 李安仁(?~1614)에게 시집갔다. 開巖 김우굉의 〈察訪洪公墓文〉에 자세하다. 부계홍씨는 6촌시동생 洪義範의 아들인 洪約昌(1535~1592)을 후사로 들였다. 홍약창은 아들 洪民獻과 함께 의병장 李逢을 도와 싸우다가 임진왜란 때 전사하였다. 이에 시어머니 동래정씨와 며느리 진주류씨가 뱃속의 아기가 딸을 낳으면 모두 자결하기로 하고 큰 바위 밑에서 기도하여 아들을 낳자 감바위라 불렀고 현재 경상북도 상주시 이안면 무운로에 感巖亭이 있다.

81) 北長之山: 北長山. 경상북도 상주목의 서쪽에 있는 산. 지금의 경상북도 상주시 내서면에 위치해 있다.

82) 次兒(차아): 趙榮遠(1577~1640)을 가리킴. 본관은 豐壤, 자는 景長, 호는 儒潭. 검간의 둘째아들이다. 그는 志氣가 군세고 德行과 道學에 있어 남달라 남방의 여러 선비들이 그를 매우 중히 여겼다고 한다. 從仕郎을 지냈다.

83) 之: 누락.

皆騎牛而行, 州內及諸處士族之家, 擧皆奔竄, 處子室女, 未暇擁面, 顚沛劻勷, 道途騈闐[86], 號哭之聲, 上徹雲漢。我一行, 慈氏以下, 庶祖母·季妹及余及翊·竑·基遠·榮遠·裕遠[87]·弘遠·亨遠·無儀[88], 並十二人[89], 下屬奴婢老弱, 並五十餘口矣。他人之同到此寺者, 亦近百餘, 寺宇闐闃, 不得容接矣。

4월 21일。 맑음。

일행이 북장사(北長寺)에 머물렀다. 갑자기 집을 떠나오느라 양식과 반찬을 조금만 가져와서, 사내종을 상주(尙州) 읍내의 집으로 보내어 쌀섬[米石]을 가져오게 계획하였다.

들려오는 소식에 의하면 왜적의 세력이 극히 강성하여 장차 우리 고을의 경계에 들이닥칠 것이라고 하니, 마음이 더욱 어지러웠다. 이 곳 북장사는 상주 관아와 거리가 멀지 않아서 생각지도 않았던 변고가 생길까 염려되어, 다시 더 깊숙이 들어갈 계획을 세웠다.

二十一日。 晴。

一行留寺。 倉猝出來, 粮饌小賚, 送奴于州內家, 謀致米石。 流聞賊勢極鴟, 將迫我境云, 心緖益亂。 此寺距州府不遠, 慮有不虞之虞, 更爲深入之計。

---

84) 北長寺(북장사): 경상북도 상주시 내서면 북장리 천주산에 있는 사찰.

85) 內行(내행): 먼 길을 나선 부녀자.

86) 騈闐(변전): 사람이나 수레 따위가 길게 늘어섬.

87) 裕遠(유원, 1577~1639): 趙翊이 밀양박씨 사이에 둔 아들로, 金琢의 딸에게 장가갔다. 또 조익은 연안이씨 李貴의 딸을 측실로 삼아 枝遠, 陽遠, 公遠, 錦遠, 平遠을 두었다.

88) 無儀: 及女兒.

89) 12명에는 趙靖의 부인 義城金氏도 함께 하였지만 기록하지 않았는데, 이때 동생 趙翊이 1589년 둘째부인 延安李氏 상을 치른 후에 다시 혼인하지 않았고, 셋째 趙竑은 처자식이 처가에 살고 있었고, 넷째 趙竣은 從祖父 후사를 잇고자 타지에 있었기 때문인 듯하다.

4월 22일。맑음。

밥을 먹고 난 뒤, 일행이 모두 출발하여 북장사(北長寺) 서쪽 구만촌 (九滿村) 마을로 들어가서 김윤(金閏)의 집에 머물렀다. 한관(韓瓘)·한진 (韓璡)·현덕승(玄德升)·하징(河澄)·강긍(姜絚) 등 제공(諸公) 또한 각기 친 족을 거느리고 이웃집에 와 머물러 있었고, 노곡 숙모(魯谷叔母: 검간의 외숙인 洪約昌의 부인 開城高氏)님 또한 서쪽의 이웃집에 머물러 있었다.

저녁에 듣건대 조방장(助防將) 양사준(梁士俊)이 상주(尙州)에 들어왔 다고 하였다.

二十二日。晴。

食後, 一行俱發, 入住于寺西九滿村[90]里[91]金閏[92]之家。韓瓘[93]·璡[94], 玄德升[95]·河澄·姜絚諸公[96], 亦各率其親屬, 來寓于隣舍, 魯谷[97]叔母 主[98], 亦住于西隣矣。夕, 聞助防將梁士俊[99]入州。

---

90) 九滿村(구만촌): 九灣里로도 표기. 경상북도 상주군 내서면의 西灣里 서쪽으로 이안천 상류에 있는 마을.

91) 里: 없음.

92) 閏: 潤.

93) 韓瓘(한관, 1522~?): 본관은 淸州, 자는 仲潤. 1564년 식년시에 급제하였다.

94) 璡(진): 韓璡(1556~?). 본관은 淸州, 자는 仲瑩. 거주지는 상주이다. 1590년 증광시에 급제하였다.

95) 玄德升(현덕승. 1564~1627): 본관은 昌原, 자는 聞遠, 호는 希菴. 천안 출신이다. 1588 년 진사가 되고 1590년 증광문과에 급제하였다. 임진왜란이 일어났을 때 광해군의 東宮記事官으로 侍衛하다가 몰래 娼妓와 잤다고 하여 승문원저작에서 파직되기도 하 였으나, 戰功으로 여러 곳의 수령을 지냈다. 1606년 北評事로 있을 때 사헌부의 탄핵으 로 파직되었다가 다음해 울산 판관을 거쳐, 지평에 이르렀다.

96) 公: 人.

97) 魯谷(노곡): 경상북도 상주시 外沓洞. 상주군의 내동면의 지역이었다가 상주시 東門洞 에 편입되었다. 息山의 동쪽에 있는데, 앞과 옆에 羅浮山 등이 있고 그 서쪽은 外魯谷, 동쪽은 內魯谷이라 하였다. 조선시대에 여러 성리학자가 살고 있어 이는 孔子가 태어 난 魯나라와 문물이 흡사하다는 뜻에서 魯谷이라 불렸다.

98) 叔母主(숙모주): 숙모님의 한자표기. 검간의 외조부 洪胤崔(1507~1546)는 6촌동생 洪義範(생몰년 미상)의 아들인 洪約昌(1535~1592)을 후사로 들인바, 그의 둘째부인 開城高氏인 듯하다. 홍약창은 홍의범과 義城金氏 사이의 소생 셋째아들인데, 그의

4월 23일。맑음。

구만촌(九滿村)에 머무르고 있다가 비로소 석전(石田)에서 아군이 패하고 돌아온 까닭을 들으니, 진짜 왜놈 때문이 아니었다. 곧 그 근처에서 피란길에 나섰던 사람들이 산골짜기에 모여 있다가 아군이 이르는 것을 보고 서로 분주하게 왕래하는 사이에 아군이 먼저 놀라서 그들을 왜구가 잠복한 것이라 일컬으며 대구로 가는 아군을 막으려 한다는 와언(訛言: 사실과 다르게 전해진 말)이 떠들썩하게 일어나는데도 능히 그치게 할 수 없자, 한 군졸이 갑자기 피란길에 나선 사람 한 명의 목을 베고서 말하기를, "이놈은 왜구의 나졸(邏卒: 관할구역 순찰과 적병을 잡아들이는 병졸)이다."라고 하였다 한다.

목사(牧使: 상주목사 金澥)와 함창 현감(咸昌縣監: 李國弼)은 또한 그 진위를 가리려고도 하지 않은 채 속으로 겁을 집어먹은 데다 겉으로도 정신을 빼앗겨 할 바를 잊어버리고 스스로 이 위기에서 모면하려는 생각만 간절하여 군대를 버리고서 곧바로 퇴각하였으니, 마치 제 무리를 잃고 험한 곳으로 내달리는 사슴과 같았으리라. 군대 안에 기강이 없게 되자, 병기와 군량을 내버리면서 일시에 무너지고 흩어져 활과 화살이며 말린 양식이 도로를 가득 메웠고 심지어는 말을 버렸는데도 끌고 가는 사람이 없을 정도였다.

상주(尙州)사람 김준신(金俊臣)이 솔령장(率領將)으로서 초운군(初運軍)의 선봉을 거느렸으므로 군졸들이 놀라 군대를 버린 연유를 알지 못하고 고개를 넘어 유숙하면서 그의 후군(後軍)이 뒤따라오지 않는 것을

생부인 홍의범의 묘가 魯谷에 있는데다, 이 일기의 5월 6일자에서 홍약창의 부인 개성고씨의 부친 高夢賢 전사사실을 기록하였고, 또 5월 27일자에서 노곡숙모를 만나러 가는 길에 홍윤최의 6촌동생인 洪胤禛을 만난 것으로 기록되어 있기 때문이다. 따라서 친가의 숙모를 일컫는 것이 아니라 외가의 숙모를 일컫는 것이라 하겠다.
99) 梁士俊(양사준, 생몰년 미상): 본관은 南原, 자는 興淑. 富寧府使를 지냈고, 임진왜란이 일어났을 때 8월 1일 경상도 우병사에 임명되었다가 9월 1일에 파직되었다.

괴이하게 여겼는데, 그 까닭을 정탐하고나서 나아가는 것도 물러나는 것도 낭패였기에 하는 수 없이 거느렸던 군사들을 이끌고 대구(大丘: 大邱) 금호강(琴湖江) 앞에 이르자, 어떤 이는 말을 타고 어떤 이는 걸어 대구부(大邱府)에서 빠져나오는 자들이 잇대어 끊이지 않으니 왜구가 대구부를 함락시키고 올라오는 것이라 생각하였다. 온 군사들이 또한 일시에 놀라 동요하여 갑옷을 버리고 병기를 끌며 도주하느라 겨를이 없어서 어제의 석전(石田)처럼 무너지니, 김준신 또한 어찌할 계책이 없어 파발마를 타고 급히 돌아왔다 한다.

　병사를 징발하여 구원하러 가는 것은 본래 적을 막고자 하는 것인데 헛소문에 동요되는 것이 오히려 또한 이와 같았으니, 설사 적의 칼날을 만나더라도 누가 기꺼이 화살과 돌을 무릅쓰고 죽을힘을 다하려는 자가 있겠는가? 민심이 흩어진 지가 오래되었으니 어리석은 백성들이야 진실로 말할 것이 못 되거니와, 국록을 먹고 몸을 바친 자는 아마도 감사함을 알 수 있을 것이나 변란을 당하여 구차히 모면하려고 심지어 군사들을 버리고 먼저 도망치는 데까지 이르러서 저처럼 나라를 저버린 것은 머리털을 다 뽑아도 용서하기 어려우니, 몹시 애통하고 애통하였다.

　저녁에 듣건대 방어사(防禦使) 조경(趙儆)이 상주(尙州)에 들어왔다고 하였다. 석전(石田)과 금호강(琴湖江)에서 아군이 무너지면서부터 우리 상주 고을의 군마(軍馬)도 모두 도망하여 숨어버렸는데도, 상주 목사(尙州牧使: 金澥)가 빈 성에 와서 머물렀으나 어찌할 바를 모르다가 먼저 그의 처자식을 보내어 깊숙한 골짜기에 들어가 있게 하고, 그 또한 형벌을 면하지 못할 줄 스스로 헤아리고서 도주하려는 계획을 세워 홀로 말을 타고 교외의 숲속으로 나가 머물고 하리(下吏: 하급 관리)와 관속(官屬: 관아의 하인)의 무리가 모두 제멋대로 흩어져 달아나도록 허락하니, 상주성 문이 사방으로 열려 적막한 채 한 사람도 없었다.

조방장(助防將: 梁士俊)과 방어사(防禦使: 趙儆) 등을 이곳에 보냈으나, 단지 병졸들을 징발할 길이 없었을 뿐만 아니라 음식 접대하고 군량 보내는 것을 주관해야 할 사람도 없었으니, 물을 얻어서 굶주림과 목마름을 달래기도 어려워 곧장 하도(下道: 아래 지방)로 향해 떠났다고 하였다. 상주 목사는 도망칠 생각이 매우 간절했지만, 수리(首吏: 이방아전) 한 사람이 홀로 빈 성을 지키면서 굳게 붙잡고 보내주지 않아 상주를 떠나거나 그대로 머무는 것을 자유롭게 할 수 없었으나 항상 그 종적을 비밀에 부쳐 깊숙하고 은밀한 곳에 몰래 숨기만 했었지, 의를 부르짖어 임금을 위해서 요충지를 지킬 뜻은 전혀 없었으니, 강토를 지켜야 하는 자가 이와 같은데 다른 사람이야 오히려 무슨 말을 하겠는가? 매우 한탄스러웠고 한탄하였다.

二十三日。晴。

留九滿, 始聞石田之敗還, 非眞倭奴也。乃其近處避亂之人, 屯聚山谷, 見我軍至, 相與奔走往來之際, 我軍先驚, 以謂倭寇潛伏, 以遏徂旅[100], 訛言洶起, 不能止息, 一卒遽斬避亂者一人曰: "此倭寇之邏卒也。"云云[101]。牧伯與咸昌, 亦不辨其眞僞, 內怯外眩, 自切謀免之計, 棄師徑退, 有同亡群走險之鹿[102]。軍中無統, 委棄兵粮, 一時潰散, 弓矢糗糧, 充滿道途, 至有棄其馬匹[103]而未及携去者。州人金俊臣[104], 以

---

100) 徂旅(조려):《孟子》〈梁惠王章句 下〉의 "왕께서 발끈 성을 내어 마침내 그 군대를 정돈하여, 침략하러 가는 무리를 막아서 주나라의 복을 돈독히 하여 천하의 기대에 부응하였다.(王赫斯怒, 爰整其旅, 以遏徂旅, 以篤周祜, 以對于天下)"에서 나오는 말. 徂旅는 密나라 사람들이 阮나라를 침략하려고 共땅으로 가는 군대를 말한다.

101) 云云: 누락.

102) 走險之鹿(주험지록): 험난한 곳으로 질주하는 사슴.《春秋左氏傳》文公 17년에 "사슴이 죽게 되면 좋은 소리를 가려서 내지 못한다. 소국이 대국을 섬김에 있어서도 대국이 소국에 덕을 베풀면 소국 역시 사람의 도리로 지키겠지만, 덕을 베풀지 않으면 소국은 죽을 처지에 있는 사슴처럼 행동할 것이다. 빨리 달려 험한 곳으로 달아날 적에, 급한 상황에서 무엇을 가릴 수 있겠는가?(鹿死不擇音. 小國之事大國也, 德則其人也, 不德則其鹿也. 鋌而走險急, 何能擇?)"라는 말이 나온다.

率領將, 領初運先導, 故未知軍驚棄[105]師之由, 過峴留宿, 怪其後軍不
繼, 〈偵〉探其故, 進退狼狽, 不得已領其所率, 前到大丘琴湖[106]之濱,
則或騎或步, 而自府內出來者, 陸續[107]不絶, 意其倭寇陷大丘府而上
來也. 擧軍亦一時驚動, 棄甲曳兵, 逃走之不暇, 有如昨日石田之潰,
俊臣亦計無所出, 撥馬[108]馳還云. ◇[109]徵兵赴援, 本欲禦敵, 而虛聲所
動, 尙且如此, 設遇賊鋒, 誰肯有冒矢石竭死力者哉? 民散久矣, 蚩
蚩[110]固不足言, 食祿委質者, 庶可以知感[111], 而臨亂苟免, 甚至棄師而
先逃, 如彼負國, 儥髮[112]難赦, 痛甚痛甚! 夕聞防禦使趙儆[113]入州. 自
石田·琴湖之潰, 本州軍馬, 並皆亡匿, 牧伯來住空城, 莫知所爲, 先

---

103) 馬匹: 乘馬.

104) 金俊臣(김준신, 1561~1592): 임진왜란 때 군관. 본관은 淸道. 尙州牧 化寧縣 板谷里
출신. 1592년 임진왜란 때 상주목사 金澥의 산하 군관의 한 사람으로 4월 20일을
전후해 漆谷의 石田과 大丘의 琴湖戰에 率領將이 되어 참전하였다. 그러나 아군이
겁을 먹고 달아나는 바람에 전과를 거두지 못한 채 상주목사·함창현감 등과 상주에
귀환하였다. 4월 25일 상주읍이 왜적에 의해 함락될 때 北川 甑淵에서 李鎰의 從事官인
尹暹·李慶流·朴箎와 상주 판관인 權吉, 尙州戶長 朴傑 등과 함께 순절하였다.

105) 棄: 失.

106) 琴湖(금호): 琴湖江. 경북 포항시 죽장면 가사리에서 발원하여 대구광역시 달서구 성
서 및 달성군 다사읍 낙동강 합류 전까지 총연장 114.6km이며 유역면적은 2,087.9㎢
에 이른다.

107) 陸續(육속): 끊이지 않고 지속됨.

108) 撥馬(발마): 擺撥馬. 공무로 급히 가는 사람인 撥軍이 타는 역마.

109) 噫.

110) 蚩蚩(치치): 어리석은 모양.

111) **知感: 徇國家之急.**

112) 儥髮(육발): 擢髮의 오기인 듯.

113) 趙儆(조경, 1541~1609): 본관은 豊壤, 자는 士惕. 무과에 급제하여, 선전관·제주목
사를 거쳐, 1591년 강계부사로 있을 때 그곳에 유배되어 온 鄭澈을 우대하였다는 이
유로 파직되었다. 이듬해 임진왜란이 일어나자 경상우도 방어사가 되어 황간·추풍
등지에서 싸웠으나 패배, 이어 金山에서 왜적을 물리치다 부상을 입었다. 그해 겨울
수원부사로 적에게 포위된 禿山城의 權慄을 응원, 이듬해 도원수 권율과 함께 행주
산성에서 대첩을 거두었다. 행주산성에서의 승리로 한양을 탈환할 수 있었고, 都城
西部捕盜大將으로 임명되었고, 1594년 훈련대장이 되었다. 그 뒤 동지중추부사·함
경북도병사·훈련원도정·한성부판윤을 거쳐 1599년 충청병사·회령부사를 지냈으
며, 1604년 宣武功臣 3등에 책봉되고 豊壤君에 봉하였다.

遣其妻屬, 入置深谷, 渠亦自度不免於刑章, 欲爲逃走之計, 單騎出舍
于郊藪間, 下吏官屬輩, 並許其自由散去, 城門四開, 寂無一人。助防
·防禦等等[114], 使之入, 非但徵發無由, 供億饋餉, 亦無人主治[115], 艱
得水漿, 療其飢渴, 旋卽發向下道云。牧伯逃歸之意甚切, 而首吏一
人, 獨守空城, 牢執不送, 發尙留滯, 不得自由, 而常秘其蹤迹, 潛藏
深密之處, 了無唱義勤王以守堡障之意, 守土[116]者如此, 他尙何言?
可嘆可嘆[117]。

4월 24일。맑음。

구만촌(九滿村)에 머무르고 있다가 듣건대 순변사(巡邊使) 이일(李鎰)
이 함녕(咸寧)에서 상주(尙州)로 들어왔다고 하였다.

낮에 순변사의 비장(裨將)으로 변유헌(卞有獻)이라 불리는 사람을 길
가에서 만났는데, 그가 말하기를, "주장(主將: 李鎰)이 이미 상주에 들어
와서 장차 이 고을에 진(陣)을 치고 머물며 왜구를 방어할 계획이나,
군사와 백성이 죄다 흩어지고 단지 빈 성만이 남아있어서 백방으로 생
각하여도 좋은 방책을 얻을 수 없었기 때문에, 저를 시켜 두메산골을
두루 돌고 사정을 살피며 따뜻한 말로 깨우치고 타일러서 달아났던 백
성들을 때맞춰 다시 모이게 하기를 바랐소이다. 왜구의 소식은 밀양
(密陽)이 함락된 뒤로 다시 별다른 기별이 없었고, 대구의 상황은 왜놈
때문이 아니었소. 아군들로서 왕래하던 자들이 서로들끼리 왜적으로
의심하고 놀라서 관아와 군기고 등을 불 지르고 사방으로 흩어져 갔으
니, 어찌 이처럼 불법하고 부당한 일이 있겠습니까?"라고 하였다.

---

114) 等等: 等.

115) 治: 管.

116) 守土(수토): 나라의 영토를 지킴. 지방 장관.

117) 可嘆可嘆: 可歎.

임진왜란시 왜군의 진격로와 날짜

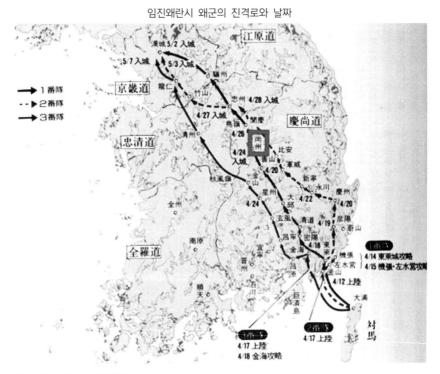

출처 : 네이버 블로그 '꽃향기나는 돌'

또 "윤섬(尹暹)·박호(朴箎)가 지금 종사관(從事官)이 되어 와서 막하(幕下)에 있다고 하니 난을 피해 숨었던 사람들이 이 말을 듣고나서 모두 다시 모일 마음이 생기고, 상주(尙州)에 주수(主帥: 李鎰)가 진을 치고 머문다고 하니 이에 힘입어 살 수 있을 것으로 생각하여 봇짐을 메고지고 제집으로 돌아오는 자가 시끌벅적 끊이지 않았으며, 성(城)에 들어온 군졸도 4,50명에 가깝소."라고 하였다. 만약 목백(牧伯: 상주목사 金澥)이 일찍이 석전(石田)에서 도망치지 않고 갑옷과 병장기를 정비하여 굳게 지킬 계책을 세웠더라면 민심이 어찌 뿔뿔이 흩어지는 데에 이르렀겠으며, 군대의 위용이 어찌 꺾이는 데에 이르렀겠는가?

저녁에 들건대 반자(半刺: 判官)가 상주성(尙州城)의 주장(主將: 權吉)으로서 삼운군(三運軍)을 거느리고 고령(高靈)에 도착했지만, 도착하기 전에 류정(柳汀)이 거느렸던 기병과 보병 아울러 3,40명이 현풍(玄風)에서 오는 길로 곧장 달려오자, 아군은 그들을 왜놈으로 의심하고 바야흐로 모두 두려워하여 흉흉할 즈음에, 반자(半刺: 判官)가 말에 채찍질하여 먼저 떠나버리니 모든 군사가 뒤따라 무너져 흩어져서, 병장기와 군량 등 잡다한 물품이 도로에 낭자하여 금호강(琴湖江)에서의 패주(敗走)와 다를 것이 없었다고 하였다.

대체로 지난번 들었던 함창 현감(咸昌縣監: 李國弼)이 말로는 석전(石田)의 변란에서 온 군대가 모조리 죽어서 한 사람도 살아남은 자가 없었고, 두 장수만이 겨우 몸을 빠져나왔다고 했었다. 그런데 지금에 이르러서 도망친 군졸의 말을 자세히 들어보니, 이른바 석전(石田)·금호(琴湖)·고령(高靈) 등 세 곳의 변란은 모두 미처 접전하기도 전에 이미 무너진 까닭에 모든 군사가 병장기와 군량을 버렸을 뿐이지 따로 목숨을 잃은 자가 없었다고 하였다. 또 노복이며 민가에서 군역(軍役)에 나아간 자들을 점검하니 역시 모두 살아 돌아왔다. 이로써 미루어 보건대, 함창 현감이 말한바 죄다 죽었다고 한 것은 적확한 보고가 전혀 아니었다. 이는 기필코 맞붙어 싸우지도 않고 먼저 달아난 것으로 군율(軍律)에서 벗어나지 못할까 두려워하여 터무니없는 말을 지어내어서 자기의 죄를 덮으려 한 것이다. 유독 상주 목사와 함창 현감만 그러한 것이 아니라, 전해 들은 소문에 의하면 대구(大邱)·성주(星州) 등지의 고을수령들도 또한 모두 성을 버리고 달아나 돌아갔다고 하니, 영남의 여러 진영(鎭營)이 장차 적이 공격하지 않더라도 스스로 깨어질 형세이었다. 참으로 한탄스러웠고 한탄하였다.

二十四日。晴。

留九滿, 聞巡邊使李鎰[118], 自咸寧[119]入州。午, 遇巡邊裨將卜有獻稱名人[120]於路上, 則曰: "主將今已[121]入州, 將欲留陣此州, 以爲禦寇

之計, 而軍民盡散, 只餘空城, 百爾所思, 未得良策, 故使余巡審山谷
間, 溫言通喩, 庶使逃民及時還聚矣。倭寇聲息, 則密陽陷城後, 更無
他奇, 大丘則非倭奴也。我軍往來者, 自相驚惑, 焚其官廨軍器等處,
而散而之四方, 安有若此無謂[122]之事也。"云云。 且"尹暹[123]·朴篪[124],
今爲從事而來, 在幕下云, 隱避之人, 自聞此語, 俱有還聚之心, 州有
主帥留陣, 謂可以倚賴以活, 負擔下歸者, 旁午不絶, 軍卒之入城者,
亦近四五百。"云。 若使牧伯曾無石田之逃, 而繕治甲兵, 以爲堅守之
計, 則民心豈至於渙散[125], 軍容豈至於挫抑[126]也? 夕, 聞半刺[127]城主,

---

118) 李鎰(이일, 1538~1601): 본관은 龍仁, 자는 重卿. 1558년 무과에 급제하여, 전라도
   수군절도사로 있다가, 1583년 尼湯介가 慶源과 鐘城에 침입하자 慶源府使가 되어 이를
   격퇴하였다. 임진왜란 때 巡邊使로 尙州에서 왜군과 싸우다가 크게 패배하고 충주로
   후퇴하였다. 충주에서 도순변사 申砬의 진영에 들어가 재차 왜적과 싸웠으나 패하고
   황해로 도망하였다. 그 후 임진강·평양 등을 방어하고 東邊防禦使가 되었다. 이듬해
   평안도병마절도사 때 명나라 원병과 평양을 수복하였다. 서울 탈환 후 訓鍊都監이
   설치되자 左知事로 군대를 훈련했고, 후에 함북순변사와 충청도·전라도·경상도 등
   3도 순변사를 거쳐 武勇大將을 지냈다. 1600년 함경남도병마절도사가 되었다가 병으
   로 사직하고, 1601년 부하를 죽였다는 살인죄의 혐의를 받고 붙잡혀 호송되다가 定平
   에서 병사했다.
119) 咸寧(함녕): 咸昌의 옛 명칭.
120) 稱名人: 누락.
121) 今已: 누락.
122) 無謂(무위): 불법하고 부당함.
123) 尹暹(윤섬, 1561~1592): 본관은 南原, 자는 汝進, 호는 果齋. 1587년 謝恩使의 서장관
   으로 명나라에 가서 李成桂의 조상이 李仁任으로 오기된 명나라의 기록을 정정한 공으
   로, 1590년 光國功臣 2등에 책록되고 龍城府院君에 봉하여졌다. 교리로 있던 1592년
   임진왜란이 일어나자 巡邊使 李鎰의 종사관이 되어 싸우다가 尙州城에서 전사하였다.
124) 朴篪(박호, 1567~1592): 본관은 密陽, 자는 大建. 1584년 18세로 친시문과에 장원하
   여, 弘文館修撰이 되고, 1592년 임진왜란 때 巡邊使 李鎰의 從事官이 되어 상주에서
   싸우다가 尹暹·李慶流 등과 함께 전사하였다. 이들을 '三從事官'이라 일컫는다.
125) 渙散(환산): 뿔뿔이 흩어짐.
126) 抑: 却.
127) 半刺(반자): 判官. 한 고을의 관리. 여기서는 權吉(권길, 1550~1592)을 가리킴. 본관은
   安東, 자는 應善. 權近의 후손이다. 蔭補로 기용되어 관력은 尙州判官에 이르렀다.
   1592년에 임진왜란이 일어나자 東萊府를 잃고 도주하여온 巡邊使 李鎰의 군사와 합세
   하였다. 상주에서 왜적과 전투를 벌일 때 죽음을 무릅쓰고 나라를 지킬 것을 맹세하니,

率三運軍, 到高靈[128]縣, 前柳汀[129]有騎步, 並三四十人, 自玄風[130]路, 直斥而來, 我軍疑其爲倭奴, 方皆洶懼之際, 半刺策馬先出, 諸軍隨而潰散, 兵粮雜物, 狼藉道次, 無異琴湖之敗云。大槩, 前聞咸倅之言, 石田之變, 一軍盡斃, 無一人遺者, 兩帥僅[131]以身免云云。而及今審聞逃卒之言, 則所謂石田·琴湖·高靈等三處之變, 皆未接戰而潰, 故諸軍委棄兵粮而已, 別無殞命者云云。且點檢奴僕及閭里之赴軍者, 則亦皆生還。以此推之, 咸倅所謂盡斃云者, 殊非的報。是必以不接戰先逃, 惧其不免於軍法[132], 而構出無實[133]之語, 欲掩其已罪也。不獨州伯及咸昌倅[134]爲然, 傳聞[135]星州·大丘等守宰[136], 亦皆棄城逃歸云, 領外諸鎭, 將有不攻, 自破之勢矣。可嘆可嘆[137]。

戶長 朴傑을 비롯하여 많은 군사와 백성들이 이에 호응하였다. 최선을 다하여 싸웠으나 무기와 군병 수의 열세로 패하여 전사하였다.

128) 高靈(고령): 경상북도 남서단에 위치한 고을.

129) 柳汀(류정, 1537~1597): 본관은 文化, 자는 汝元, 호는 松壕. 1592년 임진왜란이 일어나자 아들 柳榮春, 조카 柳伯春, 柳得春 등과 함께 의병을 일으켰다. 이후 朴仁國, 李汝良, 심희대 등과 함께 동천에 진영을 설치하였고, 경주부윤 尹仁涵이 領將으로 임명하였다. 울산의 개운포, 연포, 백련암 등지에서 벌어진 전투에 참여한 후 공암으로 진영을 옮겼으며 6월에는 울산과 경주 지역 의병이 모인 문천회맹에 참여하였다. 같은 해 9월 廣濟川으로 다시 진영을 옮겼고, 11~12월에는 여러 승려[찬홍, 지홍] 등의 지원을 받아 군비를 조달하였다. 이듬해인 1593년 2월에는 울산 태화강에서 왜적을 격파하였다. 1594년 10월 영천 창암에서 벌어진 전투에서 아들 유영춘이 군량미를 운반하다 순절하였다. 1596년 3월 팔공산회맹에 참여하였고 1597년 9월 박인국, 金仲元과 팔공산전투에 참여하였다가 23일 적탄을 맞고 순절하였다. 유정이 사망하자 조카 유백춘이 유해를 수습하여 고향에서 장사 지냈다.

130) 玄風(현풍): 대구광역시 달성군 남부에 있는 고을.

131) 僅: 菫.

132) 軍法: 軍律.

133) 無實(무실): 事實無根. 사실이나 실상이 없음.

134) 咸昌倅: 咸倅.

135) 傳聞(전문): 전해들은 소문. 轉聞은 다른 사람을 거쳐서 간접으로 들은 것이고, 舊聞은 이미 들은 소문이고, 厭聞은 싫증이 나도록 들은 소문이고, 逸聞은 알려지지 않은 소문이고, 風聞은 바람처럼 떠도는 소문이다.

136) 守宰: 宰守

137) 可嘆可嘆: 憤歎憤歎.

4월 25일。맑음。

어제 비장(裨將: 卞有獻)의 말을 듣건대, 왜구의 소식이 급박하지 않은 것 같은 까닭에 장차 본가로 되돌아가서 묻어두었던 세간살이를 점검해보고 다시 변보(邊報: 변경에서 들어오는 소식)의 완급을 살펴서 재차 피란하려는 계획을 천천히 세우고자 하였다. 온 가족이 새벽녘에 출발하여 북장산(北長山) 갈림길 곁에서 아침밥을 짓고 있었다. 문득 보니, 어떤 사람이 창과 칼을 들고 급히 달려와서 말하기를, "왜놈이 이미 상주(尙州) 남쪽의 오대리(五臺里: 상주시 내남면 午臺洞. 지금의 신흥동)까지 바싹 다가와서 상주 읍내가 흉흉하고, 저물녘이면 상주 읍성(尙州邑城)으로 쳐들어올 것이다."라고 하였다. 비록 이러한 기별을 들었으나 어제 비장(裨將)의 말이 매우 자세하였으므로 애초에 귀담아들어 믿으려 하지 않고, 잠시 산사(山寺)에서 쉬며 적실한 소식을 기다렸다가 진퇴를 결정할 계획으로 겨우 산사의 문을 들어가는데, 갑자기 왜놈들이 이미 성 밑까지 쳐들어와 접전하고 있다는 소식을 들었다.

한 식경(食頃: 밥을 먹을 동안)이 지나자, 도망 군졸과 패잔병이 노음산(露陰山) 정상에서 맨몸으로 도망쳐 오는 것을 이루 다 기록할 수가 없었으니, 혹은 창이나 화살에 맞고 혹은 철환에 맞아서 온몸이 피투성이라 그 참혹함을 차마 볼 수가 없었는데, 모두 말하기를, "아군이 지금 이미 패하여 싸움터에서 죽은 자가 매우 많았으며, 여러 장수와 병사들이 동시에 도망쳐 모두 이 산으로 들어왔기 때문에 왜놈들이 뒤쫓으려고 지금 바로 이 산으로 올라올 것이니, 행차는 모름지기 속히 피하십시오."라고 하였다. 우리 일행이 이미 이곳에 도착하느라 어머니며 처자식과 막내 누이[李昂의 처]가 모두 미처 힘차게 걸을 수가 없는데, 갑자기 변을 당하니 어찌할 바를 알지 못했다. 하는 수 없이 노복(奴僕)들에게 명하여 천천히 짐바리를 실어나르게 하고, 나와 비중(棐仲: 趙翊)은 어머니를 모시고 여러 식구와 함께 골짜기로 길을 잡아서 곧장 앞산을 넘으려는데, 산의 높이가 만 길이나 되는 데다 험준하고 가파르기가 깎아 세운 듯해 겨우 한 치 나아가면 한 자 물러나고 열 걸음을 가면 아홉 번 넘어졌다. 어머니와 처자식들은 힘이 다하고 발이 부르터져 거의 온전히 걷기가 어려워 앞에서 당기고 뒤에서 옹위하여 한나절이 지나서야 비로소 고개를 넘을 수 있었는데, 서둘러 죽을 마시고 난 뒤에 기운이 오래지 않아 되살아났다. 이윽고 안장을 얹은 말이 뒤따라 도착하고 산길이 또한 그다지 험준하지 않은 까닭에, 부녀자들은 모두 말을 탔고 나와 두 아들은 걸어서 뒤따라갔다. 초경(初更: 저녁 8씨 전후)이 되어서야 겨우 호동(狐洞: 여우골)에 들어갈 수 있었고, 그 마을 사람의 집에 임시로 묵었다.

이곳까지 오는 길에서 비장(裨將)으로 패배하고 오는 10여 명의 기병을 만났는데, 모두 무과출신(武科出身)들이었다. 전투에서 패배한 뒤에 몸만 홀로 빠져나오느라 활과 화살이며 창과 칼을 거지반 내버려 두고 노복 또한 미처 데려오지 못하고서 혹 말을 잃고 도보로 걷는 자도 있었는데, 패하게 된 이유를 물으니, 대답하기를, "우리는 충청도 방어사 변기(邊璣)의 비장(裨將: 部將) 부대이외다. 어제 청주(淸州)에서 적정에 관한 보고가 매우 급하다는 것을 듣고는 주장(主將)을 모시고 밤낮으로 이틀에 갈 길을 달려서 오늘 아침 비로소 이 상주(尙州)에 도착해 장차 순변사(巡邊使: 李鎰) 영공(令公: 영감)과 연합하여 왜적 막는 계책을 꾀하였지만, 계책을 치밀히 세우기도 전에 적군의 칼날이 이미 들이닥쳐 서로 더불어 북천(北川)의 우측 기슭에서 접전하였소. 적의 기세가 하늘을 찌르고 용맹함이 남보다 배나 더한 데다 난사하는 총탄이 사방에서 쏟아지니, 아군은 기세가 꺾여 쓰러지고 모두 다 물러나 위축되어 죽기를 각오할 뜻이 전혀 없었으니, 비록 활과 화살을 가졌을지라도 백 발 중에 한 발도 쏘아보지 못했으며, 서로 접전한 지 오래지 않아 곧바로 다 같이 기왓장 깨지듯 흩어졌소. 두 장수(將帥: 변기와 이일)는 모두 몸을 빼내어 도망쳐 갔는데, 그들이 살았는지 죽었는지는 알지 못하오. 우리는 이곳에 있으면서 다시 할 만한 일이 없으므로 지금 장차 급히 본도(本道: 충청도)로 돌아가서 주장(主將)이 있는 곳을 찾을 것이오."라고 하였다. 모두가 굶주린 기색으로 쌀을 매우 간절하게 애걸하였지만, 짐바리가 뒤처져 있어서 미처 그들의 급한 사정을 구제할 수 없었으니 지극히 한스럽고 한스러웠다.

二十五日。晴。

昨聞裨將之言, 倭寇聲息, 似不迫急, 故將欲還入本家, 檢藏什物[138], 更候邊報緩急, 徐爲再避之計。闔族[139]凌晨發行, 朝炊于[140]北長岐路之傍。忽見一人持槍劍急來, 曰: "倭奴已迫州南五臺之[141]里[142], 州內洶洶, 向晚將犯邑城。"云云。雖聞此奇, 而昨得裨將之言甚悉, 故初不聽信, 姑憩于山寺, 候得的報, 以爲進退之計, 纔入寺門, 忽聞倭奴已入城底接戰云。食頃, 亡卒敗兵, 自露陰山[143]頂, 赤身逃躲[144]而來者, 不可勝記, 或被槍矢, 或中鐵丸, 血流遍體, 慘不忍見, 皆曰: "我軍今已見敗, 死於戰場者甚多, 諸將士一時奔北, 俱入此山, 倭奴追逐, 今當上山, 行次[145]須速避。"云云。我等業已到此, 慈氏及妻孥‧季妹, 俱未健步, 倉卒當變, 莫知所爲。不得已命奴僕, 徐輸卜駄, 吾與棐仲, 奉慈氏, 及諸屬, 取路塹谷, 直越前山, 山高萬仞, 峻急如削, 寸進尺退, 十步九僵。慈氏及妻屬, 力盡足瘃, 幾難保全[146], 前挽後擁, ◇[147]過

---

138) 檢藏什物: 누락.

139) 闔族: 闔族.

140) 于: 누락.

141) 之: 누락.

142) 五臺之里(오대지리): 五臺里. 경상북도 상주군 내남면 오대리. 지금은 상주시 신흥동으로 바뀌었다. 午臺洞으로도 표기된다.

143) 露陰山(노음산): 경상북도 상주시 외서면 백전리 및 내서면 남장리에 걸쳐 있는 산. 산이 매우 높아서 늘 안개가 끼고 음침하다고 한다.

144) 逃躲(도타): 도망하여 몸을 감춤.

145) 行次(행차): 웃어른이 길 가는 것을 높이어 일컫는 말.

午始得踰嶺, 促飮糜水, 然後氣暫蘇差。俄而, 鞍馬追到, 山路亦不甚
險巇, 故內行皆乘馬, 吾與兩兒, 徒步以隨。初更得投狐洞[148], 假宿於
村氓之家。路中, 得遇神將之敗來者十餘騎, 皆是出身[149]之人也。戰敗
之後, 挺身[150]獨出, 弓矢槍劍, 居半委棄, 奴僕亦不及相携, 或有失馬
而徒行者, 問其取敗之由, 則答曰: "我等, 皆是忠淸道防禦使邊璣之裨
隊也。昨自淸州[151], 聞賊報甚急, 陪主帥[152], 晝夜倍道, 今日之早, 始達
此州, 將與巡邊令公, 合謀禦敵, 籌畫[153]未詳, 賊鋒已迫, 相與接戰于
北川[154]之右岸。賊勢滔天, 勇敢倍人, 鐵丸之射, 四面輻輳[155], 我軍奪
氣披靡, 並皆退縮, 了無殊死[156]之意, 雖帶弓矢[157], 百不一發, 相接未
久, 有同瓦解。兩帥皆抽身遁去, 生死莫知。吾等在此, 更無可爲之事,
故今將急歸本道, 以尋主將所在。"云。俱有飢色, 乞米甚切, 而卜駄落
後, 未得濟急, 極恨極恨[158]。

---

146) 慈氏及妻屬 力盡足瘃幾難保全: 누락.

147) 或負或携.

148) 狐洞(호동): 여우골. 경상북도 상주시 외서면 禮儀里. 여우곡이라고도 하였다.

149) 出身(출신): 과거의 무과에 급제하고 아직 벼슬에 나서지 못한 사람.

150) 挺身: 抽身.

151) 淸州(청주): 충청북도 중서부에 위치한 고을.

152) 主帥: 主將.

153) 籌畫(주획): 계책을 세우는 것.

154) 北川(북천): 경상북도 상주시 모서면 대포리에서 시작하여 동북쪽으로 흘러 내서면
신촌리에서 동쪽으로 꺾여 흐르는 강. 상주 시가지 북쪽을 지나 화개리 앞에서 남천(병
성천)으로 들어간다. 임진왜란 때 이곳에서 우리측 중앙군과 왜적과의 첫 싸움이 있었
고, 아군이 전사자가 많았다.

155) 輻輳: 如雨.

156) 殊死(수사): 죽기를 각오함.

157) 弓矢: 弓箭.

158) 極恨: 奈何.

노음산과 남장사

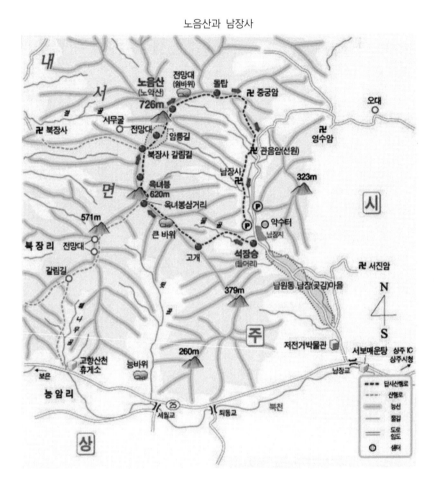

출처 : 국제신문, 2007.02.08.

4월 26일。 맑음。

들려오는 소식에 의하면 왜놈들이 여러 산을 샅샅이 뒤지며 노략질함이 더욱 심하다고 하였다. 밥을 먹고 난 뒤, 일행이 모두 호동(狐洞: 여우골) 앞의 산골짜기로 깊숙이 거의 6,7리를 들어가 바위굴에 몰래 숨고 섶을 꺾어 가리개로 삼아 그대로 바위 사이에서 묵었다.

이 산에 숨으려고 온 다른 사람들이 골짜기를 가득 메워 이루 다 셀 수가 없었다. 상주성 안의 사람들은 일찍이 20일 정도에 전부 적을 피하여 성 밖으로 나가 한 명도 집에 있는 자가 없었다. 그러나 도중에 순변사(巡邊使: 李鎰)의 비장(裨將: 卞有獻)이 그릇되게 인도한 것으로 말미암아 24일 남김없이 성에 되돌아 들어왔는데, 당분간 바싹 들이닥치는 환란이 없을 것이라 여겼지만 갑자기 25일 아침에 왜놈들이 느닷없이 이르러 승세를 탄 이후로 거침없이 몰아쳐 사방으로 뒤쫓았다. 마을의 부녀자들이 미처 멀리 피하지 못하여 도로에 엎어지거나 자빠지면서 죽고 다친 이들이 무수하였고, 심지어 노음산(露陰山) 기슭에는 장수와 군사들이 도망쳐 들어온 까닭에 수소문하여 찾는 것이 특별히 심해서 보기만 하면 참혹하게 마구 죽였으니, 산골짜기와 우거진 숲속에 시체가 쌓인 것이 언덕과 같아서 몇천 명인지 몇백 명인지 알지 못했다.

순변사(巡邊使: 李鎰)와 방어사(防禦使: 成應吉과 趙儆)들이 경성(京城)에서 가져온 군수 장비가 거의 4,50바리에 이르렀는데 이를 군졸들에게 나누어 주고 각자 용기를 내게 했지만 화살 한 발도 쏘지도 않고 모두 다 내던져 버리니, 왜놈들이 모두 모아서 불태워버렸다고 하였다.

사부(師傅: 세자사부) 하락(河洛)과 그의 양자(養子) 하경휘(河鏡輝)가 또한 모두 해를 입었다. 이 노인은 20일에 남장산(南長山) 기슭으로 피란을 갔지만 집과 재산에 미련이 남아 곧바로 다시 가족을 이끌고 집에 되돌아갔고, 23일에 또 적이 온다는 소식을 듣고 허겁지겁 나왔다가 24일에 다시 집에 되돌아갔는데, 대여섯 날 동안 3번 돌아갔다가 3번 나왔다. 25일 아침에 이르러서는 그의 처자식을 이끌고 재산까지도 온전하게 할 계획을 세우려 했으나, 왜놈들이 급히 추격해오자 미처 멀리 피하지 못하고 끝내 왜놈의 칼날을 만나고야 말았다. 비록 스스로가 초래한 것이라 하더라도, 어찌 운명이 아니겠는가? 참으로 슬퍼하고 슬퍼할 일이었다.

경휘(鏡輝)는 재빨리 달아나면 화를 면할 수 있었으나 그의 부모가 경련이 일어난 까닭에 홀로 피할 수가 없었다. 왜놈들은 그가 활을 움켜잡고 있는 것을 보고서 그의 양팔을 베었다고 하니, 이야말로 더욱 슬퍼할 일이었다. 그의 처자식은 맨몸으로 **빼앗기고** 겨우 죽음만을 면했다고 하였다.

대개 왜놈들이 머물러 있는 곳에서는 반드시 먼저 집에 숨겨둔 온갖 물건들을 취하고 땅속에 묻어두었던 것까지도 모두 낱낱이 파냈는데, 무거워 가져갈 수 없는 것은 집어던져서 박살을 내어 가져다가 쓸 수 없게 한 뒤에 그 집을 불태워 재물 하나도 남기지 않았다. 부녀자 중에 다소 얼굴이 고운 사람은 번번이 잡아가서 간음하였고, 남자 중에 젊고 건장한 사람은 모두 끌고 가서 유인하여 제 무리에 끌어들였다. 우리나라 사람으로 저들에게 사로잡힌 자가 살려달라고 애걸하면 간혹 놓아주며 죽이지 않기도 했지만, 조금이라도 저들의 뜻에 거스르면 늙은이와 어린이를 가리지 않고 풀을 베듯 목을 베었다. 지난 역사를 두루 살펴보아도 전쟁의 참화가 이보다 더 심한 것은 있지 않았다.

二十六日。晴。

流聞賊奴尋覓諸山, 抄略[159]滋甚。食後, 一行皆入狐洞前山谷深[160] 幾六七里, 潛藏岩穴, 折薪爲障, 仍宿于岩間。他人之來伏此山者, 彌滿壑谷, 不可勝數。州內之人, 曾於二十日間, 盡數避出, 無一人在家者。中爲巡邊裨將所詿誤[161], 二十四日, 無遺下還, 朝夕之間, 謂無迫近之患, 忽於二十五日◇[162]朝, 倭奴猝至, 乘勝長驅[163], 四面追逐。聞

---

159) 抄略: 抄掠.

160) 山谷深: 深谷.

161) 詿誤(괘오): 그릇되거나 잘못됨.

162) 之.

163) 乘勝長驅(승승장구): 尙州 北川戰鬪를 가리킴. 조정에서 李鎰을 巡邊使로 삼고, 成應吉·趙儆을 각각 좌우 防禦使로 삼아 영남으로 급파하였는데, 이일이 문경을 거쳐 4월

里士女, 未及遠避, 僵仆道傍, 死傷無數, 而露陰諸麓, 則以將士亡入
之故, 披剔特甚, 見輒殺戮, 山磎林莽之間, 積屍如丘, 不知其幾千百
人也。巡邊·防禦等使, 自京所齎來軍裝, 幾至四五十駄, 分授軍卒,
使各售勇, 而不發一矢, 並皆投棄, 倭奴皆收拾付火云。河師傅洛[164]及
其養子鏡輝[165], 亦[166]皆遇害。此老, 二十日避出于南長山麓, 而貪
戀[167]家貲, 旋復挈家還入, 二十三日又聞賊報, 顚倒出來, 二十四還
入, 五六日之間, 三反而三出。及至二十五之朝, 率其妻屬, 貲産欲爲
俱全之計, 而賊奴急追, 未及遠避, 竟罹其鋒。雖曰自取[168], 豈非命
也? 可哀也已, 可哀也已[169]。鏡輝則可以疾走免禍, 而以其父母拘攣
◇[170]之故, 不得獨避。倭奴見其執弓, 並斬[171]其兩臂云, 此尤可哀也。
其妻屬[172], 則赤身被奪, 僅得免死云[173]。大槩, 賊奴所在, 必先取其家

23일 상주에 도착했지만 상주목사 金澥는 이미 도망하였고 판관 權吉만이 지키고
있었다. 군졸과 무기 등을 수습하여 尙州의 北川에서 고니시의 왜군에 맞선 전투이
다. 그러나 이일과 종사관 尹暹·朴箎, 찰방 金宗茂, 병조좌랑 李慶流 등이 중과부적
으로 대패하고, 李鎰만이 충주로 도망쳤다.

164) 河師傅洛(하사부락): 河洛(1530~1592). 본관은 晉州, 자는 道源, 호는 喚醒齋. 외할아
버지가 검간의 종고조부인 趙恊이다. 南溟의 문하에서 수학하였으며, 1568년 진사시
에 장원급제하였다. 이후 王子師傅가 되어 임해군과 광해군을 가르쳤다. 1583년 李珥,
成渾 등이 무고로 어려움에 처하자 상소를 올려 구제하였다. 1592년 임진왜란이 일어
났을 때 산으로 피신하였으나 상주목사 金澥의 요청으로 아들 河鏡輝 등과 함께 상주
성으로 가던 길에 적을 만나 순절하였다.

165) 鏡輝(경휘): 河鏡輝(1559~1592). 본관은 晉州, 자는 公廓. 1589년 증광시에 급제하였
다. 1592년 임진왜란이 일어나자 아버지를 모시고 상주에 갔다가 도중에 왜적을 만났
다. 왜적이 아버지를 베려 하자, 하경휘는 소리를 지르며 자기 몸으로 칼을 막았으나
무도한 왜적은 부자를 모두 무참히 살해하였다.

166) 亦: 누락.

167) 貪戀(탐연): 연연해함. 미련을 가짐.

168) 自取(자취): 잘되고 잘못되고는 상관없이 제 스스로 만들어서 됨.

169) 此老 二十日避出于南長山麓 而貪戀家貲 旋復挈家還入 二十三日又聞賊報 顚倒出來 二十
四還入 五六日之間 三反而三出 及至二十五之朝 率其妻屬貲産 欲爲俱全之計 而賊奴急追
未及遠避 竟罹其鋒 雖曰自取 豈非命也 可哀也已 可哀也已: 누락.

170) 邅回.

171) 並斬: 斷.

172) 妻屬(처속): 부인을 낮추어 이르는 말.

藏雜物, 埋置地中者, 亦皆逐一$^{174)}$掘發, 重不可致者, 則擲破壞裂, 使不得取用然後, 焚其家舍, 蕩$^{175)}$無一貨。婦女之稍有貌色者, 輒捽以淫之, 男子之少壯者, 皆挈去, 誘入其黨。我人之被執者, 哀乞求生, 則或置而不殺, 稍拂其意 則勿論老弱, 斬艾如草。歷考前史, 兵火之慘, 未有若是之已甚者也。

4월 27일。맑음。

들려오는 소식에 의하면 왜놈들이 깊숙한 골짜기까지 샅샅이 찾고 있다는 것이었다. 어젯밤 아직 밤중이 되지 않았을 때 길을 떠나 서쪽 산기슭으로 길을 잡아서 동틀 무렵 어느 골짜기에 도착하였는데, 호동(狐洞: 여우골)과 거의 30여 리나 떨어진 곳이었다. 날마다 계속해서 걸었더니 양발이 모두 부르텄는데, 지팡이를 짚고 걷자니 비틀거리고 구차해서 그 곤궁함을 말할 수가 없었다. 골짜기의 서쪽에 매우 높고 험준한 산 하나가 있는데, 그 산마루에 토성(土城)이 있으니 곧 옛날 사람들이 피난하던 곳이었다. 상주 목사(尙州牧使: 金澥)와 관속들이 그곳에 와서 머물러 있다고 하였다. 날이 저물어서 땔나무를 베어 막사로 삼아 그대로 골짜기 시냇가에 묵었다.

듣건대 왜구들이 상주성(尙州城)에 들어가 관청(官廳), 영청(營廳), 객사(客舍) 등 여러 곳을 불 지르고 성 밖의 큰 집들도 대부분 불태웠다고 하였다. 왜놈들은 상주성 안팎으로 흩어져 있으면서 날마다 습격해 약탈하는 것을 일삼았으니, 마필(馬匹)은 남김없이 거두어 가서 그들의 짐바리를 실어나르게 하고, 닭과 개, 소들은 또한 모두 잡아가 그들의

---

173) 其妻屬則赤身被奪 僅得免死云: 누락.

174) 逐一(축일): 하나하나 쫓음. 빼지 않고 하나씩 하나씩.

175) 蕩: 蕩然.

푸줏간에 보내졌으며, 기녀를 데리고 풍악을 벌이며 날마다 취해서 뒤엉켰지만, 여인으로 저들에게 붙잡힌 사람은 미적미적 돌려보내지 않고 데려갈 생각을 하나, 저들의 마음에 차지 않는 사람은 데리고 잔 뒤에 노략질해간 물건을 주어 돌려보낸다고 하였다.

　二十七日。晴。

　流聞倭奴窮探深谷之報。去夜, 夜未分發行, 取路西麓[176], 平明到一深塹[177], 去狐洞幾三十餘里[178]矣。逐日步行, 兩足皆繭, 扶杖偪側[179], 困不可言。洞西有一山甚高峻, 山頂有土城, 乃古人避難之所也。牧伯衙屬, 來住其處云。日暮, 伐薪爲幕, 仍宿磧邊。聞倭寇入州城, 焚其官廳·營廳·客舍等諸處, 城外巨室, 亦多遭火云[180]。倭奴, 則散處州城內外, 日以攻劫攘取[181]爲事, 馬匹則無遺收去, 輸其卜駄, 鷄犬牛隻, 亦皆攫去, 以供其廚, 率妓張樂, 連日醉拏, 女人之被執者, 留連不送, 以爲率去之計, 其有不滿意者, 則經宿之後, 贈以所攫之物, 出送云云。

4월 28일。맑음。

　들건대 왜놈들이 함창(咸昌)을 향하여 떠났다고 하는데, 그대로 대궐을 범하려는 계획일 것이다. 떠나고 남은 무리는 상주성(尙州城)에 머물러 있으면서 우리나라 사람들이 옛 거처에 접근할 수 없게 하였다. 하도(下道: 아래 지방)에서 올라오는 왜놈들이 길에 잇대어 날마다

---

176) 西麓(서록): 경상북도 상주시 화서면 下松里를 가리킴. 山城里, 下達里, 中達里, 松川里 일부를 합한 마을이다.
177) 深塹: 塹.
178) 餘里: 里餘.
179) 偪側(핍측): 궁색하고 기구함.
180) 云: 누락.
181) 取: 奪.

피란경로

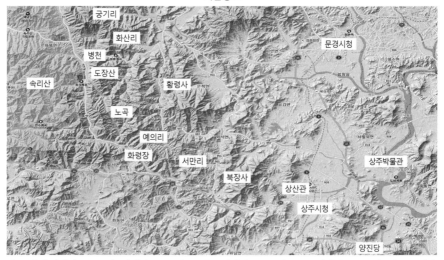

상주 장천(양진당) ⇨ 20일: 북장사 ⇨ 22일: 구만촌(서만리) ⇨ 25일: 호동(예의리) ⇨ 27일: 서쪽 골짜기 (하송리) ⇨ 28일: 노곡(대전리)

끊이지 않았다. 들려오는 소식에 의하면 좌도(左道)에서 올라오는 놈들이 또한 천 명, 만 명을 넘었는데 안동부(安東府)를 습격하려다가 우리 투석군(投石軍)의 저항으로 들어갈 수가 없자 풍산(豊山)과 다인(多仁) 등의 고을로 길을 잡아 곧장 문경(聞慶) 고을의 일대로 향했다고 하였다.

저녁밥을 먹고 난 뒤, 북령(北嶺)을 넘어 시골집으로 내려가 묵었는데, 어제 묵었던 곳과의 거리는 10여 리이다. 지명은 노곡(蘆谷)으로, 문경땅 골짜기라고 하였다.

二十八日。晴。

聞倭奴發向咸昌, 仍爲犯闕之計。餘黨留在州城, 使我人不得接迹於舊居。自下道上來之倭, 陸續道路, 逐日不絶。流聞自左道上來者, 亦不止千萬, 欲襲安東[182]府, 而爲投石軍所拒, 不得入, 取路豊山[183]·

---

182) 安東(안동): 경상북도 남동부에 위치한 고을.
183) 豊山(풍산): 경상북도 안동시에 속한 고을.

多仁[184]等縣, 直指聞慶縣境云。夕飯後, 踰北嶺, 下宿于村舍, 去昨宿處十餘里矣。地名蘆谷[185], 乃聞慶地[186]云云。

4월 29일. 맑음.

일행의 상하가 모두 50여 명이라서 머물러 있는 곳이 조용하지 않아 깊숙한 산골짜기로 피란한 의미가 전혀 없었다. 정자(正字: 趙翊)가 매우 불평스러운 기색을 띠고서 나에게 서로 나뉘어 지내기를 바랐고, 나 또한 그러한 생각을 한 지 오래되었다. 다만 집을 떠나온 지 오래되어 양식과 물품은 전부 떨어지고, 올망졸망한 자식들이 무려 네댓 명이나 되는데, 거느린 노비들도 전부 변변치 못해 모두 피란 물품을 부탁할 수가 없었다. 이 지경이라서 심정이 더욱 찢어졌으나 적절히 처리할 방법을 알지 못하니, 도리어 당초에 경솔하게 멀리 피란할 계획을 세운 것이 후회되었다. 도중에 낭패를 당해 깊은 산속 궁벽한 골짜기에서 죽기보다는 차라리 고향마을에 그대로 있다가 선조 대대로 살아오던 집 곁에서 목숨을 바치는 것이 더 나을 것이었다.

밥을 먹고 난 뒤, 마침내 각자 따로 떨어져 지내기로 마음을 먹고서 피란 봇짐을 점검해 보니, 남은 식량이라고는 겨우 한 끼를 지어 먹을 정도였다. 어머니가 쌀 5말을 나누어 주니, 이는 17명이 사나흘 동안 먹을 양식으로 족하여 그대로 가솔(家率)들을 이끌고 산에 올라가 숨어 지내려는데, 그 산 또한 노곡(蘆谷) 땅으로 신선들이 사는 곳처럼 깊고

---

184) 多仁(다인): 경상북도 의성군에 속한 고을.

185) 蘆谷(노곡): 葛洞 또는 갈골. 경상북도 상주시 외서면 大田里에서 가장 북서쪽 골짜기에 있는 마을이다. 임진왜란 때 피난민들이 칡덩굴을 헤치고 밭을 일구어 세운 마을이라 한다.

186) 聞慶地(문경지): 문경땅 골짜기. 문경시 농암면 내서리의 아랫다락골에서 갈골의 동쪽 끝까지 이어지는 골짜기. 골짜기 북쪽 능선 위가 상주시와 문경시의 경계가 되는데, 능선 위에는 문경시 농암동 내서리의 증산 마을이 있다.

은밀하여, 골짜기마다 나누어 거처하면 다른 산에서 지내는 것과 차이가 없었다.

나와 함께 갈 사람들은 아내 이하 아들로 기원(基遠), 영원(榮遠), 홍원(弘遠) 계미생(1583), 형원(亨遠) 을유생(1585), 딸로 무의(無儀) 정해생(1587), 사내종으로 범개(凡介), 춘복(春卜), 득수(得守) 계유생(1573), 막동(莫同) 을해생(1575), 두성(豆成) 경진생(1580), 명래(命來) 계미생(1583), 계집종으로 희덕(希德) 무오생(1558), 별금(別今), 수옥(水玉), 운월(雲月), 금춘(今春) 7세, 희덕에게 또 젖먹이 자식이 있으니, 도합 열일고여덟 명이다.

저녁에 비 올 징조가 있어 어머니는 마을 사람 김득춘(金得春)의 집에 내려가 임시로 머물고, 나는 염운음(廉雲音)의 산가(山家)에 임시로 머물렀으며, 정자(正字: 趙翊) 또한 다른 곳에 별도로 머물렀다. 이 골짜기에 사는 사람이 거의 10여 집인데 모두 다른 고을에서 왜적의 사역(使役)을 피해 온 사람들이었다. 마을의 풍속이 순박하고 솔직하여 사람을 매우 정성스럽게 대접하였으니, 소금과 간장, 채소 등 무엇이든지 보내주었다.

들건대 왜놈들이 곳곳에 두루 가득하여 궁벽한 촌락이나 외진 곳까지도 약탈하지 않음이 없었다고 하였다. 산에 올라가 사방을 바라보니 연기와 불길이 하늘을 뒤덮은 것이 곳곳에 다 그러한데, 바로 왜구들이 분탕질한 불길이라고 하였다. 어미와 딸들이 저들에게 거의 다 붙잡혀 간음을 당하고 더럽혀진 일은 말하자면 장황해진다. 얼핏 들건대 협산(峽山) 홍처인(洪處仁)의 딸 또한 사로잡혔다고 하였다. 이 딸은 평소 칭찬이 자자하였고 배필을 고른 지 몇 해 되었으나 미처 이루기도 전에 지금 이런 변을 당하였으니, 참으로 애석하고 애석하였다. 홍처인이라고 하는 자는 본래 성품이 어리석었던데다 중년 이후로 마음의 병을 얻어 광증(狂症)을 일으킨 것이 빈번하였었는데, 근래에는 왜구를 피하느라 염려한 것으로 인하여 예전의 병이 다시 도져서 거리를 마구 쏘다니다가 순변사(巡邊使: 李鎰)에게 붙잡혔다. 신문(訊問)을 하는 사이에 요망한 말과 혼란한 이야기를 못 하는 것이 없었고 심지어 도리에 어긋나는 말에까지 미치게 되자, 순변사는 비로소 그의 행위가 광증으로 그런 것인 줄 알았으나 마침내 25일 아침에 사형을 집행했으니, 한 집안의 불행이 심하여 참혹하다고 할만하다.

저물녘부터 비가 내려서 밤새도록 그치지 않았다.

二十九日。晴。

一行上下, 並五十餘人, 所在不靜, 殊[187)無深避之意。正字[188)深有慍色, 欲余分處, 吾亦有此計久矣。只以出家已久[189), ◇[190) 粮物全乏, ◇[191) 蠢然諸雛[192), 多至四五, 所率奴婢[193), 亦皆屑劣, 俱不可以依倚行李[194)。以此心懷尤惡, 罔知所處[195), 却悔當初輕作遠避之計矣[196)。與其中道[197)狼貝, 僵死於窮谷之中, 不若堅坐故里, 效死於先廬[198)側之爲愈也。食後, 乃決各行之計[199), 點檢行槖, 餘粮僅支一炊矣。慈氏分惠五斗之米, 此足以供十七人四三日之粮[200), 仍率諸累[201), 登山潛

187) 殊: 旣.
188) 正字(정자): 趙翊을 가리킴. 조익이 1591년 承文院 副正字였기 때문에 검간은 동생을 벼슬로 지칭한 것이다.
189) 無深避之意 正字深有慍色 欲余分處 吾亦有此計久矣 只以出家已久: 누락.
190) 無藏蹤之勢.
191) 且無資活之策而.
192) 雛: 稚.
193) 所率奴婢: 手下蒼頭.
194) 行李: 方便.
195) 所處; 所以善護之術.
196) 矣: 누락.
197) 中道: 中途.
198) 先廬(선려): 선조 대대로 살아오는 집.
199) 乃決各行之計: 누락.
200) 慈氏分惠五斗之米 此足以供十七人四三日之粮: 누락.

伏, 山亦蘆谷[202]之地, 而洞府[203]深密, 谷谷分處, 無異他山矣。帶行
者, 自荊布[204]以下, 曰基遠・榮遠, 曰弘遠癸未, 享遠乙酉, 女無儀丁
亥, 奴曰凡介, 曰春卜, 曰得守癸酉, 曰莫同乙亥, 曰豆成庚辰, 曰命
來癸未, 婢曰希德戊午, 曰別今, 曰水玉, 曰雲月, 曰今春七歲, 希德
又有乳下息, 合十七八人矣[205]。夕, 有雨徵, ◇[206]慈氏下寓于村氓金
得春家[207], 吾則寓于廉雲音山家, 正字亦別寓于他處矣[208]。此谷所居,
幾十餘家, 而皆自他邑, 逃賊役而來者也。村俗淳率, 接人甚款, 鹽漿
・蔬菜, 比比[209]來餉矣。聞倭奴遍滿諸處, 窮村僻居, 無不掠抄。登山
四望, 則烟熖之漲, 在在皆然, 此乃倭寇[210]焚蕩之火云[211]。處子室女,
率皆被捽, 淫瀆之事[212], 欲言則長。似聞峽山洪處仁之女, 亦被虜云。
此女素有令譽, 擇配有年而未諧, 今遭此變, 可惜可惜! 洪處仁云者,
性本愚騃[213], 中年以後, 得心恙發狂者頻, 近來因避寇用慮, 前恙復
發, 奔走道傍, 被拘於巡邊使。推訊之際, 妖言亂語, 無所不發, 至有

---

201) 諸累: 諸眷.

202) 蘆谷(노곡): 가규의 〈진사일기〉에는 蘆洞으로 표기됨. 葛洞 또는 갈골. 경상북도 상주
시 외서면 大田里에서 가장 북서쪽 골짜기에 있는 마을이다. 임진왜란 때 피난민들이
칡덩굴을 헤치고 밭을 일구어 세운 마을이라 한다.

203) 洞府(동부): 신선들이 사는 곳.

204) 荊布(형포): 아내를 이르는 말. 後漢 때 梁鴻의 아내 孟光이 가시나무로 비녀를 하고
베 치마를 입었다는 뜻의 荊釵布裙에서 나온 말로, 지금은 부인의 검소한 차림을 뜻하
는 말로 사용된다.

205) 帶行者自荊布以下 曰基遠榮遠 曰弘遠癸未 享遠乙酉 女無儀丁亥 奴曰凡介 曰春卜 曰得
守癸酉 曰莫同乙亥 曰豆成庚辰 曰命來癸未 婢曰希德戊午 曰別今 曰水玉 曰雲月 曰今春
七歲 希德又有乳下息 合十七八人矣: 누락.

206) 奉.

207) 家: 누락.

208) 吾則寓于廉雯音山家 正字亦別寓于他處矣: 庶子音山等家.

209) 比比(비비): 모두. 무엇이든지.

210) 倭寇: 倭奴.

211) 云: 而.

212) 之事: 云.

213) 愚騃(우애): 매우 못나고 어리석음.

招涉[214]不道之語, 巡邊使始覺其爲狂病所使, 乃於二十五之朝, 行刑, 其一家不幸之甚[215], 可謂慘矣[216]。昏下雨, 達曙不止[217]。

4월 30일。비。

주인집에 머물렀다.

무명 1필을 이웃집 할멈에게 지급하고 피속(皮粟: 껍질을 벗겨내지 아니한 조) 3말, 황두(黃豆: 누런 콩) 3말 2되, 적두(赤豆: 팥) 1말을 얻었으며, 또 무명 반 필로 상실(橡實: 도토리) 15말과 바꾸고 껍질을 벗겨 빻으니 간신히 7말쯤 되었다. 식량 자루가 비어갈 즈음에 이 두어 종류를 얻어서 상하가 8, 9일 동안 먹을 양식을 마련할 수 있게 되었으니, 어떤 다행인들 이와 같겠는가? 평소에는 다만 도토리가 먹을 것인 줄로만 알았지 기꺼이 직접 맛본 적이 없었으나, 지금 비로소 가져다 먹어 보니 맛이 제법 따뜻하고 달아 기장이나 조로 지은 밥보다 더 나은데다 시장기를 면하는데 또한 매우 효력이 있으니, 이것이야말로 진정 우리에게 그럴싸한 물건이었다.

저녁에 사내종 영보(永寶)가 장천(長川)에서 와 비로소 그쪽 소식을 듣건대 계집종 윤대(允代)·끗개(唜介)·막개(莫介) 세 자매가 모두 왜구에게 해를 입었고, 한수린(韓秀獜) 또한 붙잡혀서 왜구들을 꾸짖다가 죽었고, 끗개의 막내아들도 또한 죽었으나, 다른 사람의 생사(生死)는 아직 자세히 알지 못한다고 하였다. 그리고 두 집에 숨겨두었던 물건

---

214) 招涉(초섭): 결부됨. 관계됨.

215) 似聞峽山洪處仁之女 亦被虜云 此女素有令譽 擇配有年而未諧 今遭此變 可惜可惜 洪處仁云者 性本愚駿 中年以後 得心恙發狂者頻 近來因避寇用慮 前恙復發 奔走道傍 被拘於巡邊使 推訊之際 妖言亂語 無所不發 至有招涉不道之語 巡邊使始覺其爲狂病所使 乃於二十五之朝 行刑 其一家不幸之甚: 누락.

216) 可謂慘矣: 亦可慘矣.

217) 昏下雨達曙不止: 누락.

들을 전부 뒤져 가져가고 마을의 물건도 또한 샅샅이 찾아 가져가면서 아무것도 남기지 않은 채로 끝내는 불을 놓아 태워 버렸으니, 온 마을의 50여 집이 한꺼번에 흔적 없이 불타버려 남은 것이라고는 고작 두세 집뿐이라고 하였다.

당초에 왜구를 피하여 집을 떠나오던 날 상황이 매우 다급해서 해진 옷 10여 벌 외에 다른 물건은 일절 가져오지 못한 채로 금일의 변고를 당하니, 훗날 설사 적의 칼날에 죽지 않았다 할지라도 수많은 식솔이 어떻게 살아갈 것이며, 이미 집이 없어졌으니 토굴에서 살 수 없을 것이며, 또 의복과 음식이 없으니 틀어박혀만 있을 수 없을 것이었다. 이런 것은 그만이더라도 신주(神主)를 묻어둔 곳이 발각되지 않았는지 그 여부를 아직 적확히 알지 못하니, 이것이야말로 더욱 뼈에 사무치도록 잊을 수 없는 고통이다. 즉시 달려가서 살피고 싶으나 고을마다 마을마다 여러 곳에 왜놈들이 널리 가득하고, 하도(下道: 아래 지방)에서 올라오는 자들이 또한 날마다 끊이지 않아 도로가 막히고 사람들이 소통할 수가 없으니, 선산(先山)을 바라보며 한탄하고 다만 스스로 눈물만 삼킬 뿐이었다.

三十日。雨。

留主家[218]。貿木一疋於隣嫗, 得皮粟三斗·黃豆三斗二升·赤豆一斗, 又用木半疋, 換橡實十五斗, 搗整去皮, 則僅[219]七斗許矣。垂橐之際, 得此數種, 可以供上下八九日之費, 何幸如之? 平日, 只知橡實之爲可食, 而未肯[220]親嘗之, 今始取啖, 則味頗溫甘, 有勝黍粟之飯, 於療飢, 亦甚有力, 此眞吾長物也。夕, 奴永寶來自長川[221], 始聞彼地消

---

218) 主家: 蘆谷.

219) 僅: 菫.

220) 未肯: 未嘗.

221) 長川(장천): 경상북도 상주시 낙동면 용포리에서 발원하여 분황리 낙동강으로 합류하는 하천으로, 지명으로 전환되어 사용된 명칭.

息, 婢允代·态介·莫介三兄弟, 皆遇害於倭寇[222], 韓秀獜, 亦被執, 恐喝而死, 态介之末息亦死[223], 他人之生死, 時未詳知云。兩宅[224]所藏, 盡數探出, 閭里之物, 亦[225]皆◇[226]搜取, 蕩無餘儲, 終乃縱火[227]以焚之, 閭里五十餘家, 一時灰燼, 所餘僅兩三家云云。當初, 出避之日, 勢極窘迫, 破衣十餘件外, 他物一切不賫, 仍遭今日之變, 異日設使不死於鋒鏑, 而數多家屬, 何以聊生, 旣無家室, 不可以土處, 又無衣食, 不可以蟄莊。此則已矣, 埋主之地, 得不發與未[228], 時未的知, 此尤次骨中不可忘之痛也。卽可以馳去省視, 而州村諸處, 倭奴遍滿, 自下道上來者, 亦逐日不絶, 道路阻梗, 人物不通, 悵望家山[229], 只自飮泣而已。

---

222) 於倭寇: 누락.

223) 态介之末息亦死: 누락.

224) 兩宅: 兩家.

225) 亦: 누락.

226) 被.

227) 縱火(종화): 放火. 일부러 불을 지름.

228) 與未: 與否.

229) 家山(가산): 집안의 묘지. 곧 先山이다.

5월 경신삭

5월 1일。 비。

주인집에 머물렀다.

양식을 구하기 위하여 사내종 범개(凡介)·연석(連石)·춘복(春卜) 등을 상주 읍내로 보냈다. 반면, 사내종 복수(卜守)가 상주 읍내서 나왔는데, 홍복(洪福)과 그의 어미가 죽은 사실을 처음으로 듣게 되어 놀라고 슬펐으며 정말 놀라고 비통하였다. 복수와 홍복 등이 피란하여 이사벌(二沙伐: 상주시 사벌면 삼덕리 이사골)에 있는 산의 숲속으로 들어갔는데 왜적이 뒤쫓아서 따라붙자 급하게 옥주봉(玉柱峯) 구암(龜岩) 위로 몸을 숨겼으나, 왜적들도 끝까지 쫓아오기를 그치지 않으니 목숨만 살려달라며 갖가지로 애걸하였다. 이곳으로 같이 피란한 다른 사람들 또한 셀 수가 없을 정도였고, 사천대(祠天臺: 擎天臺) 바위굴 속에 숨어지내는 사람 또한 수백여 명에 가까웠는데, 왜놈들이 칼을 뽑아 찔러 죽이려고 하자 홍복과 복수며 다른 사람들이 모두 강의 한가운데로 뛰어들어 물에 빠져 죽은 사람이 거의 20여 명이나 되었다. 홍복은 어릴 때부터 헤엄을 잘 쳐서 물에 빠져 죽지 않았을 터이나, 근래 몸에 중병이 있었던데다 또한 바야흐로 깊숙이 병이 자리 잡고 있었는지라 기력이 갑자기 떨어져 강물에 휩쓸려 빠져 죽은 것이다. 그의 죽음이 더욱 애처로운 것은 애초부터 강물에 뛰어들지 않고 목숨을 살려달라며 비굴한 태도로 아첨했더라면 오히려 화를 모면했을 수도 있었거늘, 순식간에 물속에 가라앉아 끝내 목숨을 잃었으니 비통해하고 한스러워한들 어찌 미치겠는가? 그의 어미는 적의 칼날에 죽었다고 하는데, 나에게는 젖을 먹여 길러준 은혜가 있었으니 인정과 도리로는 어찌 무심할 수 있으랴만, 스스로 난을 피해 숨어 있는 중이라 힘이 미치지 못하고 다만 깊이 슬퍼할 따름이니 어찌하겠는가?

직장(直長) 김여해(金汝諧)는 나이가 80살이 넘어서 걸어 다닐 수 없어 궁벽한 골짜기에 있는 재실(齋室) 안에 숨어 있다가 흉적의 칼날에 죽었고, 재실마저 불태워져 시신 또한 잿더미가 되었다고 하였다. 단밀(丹密: 경상북도 의성군 소재 고을)의 서이모(庶姨母)와 김운룡(金雲龍)의 처 또한 모두 사로잡혔으나 살려 달라고 비굴한 태도로 아첨한 까닭에 겨우 죽음만은 면하였으며, 서족(庶族) 김징(金澄: 金順生의 아들)이라는 자는 다만 딸이 하나 있어 아직 시집가지 않았는데 나이가 지금 17세로 또한 붙잡혀가서 돌아오지 않는다고 하였다.

五月小 庚申朔 一日。雨。

留主家[1]。粮物覓得事[2], 送奴凡介·連石·春卜等于州內。奴卜守, 自州內來現, 始聞洪福及其母之死, 驚痛驚痛。卜守及洪卜輩, 避入于二沙伐[3]山藪中, 倭寇追及, 急投于玉柱峯[4]龜岩之上, 倭亦窮追不已, 多般哀乞免死。諸人之同避此地者, 亦不可勝數, 藏伏于祠天臺[5]岩窟中者, 亦近數百餘人, 倭奴拔劒擬之, 洪·卜及他人輩, 皆赴江心, 溺死者幾二十餘人。福則自少善於游泳, 可以不溺, 而近來身有重病, 且方在深疢中, 氣力頓乏, 中流溘死。其死也尤可哀, 初不投水, 求命乞憐[6], 則猶有免禍之理, 而倉卒沉沒, 終至捐軀, 痛恨何及[7]? 其母則死

---

1) 主家: 蘆洞.
2) 粮物覓得事: 爲覓粮物.
3) 二沙伐(이사벌): 경상북도 상주시 사벌면 삼덕리 이사골. 삼덕리에서 중심이 되는 마을로 牛機山의 북서쪽이다.
4) 玉柱峯(옥주봉): 경상북도 상주시 사벌면 삼덕리와 묵하리 사이에 있는 산. 아래에는 自天臺(또는 擎天臺)가 있다.
5) 祠天臺(사천대): 擎天臺(또는 自天臺)를 일컬음. 삼봉 동쪽 낙동가에 있는 臺이다.

於賊刃云, ◇[8]於余有乳養之恩, 情理豈得怒然[9], 而自在避遁[10]中, 無力可及, 徒[11]自沉悼, 奈何奈何[12]? 金直長汝諧, 年過八十, 不能行步, 潛伏于深谷齋舍中, 亦罹凶刃[13], 齋舍之焚, 屍亦成燼云. 丹密[14]庶姨母[15]及金雲龍妻, 亦皆被擒, 乞憐之故, 僅得不死, 庶族金澄者, 只有一女, 未適人, 年今十七, 亦被執不還云[16].

5월 2일. 비.

주인집에 머물렀다.

범개(凡介) 등이 상주(尙州) 읍내에서 돌아왔는데 각각 쌀 네댓 말씩 가져와 모두 10여 말이었다. 그들의 말을 듣건대 상주 읍내는 왜구들이 계속해서 끊이지 않고 마을에 뿔뿔이 흩어져 지내며 밤낮으로 습격하거나 도적질하여 사람들이 편안히 살 수가 없었는데, 이러했기 때문에 종들도 밤을 틈타서 몰래 들어가 어렵사리 이 양식을 얻어왔다고

---

6) 乞憐(걸련): 搖尾乞憐. 개가 꼬리를 흔들면서 연민을 구걸한다는 뜻. 비굴한 태도로 아첨하는 것을 이른다.

7) 及其母之死 驚痛驚痛 卜守及洪卜輩 避入于二沙伐山藪中 倭寇追及 急投于玉柱峯龜岩之上 倭亦窮追不已 多般哀乞免死 諸人之同避此地者 亦不可勝數 藏伏于祠天臺岩窟中者 亦近數百餘人 倭奴拔劒擬之 洪卜及他人輩皆赴江心 溺死者幾二十餘人 福則自少善於游泳 可以不溺 而近來身有重病 且方在深抌中 氣力頓乏 中流溘死 其死也尤可哀 初不投水 求命乞憐 則猶有免禍之理 而倉卒沉沒 終至捐軀 痛恨何及: 爲賊所迫溺水.

8) 驚慘其母.

9) 怒然(괄연): 무심한 모양. 냉담하여 개의치 않는 모양이다.

10) 自在避遁中: 누락.

11) 徒: 尤.

12) 奈何奈何: 누락.

13) 凶刃: 凶鋒.

14) 丹密(단밀): 경상북도 의성군에 속한 고을.

15) 庶姨母: 姨庶母.

16) 丹密庶姨母及金雲龍妻 亦皆被擒 乞憐之故 僅得不死 庶族金澄者 只有一女 未適人年今十七 亦被執不還云: 누락.

하였다.

대개 도적의 무리는 태반이나 우리나라 사람들이 뒤섞여 있었다. 사람들이 혹시나 해서 그들의 안면을 살펴보면, 대부분 지난날 여러 해 왕래했던 소금 장수들로서 그들의 말투라는 것이 왜놈과는 비슷하지 않은데도 왜놈들 옷을 빌려 입고서 머리를 깎고 자취를 감춘 것이니, 만일 지난날 얼굴이라도 알고 지냈던 사람을 만나면 번번이 머리를 숙이고서 보기를 꺼려 피한다고 하였다. 이들은 독기를 더욱 혹심하게 부려 깊숙이 궁벽한 곳까지 샅샅이 뒤져 범같이 잡아들이는데 저촉되기라도 하면 그때마다 불에 태웠으니, 그 해악은 진짜 왜놈들보다 더 심하여 장래의 근심이 또한 단지 왜구에만 그칠 뿐만이 아니라서 몹시 애통하고 애통하였다.

二日。雨。

留主家[17]。凡介等自州內還, 各持米四五斗, 合十數斗矣。聞其言, 州內倭寇, 連續不絶, 散處閭閻, 晝夜攻抄, 人不安接, 以此渠等, 亦乘夜潛入, 艱得此物而來云。大槩, 賊徒爲半[18]本國之人相雜。人或諦審其顏面, 則多是積年往來之鹽商, 其言語云, 爲不類島夷, 假着倭服, 削髮混迹, 如見前日識面之人, 則輒藏頭回避云。此輩, 肆毒尤酷, 窮搜深僻之地, 挐攪如虎, 觸輒投火, 其害有甚於本倭, 將來之患, 亦不啻外寇而止, 痛甚痛甚!

5월 3일。맑음。

주인집에 머물렀다.

양식을 구하기 위하여 다시 사내종 범개(凡介)·연석(連石)·막동(莫同)

---

17) 主家: 蘆洞.

18) 爲半: 太半.

과 계집종 운월(雲月)을 상주(尙州) 읍내로 보냈다. 단밀(丹密)의 서이모
(庶姨母)와 운룡(雲龍: 김운룡) 내외도 우리가 이곳에 머무르고 있다는 것
을 듣고 또한 이웃집에 와서 임시로 지냈는데, 그들이 왜적들 속에 있
으면서 겪었던 어렵고 고생스러운 상황의 이야기를 들으니 저도 모르
게 눈물을 흘렸다.

들려오는 소식에 의하면 신립(申砬) 영공(令公: 영감)이 조령(鳥嶺)에
와 주둔하며 방책(防柵)을 설치하여 길을 막아서 섬멸할 계책으로 삼았
고, 또 쇠뇌 틀을 고갯길에 안 보이게 설치하고서 함정에 빠뜨려 죽이
려 한다고 하였다. 보은(報恩)과 괴산(槐山) 등지에도 또한 군사를 주둔
시켜 방어하고서 길을 막아 왜적의 진격을 저지하려 한다고 하였다.

三日。晴。

留主家[19]。粮物覓得事[20], 再[21]送奴凡介・連石・莫同, 婢雲月◇[22]于
州內。◇[23] 丹密庶姨母及雲龍內外, 聞我輩住此, 亦來寓隣舍, 聞說其
在賊中艱苦之狀, 不覺墜淚[24]。流聞申砬[25]令公, 來住鳥嶺[26], 設柵塞
路, 以爲勤截之計, 且設潛機於嶺路, 使之陰中致斃云。報恩[27]・槐
山[28]等地, 亦皆屯軍防禦, 塞路阻當[29]云云◇[30]。

---

19) 主家: 蘆洞.

20) 粮物覓得事: 누락.

21) 再: 又.

22) 春梅菶卜.

23) 粮物覓得事也.

24) 丹密庶姨母及雲龍內外 聞我輩住此 亦來寓隣舍 聞說其在賊中艱苦之狀 不覺墜淚: 누락.

25) 申砬(신립, 1546~1592): 본관은 平山, 자는 立之. 1567년 무과에 급제하여 1583년
북변에 침입해온 尼湯介를 격퇴하고 두만강을 건너가 野人의 소굴을 소탕하고 개선,
함경북도 병마절도사에 올랐다. 임진왜란 때 三道都巡邊使로 임명되어 忠州 鐽川江
彈琴臺에서 背水之陣을 치며 왜군과 분투하다 패배하여 부하 金汝岉과 함께 강물에
투신 자결했다.

26) 鳥嶺(조령): 경상북도 문경시 문경읍 새재로에 있는 고개.

27) 報恩(보은): 충청북도 남서부에 위치한 고을.

28) 槐山(괴산): 충청북도 중앙부에 위치한 고을.

5월 4일。 맑음。

밥 먹은 뒤에 왜구가 화령현(化寧縣: 상주의 서부지역)으로 쳐들어와 노략질한다는 소문을 전해 듣고 우리 식솔들은 모두 산으로 올라 숨어 있다가 저녁을 틈타 내려와 집에 돌아왔는데, 끝내 헛소문이었다.

들려오는 소식에 의하면 신립(申砬)은 조잔(鳥棧: 鳥嶺)이 험준하여 무략(武略)을 운용하기에 불가하다고 여기고서 목책(木柵)과 병기들을 철거하여 중원(中原: 충주) 땅으로 물러나 진(陣)을 치고 그 중간쯤에서 맞받아치며 벌하여 죽인 것이 자못 많으니, 적의 기세가 위축되어 물러났다고 하였다. 어떤 자가 말하기를, "아군이 적에게 대패하여 경기 지역으로까지 퇴각하였으니, 왜놈들이 승승장구하여 도성(都城)에 이를 것이다."라고 하여, 어느 말이 옳은지 그른지 알 수 없었다.

임시 주방에 반찬거리가 떨어졌기 때문에 끌고 다니던 소 한 마리를 몽치로 잡아 세 곳에 나누어 주었다.

얼족(孽族) 김순생(金順生)과 그의 아들 김징(金澄) 또한 이웃집에 와서 임시로 지냈다.

四日。晴。

食後, 傳聞倭寇來抄化寧縣[31], 吾屬皆登山隱伏, 乘夕下還, 竟是虛報也。流聞申砬, 以鳥棧[32]阻險, 不可以用武, 撤去寨械, 退陣中原[33]之地, 要擊中路, 誅戮[34]頗多, 賊勢沮縮退屯[35]云。或謂: "我軍敗績[36],

---

29) 且設潛機於嶺路 使之陰中致斃云 報恩槐山等地 亦皆屯軍防禦 塞路阻當: 누락.
30) 협주 【金雲龍內外 聞我輩住此 亦來寓隣舍】가 추가.
31) 化寧縣(화령현): 경상북도 상주군 서부 지역(화서면, 화동면, 화남면, 화북면 등)의 옛 현명。조선시대에는 報恩에서 이곳을 거쳐 栗峴을 지나 尙州에 이르는 도로가 발달하였다。부근에는 倉과 長林驛이 있었으며, 하천을 따라 永同으로 나갈 수 있었다。
32) 鳥棧(조잔): 새들이 넘나들 수 있을 정도의 험한 棧道를 일컬음。여기서는 鳥嶺의 험준함을 이른다。조령은 경상북도 문경시 문경읍 새재로에 있는 고개이다。
33) 中原(중원): 충청북도 충주에 있었던 지명。
34) 誅戮: 誅獲.

退去畿下³⁷⁾, 賊奴長驅抵洛."云, 未詳是否。以行廚³⁸⁾乏膳, 椎所隨牛一頭, 三處分用。孼族金順生及其子澄, 亦來寓隣舍³⁹⁾。

5월 5일. 비.

범개(凡介) 등이 상주(尙州) 읍내에서 돌아왔는데 가지고 온 쌀이 10여 말이었다. 사내종 막동(莫同)과 계집종 운월(雲月) 및 큰집의 계집종 춘매(春梅)·말복(㐌卜) 등이 돌아오는 도중에 왜적을 만나 사로잡혔는데, 막동과 말복은 곧바로 도망쳐 돌아왔으나 운월과 춘매는 밤이 지새도록 오지 않아 염려스러웠다.

○ 주인 할멈이 속미주(粟米酒: 좁쌀로 담근 술) 반 항아리와 상실주(橡實酒: 도토리 술) 몇 주발을 내놓았고, 김징(金澄: 金順生의 아들) 또한 앵두 1상자를 보내왔는데, 바로 그들의 종들이 자기 본가(本家)에서 가지고 온 것들이었다. 오늘이 무슨 날인가 생각하니 바로 천중절(天中節: 단오)이었다. 철에 따라 나는 과일은 그대로 있으나 세상의 변고가 이에 이르러 외진 고을로 정처 없이 흘러왔다가 고향에 돌아가지 못하여 선영(先塋)에 술 한잔을 올리며 제사 지낼 방법이 없는데, 과일을 보니 감개무량하여 마음속이 타는 듯했다. 내가 좋지 못한 때에 태어나 그래도 잠들어 깨어나지 않았을지라도, 인하여 소릉(少陵: 杜甫)의 "상을 받으면 체두(杕杜) 노래 응당 하리니, 앵두 바칠 때 돌아가리라."는 구절이 기억났는데, 이 시는 승전소식을 얻어듣고 지은 것이다. 전쟁을 맞은 것은 마침 고시(古詩)와도 꼭 들어맞으나 천신(薦新: 새로운 과일 등

---

35) 退屯: 누락.
36) 敗績(패적): 자기 나라의 패전을 일컫는 말.
37) 退去畿下: 누락.
38) 行廚(행주): 길을 가는 도중에 임시로 음식을 만드는 곳.
39) 以行廚乏膳 椎所隨牛一頭 三處分用 孼族金順生及其子澄 亦來寓隣舍: 누락.

을 조상에게 드리는 의식)할 때 돌아갈 기약이 까마득히 없으니, 남긴 역사 반복해 읊조리노라면 슬픈 감회가 가슴을 메워 밥상을 밀치고서 천장을 쳐다보나 나를 아는 이가 그 누구이랴? 어린 자식들이 객지의 고생스러움과 오늘날의 슬픔을 알지 못하고 무릎에서 장난치며 노는 것이 마치 평소 집에 있는 것과 같이하여 이에 힘입어 회포를 달래니, 누가 꾸지람을 할 수 있으랴?

○ 돌아온 노비의 말을 뒤늦게 듣건대 어제 하도(下道: 아래 지방)에서 올라온 왜적들이 또한 100여 명에 가까웠는데 모두 상주(尙州) 읍내로 들어오니 큰길이 저잣거리와 같았으며, 좌도(左道)에서 올라온 자들도 그 수가 또한 많았는데 중동(中東)·독포(禿浦)·노곡(魯谷)·이사벌(二沙伐) 등의 여러 곳으로 흩어져 들어가 그곳 인가들의 재물을 거두고는 곧장 모두 불을 놓으며 붙잡은 여인들을 떼로 모아 간음하는 짓이 마치 개와 같았다고 하였다. 붙잡아 강간한 이후에 번번이 물건을 주었는데, 추잡한 계집들은 왜적들이 주는 재물에 욕심을 낸 까닭에 서로 좇아 놀며 기꺼이 떨어져 나오려고 하지 않으니, 인륜의 변괴가 이처럼 극도에 이르렀다.

○ 변란이 일어난 뒤로 유민(流民)들이 서로 모여서는 지키는 자가 없는 것을 틈타서 몰래 훔치는 것을 일삼았으니, 어떤 이는 왜적의 위세를 빌어 대낮에도 습격하거나 겁탈하면서 자질구레하고 소소한 이곳까지도 닥치는 대로 약탈하였는데, 패거리를 만들어 있는 곳에서는 그들의 기세 또한 강성하여 마음속의 근심이 왜구보다도 더욱 심하다.

지금 의당 농사철인데도 사방의 들판에 농사일을 마친 뒤 괭이를 멘 백성들이 없으니, 다가올 가을에 흉년일 것임은 이로써 점칠 수 있겠다. 설령 왜적들이 퇴각해 간들, 장차 온 나라에 변란이 어찌 반드시 없으리라고 보장하겠는가? 백성들이 나라의 살림을 걱정하나 백방으로 좋은 방책이 없으니, 국운의 험난함이 어찌 이런 극한 지경까지 이른단 말인가? 생각이 여기에 미치니 기가 막혀 할 말을 잃었다. 태어나서 만난 성군(聖君)은 지혜가 깊고 사리에 밝음을 선천적으로 타고나서 백성들의 조세부담을 줄여 힘을 기른 지 어느덧 30년인데, 안으로는 음악을 즐기거나 담장을 장식하는 잘못을 하지 않으면서 밖으로는 사냥을 하려고 말 달리는 즐거움을 끊은 채, 궁궐에만 거처하며 옆자리를 비워 놓고 정신을 가다듬어 나라를 다스리는 데 힘썼으니, 이는 진실로 저 삼대(三代) 이래 쉬 얻을 수 없는 좋은 기회였다. 그러나 그 안을 말하자면 조정이 안정하지 못하고 시끄러운 것이 저와 같았고, 그 밖을 말하자면 추한 오랑캐가 날뛰는 것이 지금에 이르렀으니, 운명인가 시대의 탓인가? 이런 재앙을 받을 빌미를 누가 만들었단 말인가? 벼슬아치란 자들이 무엇인가를 도모하지만, 도모한 것이 좋지 않으면 콩잎을 먹는 미천한 자는 그 재앙을 모두 받게 되니, 뜻있는 선비가 분수에 맞지 않을지라도 나라를 걱정한다면 어찌 여기에서 불평스럽지 않을 수 있으랴?

○ 지금 듣건대 왜놈들이 상주성(尙州城)에 들어와 관아의 창고에 보관되어 있던 것들을 죄다 열어 헤치고 깨끗한 쌀알들은 태반을 실어내고자 선박들을 많이 징발하여 뱃길로 운송할 계획을 세우고는, 아울러 고을 백성들에게도 꺼내어 먹도록 하니 굶주린 사람들이 일시에 구름처럼 모여들자 마음대로 가져가게 했는데, 한 사람이 꺼내어 간 것이 혹 2, 30석(石)에 이르렀으나 겁 많고 나약한 자나 멀리 있던 자들은 끝내 쌀을 한 되나 한 말도 얻지 못한 채, 며칠 사이에 창고에 보관했던 것들이 바닥났다고 하였다.

온 고을의 백성들은 봄부터 여름까지 오직 관아의 쌀만 바라보고 있다가 지금 모두 흩어버리자, 원망하고 떠드는 매우 많은 무리가 살길이 없게 되어 죽어서 고랑이나 골짜기에 뒹굴지 않고자 반드시 황지(潢池: 관권이 미치지 못하여 도적떼가 발생하는 곳)에 모여들 것이다. 이렇게 한

고을을 웅거하면 다른 고을도 이와 같을 것임을 가히 알 수 있을진대,
일대가 모두 그러하다면 다른 고을인들 홀로 편안할 수 있겠는가?

五日。雨。

凡介等, 自州內回來, 所持米十數斗矣。奴莫同·婢雲月及大宅婢春
梅·㐣卜等[40], 中路[41]逢倭被擄, 莫同·㐣卜, 則旋卽逃還, 而[42]雲月·
春梅, 經宿不來, 可慮。○ 主媼, 進粟米酒[43]半壺, 橡實酒數鉢, 金澄
亦送櫻桃一笥, 乃其奴屬, 自渠本家所摘來者也[44]。仍念今日, 乃[45]是
天中節[46]也。節物猶在, 時變至此, 流離一隅, 不得還土, 松楸[47]一酌,
奠酹[48]無由[49], 覩物興感, 方寸[50]若煎。我生不辰, 尙寐無覺, 仍記少
陵[51]賞應歌棣杜[52]歸及薦櫻桃[53]之句, 此得捷報所作也。喪亂之丁, 適
符古詩, 而歸及薦新[54], 邈無其期, 三復遺史, 悲感塞胸, 推食仰屋[55],

---

40) 奴莫同婢雲月及大宅婢春梅㐣卜等: 奴婢等.

41) 中路: 中途.

42) 而: 누락.

43) 粟米酒(속미주): 좁쌀로 담근 술.

44) 乃其奴屬 自渠本家所摘來者也: 누락

45) 乃: 누락.

46) 天中節(천중절): 단오의 다른 이름.

47) 松楸(송추); 소나무와 오동나무. 이 두 나무는 묘소 주위에 심는 것으로, 전하여 묘소
를 뜻하는 말로 사용된다.

48) 奠酹(전뢰): 제사를 지내는 것을 말함.

49) 無由(무유): 할 방법이 없음.

50) 方寸(방촌): 사방 한 치의 넓이. 사람의 마음 또는 마음속을 일컫는 말이기도 하다.

51) 少陵(소릉): 중국 唐나라 시인 杜甫의 호. 소릉에서 살았던 데서 연유한다.

52) 棣杜(체두): 杜棣. 《詩經》의 체두편을 원용한 것으로, 노역과 전쟁에서 돌아오는 사람
을 환영하는 내용인데, 여기서는 관군을 환영하는 것을 가리킴.

53) 賞應歌棣杜歸及薦櫻桃(상응가체두귀급천앵도): 杜甫가 지은 〈收京三首〉의 세 번째 시
에서 나오는 구절. 두보가 鄜州에 기거할 때 肅宗이 長安을 수복하여 환궁했다는 소식
을 듣고 지은 시이다. 薦櫻桃는 천자가 선조의 寢廟에 앵두를 바치는 것을 말하는데,
《禮記》〈月令〉에 "천자는 함도를 올리면 먼저 조상들의 침묘에 바친다.(天子乃羞以含
桃, 先薦寢廟.)"에서 나오는 말이다.

54) 薦新(천신): 새로 농사지은 과일이나 곡식을 먼저 사직이나 조상에게 감사하는 뜻으로
드리는 의식.

知我者其誰? 稚息⁵⁶⁾輩, 不知爲客土之可苦, 此日之可悲, 嬉戲膝下,
有若平日在家者然, 賴此遣懷, 誰得以嗔喝⁵⁷⁾也? ○ 追聞回奴之言, 昨
日自下道上來之倭, 亦近百餘人, 皆入州內, 街路如市, 自左道上來
者⁵⁸⁾, 其麗亦多, 散入中東⁵⁹⁾·禿浦⁶⁰⁾·魯谷·二沙伐等諸處, 收其家産,
旋皆縱火, 女人被虜者, 群聚相泆, 有同犬. 拏旣泆之後, 輒遺以物,
醜女之利其所賂者, 故相追逐, 不肯離出, 人倫之變, 到此極矣. ○ 變
作之後, 流民相聚, 乘其無守, 偸窃爲事, 或假倭威, 白晝攻劫, 斗筲⁶¹⁾
細利, 遇輒攘奪, 所在成黨, 其勢亦熾, 腹心之憂, 有甚海寇. 今當農
月, 而四野無荷鋤⁶²⁾之民, 來秋不稔, 執此可卜. 設使⁶³⁾外寇退去, 而
將來域中⁶⁴⁾之警, 豈保其必無也? 民憂國計, 百無善策, 天步⁶⁵⁾艱難,
何至此極? 言念及此, 氣塞忘言. ◇⁶⁶⁾ 生逢聖君, 睿哲出天, 休養生
息, 垂三十年, 內無嗜音雕墻⁶⁷⁾之失, 外絶遊畋馳騁之豫, 深居側席⁶⁸⁾,

---

55) 仰屋(앙악); 仰屋切嘆. 천장을 쳐다보며 남몰래 탄식함.

56) 稚息: 稚兒.

57) 嗔喝(진갈): 꾸지람을 함.

58) 者: 누락.

59) 中東(중동): 경상북도 상주시 중동면 오상리. 중동면의 남·서쪽은 낙동강을 경계로
    東門洞·洛東面, 북·동쪽은 예천군·의성군에 접한다. 3면이 낙동강으로 둘러싸여
    있다.

60) 禿浦(독포): 경상북도 상주시 도남동 무암포에서 중동면 오상2리 대비마을로 건너가
    는 마루가 飛鷺浦로 강좌인데, 그 맞은편 강우 지역에 있었던 포구로 추정됨. 이같이
    추정하는데 조희열 상주 향토지명 연구가로부터 도움을 받았다. 앞으로 일설로 표기
    된 것은 이 분의 도움을 받은 것임을 밝혀둔다.

61) 斗筲(두소): 두는 한 말, 소는 한 말 두 되 들이의 竹器. 미세하고 사소한 것을 비유하거
    나 도량이 협소하고 식견이 천박한 것을 가리키는 말로 쓰인다.

62) 荷鋤(하서): 농부들이 일을 마친 뒤 괭이를 어깨에 걸치고 돌아오는 모습.

63) 設使: 設令.

64) 域中(역중): 어느 구역의 안쪽. 온 세상. 온 나라. 이 세상.

65) 天步(천보): 國運. 時運.

66) 噫.

67) 嗜音雕墻(기음조장):《書經》〈五子之歌〉의 "안으로 색에 빠지거나 밖으로 사냥만 좋아
    하거나 술을 좋아하고 음악을 즐기거나 높은 집을 짓고 담장을 장식하는 것 가운데
    한 가지만 있어도 망하지 않음이 없다.(內作色荒, 外作禽荒, 甘酒嗜音, 峻宇彫墻, 有一

勵精求治, 此誠三代下不易得之良會. 而以言其內, 則朝著之不靜如
彼, 以言其外, 則醜虜之陸梁至此, 天乎時乎? 厲階[69]誰生? 肉食[70]者
謀之而謀之不臧, 藿食[71]者並受其殃, 志士漆室[72]之膽, 安得不於此焉
輪囷[73]也? ○ 今聞倭奴入城, 府庫[74]所儲, 盡數撥開, 米粒之均淨者,
爲半[75]輪出, 多徵般隻, 以爲運海之計, 兼令州民, 使之出食, 餓餒之
人, 一時雲集, 許令[76]任意取去, 一人所出, 或至二三十碩, 怯儒者・在
遠者, 終不得升斗之糶[77], 數日之間, 倉儲罄竭云. ◇[78] 一州之民, 自
春徂夏, 惟官糶是仰, 而今皆散盡, 百萬嗷嗷之徒, 得活無路, 不塡溝
壑[79], 必聚潢池[80]. 據此一州, 他邑可知, 一路皆然, 則他境獨寧乎?

5월 6일. 맑음.

주인집에 머물렀다.

사내종 범개(凡介)・맹걸(孟乞) 등이 양식을 구하고 운월(雲月)을 찾으

於此, 未或不亡.)"에서 나온 말.

68) 側席(측석): 현량한 사람을 등용하기 위해 상석을 비워 놓고 옆자리에 앉음.

69) 厲階(녀계): 재앙을 받을 빌미.

70) 肉食(육식): 벼슬아치를 낮춰 부를 때 쓰는 말. 《春秋左氏傳》莊公 10년 기사에 "고기
    먹는 자들이 잘 알아서 할 텐데, 또 뭣 때문에 끼어드는가?(肉食者謀之, 又何間焉?)"라
    고 마을 사람이 묻자, "고기 먹는 높은 분들은 식견이 낮아서 멀리 꾀하지 못하니까.(肉
    食者鄙, 未能遠謀.)"라고 대답한 曹劌의 말이 나온다.

71) 藿食(곽식): 콩잎을 먹고 자란다는 뜻으로 미천한 백성을 가리키는 말.

72) 漆室(칠실): 분수에 맞지 않는 것을 걱정한다는 뜻. 옛적 노나라 어느 미천한 여자가
    컴컴한 방에서 나랏일을 근심했다는 데서 나온 말이다.

73) 輪囷(윤균): 꼬불꼬불하고 마디진 모양.

74) 府庫: 官庫.

75) 爲半: 太半.

76) 許令: 누락.

77) 糶: 穀.

78) 噫.

79) 溝壑(구학): 죽어서 자신의 시체가 도랑이나 골짜기에 버림받는 일.

80) 潢池(황지): 반역이 일어난 지역. 관권이 미치지 못하는 곳.

려고 상주(尙州) 읍내에 들어갔다. 계집종 춘매(春梅)는 왜놈들이 있는
곳으로부터 빠져나왔다. 그의 말에 의하면, "처음에 왜놈 두세 명을
만나 번갈아 간음 당하고 그대로 끌려 읍내로 들어갔는데, 비단 이부
자리가 깔려 있는 것이 사치스럽고 화려함이 지극하였으니, 이것들은
모두 약탈해 간 물건이었습니다. 상주 관아의 객사(客舍)에 들어가 있
었는데, 읍내에 진(陣)을 치고 머물러 있는 왜놈들이 무려 100여 명에
이르렀으며, 왜승(倭僧) 또한 7, 80여 명으로 방 하나에 따로 거처하였
습니다. 음식을 먹을 때 정갈한지 더러운지 가리지 않음은 마치 개돼
지와 같았으니, 우리나라 사람들은 결코 먹을 수가 없는 것이었습니
다."라고 하였다. 그래서 춘매가 하룻밤을 지내고 보내줄 것을 청하자
옷가지 몇 벌을 주면서 돌아가도록 허락하였으니, 운월(雲月)의 경우도
애초에 왜장이 깊숙한 곳에 가두어 두고서 나가는 것을 허락하지 않았
지만 결국에는 반드시 빠져나갈 것임을 의심하지 않았다라고 하였다.

○ 마침 경성(京城)에서 도망쳐 내려온 사람을 만났는데, 곧 우리 고
을 사람으로 번(番)을 들러 올라갔던 기병(騎兵) 김언희(金彦希)이었다.
5월이 되어 새로이 번을 들러 경성에 올라갔는데, 도성 안이 바야흐로
왜변 때문에 인심이 흉흉하였으며, 신립(申砬)이 충주(忠州)에서 패하여
탄환에 맞고 달아났으며, 경기 방어사(京畿防禦使: 邊應星)가 정예군을
거느리고 죽산(竹山) 땅에서 방어하다가 또한 불리하여 한강(漢江)으로
퇴각하였으며, 왜놈들이 이미 이번 달 1일과 2일 사이에 승세를 타고
곧바로 한진(漢津: 한강 나루)에 이르자 도성에서 나팔을 불어 군사를 징
발하였지만 한 사람도 의병으로 나서는 자가 없었으며, 주상은 와해
될 형세임을 알고 지난달 그믐에 대가(大駕)가 평양(平壤)으로 피난길에
올라서 대궐 안에 주상이 없자 인심이 더욱 동요하는데도 모든 벼슬아
치들은 달아나고 피하는 것이 새가 날아가 사방으로 흩어져 숨는 듯이
하였으며, 도성 문밖의 사람들은 다투어 서로 가산(家産)을 철거하여

도성 안으로 들어왔으나 도성 안의 사람들은 도성을 지키는 것이 견고하지 못한 것을 이미 알아차리고서 성문을 빠져나가고자 길게 늘어서는 데에 오직 미치지 못할까 염려하였으며, 궁궐의 제시(諸寺: 여러 관청)에서 맹렬한 불이 갑자기 일어나 연기와 불길이 하늘을 덮어 지척을 분간할 수가 없으니 이 화재 또한 누구의 손에서 저질러진 것인지 알지 못하였으며, 도성 안의 상하가 단지 살아남으려고 구차히 환난을 면하는 것에만 뜻을 두었을 뿐 갑옷투구를 가지고 와서 굳게 지키려는 생각은 전혀 없었고, 도성의 함락이 조석에 임박했어도 우리들은 비록 도성에 머물며 번을 서려고했으나 위로 소속된 곳이 없는 데다 밖으로 구원도 없어서 하는 수 없이 산을 타고 도망쳤다고 하였다.

영남지방 이외에 무릇 몇 개의 고을이건대 일찍이 한 사람의 대장부조차 의병을 일으켜 임금을 지키는 자가 없어서 왜놈들이 내륙에 쳐들어와 횡행하게 하였고, 믿는 바는 경성(京城)과 각 지방이거늘 왜적의 무리가 비록 많다 하더라도 어찌 우리 본토에 숲처럼 늘어선 사람보다 많을 것이며, 칼을 휘두르는 왜적의 용맹 또한 어찌 우리 기병(騎兵)과 사수(射手)의 강함과 굳셈을 당해낼 수가 있을 것이랴? 진실로 능히 성지(城地: 요충지)를 차지하여 성벽을 견고히 하고 굳게 지켜 왜놈들 스스로 곤궁해지기를 기다렸다가 싸우되, 아울러 영남 이외에서 정예병을 들어 아래에서 협공하면 앞뒤로 대적해야 하니 나아가나 물러가나 낭패스러워 멀리 있는 저 왜놈 무리들은 장차 우리의 칼날 아래에서 스스로 죽을 것이다. 계책이 이에 미치지 못하자, 적의 기병들이 향하는 곳에는 오직 두려워하기만 하여 무너져 달아나는데 겨를이 없어 성을 비우고 진지를 버려두어서 왜놈들이 제마음대로 들어오도록 내버려두었으니, 무인지경에 무엇을 꺼려 들어오지 않겠는가? 이것은 힘이 다하여 승리하지 못하는 것이 아니라 곧 우리 스스로가 싸워 이기려 하지 않는 것이며, 왜놈들이 우리를 괴롭혀서가 아니라 곧 우리 스스로가 멸망을 초래한 것이니, 무엇을 유감스럽다고 하겠는 가? 200년의 의관(衣冠)이 하루아침에 장차 변하여 오랑캐의 것을 쓰게 되었으니, 혈기를 지닌 자라면 어찌 이러한 땅에 있으면서 살길을 찾을 수 있으랴? 통곡하고 통곡한다.

도읍을 옮겨야 하는 곤액(困厄)은 대왕(大王: 周太王)도 면하지 못한 것이나 그곳으로 따라온 자들이 저잣거리에 모이듯이 많아서 끝내는 왕실의 후손이 번성할 토대를 마련하였고, 서촉(西蜀)으로 행행(行幸)한 화(禍)는 원종(元宗: 唐玄宗의 오기)이 스스로 초래한 것이지만 간성(干城)의 인재를 얻어 마침내 중흥의 왕업을 이루었으니, 만약 천명이 아직 끊어지지 않았다면 패배를 돌려 공을 세우는 것이 진실로 또한 어렵지 않을 것이다. 그러나 다만 오늘날의 인심이 주(周)나라의 백성들이 저잣거리에 모여들었던 것처럼 할지, 오늘날의 총병(總兵: 군지휘관)들이 당(唐)나라 곽자의(郭子儀)처럼 할지는 알 수 없다. 종묘사직(宗廟社稷)을 지키지 않아서 금성탕지(金城湯池)가 헛되이 만든 요새가 되고, 국본(國本: 세자)이 정해지지 않아서 민심이 희망을 걸 기반이 없기 때문이다. 사람들이 도모하는 것이 이 지경에 이르면 천도(天道)를 어찌 논하겠는가? 말과 생각이 이에 미치자 길이 탄식하며 죽고 싶었다.

○ 들건대 호서(湖西: 충청남북)까지 올라온 왜적들이 그 수 또한 많았는데, 청산(青山)·회인(懷仁)·보은(報恩)·청주(清州) 등 여러 고을들을 두루 함락시키고 곧장 경성(京城)으로 향했다고 하였다. 대가(大駕)가 피란 길을 나섰다는 소문이 퍼지면서부터 인심은 더욱 요동쳐 비록 깊은 산의 궁벽한 골짜기에 있는 사람이라 할지라도 상심하고 낙담하지 않은 사람이 없었다. 만약 의지할 곳이 없으면 모두 여기저기 흩어질 생각만 하였으나, 생업을 잃은 사람은 굶주림에 절박하자 서로 모여서 도적이 되어 위협하고 겁탈하기를 일삼으니 도로가 막혀 사람과 물자들이 통하지 못하였다. 강한 놈이 약한 놈을 잡아먹고 많은 수의 무

리가 적은 수의 무리를 능멸하니, 미천한 사람들이야 괜찮거니와 가장 가여운 자는 사족(士族)들이었다.

　나같이 허약하고 변변하지 못한 사람은 스스로의 몸도 오히려 보호하지 못하거늘 집에 어린 자식들이 무려 서너 명이나 있어서 산골짜기로 이끄느라 손발이 죄다 벗겨졌다. 졸지에 강포한 자들을 만나게 되면 형편상 모두 온전하기가 어려울 것인데, 하루에만 여러 차례 또한 그들에게 걸리면 굶어 죽을 것이 뻔하다. 좋지 못한 시대를 만났지만, 상심한들 다시 또 어찌하겠는가? 어머니 쪽의 일가인 고몽현(高夢賢: 洪約昌의 둘째부인 개성고씨 친부)과 류희필(柳希弼)이 죽임을 당했고, 홍우경(洪友敬) 또한 지난달 16일에 피살되었다고 하는데 곧 직장(直長) 홍침(洪琛)의 측실(側室) 아들이다. 부지런하고 성실한 데다 재간까지 있어서 같은 부류로부터 칭송을 받았거늘, 애석하였다.

　六日。晴。

　留主家[81]。奴凡介·孟乞等, 以覔粮及推得雲月, 而[82]入去州內。婢春梅, 自賊奴之[83]所, 出來。其言曰: "始逢倭奴數三人, 更迭相迮, 仍携入州, 張錦衾褥席, 極其奢華, 此皆攘取之物也。入處州廂客舍[84], 州中留陣之倭, 多至百餘, 僧倭亦七八十餘人[85], 別處一室。飲食之際, 不擇精麤, 有同犬豕, 此處[86]之人, 決不堪食。"云。渠乃經一宿, 請出, 則[87]贈以衣服數件而許歸, 雲月則徊[88]其主帥, 鎖在深處, 趑不許出, 然終必出來無疑云。○ 適遇自京逃來之人, 乃是吾州之上番騎

---

81) 主家: 蘆洞.
82) 而: 事.
83) 奴之: 누락.
84) 入處州廂客舍: 누락.
85) 人: 누락.
86) 此處: 我國.
87) 則: 則則.
88) 初: 徊.

士⁸⁹⁾金彦希也。以五月新番⁹⁰⁾上京，而都下方以倭變洶洶，申砬見敗於
忠州，中鐵丸逃走，京畿防禦使，領精兵來，禦于竹山地⁹¹⁾，亦不利退
去漢江，倭奴已於月一二日間⁹²⁾，長驅◇⁹³⁾抵漢津，城中吹角徵發，而
無一人赴義者，自上知其有瓦解之勢，前月之晦，大駕西狩⁹⁴⁾于平壤
地⁹⁵⁾，大內無主，人心益撓，百僚奔避，有同鳥竄⁹⁶⁾，門外之人，爭相撤
産入城，城中之人，則已知城守之不固，騈闐⁹⁷⁾出門，惟恐不及，宮闕
諸寺⁹⁸⁾，烈火遽起，烟焰漲天，咫尺不辨，此火亦不知出自誰手也，城
中上下，只以偸活苟免爲意，了無持甲堅守之計，大都見陷，不出朝
夕，吾等雖欲留番，而上無所屬，外無所援，不得已循山逃走云云。
◇⁹⁹⁾嶺外凡幾邑，而曾無一人男子唱義勤王，以致賊奴衝斥直擣內地，

---

89) 上番騎士(상번기사): 지방에서 교대로 入番하러 서울에 오는 기병.

90) 新番: 初番.

91) 《선조실록》1592년 9월 1일 5번째 기사에 "전 승지 成泳이 驪州에 이르러 元豪의 舊兵
을 얻고 모집한 인원과 합하여 군대를 만들었다. 이 일이 알려지자 가선대부에 加資하
였다. 이때 畿左 중에서는 여주와 利川에만 적의 둔영이 없었기 때문에 성영이 牧使
南彦經과 방어사 邊應星과 함께 모두 군사를 주둔시켰으나 감히 적을 공격하지는 못했
다. 변응성이 한 차례 竹山 길로 진출했다가 패군하여 퇴각하였다."라고 기록되어
있는바, 시기의 착종이 있는 것으로 보임. 邊應星(1552~1616)의 본관은 原州, 자는
機仲. 1592년 임진왜란이 일어나자 慶州府尹에 임명되었다. 그러나 일본군이 먼저
경주를 점령하여 부임하지 못하고, 8월 가평 전투에서 적과 싸워보지도 않고 도망쳤다
는 이유로 백의종군하였다. 利川府使가 되어서는 여주목사 元豪와 협력하여 남한강에
서 적을 무찔렀다. 1594년 광주·이천·양주의 산간에 출몰하는 土賊을 토벌하였으며,
한강 상류 龍津에 승군을 동원하여 木柵을 구축하여 병졸을 훈련하였다.1596년 李夢鶴
의 난이 일어났을 때는 용진과 여주 婆娑城을 수비하였다. 광해군 때에 훈련대장과
판윤에까지 승진하였다.

92) 己於月一二日間: 누락.

93) 如入無人一兩日之間直.

94) 西狩(서수): 西巡. 국왕의 서북 지방 巡行을 가리킴. 특히, 임진왜란 때 선조가 평양으
로 피난하고, 다시 의주로 피신했을 때와 같은 경우를 가리킨다.

95) 地: 누락.

96) 鳥竄(조찬): 새가 날아가 버리듯이 사방으로 흩어져 숨음.

97) 騈闐(변전): 사람이나 수레 따위가 길게 늘어섬.

98) 諸寺(제시): 奉常寺·宗簿寺·司僕寺·軍器寺 등의 기관을 말함.

99) 噫.

所恃者, 惟京城諸路[100], 賊徒雖多, 而豈過於本土之林立, 刀劍之
勇[101], 亦豈能當我騎射之强勁乎? 苟能據有城地, 堅壁固守, 俟其自
困而出戰, 兼擧嶺外精卒, 自下夾擊, 則腹背受敵, 進退狼貝, 憬彼之
徒, 將見自殱於鋒鏑之下矣。計不出此, 賊騎所向, 惟恐奔潰之不暇,
空城棄陣, 任其自來, 無人之境, 何憚而不入哉? 此非力屈而不勝也,
乃我之自不肯求勝也, 非倭奴困我也, 乃我之自取滅亡也, 何憾爲之?
何憾爲之[102]? 二百年衣冠, 一朝將變而用夷, ◇[103]有血氣者, 寧能處
此壤地求活耶? 痛哭痛哭。遷邦之厄, 大王所不免也[104], 而[105]從者如
市, 竟基瓜瓞[106]之籙[107], 幸蜀[108]之禍, 元宗[109]之所自取也, 而干城得
人[110], 卒成中興之業, 若使天命未絶, 則轉敗爲功, 固亦不難。而第未
知今日之人心, 猶周民之如歸市乎? 今日之摠兵, 猶唐家之郭子儀[111]
乎? 社稷不守而金湯爲虛設之險, 國本未定[112]而民心無係望之地。人

---

100) 路: 郡也.

101) 之勇: 雖利.

102) 何憾爲之 何憾爲之: 憤歎之懷已不可言而.

103) 凡.

104) 遷邦之厄, 大王所不免也(천방지액, 대왕소불면야):《孟子》〈梁惠王章句 下〉에 나오는
    周나라 太王의 고사를 일컬음. 태왕이 狄人이 침입해 왔을 적에 백성을 보호하기 위해
    혼자서 邠 땅을 떠나 岐山의 아래에 도읍을 정하고 거주하자, 빈 땅 사람들이 "인자한
    사람이니 놓쳐서는 안 된다."고 하면서 모두 그곳으로 따라와 살았다는 고사이다.

105) 也而: 而也.

106) 瓜瓞(과질): 오이 덩굴. 왕실의 후손을 비유하는 말이다.

107) 籙(녹): 寶籙. 봉황이 黃帝와 堯帝에게 가져다 주었다는 圖籙으로, 왕위를 계시하는
    天命을 상징함.

108) 幸蜀(행촉): 安祿山이 洛陽을 함락시키고 이듬해 長安까지 쳐들어오자, 唐나라 玄宗이
    西蜀으로 파천한 것을 일컫는 말.

109) 元宗: 玄宗. 당나라 玄宗은 당나라 재번영을 이끌기도 했으나 동시에 쇠퇴시킨 황제이다.

110) 干城得人(간성득인): 당현종을 보좌한 유능한 재상들인 姚崇, 韓休, 宋璟, 張九齡, 蕭嵩
    등을 가리킴. 이들 모두 각각의 능력이 출중하고 황제에 대한 충성심이 지극하였다
    한다.

111) 郭子儀(곽자의): 중국 唐나라 무장. 安祿山의 난이일어나자 朔方의 군사를 거느리고
    河東節度使 李光弼과 함께 中原의 반란군을 토벌하였다.

112) 國本未定(국본미정): 세자가 정해지지 않음. 세자 책봉 문제로 임해군과 갈등을 빚었

謀至此, 天道寧論? 言念及此, 長痛欲絶。○ 聞自湖西上來之倭, 其麗
亦多, 歷陷青山[113]·懷仁[114]·報恩·淸州等諸邑, 直指京城云。自聞大
駕出巡, 人心益撓, 雖在深山窮谷之人, 莫不喪心墜膽。若無所倚, 擧
作分散之計, 失業之人, 切於飢渴, 相取爲盜, 攻怯以資, 道路阻塞,
人物不通。强呑弱, 衆凌寡, 奰矣賤人, 最矜者士族也。如我屛劣之人,
自身猶不能護, 而家有[115]稚雛, 多至三四[116], 提携山谷, 手足盡脫。猝
遇强暴, 勢難俱全, 爲日數多亦罹, 於餓殍明矣。遭世不辰, 傷如之
何? 外族高夢賢[117]及柳希弼遇害, 洪友敬亦於去卄六日被殺云, 乃直
長琛之側室子也。勤謹有幹, 見稱於流輩, 惜哉[118]。

5월 7일。 맑음。

범개(凡介) 등이 상주(尙州) 읍내에서 돌아왔는데, 벼 10여 말을 구해
왔고 소금과 간장을 각기 조금씩 가지고 왔다.

송언명(宋彦明: 宋光國, 셋째아들 趙弘遠의 장인)이 찾아왔다. 그는 또한
지난달 20일에 그의 부모를 모시고 은척(銀尺)이란 곳에 들어왔으나
왜적들이 가까이에 들이닥치자 오늘 문경(聞慶)의 달곡(㺚谷)이란 곳으
로 옮기는 길이었으니, 이곳과의 거리가 10여 리가 된다고 하였다.

주인집에 머물렀다.

으나 1592년 임진왜란이 발생하였을 때 국난에 대비한다는 명분으로 피난지 평양에서
세자에 책봉된 것을 생각하면 이해할 수 있는 말이다.

113) 靑山(청산): 충청북도 옥천군 동부에 위치한 고을.

114) 懷仁(회인): 충청북도 보은군에 서부에 위치한 고을.

115) 家有: 老母.

116) 多至三四: 누락.

117) 高夢賢(고몽현, 생몰년 미상): 검간의 외조부인 洪胤崔의 후사로 들인 洪約昌의 둘째
부인 開城高氏의 부친.

118) 外族高夢賢及柳希弼遇害 洪友敬 亦於去卄六日被殺云 乃直長琛之側室子也 勤謹有幹 見
稱於流輩 惜哉: 누락.

七日。晴。

◇[119]凡介等, 還自州內, 所覓得租十數斗, 鹽醬各小許覓來[120]。宋彦明來見覓[121]。渠亦於前月二十日, 奉其父母入來銀尺[122]之地, 以其賊勢近逼, 今移聞慶獜谷之地, 拒此處十許里云。留主家[123]。

5월 8일。 맑음。

범개(凡介) 등이 양식을 구하는 일 때문에 말을 가지고 읍내로 들어갔는데, 가는 도중에 왜놈들이 길을 막히게 할 정도로 들끓는다는 소식을 듣고 저녁에 되돌아왔다.

오후에 김순생(金順生)이 아들과 함께 뒷산의 높다란 산봉우리 마루턱에 올라 두루 다 살펴보니, 산골짜기가 깊고 후미지며 험난한 곳으로 이만한 곳이 있지 않을 것 같았다.

○ 전해들은 소문에 의하면 도성에 들어간 왜적이 서신을 보내어 김성일(金誠一)과 이덕형(李德馨)을 맞이해 보고 혼인을 통해 화친 맺기를 의논하니 우리나라의 남자를 신하로 여자를 첩으로 삼겠다는 계획인데다, 또 우리나라를 앞장서 인도하도록 하여 곧장 연경(燕京)을 향해 장차 상국(上國: 명나라)을 침범하려 한다고 하였다. 이 소식이 믿을 만한지 아닌지는 아직 적실하게 알지 못하나, 만일 그와 같다면 국가의 불행함은 차마 말로 할 수가 없다. 송(宋)나라가 금(金)나라와 원(元)나라로부터 당했던 지난 체험이 이미 분명하거늘 화친하기 위해 혼인하기로 약속하는 것이 애당초 길한 조짐이 아니었는데, 하물며 순종하

---

119) 留蘆洞.

120) 覓來: 矣.

121) 覓: 누락.

122) 銀尺(은척): 경상북도 상주시 은척면에 있는 지명. 상주에서도 가장 오지로 알려졌다.

123) 留主家: 누락.

기를 저버리고 거역하기를 따르며 대조(大朝: 명나라 조정)를 도모하려
한다면 어찌 이런 이치가 있을 수 있단 말인가. 나라가 망할까봐 두려
워할지언정, 패역한 무리들이 난을 일으키는 것을 도울 수 없음은 분
명하다.

　작년 학봉(鶴峯: 金誠一) 영감을 뵈었을 때, 통신사의 일에 말이 미치
자 이르기를, "일본에 사신으로 가 있었을 때, 저 오랑캐놈들이 이미
대명(大明: 명나라)을 씹어 삼킬 뜻이 있었는데, 그 뜻은 우리나라로 하
여금 앞장서서 중조(中朝: 명나라 조정)에 들어가게 하는 것으로 회답 국
서(國書)에도 또한 이 말을 언급하였었다."라고 하였다. 학봉이 분개하
여 갑갑함을 이길 수 없어 잇달아 글을 올려 그들에게 예를 어기고 분
수를 범해서는 안 된다는 뜻을 극단적으로 말하자, 저 왜놈들은 움츠
러들어 그 말을 에둘러대면서까지 교활하게 속인 흔적을 감추고자 하
였다. 학봉(鶴峯)은 끝까지 말로라도 이치에 닿지 않다는 것을 굽히지
않고 주장하여 그 정상을 밝혀 일이 더 커지기 전에 막으려는 계획이
었으나, 상사(上使: 通信正使) 황윤길(黃允吉)·서장관(書狀官) 허성(許筬) 등
이 모두 죽을까 두려워하고 살기를 탐했던 못난 위인들로서 국사에 중
대한 관계가 되는 일임을 전혀 생각지도 않은 채, 단지 왜놈들의 비위
를 거슬러서 장차 억류되어 모욕당할까만 크게 두려워하고는 스스로
다른 의견을 내세워 왜놈들의 뜻에 맞춰주니, 이로 인하여 학봉은 도
리어 간섭과 방해를 받아서 끝내 자기의 지조와 절개를 펼치지 못하게
하였다는 일은 학봉의 일기에 매우 상세히 기록되어 있다.

　그 이후 지금에 이르러 저 오랑캐들이 과연 이 일로써 공갈한다면
당초에 힘써 저지하지 못한 죄이니, 황윤길과 허성은 어찌 능히 만 번
죽을 것을 면할 수 있겠는가? 또한 왜놈들이 우리나라로 하여금 앞에
서 인도하도록 했던 것은 대개 은밀히 흔단(釁端: 불화의 단서)을 일으켜
서, 진(晉)나라가 우(虞)나라의 길을 빌어 괵(虢)나라를 멸한 것처럼 명

나라를 공격하려는데에 뜻이 있었던 것이니, 그 또한 고개를 숙여서 명을 듣고 따를 수 있겠는가? 오늘날의 계책으로서 상하가 협력해 안으로는 정치를 닦고 밖으로는 외세를 물리칠 방책을 힘써 강구하며, 겉으로는 그렇게 하겠다고 하면서 그놈들의 말을 들어 따르는 척하고 속으로는 곧 마음을 단단히 차려 스스로 공격과 수비의 계책을 더욱 견고히 다스린다면, 저 왜놈들은 적지에 깊숙이 들어온 데다 바다를 건너왔으니 세월을 보내며 오랫동안 버티고있기만 해도 장차 싸우지 못하고 절로 죽는 상황이 생길 것이다. 혹자는 인심이 흩어져서 각자 달아나면 갑자기 수습하기가 어려울 것으로 염려하지만, 이는 그렇지가 않다.

안일에 젖어 있었던 나머지 졸지에 강한 왜구를 만났는데, 게다가 위로는 훌륭한 장수가 없고 군대의 기강이 엄격하지 않아 풍문만 듣고도 달아나 무너져 버리는 것이 여러 진영(鎭營)마다 모두 그러하니, 일정한 생업도 없고 가르침도 받지 못한 백성들로서는 그 누가 죽을 땅인데 피하지 않고 기꺼이 무릅쓰려 하겠는가? 지금 왜변이 일어난 지 한 달이 되어가는데, 산골짜기로 피난해 들어간 백성들이 낮에는 농사를 지을 수 없고 밤에는 방안에 들어갈 수 없는 데다 꾸려왔던 양식마저도 떨어져 장차 굶어죽어 구덩이를 메우는 지경에 이르러서 아비와 어미며 처자식도 각자 서로 보호하지 못하게 되자 팔을 걷어붙이고 이를 갈며 서로 마주하여 말하기를, "하잘것없는 섬 오랑캐들이 우리들을 이 지경에 이르도록 했으니, 우리들이 만약 각자 있는 힘을 다한다면 적의 기세가 비록 날카롭다 해도 어찌 무찔러 소탕할 기약이 없겠는가?"라고 하였다. 궁벽한 골짜기에 피해 있던 사람들이 모여서 무리를 짓고는 서너 명씩 나뉘어 약탈하는 왜놈들을 번번이 모두 때려 죽음에 이르도록 한 것이 자주 있었는데, 짐승도 궁지에 몰리면 덤비는 법이니 그 이치야 진실로 당연한 것이다. 만일 재주와 지략을 겸비

한 사람이 앞장서서 우뚝하게 의리를 부르짖으며 호령을 내고 의병을
모집하여 적개심을 품고서 난리를 평정할 수 있게 한다면, 칭송하는
백성들이 귀의할 만한 사람이 있음을 알고 중히 여겨 기댈 것이니 수
만의 군졸인들 장차 며칠 되지도 않아 절로 모일 것이다. 이처럼 감히
죽으려는 사람들을 이끌고 오랫동안 종군하느라 고달팠던 적들을 공
격하면 승세가 우리에게 있어 군의 위용을 반드시 떨치리니, 흉적을
없애어 설욕하는 것이야말로 여기에 있지 않겠는가? 영남의 각 고을
을 지키는 수령들이 적의 침공 소식만 듣고도 성을 버리고 먼저 달아
난 것은 곳곳마다 모두 그러하였다. 큰 고을이든 거대한 진(鎭)에서든
성을 지키고자 피 흘려 싸운 곳이 하나도 없었으나, 유독 용궁현(龍宮
縣) 우후(禹侯: 禹伏龍)만이 성을 매우 굳게 지키며 성벽을 견고히 하고
흔들리지 않았는데, 적의 형세가 비록 치성했을망정 끝내 함락시키지
못했다고 하였다. 아주 작은 쇠잔한 마을로 그 백성이며 병장기들이
왜구를 대적하기에 십분의 일도 되지 못하는 데다 또 성곽(城郭)도 없
어 적을 방어하기가 더욱 어려웠으나, 굳게 지키고 사력을 다해 항거
하여 끝내 함몰되는 참화를 모면했으니 진실로 사람에게 달린 것이지
군사의 다수에 달린 것이겠는가? 용궁현감의 소문난 명성이 오래도록
자주 들렸다. 지금 큰 변란을 당하여 앞에서 들었던 소문들이 빈 말이
아님을 더욱 믿게 되었다. 탄복할 만하였고 탄복하였다.

  들려오는 소식에 의하면 우리 고을의 목사(牧使: 金澥)가 산사(山寺)에
붙어서 밥을 얻어먹고 지냈는데 거느렸던 사람이 겨우 대여섯 명에 불
과했으나 얼마 뒤에 또 그를 버려두고 돌아가버려 손발을 잃은 듯하
자, 지금은 승방(僧房)으로 옮겨서 쌀을 구걸하여 지낸다고 하였다. 반
자(半刺: 判官 權吉)는 왜적과 접전하던 날에 말에서 떨어져 진지 안에
있다가 미처 피하러 나가지 못하여 왜적의 칼날에 해를 입었다고 하였
다. 그러나 세상의 형편을 미처 적실하게 알 수가 없다.

상주(尙州)에서 성이 함락되자, 사람들이 모두 그 허물을 순변사(巡邊使: 李鎰)에게 돌렸으니 어떤 위인이겠는가? 왜적과 전투하던 당시에 순변사는 성을 버리고 성밖에다 진(陣)을 쳤기 때문에 맞붙어 싸운지 얼마 되지도 않아서 사람들이 모두 무너져 달아났으니, 이른바 활쏘기에 능한 자 또한 모두 말을 모느라 나서지 못한 채 적의 탄환을 피하느라 한 사람도 활을 쏴보지 못하고서 패배하고 말았던 것이다. 만약 당초에 성안으로 들어가 진(陣)을 쳤더라면 우리 군사들은 피하여 달아날 곳이 없어서 반드시 죽을힘을 다하리니, 적의 탄환이 비록 날아들지라도 방패로 가리며 성 위에서 활쏘는 솜씨를 발휘하였을 것이다. 승패의 결말은 감히 미리 헤아릴 수 없겠으나, 땅에 피로 얼룩진 참화가 어찌 이토록 끔찍한 지경에 이르렀겠는가? 왜놈들이 믿는 것이라고는 단지 철환 쏘기와 칼쓰기 등 두 가지 솜씨만 있을 따름이었으니, 만약 성 밖에 있도록 했다면 저들은 용기를 낼 수 있는 길이 없었는지라 필시 화살과 돌이 쏟아지는 전쟁터에서 죽었을 것이다. 비록 단번에는 거의 섬멸될 수 없을지라도 어찌 그 자리서 선 채로 성을 함몰당하는 데에 이르겠는가?

대개 당시는 순변사(巡邊使: 李鎰)가 처음으로 도임하고 사졸(士卒) 또한 적었던 데다 우리 고을 상주(尙州)와 함창(咸昌)의 군졸도 기껏해야 6,7백 명에 불과하였는데, 왜놈들이 갑자기 들이닥치자 숫자가 얼마 되지도 않은 약한 군사들을 가지고서 함부로 성을 버리고는 들판에서 싸우려고 하였으니, 패배를 당하는 것은 의심할 여지가 없었다. 주장(主將)은 어찌 이를 생각지 못했을까만 기필코 성 밖에다 진(陣)을 치려한 것 또한 그 마지막에는 반드시 패할 것을 염려하고 미리 퇴각하여 피하려는 계획으로 삼았던 것이다. 나라의 안위가 이 한번의 일에 달려 있었거늘, 몸이 장수의 명을 받든 처지로서 적과 대적하여 싸우기도 전에 먼저 구차스럽게도 위험에서 벗어날 길을 도모하였으니, 그

또한 막사를 불태우고 솥단지를 깨뜨리고서 결사의 각오로 싸우려했
던 자와는 달랐던 것이다. 한탄스러웠고 한탄하였다.

　　주인집에 머물렀다.

　　八日。晴。

　　◇[124] 凡介等, 以覓粮事, 持馬入去, 中路聞倭奴多梗, 夕還來[125]。午
後, 與金順生及豚息[126], 登後山高峯絶頂, 遍皆觀覽, 山谷之深僻阻
險, 未有如此地也。○ 流聞上京之倭, 用書契, 邀見金誠一·李德
馨[127], 以講約婚連和[128]之事, 因以爲臣妾我人[129]之計, 且令我國先導,
直指燕都[130], 將欲侵犯上國云。此報信否, 時未的知, 而若果如此, 則
國事不幸, 有不忍言。趙宋[131]之於金元[132], 前驗已明,[133] 講和約昏, 已

---

124) 留蘆洞.

125) 凡介等 以覓粮事 持馬入去 中路聞倭奴多梗 夕還來: 누락.

126) 豚息: 豚兒.

127) 李德馨(이덕형, 1561~1613): 본관은 廣州, 자는 明甫, 호는 漢陰·雙松·抱雍散人. 임진
왜란이 일어나자 왜장 小西行長과 충주에서 담판하려 했으나 성사되지 못하였고, 대
동강에서 玄蘇와 회담하여 그들의 침략을 논박하였다. 그 뒤 定州까지 선조를 호종하
였다가 請援使로서 명나라에 원병을 청하였다. 귀국하여서는 대사헌이 되어 명군을
영접하고 군량의 수집을 독려하였다. 그해 12월 한성부 판윤이 되어 명장 李如松의
接伴官으로 활동하였다. 이듬해 1월 판윤 직에서 물러났으나 4월에 다시 복귀하였으
며, 형조·병조 판서를 거쳐 1594년 이조판서가 되었다. 1595년 경기도·황해도·평안
도·함경도의 四道體察使에 임명되었으며, 1597년 정유재란 때에는 명장 楊鎬와
함께 서울 방어에 힘썼다. 이 공으로 같은 해 38세의 나이로 우의정에 올랐고 곧이어
좌의정이 되었다. 전란이 끝난 후에는 判中樞府事가 되어 군대를 재정비하고 민심을
수습하는데 노력하였으며, 대마도 정벌을 주장하였으나 실행되지는 못하였고, 1598
년 영의정이 되었다.

128) 連和(연화): 둘 이상의 독립한 것이 연합함. 여기서는 '화친을 맺다'는 뜻으로 쓰였다.

129) 臣妾我人(신첩아인): 우리나라의 남자는 신하로 여자는 첩으로 삼겠다는 말.

130) 燕都(연도): 지금의 중국 北京을 이르는 말.

131) 趙宋(조송): 宋. 송나라의 시조가 趙匡胤이어서 일컫는 말이다. 역사학계에서는 북송
과 남송으로 시대를 구분하나, 황실의 교체 없이 이어졌기 때문에 단일왕조가 화북지
역을 상실한 형태로 명맥을 유지한 것으로 인식하여 趙宋이라 부른다.

132) 金元(금원): 金나라와 元나라. 금나라는 여진족 아구다[阿骨打]가 건립한 왕조
(1115~1234)이고, 원나라는 몽골족이 중국을 정복하고 징기즈칸의 손자인 쿠빌라이
에 의해 세운 왕조(1271~1368)이다.

非吉兆, 況棄順從逆, 謀及大朝, 豈有此理也? 國可亡恐, 不可助逆稱亂[134], 決矣。昨年, 見鶴峯令公, 語及通信之事, 謂曰: "在日本之日, 彼虜已有呑噬大明之志, 其意欲令我國先驅入朝, 所答國書, 亦及此語." 鶴峯不勝憤悶, 連章累牘[135], 極陳其不可越禮犯分[136]之義, 則彼虜瑟縮, 回互其說, 以掩其狡詐之迹。鶴峰欲窮辭强辯, 發其情狀, 以爲防微杜漸[137]之計, 而上使黃允吉[138]·書狀官許筬[139]輩, 俱是怖死貪生之鄙夫也, 謾不慮國事爲關重[140], 只以觸忤倭奴, 將見截辱爲大懼, 自立異論, 以逢迎[141]倭意, 以此鶴峯却被掣肘[142], 終不得伸其志節云, 事在其日記甚詳。越至今日, 虜果以此事恐喝, 則當初不能力折之罪,

---

133) 前驗已明(전험이명): 靖康의 變으로 인하여 徽宗과 欽宗이 금나라에 포로로 잡혀간 뒤에 북송이 멸망한 사실과, 宋高宗에 의해 명맥이 이어진 남송이 1279년에 이르러 원나라 쿠빌라이 칸에게 완전히 패배하여 멸망한 사실을 일컬음.

134) 助逆稱亂: 聽從.

135) 連章累牘(연장누독): 잇달아 상소하는 것을 말함.

136) 犯分(범분): 제 신분과 처지를 돌아보지 않고 웃어른에게 버릇없는 짓을 함.

137) 防微杜漸(방미두점): 어떤 일이 커지기 전에 미리 막음.

138) 黃允吉(황윤길, 1536~?): 본관은 長水, 자는 吉哉, 호는 友松堂. 1558년 사마시에 합격하여 진사가 되고, 1561년 진사로서 식년문과에 병과로 급제하였다. 여러 벼슬을 거쳐 1583년 황주목사를 지내고, 이어 병조참판을 지냈다. 1590년 通信正使로 선임되어 부사 金誠一, 書狀官 許筬과 함께 수행원 등 200여명을 거느리고 대마도를 거쳐 오사카로 가서 일본의 關伯 豊臣秀吉 등을 만나보고 이듬해 봄에 환국하여, 국정을 자세히 보고하였다. 서인에 속한 그가 일본의 내침을 예측하고 대비책을 강구하였으나, 동인에 속한 김성일이 도요토미의 인물됨이 보잘것없고 군사준비가 있음을 보지 못하였다고 엇갈린 주장을 하여 일본 방비책에 통일을 가져오지 못하였다.

139) 許筬(허성, 1548~1612): 본관은 陽川, 자는 功彦, 호는 岳麓·山前. 許筠·許筠의 형이고, 許蘭雪軒의 오빠이다. 1583년 별시문과에 급제하였다. 1590년 典籍으로서 通信使의 從事官이 되어 일본에 다녀왔다. 이어 정언·헌납·이조좌랑·응교·사인·집의를 거쳐, 1594년 이조참의로 승진되었으며, 이듬해 대사성·대사간·부제학을 역임하였다. 이어 이조참판을 지내고 전라도안찰사로 나갔다가 예조와 병조의 판서에 제수되었으며, 그 뒤 이조판서에까지 이르렀다. 1607년 宣祖의 遺敎를 받게 되어 세인들이 顧命七臣이라 칭하게 되었다.

140) 關重(관중): 중대한 관계가 있음.

141) 迎: 누락.

142) 掣肘(철주): 남의 팔꿈치를 옆에서 끈다는 뜻으로, 남의 일에 참견하여 못하게 방해함을 비유적으로 이르는 말.

黃許豈能免萬死哉? 且其令我國先導者, 盖將陰求釁端[143], 意在於滅
虢[144]也, 其亦可[145]俯首而聽命乎? 爲今日計, 上下協力, 務講修攘[146]
之策, 陽爲然諾[147], 以[148]若聽從其說, 而陰乃銳意, 自治益堅攻守之
計, 則彼懸軍[149]越海之, 曠日持久[150], 將有不戰自斃之勢矣。或者以人
心渙散[151], 各自逋播, 遽難收合爲慮, 此則不然。狃安[152]之餘, 猝遇勁
寇, 加以上無良將, 軍律不明, 望風奔潰[153], 列鎭皆然, 則以無恒不教
之凡民[154], 其誰肯冒死地而不避也? 今則變作浹月, 齊民[155]之避入山
谷者, 晝不得緣畞, 夜不得入室, 齎粮且乏, 將至塡壑。爺孃[156]妻子,
各不相保, 莫不扼腕切齒, 相與偶語曰: "蕞爾[157]島醜, 令我輩至此, 我
等若能各自致力, 則賊勢雖銳, 寧無勦滅之期也?" 窮谷之人, 或相屯
聚其徒, 倭奴之三四分抄者, 輒皆歐打致斃者, 比比有之, 獸窮而
搏[158], 其理固然。苟有材略兼人者, 唱義特立, 發號求募, 以爲敵愾戡

---

143) 釁端(흔단): 서로 사이가 벌어지는 시초나 단서. 불화의 단서. 싸움의 시초.

144) 滅虢(멸괵): 괵을 멸함.《左傳》僖公 2년에 荀息이 晉獻公에게 "虞나라의 길을 빌려
虢나라를 토벌하자.(假道於虞以伐虢)"고 하였으며, 5년에 다시 진헌공이 우나라의 길
을 빌려 괵나라를 치려 하자, 이에 우나라의 충신 宮之奇가 "곽나라는 우나라의 보호벽
이니, 곽나라가 망하면 우나라도 괵나라를 따르게 됩니다.(虢, 虞之表也. 虢亡, 虞必從
之.)"고 한 데서 나온 말이다.

145) 可: 누락.

146) 修攘(수양): 內修外攘. 내수는 내부의 국정을 잘 닦아가는 것이고, 외양은 외적의 침입
을 물리치는 것임.

147) 然諾: 許和.

148) 以: 似.

149) 懸軍(현군): 군의 부대가 본대를 떠나 적지에 깊어 들어감.

150) 曠日持久(광일지구): 하는 일 없이 헛되이 세월만 보내어 오래 끌고 머문다는 뜻.

151) 渙散(환산): 군중이나 단체가 해산하여 흩어짐.

152) 狃安(유안): 안일한 생각에 빠짐.

153) 望風奔潰(망풍분궤): 기세만 바라고도 달아나 무너져 버림.

154) 不教之凡民(불교지범민):《論語》〈子路篇〉의 "가르치지 않은 백성을 동원해서 싸우게
한다면, 이것을 일러 백성을 버린다고 한다.(以不教民戰, 是謂棄之.)"에서 나온 말.

155) 齊民(제민): 일반 백성.

156) 爺孃(야양): 부모를 속되게 이르는 말.

157) 蕞爾(촬이): 작고 보잘것없음.

亂¹⁵⁹⁾之擧, 則謳吟之民, 知有所歸, 倚以爲重, 數萬之卒, 將見不日而
自集矣. 提此敢死之人, 以攻久勞之賊, 勝勢在我, 軍容必振, 除凶雪
憤, 其不在玆乎? 嶺下諸守道, 聞賊報棄城先遁者, 所在皆然. 巨邑大
鎭, 無一守城血戰之處, 而獨聞龍宮¹⁶⁰⁾禹侯¹⁶¹⁾, 城守¹⁶²⁾甚固, 堅壁不
撓, 賊勢雖熾, 而終不得拔云. 十室¹⁶³⁾殘邑, 其人民械戟, 不足以敵倭
寇十分之一, 且無城郭, 尤難於禦敵, 而牢守力拒, 終免陷害者, 在人
而已, 其在多乎? 屢聞龍倅之有政聲久矣. 今當大變, 益信前聞爲不
虛也. 可欽可欽! 流聞吾州之伯, 寄食山寺, 所率不滿五六人, 而頃又
棄歸, 如失手足, 今方轉宿僧房, 乞米以資云. 半刺¹⁶⁴⁾則接戰之日, 墜
馬陣中, 未及出避¹⁶⁵⁾, 遇害於賊刃云. 而時未能的知也. 尙州之陷城,
人皆曰咎在巡邊, 何者? 當日之戰, 巡邊棄城外陣, 故接戰未久, 人皆
潰走, 所謂能射者, 亦皆擁馬袖手, 以避鐵丸, 無一人發矢而敗北. 若
令當初入城作陣, 則我軍無避走之所, 必致死力, 鐵丸雖入, 而擁楯城
上, 可以售弓矢之技矣. 終之勝敗, 未敢逆料, 而塗地之慘, 豈至於此
極也? 倭奴之所恃者, 只在於鐵丸刀劍等兩技, 若在城外, 則彼無售勇
之路, 而必斃於矢石之下矣. 雖不能一擧盡殲, 豈至於立致陷城也?
大槩當日, 巡邊初到, 而士卒且少, 本州及咸昌之卒, 摠不過六七百
人, 而倭奴猝至, 持此單弱之師, 乃敢舍城而野戰, 其見敗無疑矣. 主

---

158) 獸窮而搏(수궁이박):《荀子》哀公에 "새가 궁하면 부리로 쪼고, 짐승이 궁하면 움키며
    덤벼든다.(鳥窮則啄, 獸窮則攫.)"에서 나온 말.

159) 戡亂(감란): 난리를 평정함.

160) 龍宮(용궁): 경상북도 예천군 용궁면 일대.

161) 禹侯(우후): 禹伏龍(1541~1613)을 가리킴. 본관은 丹陽, 자는 현길(見吉), 호는 懼
    庵·東溪. 1573년 司馬試에 합격하여 성균관 유생이 되었다. 임진왜란 때 龍宮縣監으
    로 용궁을 끝까지 방어, 그 공으로 安東府使에 올랐다. 1599년 洪州牧使가 되어 선정
    을 베풀고, 羅州牧使·忠州牧使를 거쳐 1612년 成川府使에 이르렀다.

162) 城守: 守城.

163) 十室(십실): 十戶쯤 되는 작은 마을.

164) 半刺: 협주【權吉】이 있음.

165) 墜馬陣中 未及出避: 누락.

將豈不慮此, 而必欲外陣者, 亦慮其終之必敗, 而預爲退避之計也。國
之安危, 在此一擧, 而身爲命帥, 敵未交鋒, 而先圖苟免之路, 其亦與
燒廬舍破釜甑[166)]者[167)]異矣。可嘆可嘆[168)]! 留主家[169)]。

5월 9일。 비가 종일 쏟아붓듯 내림。

밤이 되자 도랑물이 매우 불었다。 화령현(化寧縣: 상주의 서부지역)으
로 사람을 보내어 쌀 1말 가량을 받아왔는데, 감관(監官: 곡식 출납 관리)
윤효인(尹孝仁)이 목사(牧使: 상주목사 金澥)의 지시를 받들어서 나누어
주었다고 하였다。

들려오는 소식에 의하면 하공확(河公廓: 河鏡輝)의 부인 및 고몽현(高
夢賢)의 딸이 모두 왜적에게 사로잡혀 갔고, 홍기수(洪耆叟)의 아들 또
한 사로잡혔다가 며칠 뒤에 돌아왔다고 하였다。

주인집에 머물렀다。

九日。 雨下如注終日。

到夜, 川渠[170)]極漲。 ◇[171)] 送人于化寧縣, 取可米一斗[172)]而來, 監
官[173)]尹孝仁, 承牧伯指揮, 分給云。流聞河公廓[174)]內助及高夢賢室女,

---

166) 燒廬舍破釜甑(소여사파부증): 살아 돌아올 기약을 하지 않고 결사의 각오로 싸우겠다
는 결의를 비유적으로 이르는 말。 項羽가 秦나라와 싸우러 가면서 河水를 건넌 뒤
배를 모두 가라앉히고, 솥과 시루를 깨뜨리고, 막사를 불태우고, 사흘 양식을 지니고
서 사졸에게 반드시 죽을 것임을 보여 주었던 것(沈船破釜甑, 燒廬舍, 持三日糧, 以示
士卒必死。)에서 유래한다。
167) 燒廬舍破釜甑者: 守孤城敵江淮者。
168) 可嘆可嘆: 可嘆。
169) 留主家: 누락。
170) 川渠(천거): 물의 근원이 가까운 곳에 있는 내。
171) 留蘆洞。
172) 一斗: 一斛。
173) 監官(감관): 관청이나 宮家에서 돈과 곡식 따위의 출납을 맡아보던 관리。
174) 公廓(공확): 河鏡輝(1559~1592)의 字。 본관은 晉州。 1589년 증광시에 급제하였다。

俱被擄去, 洪耆曳◇[175]子亦被擒, 數日後還來云。留主家[176]。

5월 10일。아침부터 비오다가 저녁에 갬。

들려오는 소식에 의하면 항간에 떠도는 말로는 그저께 아침에 두 개의 해가 서로 오랫동안 일렁거렸고, 그 하나가 색깔이 검푸르렀는데 검은 해가 견디지 못하고 사라졌다고 하였다. 이것은 우연한 변고가 아닐 것이나 내가 직접 본 것이 아니고, 전하는 바의 소식도 말을 함부로 하지 않았겠지만 어찌 능히 반드시 그랬으리라고 믿겠는가?

주인집에 머물렀다.

十日。朝雨晚霽。

流聞道路之言, 昨昨[177]之朝, 兩日相盪久之, 其一則色靑黑, 黑日不勝消散云。此非偶然之變, 而非吾所親見, 所傳亦非信口[178], 安能信其必然也? 留主家[179]。

5월 11일。갰는데 오후에 비가 내림。

홍민언(洪民彦)이 찾아와서 이 기회에 함께 송언명(宋彦明: 宋光國, 셋째 아들 趙弘遠의 장인)의 임시거처로 갔는데, 송언명이 있지 않았지만 그의 대인(大人: 아버지 宋新民)과 신여주(申汝柱) 군을 만날 수 있어서 저물

1592년 임진왜란이 일어나자 아버지를 모시고 상주에 갔다가 도중에 왜적을 만났다. 왜적이 아버지를 베려 하자, 하경휘는 소리를 지르며 자기 몸으로 칼을 막았으나 무도한 왜적은 부자를 모두 무참히 살해하였다.

175) 其인 듯.
176) 流聞河公廓內助及高夢賢室女 俱被擄去 洪耆曳◇子亦被擒 數日後還來云 留主家: 누락.
177) 昨昨: 昨.
178) 所傳亦非信口: 누락.
179) 留主家: 留蘆洞.

녘까지 온화하게 이야기를 나누다가 비를 무릅쓰고 돌아왔다.

○ 들려오는 소식에 의하면 청주(淸州)가 일찍이 또한 함락되었었는데, 그곳 사람들은 '왜구들이 상주(尙州)에서 이미 죄다 경성(京城)으로 올라갔다.'라고 생각하고서, 읍내에 살던 사람들은 전혀 성밖으로 피난을 나가지 않고 있다가 뜻하지 않게 왜구들이 갑자기 들이닥쳐서 죽거나 다친 사람이 더욱 많았으며, 사족(士族)들의 집안 사람도 남김없이 사로잡혔고 목사(牧使: 청주목사 柳涉)도 어디로 붙잡혀 갔는지 알지 못하였으며, 반자(半刺: 判官)도 그의 처자식을 잃고서 몸만 겨우 빠져나와 지금 공림사(空林寺)의 승사(僧舍)에 머물러 있으면서 쌀을 빌어 구차스럽게 생활한다고 하였다.

○ 노비들이 양식을 구하는 일 때문에 상주(尙州) 읍내로 들어가다가, 도중에 적들이 홍수에 막혀 백갈촌(白葛村)에 진을 치고 불 지르며 노략질하는 것이 더욱 심하여 사람을 만나기만 하면 번번이 해친다는 것을 듣고서 이 때문에 들어가지 못하고 임시거처로 되돌아왔다.

十一日。霽午後雨。

洪公民彦[180]來訪, 因與同往宋彦明寓所, 彦明不在, 得遇其大人[181]及申君汝柱, 至夕穩話, 冒雨而還。○ 流聞淸州, 曾亦見陷, 彼地之人, 意謂倭寇自尙州已盡上京, 邑內所居者, 全不避出, 而意外倭奴猝至, 殺傷尤多, 士族之家, 無遺被擄, 牧伯[182]不知去處, 半刺公失其妻

---

180) 洪公民彦(홍공민언): 洪民彦(1537~1626). 본관은 豐山, 자는 季偉, 호는 壺隱. 1592년 임진왜란 때 4촌동생 洪民聖과 함께 창의하여 의병을 모집하여 아들 洪時挺을 데리고 蘆嶺에 이르러 趙憲이 전몰소식을 듣고서 상소하여 監司 李洸이 전쟁을 기피한 죄를 논하였으며, 崔時望과 함께 雲峯에서 싸우다가 병으로 인하여 홍민성에게 위촉하였다. 정유재란 때도 兵糧을 모집했으나 왜적이 물러감으로 義穀을 관에 바쳤다.

181) 大人(대인): 남의 아버지를 높여 일컫는 말.

182) 牧伯(목백): 淸州牧使 柳涉(생몰년 미상)을 가리키는 듯. 본관은 瑞山. 임진왜란 때 청주목사로 왜적을 맞아 싸웠다. 安邦俊의 《隱峯全書》 권36 〈抗義新編·嶺湖備倭之策〉에 기록이 남아 있다.

子, 單身抽出, 今寓于空林[183]僧舍, 乞米苟活云。○ 奴子輩[184]以覓粮
事, 入去州內, 中路聞倭奴阻水, 結陣於白碣村[185]里, 焚抄滋甚, 逢人
輒害, 以此不得入去, 還來寓所。

5월 12일。맑음。

듣건대 가은현(加恩縣)에 사는 신응개(申應漑)·김지원(金至元) 등이 집
에 많이 저장해 둔 곡식을 내주고 장리(長利)를 놓는다고 하여 나와 김
운룡(金雲龍)·김징(金澄: 김순생의 아들) 등 여러 사람들이 직접 그곳으로
가는 길에 그곳에서 오는 사람을 만났는데, 왜놈들이 은척(銀尺) 등지
에서 방금 가은현의 마을로 들어가 습격하여 겁탈함이 지극히 심해지
자, 가은현의 마을 및 근처에 사는 사람들이 모조리 산으로 올라가느
라 도로를 막아 서로 통행할 수가 없어서 되돌아온다고 하였다.

○ 들려오는 소식에 의하면 경성(京城)으로 올라간 왜구들이 사평원
(沙平院)이란 곳에 모여 있으나 때맞춰 한강(漢江)을 건너지 못하자, 도
성(都城) 사람들이 방금 강가에 나와 막아내고자 갖은 방법으로 항거하
니, 왜놈들은 군량이 다 떨어져가서 밀과 보리를 훑어 아침저녁 끼니
로 삼았는데, 경기도 안의 여러 고을도 식량을 비축해둔 것이 모조리
고갈되어 식량을 찾을 길이 없어서 왜적의 무리들이 영남으로 내려와
곡식을 올려보내려고 했지만 문경(聞慶)·함창(咸昌) 또한 모두 탕진하
였기 때문에 상주(尙州)까지 내려와서 곡식을 취하려 한다고 하였다.

---

183) 空林(공림): 空林寺. 충청북도 괴산군 청천면 사담리 낙영산에 있는 사찰. 괴산군 청천
     면에서 상주시 화북면으로 이어진 37번 국도를 따라가면 있다. 낙영산 북쪽으로는
     화양구곡이, 남동쪽으로는 속리산이 자리하고 있다.
184) 奴子輩: 奴輩.
185) 白葛村(백갈촌): 백갈 들. 경상북도 상주시 외서면 봉강리 새마 서쪽와 이천리의 말밭
     태이 남서쪽 외서천 건너에 있는 들.

우리 고을 상주(尙州) 관아의 곡물은 전부터 묵어 쌓여서 빈민들에게 나누어 주고도 남은 것이 아직 수십만 석(石)에 모자라지 않을 것인데, 근래에 왜놈들이 들어와 마구잡이로 쓴데다 고을 백성들이 가져간 것 또한 헤아릴 수 없을 만큼 많다고는 하나 아직도 많이 남아 있을 것이다. 이 때문에 왜놈들이 우리 고을의 관아에 머물러 있으며 굳게 지켜 흩어지지 않고 관곡(官穀)을 경성(京城)에 수송하기까지 오래도록 머물면서 승부를 결정하는 계획으로 삼고자 한다고 하였다. 많이 쌓아둔 말린 양식은 본래 전쟁을 치르면서 나라가 쓸 것이었으나, 지금 도리어 도적들에게 갖다주는 양식이 되고 말았으니 어찌 이처럼 마음 아픈 일이 있겠는가? 더 빨리 불태우는 것만 같지 못하였는데, 관아 창고의 모든 물건들은 모조리 도적놈들이 차지한 바가 되었고 우리들은 손댈 길조차 없으니 더욱 지극히 통분스럽고 통분하였다.

○ 마을에 있는 소와 말을 왜놈들이 전부 잡아가서는 식량을 실어나르는 것으로 하거나 타고다니는 것으로 하니, 발걸음이 더디고 쓸모가 없는 것은 선물로 바쳐져서 그 수효가 매우 많았으며, 그래도 이루 다 쓸 수가 없었으므로 중도의 길가에 내버려진 주인없는 소와 말이 곳곳마다 가득하였다. 변변치 못하고 졸렬한 무리들은 남몰래 거두어 취하였으니 많이 얻어간 자는 거의 여덟아홉 마리에 이르렀고, 헐값에 매매되어 다투어 서로 잡아먹었으니 산골짜기에서 하룻동안 죽어나간 것도 10여 마리에 모자라지 않았다. 열흘도 되지 않아 마을에서 길렀던 가축들이 남아나지 않을 지경에 이르니, 설사 난리가 끝난들 사람들이 본업으로 돌아가서 농사짓는데 꼭 필요한 것을 장차 무슨 가축물(家畜物)에 기대겠는가? 예로부터 병란(兵亂)이 어느 시대인들 없었으랴만, 사람과 가축이 다 없어진 것은 어찌 오늘과 같은 경우가 있겠는가? 통탄스럽고 통탄하였다.

주인집에 머물렀다.

十二日。晴。

◇[186]聞加恩縣[187]居申應漑·金至元等, 家多儲殖租, 吾與金雲龍·金澄諸人, 親自進去, 路逢自彼來人[188], 聞倭奴自銀尺等處, 今方入去 ◇[189]縣里, 攻劫極酷, 縣里及近處[190]居人, 盡數登山, 道途成梗, 不得相通, 以此還來[191]。○ 流聞倭寇之上京者, 屯聚沙平院[192]地, 時未得渡江, 都下之人, 今方出禦于江, 多方捍拒, 倭奴粮盡, 挍取牟麥, 以資朝夕, 畿內諸邑, 食儲盡蕩, 覓食無路, 倭徒下來嶺外, 輸穀以上, 而聞慶·咸昌, 亦皆蕩盡, 故來取于尙州云。吾州官租, 自前陳陳[193], 賑給[194]所餘, 尙不下十餘萬斛, 近來倭奴之入, 費用狼藉, 州民之取去者, 亦不貲[195]云, 而猶且多在。以此倭奴之留在本官者, 堅守不散, 以至輸取上京, 以爲久留決勝之計云[196]。多峙粻粮, 本爲軍國之用, 而今反爲齎盜粮, 安有若是之痛心者也[197]? 不如趂速焚燼之爲愈, 而官庫諸物, 盡爲賊奴所據, 吾人着手無路, 尤極痛憤痛憤。○ 閭里牛馬, 倭奴全數取去, 或以輸粮, 或以騎行, 蹄鈍不用者, 以供膳物, 而厥數極多, 不可勝用, 故中道委棄路傍, 無主之牛馬, 在在彌滿。庸人輩潛相

---

186) 留蘆洞.

187) 加恩縣(가은현): 경상북도 문경군에 속한 고을.

188) 聞加恩縣居申應漑金至元家 多儲殖租 吾與金雲龍金澄諸人 親自進去 路逢自彼來人: 누락.

189) 加恩.

190) 及近處: 누락.

191) 道途成梗 不得相通 以此還來: 避匿云.

192) 沙平院(사평원): 경기도 廣州 사평리에 있었던 客院. 한양 한강나루 혹은 서빙고나루를 출발한 나룻배는 강을 건너 경기도 광주 사평리에 도착한 뒤 양재와 용인을 거쳐 청주나 충주로 내려갔다. 도성에서 광주를 거쳐 용인으로 통하는 길은 두 갈래였으니, 제1길은 광희문~한강나루(한강진)~사평리~양재였고, 제2길은 광희문~서빙고 나루~사평리~양재였다.

193) 陳陳(진진): 陳陳相因. 오래된 곡식이 곳집 속에서 묵어 쌓임.

194) 賑給(진급): 흉년이 들었을 때 혹은 빈민에게 米穀 등을 주어 구제하는 것.

195) 不貲(불자): 헤아릴 수 없을 만큼 많음.

196) 云: 噫.

197) 也: 哉.

拾取, 多得者幾至八九頭, 減價賣買, 爭相殺食, 山谷間一日所推者,
不出旬朔[198], 閭閻所畜, 迨至不遺, 設使賊變就戢, 人歸
本業, 而耕墾所需, 將倚何物? 自古喪亂, 無代無之, 而人畜並盡, 豈
有如今日者也? 可痛可痛! 留主家。

5월 13일。맑음。

주인집에 머물렀다.

오후에 동령(東嶺)을 넘어 도장산(道藏山) 골짜기로 찾아가서 조 좌수
(趙座首: 趙徽인 듯) 대부(大父: 할아버지)를 만나뵈니 고달픔에 지쳐서 수
척한 것이 몹시 심하여 몸을 지탱하지 못할 듯했다. 맏손자를 데리고
당초 남장산(南長山) 재사(齋舍)로 피난하였다가 지난달 25일 갑자기 왜
구를 만나 마부와 말도 모두 없는데다 걸을 수가 없는 처지여서 갖은
방법으로 애걸하자 왜놈들이 음식과 옷가지 등을 던져주었는데, 아마
도 그가 연로하여 멀리 피란할 수 없음을 가엾게 여긴 것일 터, 이같
은 무리들 또한 도적이지만 그래도 양심이 있는 놈들이라 할 것이다.
그 뒤로 양식과 물품이 다 떨어져가서 살아가기 어렵고 힘들어 남의
말을 빌려서 이리저리 옮겨다니다가 얼마 전에 비로소 저 도장산 골짜
기로 오게 되었다고 하였고, 그의 집과 재물은 모조리 불태워지고 약
탈당해 털끝만큼도 남아있지 않다라고 하였다.

○ 급하게 돌린 격문(檄文) 한 장이 송언명(宋彦明: 宋光國, 셋째아들 趙
弘遠의 장인)이 있는 곳에서 왔는데, 애초에 송면(松面) 보덕동(保德洞: 충
청북도 괴산군)에서 전해온 것이라 하나 누가 지은 것인지 알지 못하였
다. 그 내용은 대략 이러하다. "이번에 수길(秀吉)이 그의 표독함을 자
부하고 우리나라를 침범하여 승승장구 쳐들어오는데도 여러 고을의

---

198) 旬朔(순삭): 열흘 동안.

연수(連帥: 節度使)들이 풍문만을 듣고도 달아나 무너졌고, 혹은 굳게 지키며 힘써 싸우는 사람도 있지 않아 왜놈들이 마치 무인지경으로 들어와 나뉘어서 마을을 약탈하며 길을 가지도 오지도 못하게 막아 나라가 거의 망하게 되어 아침에 저녁 일을 보장할 수 없듯 상황이 급박하게 되었도다. 무릇 신하된 사람으로서 의리상 모른 체 하기 어려우니, 수령(守令)과 도장(都將), 유향소(留鄕所) 및 사류(士類) 가운데 뜻있는 여러 사람들은 각자 진력하여 근왕병(勤王兵)을 불러 모아서 오랑캐 놈들을 섬멸시키고 나라를 회복하자.”는 것이었다. 지금 이 격문을 보니 나의 의지를 매우 분발하게 하여 구구한 것은 생각지도 않고 마음과 간담이 비장(悲壯)해져 저절로 돌아보건대 재주와 능력이 백에 하나도 남보다 못하면서 단지 스스로 절치부심할 뿐이다. 어떻게 하랴, 어찌하겠는가.

○ 우리 고을 목사(牧使: 尙州牧使 金澥)가 비록 있기는 하나 동굴속으로 달아나 숨어서 단지 구차하게 사는 것으로 계획을 삼고 나랏일에는 뜻이 없으나 화령현(化寧縣: 상주의 서부지역)에 비축한 군량 절반 가량을 전부 직첩(職帖)으로 꺼내어 마치 흙 부스러기처럼 여기며 썼는데, 이 사람은 단지 늙은 겁쟁이에다 무지할 뿐만 아니라 나라를 저버린 죄야말로 용납지 않고 종족을 멸해야 하거늘 감사(監司)·주장(主將) 등이 그대로 내버려둔 채 불문에 부치고 일시적인 방편을 따르기에 힘써서 나라의 기강이 이 지경에 이르렀으니, 왜적의 승승장구는 견고할 것이었다. 내가 좋지 못한 때에 태어났으니 슬퍼한들 어찌하겠는가? 통곡하고 통곡하였다.

삼가 듣건대 고을의 한 아전이 이 격서(檄書)를 보고는 주백(州伯: 상주목사)에게 알리면 혹 대처하는 바가 있을 것이라 생각하여 가지고 가서 명령을 받들려 하니, 주백(州伯)이 답하기를, “이것은 조정에서 지휘한 일이 아니고, 곧 중간에 사족(士族)이 왜적들의 잔인한 악행에 분개하여 토벌하려는 뜻이다. 나는 달리 시행할 만한 단서가 없으니, 너는 물러가거라."라고 했다 하였다.

○ 조굉(趙竤) 아우가 아내와 자식들이 있는 곳에 찾아가서 모두 데리고 이곳으로 왔다. 권씨(權氏: 조굉의 처가가 안동권씨 權景龍임) 집안은 온 가족이 전날 모두 영은(永恩: 永同)으로 피란하였다가 나무와 바위 사이에 있는 물가의 수풀에서 다시 왜놈을 만나, 일행이 가지고 있던 것을 모조리 탈취당했고, 여림(汝霖: 權澍의 字)·여심(汝深: 미상) 또한 모두 붙잡혔으나 길에서 애걸하여 돌아올 수 있었으며, 여러 부녀자들은 사로잡힐 뻔한 것을 간신히 면했다고 하니, 이는 불행중에 하나의 다행일 것이다.

저녁에 비가 내렸다.

十三日。晴。

留主家[199]。午後, 踰東嶺, 往拜趙座首大父[200]於道藏谷[201], 憊瘁殊甚, 似不得支保。率其長孫[202], 初避于南長齋舍, 去月廿五日猝遇倭寇, 而人馬俱乏, 不得行步, 多般求哀, 則倭奴以饌飯襦衣等物見投[203], 蓋憐其年老而不得遠避也, 如此輩亦可謂盜而有良心者也。自

---

199) 留主家: 留蘆洞.

200) 趙座首大父: 大父趙某氏. 이 대목의 大父와 長孫은 趙瑞廷→5남 趙愼→1남 趙允成→1남 趙徽→2남趙光綏→1남 趙係의 계통에서 '조휘'와 '조계'인 것으로 짐작됨. 검간이 趙瑞廷→2남 趙恢→1남 趙允寧→1남 趙禧→1남趙光憲→1남 趙靖, 2남 趙翊으로 이어지는바, '조휘'는 검간에게 三從祖父가 되며, 字가 佩卿인 조광수는 검간과 가규 형제의 일기에 빈번하게 나오는바 검간의 族叔이 된다. 풍양조씨 족보에는 조광수의 생몰년이 미상이나, 가규의 〈公山日記〉 1603년 9월12일 기사에 의하면 이때 39세 나이로 죽었다고 한바, 생몰년은 1565년과 1603년이 된다.

201) 道藏谷: 道莊谷. 道藏山은 경상북도 문경시 농암면 내서리와 상주시 화북면 상오리의 경계에 있는 산. 문경시 농암면과 상주시 화서면·외서면을 경계하고 있다. 도장산 맞은편에 있는 청화산, 두 산 사이의 용추 위에 있는 계곡을 통틀어 용유동계곡이라고 한다.

202) 率其長孫: 누락.

203) 投: 送云.

後粮物盡乏, 艱難得活, 轉借人馬, 頃者始投彼谷云, 其家舍貲產, 則盡被焚抄, 秋毫不遺云[204]. ○ 有飛檄一紙, 來自宋彥明所, 其初盖自松面保德洞[205]傳來云, 而[206]不知誰所作也. 其略: "徂茲秀吉, 恃其慓悍, 侵我大邦, 長驅入路, 而連帥列郡, 望風奔潰, 無或有堅守力戰之人, 倭奴如入無人之境, 分抄閭閻, 抯當[207]道途, 國家垂亡, 朝不保夕[208]. 凡爲臣子者, 義難超視, 守令都將, 留鄕所[209]及士子中, 有志諸人等, 各自致力[210], 召號勤王[211], 克勤醜奴, 以復邦家[212]."云云. 今見此檄, 甚强人意, 不量逼逼, 心膽輪囷[213], 而自顧才力, 百不及人, 徒自腐心而已. 奈何奈何? ○ 州伯雖在, 而竄伏巖穴, 只以苟活爲計, 無意國事, 而化寧縣儲, 可半軍粮等, 盡數帖出, 費用如土, 此人非但老怯無識, 其於負國, 罪不容夷族, 而監司・主將等[214], 置而不問, 務順姑息[215], 王綱至此, 賊勢之長驅固矣. 我生不辰, 傷如之何, 痛哭痛哭! 竊聞有一州吏, 得見此檄, 意州伯, 或有所處置, 持以稟令, 則[216]答曰: "此非朝廷指揮也, 乃中間士族者[217], 憤其倭賊肆行, 欲討之意也. 吾別無可施爲之端, 爾可退去."云云. ○ 竑弟往尋其妻孥所在, 並爲挈

---

204) 自後粮物盡乏 艱難得活 轉借人馬 頃者始投彼谷云 其家舍貲產 則盡被焚抄 秋毫不遺云: **누락**.

205) 松面保德洞(송면보덕동): 충청북도 괴산군에 있음.

206) 而: **누락**.

207) 抯搪(저당): 가거나 오거나 하지 못하게 막음.

208) 朝不保夕(조불보석): 아침에 저녁 일을 보장할 수 없음. 상황이 급박하다는 말이다.

209) 留鄕所(유향소): 향리의 비행을 규찰하고 풍속을 바로잡으며 수령을 보좌하는 등의 임무를 맡은 지방 자치기관.

210) 致力: **致身**.

211) 勤王(근왕): 勤王兵. 임금을 위하여 나랏일에 힘쓰는 군사.

212) 邦家: **家邦**.

213) 輪囷(윤균): 높고 큰 것.

214) 等: **누락**.

215) 姑息(고식): 姑息之計. 당장의 편안함만을 꾀하는 일시적인 방편.

216) 則: **누락**.

217) 士族者: **士族輩**.

來于此。權家擧族, 前日俱避于永恩[218], 木石沜林莽之間, 再遇倭奴, 一行所齎, 盡被奪取, 汝霖[219]·汝深[220], 亦皆被執, 中路求哀得還, 諸婦人艱得免擄云, 此不幸之一幸也。夕雨[221]。

5월 14일。비。

주인집에 머물렀다.

이자를 내더라도 벼를 얻고자 노비와 말을 가은리(加恩里)로 보냈으나 홍수에 막혀 되돌아왔다. 별감(別監) 신혼(申混)의 아들이 가은리에서 찾아와 만나고 가니, 비로소 전일 왜놈들이 가은현 마을에 쳐들왔다고 한 것은 곧 헛소문인 것을 비로소 알 수 있었다.

○ 듣건대 상주(尙州) 읍내에 머물러 있던 왜적의 무리들이 수십여 명에 지나지 않았으나 낮에는 나뉘어 흩어져서 마을을 약탈하고 밤에는 성문을 닫아걸어 스스로 지켰는데, 근래에 올라오는 놈들 또한 많

---

218) 永恩(영은): 충청북도 永同. 동쪽은 경상북도 김천시·상주시, 북쪽은 충청북도 옥천군, 서쪽은 충청남도 금산군, 남쪽은 전라북도 무주군과 접하여 3개 도의 접경지가 되고 있다.

219) 汝霖(여림): 權澍(생몰년 미상)의 字. 본관은 安東, 호는 花山亭. 權達手의 손자이고, 權景龍(1537~?)의 외아들이다. 趙竑의 처남이다. 군자감 주부, 1607년 咸悅縣監, 1612년 振威縣令, 1617년 전주판관, 1621년 여산군수를 지냈다.

220) 汝深(여심): 權景虎(1546~1609)의 아들로 權淳(1564~1622)과 權洛(생몰년 미상)·權溶(생몰년 미상)이 있음. 권순과 권용의 字는 각기 和甫이고 澄甫이며, 권락은 알 수 없다. 이 일기에서 후일로 가면 권경호가 여림과 여심을 대동하는 것으로 보아, 조카들이거나 조카와 아들일 것으로 추론할 수 있는데, 조카는 1명밖에 없어 조카와 아들이다. 그런데 현재로서는 여심이라는 字를 쓰는 아들이 없다. 다만, 권순의 호는 梅塢. 權達手의 손자이고, 權景虎(1546~1609)의 첫째아들이다. 趙竑의 4촌처남이다. 권순의 셋째아들인 權以說의 장인이 李弘道이다. 1589년 생원시에 합격하여 1597년 의금부도사, 1599년 사재감 주부, 1604년 산음현감을 지내고, 그 뒤로 선공감 주부, 우봉현령을 역임하였다.

221) 權家擧族 前日俱避于永恩木石沜林莽之間 再遇倭奴 一行所齎 盡被奪取 汝霖汝深 亦皆被執 中路求哀得還 諸婦人艱得免擄云 此不幸之一幸也 夕雨: 누락.

지 않고 경성(京城)에서 식량이 떨어져 양식을 취하러 내려오는 자가 자주 있다고 하였다. 이처럼 그 숫자도 적고 곳곳에 흩어져 있는 왜적들이라면 강노(强弩)를 잘 쏘는 사람 10여 명을 구할 수만 있어도 일거에 모조리 섬멸할 수 있으련만, 윗사람으로 앞장서 인솔할 위인이 없는데다 사람들이 모두 도망쳐 산골짜기에 숨어서 귀속시킬 자가 없으니, 그저 혼자만 큰 활을 당기며 길이 개탄할 뿐이니 한탄스러웠고 한탄하였다.

○ 난리를 만난 지 날이 오래되어 양맥(兩麥: 보리와 밀)이 이미 익었지만 산에 올라온 자들은 대개 식량이 떨어져가고 있음을 생각건대 그 보리와 밀을 거두러 들어가고 싶으나, 길이 통하지 않아 자유로이 할 수가 없으니 거의 굶주려 쓰러질 지경이었다. 가을에 익을 만한 곡식을 심는 것과 잡초를 뽑는 김매기 또한 모두 때를 놓쳤으니, 이것이 더욱 염려되었다. 백성 역시 하늘의 백성인데, 하늘은 어찌 나에게 잔인한가?

경성(京城)으로 올라간 왜적이 그 수를 알지 못할 정도로 많아서 형세상 쉽게 죽여 없애기가 어려우나 영남에는 적의 무리가 드물고 적으니, 만약 의병을 일으킨 사람이 정예군사 수백 명을 규합하여 이끌고 길을 막아서 통신을 전달하러 오르내리는 왜적을 끊는다면, 떠돌아다니는 백성들이 생업에 복귀할 수 있을 뿐만 아니라 머나먼 저 경성에 들어간 왜적이 진격하기도 퇴각하기도 낭패스러울 것이고, 앞뒤에서 공격을 받은 지 여러 날이 되면 형세가 절로 고달파질 것인데도 계책이 이에 미치지 못하였다. 기전(畿甸:경기 지역) 이하로부터 멀리 해변에 이르기까지 무릇 수백의 주(州)와 군(郡)이 있건만 잠잠한 채 한 사람도 군사를 일으켜 적을 토벌하지 않고, 방백(方伯: 관찰사)과 연수(連帥: 절도사)는 곧 국가의 운명과 생민(生民)의 목숨을 좌우하는데도 또한 모두 피해 숨어버려서 간곳을 알지 못했다. 성을 무너뜨리고 진지를

버려 적의 손아귀에 넘겨주면서 대아검(大阿劍: 太阿劍)을 거꾸로 잡고
도 오히려 적의 뜻을 어길까 염려하니, 적의 무리들은 우리나라의 형
편이 해이함을 살펴 알고서 조금도 꺼리는 게 없이 출입하며 왕래하는
게 무인지경 같이 하였다. 사람들의 도모함이 그렇게 만든 것이니, 어
떤 고통이 이것만 하겠는가?

十四日。雨。

留主家[222]。出殖租次, 送奴馬于加恩里, 阻水還來[223]。申別監混氏
之子, 自加恩里[224]來見而去[225], 始聞前日倭奴入縣里云者, 乃虛傳也。
○ 聞留州賊徒, 不過數十餘人, 晝則散抄閭里, 夜則閉城自守, 近
來[226]上來者, 亦不多, 自京以乏食下來取粮者, 比比有之云。似此數小
散處之倭, 得强弩十餘手, 猶可以一舉盡殲, 而上無唱率之人, 人皆亡
匿山谷無所歸屬, 徒自張拳永慨而已, 可嘆可嘆[227]! ○ 遭變日久, 兩
麥已熟, 登山者率皆乏食, 思欲入去收麥, 而道路不通, 不得自由, 將
至餓斃。根耕[228]除草等事, 亦皆失時, 此尤可慮, 民是天民, 天胡忍
予? 上京之倭, 其麗不億[229], 勢難容易殘滅[230], 而自嶺以下, 則賊徒稀
少, 若有唱義之人, 叫率精士數百徒, 以遏中路, 絶其往來傳通之倭,
則非但流離之民, 得歸本業, 迷彼入京之賊, 進退狼貝, 腹背受敵, 爲
日已久, 則勢將自困, 而計不出此。自畿甸以下, 遠至沿邊, 凡幾百州

---

222) 留主家: 留蘆洞.

223) 出殖租次 送奴馬于加恩里 阻水還來: 누락.

224) 加恩里: 加恩.

225) 而去: 누락.

226) 近來: 近日.

227) 可嘆可嘆: 可歎可歎.

228) 根耕(근경): 가을에 익을 만한 곡식을 심는 것.

229) 其麗不億(기려불억): 《詩經》〈大雅·文王之什·文王〉의 "상나라의 손자가, 그 수가 억뿐
이 아니지마는, 상제가 이미 명한지라, 주나라에 복종하였도다.(商之孫子, 其麗不億,
上帝旣命, 侯于周服.)"라고 한 데서 나오는 말.

230) 殘滅: 殄滅.

관음사

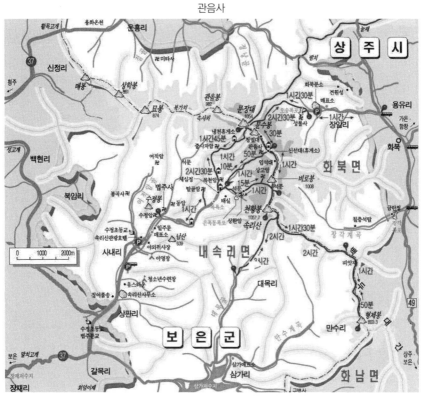

출처 : 속리산국립공원

郡, 而寂無一人擧兵討賊, 方伯連帥, 乃是國家生民之司命, 而亦皆避莊, 不知去處。傾城棄陣, 付與賊手, 倒置大阿[231], 猶恐或拂, 賊徒審知國勢解弛, 了無忌憚, 出入往來, 有同空境。人謀使然, 何痛如之?

5월 15일。 비。

주인집에 머물렀다. 범개(凡介)·춘복(春卜) 등이 양식을 구하는 일로

---

231) 大阿: 太阿. 대아검. 太阿劍은 옛날 寶劍의 이름으로 춘추시대 歐冶子와 干將이 만들었다고 한다.

상주(尙州) 읍내에 들어갔으나, 춘복은 적을 만나 해를 입었다 하니 놀라고 비통하였다.

十五日。雨。

留主家[232]。凡介·春卜等, 覔粮事, 入去州內, 而春卜, 遇賊見害云[233], 驚痛[234]。

5월 16일。맑음。

화령현(化寧縣: 상주의 서부지역)에서 곡식을 진휼한다는 소식을 듣고 몸소 나아가다가 도중에 도로 그만두었다는 것을 듣고는 이내 관음사(觀音寺) 수락암(水落庵)으로 발길을 돌려서 보정 선사(寶晶禪師)를 만날 수 있었다. 선사는 장천(長川) 사람으로 불교계[禪林]에서 출중한 자이었다.

평소 수락암의 경치가 뛰어나다는 것을 들었으나 미처 한 번도 구경한 적이 없었는데, 지금 난리 때문에 우연히 와서 보니 천 길이나 되는 폭포수가 쏟아졌고 대통을 이어 그 물을 끌어대어서 암자의 승려들이 쓸 수 있도록 하였다. 여산(廬山)·박연(朴淵) 폭포라도 이 폭포보다 반드시 월등히 뛰어나지는 못할 것인데, 마음속에 근심이 가득하였지만 불현듯 속세의 생각으로부터 벗어나 있는 것을 깨달았다.

지금 멀리 찾아온 것은 좋은 경치를 찾아나선 것이 아니다. 대개 어린 두 아들을 보정 선사(寶晶禪師)에게 맡기고 얼마 남지 않았을 목숨을 보호하고자 도모하려는 것이다. 정처없이 떠돌아다니는 중에 다섯 명이나 되는 어린 아이를 데리고서 만일 위급한 변고가 생기면 모두 온

232) 留主家: 留蘆洞.
233) 云: 누락.
234) 驚痛: 驚恪.

전할 리가 만무하니, 두 자식을 덜어두고 떨어져 지내면 앞으로 살아
남을지 죽을지에 대해 비록 어느 것이 이롭고 어느 것이 해로울지를
미처 따지지 않더라도, 눈앞에 경황이 없을 때 혹 조금이라도 근심이
덜어지기를 바라는 것이다. 사람의 일이 이 지경에 이르게 되자 참으
로 마음이 아팠다. 어찌 태평한 세상에서 졸지에 난리를 만나 심지어
부자의 목숨을 서로 돌보지도 못하게 될 줄을 생각이나 했겠는가? 선
사(禪師) 또한 나의 말을 듣고서 안타까워하고 측은해하며 아무 거리낌
없이 허락하니 지극히 위안이었고 크게 위로가 되었다. 그대로 수락
암의 절에서 묵었는데, 선사가 기장밥을 지어 정성스레 대접하여 인
정이 남달랐으니, 비록 평소에 알고지낸 사람이라 할지라도 또한 쉽
지 않은 일이었다.

十六日。晴。

聞化寧縣賑租, 親進, 中路聞還止[235], 旋向[236]觀音寺水落庵[237], 得
見寶晶禪師[238]。師乃長川人, 而禪林[239]之拔萃[240]者也。素聞水落勝致,
而未曾一玩, 今因亂離, 偶然來覽, 懸流千仞, 連筒注引, 以供庵僧之
用。廬山[241]·朴淵[242], 恐未必遠過是瀑, 憂鬱之中, 忽覺有出塵思想
也。今之遠尋, 非爲探勝也。盖欲托兩稚子於晶師, 圖保朝夕之性命

---

235) 聞化寧縣賑租親進 中路聞還止: 누락.

236) 旋向: 往.

237) 水落庵(수락암): 경상북도 상주시 화남면 형제봉 남쪽 절골 북쪽에 있는 암자. 동관음
사 북쪽 높은 산봉우리 석벽이 떨어진 물에 의해 구멍이 나서 불렸다고 한다.

238) 寶晶禪師(보정선사): 본래 상주사람이고 俗離寺에 있었다고 함. 趙翊의 문집에 그와
시문을 주고받은 것들이 있다.

239) 禪林(선림): 禪徒들이 많이 모여서 두도하는 것을 수풀에 비유하여 이르는 말.

240) 拔萃(발췌): 출중함. 특별히 뛰어남.

241) 廬山(여산): 廬山瀑布. 중국 江西省 廬山에 있는 폭포. 역대의 많은 문인들이 이곳에서
시·부를 써서 폭포의 웅장함을 칭송하였는데, 李白·徐凝 등의 시가 있다.

242) 朴淵(박연): 朴淵瀑布. 황해도 개성시 박연리에 있는 폭포. 우리나라에서 아름답기로
이름난 금강산의 九龍瀑布, 설악산의 大勝瀑布와 더불어 3대 이름난 폭포의 하나이다.

也。流離之中, 率此五雛, 脫有急變, 萬無俱全之理, 得減兩息[243]分處,
則前頭生死, 雖未必彼此之利害, 而目前倉皇之際, 冀或減一分之憂
也。人事至此, 良可痛心。豈謂昇平之世, 猝遇喪亂, 甚至父子之不相
保也? 師亦聞言惻怵, 見許無忤, 極慰極慰。仍宿庵寺, 師炊黍款接,
特出常情, 雖[244]曰素雅[245]之人, 而亦不易之事也。

5월 17일。맑음。

화령현(化寧縣: 상주의 서부지역) 창고에서 진휼 곡식을 지급한다는 기
별을 듣고 어린 사내종을 데리고서 걸어 화령현의 창고로 돌아갔는데,
한 식경(食頃: 밥을 먹을 동안)이나 걸었을까 두 발이 다 부르터져 딱하기
가 비길 데 없었다. 감관(監官: 곡식 출납 관리) 윤효인(尹孝仁)이 그 출납
을 제대로 돌보지 않아 창고를 진즉 열지 않았고 날이 저물어서도 지
급하지 않아서 끝내 빈 손으로 돌아가는 지경에 이르렀으니 몹시 미웠
으나 어찌하겠는가.

상주(尚州)의 창고는 이미 적의 소굴이 되었고 보은(報恩)의 여러 고
을에 왜구들이 두루 가득하여 조만간 이 화령현에 들이닥친다면, 비
록 남아 쌓인 것이 있다하더라도 장차 적들에게 빼앗기는 것을 면치
못할 것임은 의심의 여지가 없는데도 기꺼이 나누어 구휼하지 않아서
원망하며 울부짖는 백성들이 호소할 곳조차 없어 휑뎅그렁하게 흩어
져 돌아가도록 하였으니, 윤효인 또한 사람의 마음을 가졌다고 이를
수 있겠는가? 사족(士族)으로 직접 가서 얻으려고 했던 자도 또한 40여
명이 넘었지만 모두 빈손으로 돌아가는 지경에 이르렀으니, 이는 더

---

243) 兩息: 兩兒.
244) 雖: 性.
245) 素雅: 雅素.

욱 가련하고 가련하였다.

○ 저녁에 상주(尚州) 읍내에서 통문(通文) 2통이 다급하게 거듭 이르렀는데, 통문의 내용은 대략 이러하다. "상주에 머물러 있는 왜적들이 겨우 30명의 숫자를 채울 정도의 무리인데도, 사람들이 모두 도망쳐 숨고는 왜적을 잡아 죽이려는 계획조차 없었던 것이 오래되었다. 며칠 전부터 산골짜기에 살던 산척(山尺: 사냥꾼) 7,80명이 활과 화살을 잡고서 왜적을 추격하여 잡아 죽인 것이 이미 10여 명에 이르렀다. 그 나머지 왜적들은 모두 성안으로 들어가 피하였는데 지금 성을 포위하여 붙잡으려고 하나 군인들이 많지 않아 형세상 손을 쓸 수가 없으니, 여러 곳으로 흩어져 도망친 사람들은 마땅히 하루라도 빨리 일제히 모여 위급한 곳으로 달려가야 할 것이다."라고 하였다. 즉시 여러 사족(士族)들과 함께 다음날 아침 일찍 각기 사람을 거느리고 낙서촌(洛西村) 앞에 모이기로 약속하였다.

十七日。晴。

聞化寧倉賑給[246]之奇, ◇[247]率童奴, 步歸縣倉[248], 拒准一息, 兩足盡繭, 悶不可喩[249]。監官尹孝仁, 吝其出納, 趑不開倉, 日暮不給, 竟至空還, 痛憎奈何? 州倉已爲賊穴, 報恩諸邑, 倭寇遍滿, 朝夕之間, 當到此縣, 雖有餘儲, 而將不免爲賊攫無疑, 而不肯分賑, 嗷嗷之民, 無所控訴, 枵然散還, 孝仁可謂有人心乎? 士族之親去求得者, 亦過四十餘人, 而俱至空還, 此尤可憐可憐[250]。○ 夕, 自州內通文兩道火迫疊到, 文意略曰: "留州賊倭, 僅滿數三十徒, 而人皆亡匿, 無計捕殺者久矣。自數日來, 山谷間山尺[251]等七八十人, 持弓矢, 追捕所殺, 已至十

---

246) 賑給: 分賑.

247) 自水落.

248) 縣倉: 縣底.

249) 拒准一息 兩足盡繭 悶不可喩: 누락.

250) 可憐可憐: 可憐.

餘人。其餘則皆避入城內, 今欲圍城披捕, 而軍人不多, 勢不得施手, 令各處散亡之人, 當日內急急齊會, 赴急云云。"矣。卽與諸士族等, 約以明日早朝, 各領人聚會于洛西[252]村前也[253]。

5월 18일。맑음。

이른 아침에 마부와 말 몇 짐바리를 가은리(可隱里: 加恩)로 보냈는데, 김지원(金至元)·신응개(申應漑) 집에서 장리(長利)를 놓으며 곡식을 내주었기 때문이다.

나는 이 마을의 군인 등 30여 명을 인솔하여 장차 낙서리(洛西里)로 막 달려가려는 즈음에 길에서 진사(進士) 강 좌수(姜座首: 姜霪인 듯) 어른을 만나 덕산(德山) 앞에 또한 군인들이 모인다는 기별을 듣고 그대로 강 좌수 어른과 함께 그쪽으로 달려가 보니, 한 사람도 와서 모인 자가 없었다. 해는 이미 기울었고 나 또한 걸어서 가는데, 군인 등이 죽암(竹岩)의 병풍성진(屛風城津: 飛鸞津인 듯)에 왜적의 배가 와서 정박해 있다는 소식을 또한 들었으나 모두 뿔뿔이 흩어져 돌아가려는 마음만 있었는지라, 하는 수 없이 임시거처로 돌아오게 되니 한스러웠다.

돌아오는 길에 김보남(金寶男)을 만났는데 장천(長川)에서 적을 피하여 오는 길이었다. 그의 말에 의하면, "어제 적의 선박 28척이 반구정(伴鷗亭) 앞에 와서 정박해 있는 것을 보았는데, 이는 필시 소금장수 무리들로 잡다한 물품이며 창고의 곡식 등 빼앗은 것들을 실어가려고 온 것 같다.

---

251) 山尺(산척): 산 속에 살면서 사냥질이나 약초를 캐는 것을 업으로 삼고 사는 사람. 임진왜란 이후 조총이 보급되면서 그들 대부분은 활을 버리고 총을 들었기 때문에, 山行砲手라 불렀고 이후로 사냥꾼이라고 하면 으레 산행포수를 지칭했다.

252) 洛西(낙서): 경상북도 상주시 내서면 낙서리. 낙양과 上洛(상주의 옛 별호)의 서쪽이 되어서 붙여진 이름이다.

253) 前也: 누락.

만약 왜구라면 육로를 따라 경성(京城)으로 올라갈 것이지, 어찌 낙동강(洛東江)을 따라 가겠는가?"라고 하였는데, 이 말이 옳은 것 같다.

저녁에 고산(孤山) 문택선(文擇善)의 하인을 길에서 만났는데 곧 경성에서 내려오는 참이었다. 그의 말을 자세히 들으니, "지난달 26일 갯가 버드나무 숲속에서 왜적에게 사로잡혀 그대로 종이 되어 그들의 짐을 가지고 다니다 충주(忠州)에 이르렀는데, 경상 좌도(慶尙左道)에서 올라온 왜적이 그 수가 또한 많아서 두 개의 진(陣)으로 나누었고, 우리나라도 원수(元帥) 신립(申砬)이 군대를 거느리고 와서 도착하자, 왜놈들이 먼저 충주를 포위하고 우리군대가 뒤를 따라 적을 포위하였지만 적의 또 다른 부대가 나중에 이르러 또 우리군대를 포위하여 우리 군대는 앞뒤로 적을 만나게 되었는지라 열에 한 명도 살지 못했고, 왜적도 또한 죽은 자가 많이 있었으나, 원수(元帥) 신립은 겨우 죽음을 모면하여 달아났습니다.

우리 고을과 기전(畿甸: 경기도)의 창고에 거두어 둔 세곡(稅穀)이 함께 모두 불태워지자, 왜놈들은 식량이 떨어져 길을 음죽현(陰竹縣)으로 잡고 바로 여주(驪州)에 이르러 양근(楊根) 나루에서 한강(漢江)을 건넜는데, 수심은 겨우 몸의 반쯤정도였습니다. 이달 초 3일에 승승장구 도성(都城)으로 내달려 들어갔는데, 도성의 문이 사방으로 열려 있고 적막하여 사람의 소리가 없었습니다. 이따금 오직 여인들만이 길거리를 남몰래 다녔으며, 종묘의 세 궁궐과 각 관청 및 여러 창고들이 모두 이미 불탔지만 여염집들은 예전 그대로였습니다. 왜구들이 종루(鐘樓) 아래 진을 치고서 머무르며 노략질해 식량을 마련하였고, 4일 아침에는 또 저를 데리고서 여염집을 마구 노략질하였는데, 저는 재빨리 굽이진 동네를 따라서 도주하여 그대로 양근(楊根) 땅에 머물렀다가 산길을 타고 밥을 얻어 먹으며 전전하다가 되돌아왔습니다."라고 하였다.

또 그의 말을 들으니, "왜놈들의 1운(運)이 양근(楊根)을 거쳐 도성으

현사(현암사)

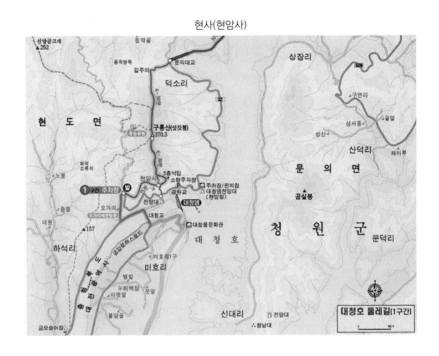

로 들어갔고, 2운(運)이 큰길로 사평원(沙平院)에 도착했지만 강을 건너
려고 해도 배가 없었는데, 도성에 들어갔던 왜적들이 강나룻터로 나
아가 선박을 찾아보니 나룻배들이 모두 땅을 파서 묻어져 있었는지라
몰아서 한꺼번에 파내어 모조리 강을 건너도록 하였습니다. 앞뒤로
도성에 들어온 왜적의 수가 헤아릴 수 없이 많았는데, 우리나라 사람
들이 절반 이상 뒤섞여 모두 삭발하고 변복하여 적들 속으로 자취를
감추었으니, 그 가운데 사로잡힌 자가 점차 도주해온다하여도 그들의
마음은 실로 다른 뜻이 없을 것입니다.

올라갈 때 가는 곳마다 방비가 없었는데, 조령(鳥嶺)과 현사(懸寺: 懸
巖寺)의 낭떠러지 같은 곳은 마땅히 매복을 설치하여 기다렸다가 공격
할 수 있었지만 두 곳 모두 한 사람도 없었으니, 닿는 곳마다 평탄한
대로(大路) 같아 마치 무인지경을 들어가듯 하였습니다.”라고 하였다.

또 말하기를, "자세히 듣건대 대가(大駕)가 그믐날 사경(四更: 새벽 2시 전후)에 피난하려고 송도(松都: 開城)를 향하여 떠나자 성안에 있던 사람들도 동시에 함께 나섰기 때문에 사람과 말들이 서로 짓밟고 짓밟혀서 죽은 자가 곳곳에 베고 누운 듯 포개어져 있었으며, 도성 문밖은 더욱 심하여 시체가 쌓여 언덕을 이룰 정도여서 그 참혹함을 차마 볼 수가 없었습니다."라고 하였다. 지금 이 말을 들으니 며칠 전 김언희(金彦希)의 말이 진실로 헛소문이 아님을 비로소 알게 되었다. 나라의 정세가 이 지경에 이르렀으니 다시 무슨 말을 하겠는가? 통곡스럽고 통곡하였다.

사내종 범개(凡介) 등이 장리(長利)를 놓으며 내주는 곡식 8,9석(石)을 얻어서 밤을 무릅쓰고 돌아왔다. 나와 큰집이며 서조모(庶祖母)·김운룡(金雲龍)이 나누어 쓰고도 열여닐곱 식구가 10여 일 동안 먹는 것을 견뎌낼 수 있었다. 아내가 학질에 걸려 고통스러워 하였다.

十八日。晴。

早朝, 送人馬數駄于可隱里, 爲出金至元·申應漑家殖租故也。吾則[254]率此洞軍人等三十餘名, 將赴洛西之際, 路遇姜進士座首[255]丈, 聞德山[256]前亦聚軍人之奇, 仍偕姜丈赴彼, 則無一人來會者。日候已斜, 吾亦徒步, 軍人等亦聞竹岩[257]屛風城津[258]賊船來泊之報, 皆有散還之

---

254) 送人馬**數**駄于可隱里 爲出金至元申應漑家殖租故也 吾則: 누락.

255) 座首: 누락. 姜進士座首는 진사 姜霔(1525~1593)를 가리키는 듯. 본관은 晉州, 자는 澤遠. 尙州에서 거주하였다. 1558년 식년시에 급제하였으나 관직에는 나가지 않았다. 임진왜란 때는 의병을 일으켜 召募官으로 활약했다. 可畦 趙翊의 〈辰巳日記〉 1593년 2월 12일자에 나온다.

256) 德山(덕산): 경상북도 상주시 청리면 덕산리. 둔덕으로 된 산에 마을이 생겨서 명명하였다고 한다.

257) 竹岩(죽암): 경상북도 상주시 중동면에 있는 마을. 층대로 된 바위 위에 대나무가 많아 불리는 이름이다.

258) 屛風城津(병풍성진): 飛鷺津인 듯. 경상북도 상주시 도남동 무암포에서 중동면 오상2리 대비마을로 건너가는 나루. 병성천가 낙동강이 합류하는 지점으로 수운을 통한

心, 不得已還來寓所, 可恨。還路遇金寶男, 自長川避賊而來也。其言
曰: "昨見賊船二十八[259]隻, 來泊伴鷗亭[260]前, 此必是鹽商輩, 爲輸所攫
雜物及倉穀而來也。若是倭寇, 則◇[261]由陸路而上京, 豈肯由洛江?"
云, 此說近是。夕, 遇孤山[262]文擇善奴於路上, 乃自京下來也。備聞其
說: "去月[263]廿六日, 被擄於浦柳藪中, 仍爲僕夫, 持卜駄以行, 及到忠
州, 則自左道上來之倭, 其數亦多, 分作兩陣, 本國元帥申砬, 領兵來
到, 倭奴先圍忠州, 我軍從後圍賊, 賊徒一陣後至, 又圍我軍, 我軍腹背
受擊[264], 十不一活, 賊徒亦多有死亡者, 申帥僅免遁去[265]。本州及畿甸
倉庫收稅倉等, 並皆焚之, 賊奴乏食, 取路陰竹縣[266], 指驪州[267], 渡江於
楊根[268]津, 水深僅半身。月初三日, 長驅入都, 則城門四開, 寂無人聲。
往往唯女人, 潛伏街巷, 三闕各寺宗廟諸倉庫等, 皆已焚蕩, 而閭閻則
依舊。倭寇留陣於鍾樓下, 抄粮以食, 四日之朝, 又率渠分略於閭巷,
渠輒從委洞逃走, 仍留楊根地, 登山覓食, 輾轉下還。"云。且聞其說, "倭
奴一運, 由楊根入城, 二運則直路到沙平院[269], 欲渡無舟, 入城之倭,

교역이 활발하였다.

259) 八: 누락.
260) 伴鷗亭(반구정): 경상북도 상주시 낙동면 분황리에 있는 정자. 順天金氏 尙州 입향조
인 金粹洪의 장남 金舜凱가 용궁 현감을 지냈는데, 그가 1500년경에 상주 구촌마을(분
황리) 낙동강 가 암벽 위에 반구정이라는 정자를 짓고 살았던 곳에서 연유한다.
261) 必.
262) 孤山(고산): 경상북도 함창군 현내면에 위치한 고을. 利安川과 영강이 만나는 곳 가까
이에 있는 봉황대를 마주하며 있는 산이 孤山이다.
263) 月: 누락.
264) 腹背受敵(복배수적): 배와 등의 양쪽, 곧 앞뒤로 적을 만남.
265) 申帥僅免遁去(신수근면둔거): 李鎰이 겨우 벗어나 달아난 것에 대한 와전임.
266) 陰竹縣(음죽현): 경기도 利川市 長湖院邑 梨黃里 일대. 동쪽으로 驪州 경계까지 16리이
고 남쪽으로 忠淸道 忠州 경계까지 15리이며, 서쪽으로 竹縣 경계까지 26리이고,
북쪽으로 利川府 경계까지 29리이며, 서울까지 1백 95리이다.
267) 驪州(여주): 경기도 남동에 위치한 고을.
268) 楊根(양근): 경기도 양평군 중앙에 위치한 고을.
269) 沙平院(사평원): 경기도 廣州 사평리에 있었던 客院. 한양 한강나루 혹은 서빙고나루
를 출발한 나룻배는 강을 건너 경기도 광주 사평리에 도착한 뒤 양재와 용인을 거쳐

出去江頭²⁷⁰⁾, 探得船隻, 則津船皆掘地埋置, 一時撥出, 盡令渡江。前後入城之倭, 其麗不億, 而本國之人, 居半相雜, 皆削髮變服, 與賊混迹, 而其中被攜者, 則稍稍逃走, 心實無他矣。上去之時, 所向無防備, 如鳥嶺·懸寺²⁷¹⁾遷等處, 可以設伏要擊, 而並無一人, 觸處坦然, 如入無人之境。"云。且曰:"詮聞大駕, 晦日四更, 避出松都²⁷²⁾, 城中之人, 一時並發, 人馬蹂躪而死者, 在在枕藉, 而門外尤甚, 積屍如丘, 慘不忍見。"今聞此言, 始知前日金彦希◇²⁷³⁾, 信²⁷⁴⁾非虛報也。國勢至此, 夫復何言。痛哭痛哭! 奴凡介等, 得殖穀八九石, 冒夜還來◇²⁷⁵⁾。吾與大宅及庶祖母·金雲龍分用, 可以支十六七人旬餘之用矣。荊布得痁苦痛²⁷⁶⁾。

5월 19일。 비。

주인집에 머물렀다.

들려오는 소식에 의하면 왜구들이 텅 빈 성에 머물고 있으나 양식이 또한 군색해지자, 장차 대가(大駕)가 있는 곳을 끝까지 추격하고 그대로 연경(燕京)을 침범하여 잠식해 들어가려는 계획을 세웠으며, 또 그들의 풍속으로 우리네 풍속을 바꾸려 한다고 하였다. 과연 이 말과 같다면, 노중련(魯仲連)처럼 차라리 동해에 빠져 죽을지언정 어떻게 차

청주나 충주로 내려갔다. 도성에서 광주를 거쳐 용인으로 통하는 길은 두 갈래였으니, 제1길은 광희문~한강나루(한강진)~사평리~양재였고, 제2길은 광희문~서빙고 나루~사평리~양재였다.

270) 江頭(강두): 강가의 나룻배 타는 곳.

271) 懸寺(현사): 懸巖寺. 충청북도 청주시 서원구 현도면 하석리에 있는 절. 견불사로도 불리다 현암사가 되었는데, 바위 끝에 매달려 있는 절이란 뜻이다.

272) 松都(송도): 開城. 松嶽山 밑에 있던 서울이란 뜻으로 일컫는 말이다.

273) 之言.

274) 信: 누락.

275) 乃出於可隱里 金至元申應溉家也.

276) 吾與大宅及庶祖母金雲龍分用 可以支十六七人旬餘之用矣 荊布得痁苦痛: 與諸處及金雲龍分用 可以支旬餘之用矣.

마 오랑캐들이 날뛰는 세상에 구차하게 살겠는가? 통곡하고 또 통곡하였다.

○ 듣건대 장천동(長川洞) 사람인 김일(金鎰: 金安節의 재당숙)이 전투하다가 죽자, 한양우(韓良佑)의 딸도 사로잡혔지만 절개를 지켜 죽었다고 하였다. 한 고을의 사족 집안에서 왜놈들에게 욕을 당한 여인이 한둘이 아니었지만 목숨을 버리면서까지 의를 취한 것은 미처 듣지 못했다. 그러나 다만 이 고을의 평범한 백성인데다 집안에서의 가르침도 없었고 듣고본 바도 없었지만, 창졸간에 변을 만나 능히 의로써 스스로 지켰으니 결박을 지어 갖은 구박을 받으면서도 끝내 그 평소의 뜻을 변치 않는데 이르렀다고 하였다. 타고난 천성을 떳떳하게 그대로 지키는 것은 귀하고 천하고 어리석고 지혜로운 사람 할것없이 고루 주어졌음을 믿을 수 있구나. 흠모할 만하였고 흠모하였다.

十九日。雨。

留主家[277]。流聞倭寇留住空城, 粮餉亦窘, 將欲窮追大駕所在, 仍指燕京, 以爲荐食[278]之計, 且欲以其俗易吾俗云。果如此言, 寧蹈魯連[279]之海, 何忍苟活於裔夷[280]之世乎? 痛哭痛哭! ○ 聞長川洞人金鎰陣亡[281], 韓良佑之女, 被擄死節云。一州士族之家, 被汚於賊奴者, 非一二人, 而未聞捐生取義之者。而[282]獨此村巷間凡民, 旣無家訓, 又乏

---

277) 留主家: 留蘆洞.

278) 荐食(천식): 차츰차츰 잠식함.

279) 魯連(노련): 魯仲連. 전국시대 齊나라의 高士. 그가 趙나라에 가 있을 때 秦나라 군대가 조나라의 서울인 邯鄲을 포위했는데, 이때 魏나라가 장군 新垣衍을 보내 진나라 임금을 천자로 섬기면 포위를 풀 것이라고 하자, 노중련이 "진나라가 방자하게 천자를 僭稱한다면 나는 동해를 밟고 빠져 죽겠다." 하니, 진나라 장군이 이 말을 듣고 군사를 후퇴시켰다 한다.

280) 裔夷(예이): 먼 지방의 오랑캐.

281) 金鎰陣亡(김일진망): 金安節(1542~1632)의 《낙애김선생유고》 권2 〈雜著〉에 〈故士人金鎰戰亡事蹟〉이 실려 있음. 본관 尙州. 金希慶의 아들이다. 곧 김안절의 재당숙이다. 1592년 5월 17일 北溪에서 왜적과 싸우다 전사하였다.

聞見之益, 而倉卒遇變, 能以義自守, 至以縛束驅迫, 而終不渝其素志云。信乎秉彝之在人性者, 無貴賤愚智, 而均賦也。可欽可欽!

5월 20일。흐림。

주인집에 머물렀다.

일찍이 학봉(鶴峯: 金誠一) 영감이 일본 통신사(日本通信使)로 갔다와서 왜란이 빨리 일어나지 않을 것으로 잘못 보고한 죄로 추궁하고 심문하기 위해 잡아들이라는 주상(主上)의 명이 있었으나 길이 막혀서 통하지 못하였다는 것을 들었는데, 이제 듣건대 근자에 비로소 호서(湖西) 길을 경유해서 올라갔다고 하였다。영상(領相: 영의정) 이산해(李山海)·병판(兵判: 병조판서) 홍여순(洪汝淳)·허명(許銘)·김공량(金公亮: 金公諒의 오기) 또한 모두 논핵(論劾)을 받아 대가(大駕)가 피난하려고 떠나기 전에 일찌감치 이미 멀리 귀양보내졌다고 하였다。

○ 아내가 학질을 앓아 몹시 고통스러워하여 염려스럽다。

○ 듣건대 며칠 전에 군사들이 모여 왜놈 몇 명을 사살하였고, 외남면(外南面) 사람들도 또한 대여섯 명을 사살하였지만 모두 우리나라 사람들로 나라를 배반해 왜적의 무리에 들어가 왜놈옷을 빌려 입고 침범하여 해를 끼친 것이 왜놈보다도 더욱 혹심하다고 하였다。그런데 고을 안에 남아있는 자가 수십 명이 채 되지 않는다고 하나 미처 섬멸하지 못했으니, 한탄스러웠고 한탄하였다。

○ 낮에 뒷 봉우리에 올라 멀리 바라보니, 함창(咸昌)·옥산(玉山)·은척(銀尺)·우곡(于曲)·음곡(音谷) 등지에서 왜적의 무리들이 흩어져 노략질하며 불질러 연기와 불길이 하늘로 치솟으니, 이곳에서 그곳까지가 미처 한 식경(食頃: 밥을 먹을 동안)의 거리도 되지 않아서 침범해오는 환

---

282) 而: 누락.

란이 닥칠까 염려하였다. 매우 안타깝고 매우 답답하였다.

二十日。陰。

留主家²⁸³⁾。曾聞鶴峯令公, 以日本通信之還, 誤言²⁸⁴⁾倭變不²⁸⁵⁾速出
之罪, 自上有拿推之命, 而路梗不通, 今聞近者始由湖西路上去云。領
相李山海²⁸⁶⁾·兵判洪汝淳²⁸⁷⁾·許銘²⁸⁸⁾·金公亮²⁸⁹⁾, 亦皆被論, 大駕未發
行²⁹⁰⁾之前, 曾已遠竄云。○ 荊布痛痁極苦可慮²⁹¹⁾。○ 聞前日聚軍射殺
賊奴數口, 外南²⁹²⁾之人亦射殺五六人, 則皆本國之人, 叛入倭徒, 假着
倭服, 侵害尤酷云。其餘在州中者, 不滿數十云, 而未克剿除, 可嘆可
嘆²⁹³⁾。○ 午, 上後峯望見, 則咸昌·玉山²⁹⁴⁾·銀尺·于曲·晉谷諸處, 倭

---

283) 留主家: 留蘆洞.

284) 誤言: 獨言.

285) 不: 不必.

286) 李山海(이산해, 1539~1609): 본관은 韓山, 자는 汝受, 호는 鵝溪·終南睡翁. 1578년
대사간이 되어 서인 尹斗壽·尹根壽·尹晛 등을 탄핵해 파직시켰으며, 1588년 우의정
에 올랐을 무렵 동인이 남인·북인으로 갈라지자 북인의 영수로 정권을 장악하였다.
1590년 鄭澈이 建儲(세자 책봉) 문제를 일으키자 아들 李慶全을 시켜 金公諒(仁嬪의
오빠)에게 정철이 인빈과 信誠君을 해치려 한다는 말을 전해 물의를 빚었으며, 아들로
하여금 정철을 탄핵시켜 강계로 유배시켰다. 한편 이와 관련해 호조판서 윤두수, 우찬
성 윤근수와 白惟咸·柳拱辰·李春英·黃赫 등 서인의 영수급을 파직 또는 귀양보내고
동인의 집권을 확고히 하였다. 1592년 임진왜란 때 왕을 호종해 개성에 이르렀으나,
나라를 그르치고 왜적을 침입하도록 했다는 兩司(사간원·사헌부)의 탄핵을 받고 파면
되었다. 白衣로 평양에 이르렀으나, 다시 탄핵을 받아 平海에 中途付處되었다.

287) 洪汝淳(홍여순, 1547~1609): 본관은 南陽, 자는 士信. 전라 감사, 병조 판서, 대사헌
등을 지냈다.

288) 許銘(허명, 1539~?): 본관은 陽川, 자는 子新. 宣祖의 장자인 臨海君의 장인이다.

289) 金公亮(김공량): 金公諒(생몰년 미상)의 오기. 宣祖의 寵嬪인 仁嬪金氏의 오빠이다.
1592년 내수사 별좌에 이르렀고, 영의정 李山海와 결탁하여 세자 문제로 鄭澈을 몰아
내었다. 임진왜란이 일어나자 宣祖가 開城에 이르렀을 때 백성들이 김공량의 실정을
들어 죄를 줄 것을 청하자 강원도 山谷으로 숨었다.

290) 發行: 發.

291) 荊布痛痁極苦可慮: 누락.

292) 外南(외남): 경상북도 상주시 중남부에 있는 외남면. 동쪽은 南院洞과 靑里面, 남쪽은
功城面, 서쪽과 북쪽은 內西面과 접한다.

293) 可嘆可嘆: 可歎.

徒散抄焚蕩, 烟熖漲天, 此去彼地未[295]一息, 慮有侵及之患。深悶深悶。

5월 21일。맑음。

들건대 화령현(化寧縣: 상주의 서부지역)에서 곡식을 진휼한다는 소식
을 듣고 몸소 갔더니, 감관(監官: 곡식 출납 관리) 윤효인(尹孝仁)이 나오
지 않았다. 굶주린 백성 수백 명이 그의 인색함에 불만을 터뜨렸고,
또 색리(色吏: 담당 아전)와 창고지기 등이 창고의 곡식을 훔쳐냈다는 소
문을 듣고는 그들의 집에 돌진해 들어가 숨겨놓은 것을 찾아내어 제각
각 나누어 가졌으니 마치 강도(强盜)와 똑같이 하였는데도 그것을 막는
자가 없었다. 궁색하면 이렇게 외람된 짓을 한다는 말을 어찌 믿지 않
겠는가? 화령현 창고에서 유숙하였다.

二十一日。晴。

聞化寧縣賑租, 親去則監官尹孝仁不來。 飢民數百餘人, 慎其吝
給[296], 且聞色吏[297]庫子等, 偸出倉穀之奇, 突入其家, 搜探所莊, 各自
分執, 有若[298]强盜, 而無能禦之者。窮則斯濫, 豈不信乎? 留宿縣倉。

5월 22일。맑음。

윤공(尹公: 감관 윤효인)은 사람을 보내어 간청한 뒤에야 왔으면서도
오히려 기꺼이 진휼하려는 뜻이 없었고 인색하여 저장해둔 것을 나누
지도 않았으니 자기의 물품과 다를 것이 없었다. 무리를 지으며 모였

---

294) 玉山: **누락**. 玉山은 경상북도 상주시 공성면에 위치한 고을.
295) 未: 未滿.
296) 吝給: 慳吝.
297) 色吏(색리): 일정한 일을 맡았거나 또는 책임을 맡은 아전.
298) 有若: 有固.

던 사람들이 이에 강력히 항의하니, 그는 하는 수 없어 창고를 열었지만 실한 곡식을 나누어주기 아까워하면서 도리어 케케묵은 지 오래되어 쓸모없는 곡식을 내어주었다.

얼마 전부터 왜놈들이 상주(尙州)의 고을에 두루 가득하고 곡식 창고까지 차지하자, 백성들이 모두 살곳을 잃고 깊은 산골짜기로 들어가 살거나 토굴 속에 산 지가 이미 1달이 지났으니 굶주림과 고달픔의 심함이 이때만한 적이 없었다. 우리 상주에 속한 4현(四縣: 화령현·중모현·산양현·단밀현) 가운데 오직 이 화령현만이 아직 왜적의 변란을 겪지 않아 비축곡식이 그대로 남아 있어서 온 경내의 원망하며 떠드는 사람들이 진휼해주기를 기다리다가 횃불을 들어 하소연하고 항의하였으니, 그 정경이 진실로 안타깝고 그 형세가 진실로 또한 다급하였다.

설령 곡식을 남겨놓는다 하더라도 왜놈들이 쳐들어오면 아침에 저녁 일을 보장하지 못할 것인데, 적에게 양식을 제공하기보다 차라리 우리 백성들을 시급히 진휼하는 것으로 삼는 것이 더 나을 것이나, 이 윤공(尹公: 감관 윤효인)은 자기의 사사로운 뜻을 좇아 감히 관가의 은혜를 저버리니 그의 심사를 실로 헤아리기가 어렵다. 옛날에는 굶주린 백성을 위해 조칙(詔勅)을 거짓으로 꾸미기까지 하면서 창고를 연 자가 있었거늘, 만약 이런 부류가 비록 모른다 말할지라도 진실로 터럭만큼이나마 남에게 차마 못하는 마음이 있었다면 어찌 이와 같이 자기소견대로만 하는데에 이른단 말인가? 몹시 증오스럽고 몹시 증오하였다.

二十二日。晴。

尹公委送人懇請然後仍來[299], 而猶無肯賑之意, 吝斂不分, 無異己物。群聚力言, 則不得已開庫, 而吝其實穀, 却以陳久不可用者出給矣。方今賊奴遍滿州縣, 竊據倉廩, 民皆失所, 入處深谷, 巢居土處,

---

299) 尹公委送人懇請然後仍來: 監官晚後始來.

已過一朔, 饑困之甚, 莫此時若。吾州四縣[300], 惟此縣, 時未經賊變,
餘儲尙存, 闔境嗷嗷者, 待賑而擧火[301], 其情誠可悶, 而其勢誠亦急
矣。縱令留在, 而賊奴之來, 朝不保夕, 與其爲賊供粮, 孰愈亞賑吾民
之爲得計, 而此公自徇私意, 敢丢公家之惠, 其心實難測也。古有爲飢
民矯制[302]而開倉者, 若此輩雖曰無知, 苟有一毫不忍人之心, 豈至若
此之自用[303]乎? 痛惋痛惋!

5월 23일。 큰비가 종일 내림。

윤공(尹公: 감관 윤효인)을 통해 듣건대 학봉(鶴峯: 金誠一) 영감이 중도
에 사면되어 풀려났고 초유사(招諭使)로 다시 임명되어 내려온다고 하
였는데, 이른바 초유사란 짐짓 도망쳐 흩어진 사람들을 반드시 불러
모아 타일러서 그들로 하여금 근왕(勤王)을 위한 의병을 일으키는데 급
히 달려가도록 하려는 뜻이었을 것이다. 학봉이 이전에 우상(右廂: 우병
사)으로 있으면서 군령(軍令)이 지극히 엄해서 조금도 너그럽게 용서하
지 않았으니, 아랫사람들이 두려워 떨면서 감히 숨도 쉬지 못했다. 한
번이라도 접전하면 적들은 물러나 웅크렸던 데다 베어 죽인 왜적들이
또한 많았으니, 군대의 명성을 장차 다시 진작하려는 기세가 있었으
나 갑자기 붙잡혀 갔던 것이다. 이전 원융(元戎: 元帥) 조대곤(曺大坤)은

---

300) 四縣(사현): 조선시대의 尙州에는 化寧縣·中牟縣·山陽縣·丹密縣이 속했음.
301) 擧火(거화): 원통한 일이 있을 때에, 밤에 산 위에 올라가 횃불을 켜서 들고 그 사정을
  하늘에 하소연하던 일.
302) 飢民矯制(기민교제): 漢武帝 때 河內에 화재가 나서 천여 가호가 불타자, 汲黯에게
  그곳을 시찰하도록 하였는데, 급암이 그곳을 다녀와서 보고하기를 "이번 길에 臣이
  河南을 지나다 보니, 貧民들이 수재·한재로 인하여 만여 가호가 父子 간에 서로 잡아
  먹는 지경에까지 이르렀으므로, 신이 편의에 따라 符節을 가지고 하남의 官穀을 풀어
  서 빈민들을 진구했으니, 조칙을 꾸민 죄[矯制罪]를 받겠습니다." 하니, 무제가 그를
  어질게 여겨 용서했던 고사에서 나온 말.
303) 自用(자용): 자기 생각에만 빠진 것을 이르는 말.

나이도 늙은 데다 또한 겁도 많아 능히 전투에 임하여 용맹을 날리지 못해서 끝내 성이 함락되기에 이르렀으니, 무슨 유감인들 그와 같겠는가?

아마도 그의 아들인 윤식(尹植)이 무예에 재주가 있어 어린 나이로 무과(武科) 급제한 자로 지난날 비장(裨將)으로서 학봉(鶴峯)의 막하(幕下)에 있다가 학봉이 경성으로 붙잡혀 올라간 후에는 조대곤 원수에게로 소속이 바뀌었지만, 조 원수(曺元帥)가 의리로써 그를 대접하지 않아서 함께 대사(大事)를 수행할 수 없었으므로 핑계를 대고 떠나 돌아왔었는 지라, 윤공(尹公: 감관 윤효인)이 이 때문에 그 대략을 자세히 알고 있었을 것이라고 하였다.

○ 조패경(趙佩卿: 趙光綬, 검간의 족숙) 및 여러사람들과 더불어 비 맞고 진흙탕을 뒤집어쓰며 임시거처로 어렵게 돌아올 수 있었다. 평소에 걷는 것을 익히지 않았을 뿐만 아니라 이와 같은 일들을 일찍이 한 번도 몸소 나아가 한 적이 없었는데, 갑자기 변고를 만나 굶주림이 몸에 사무쳐서 몸을 굽히고 억지로 구하는 신세를 면하지 못했으니, 그 고초야 이루 다 말할 수가 없고 차마 말할 수가 없다.

여러 벗들이 같이 온 자가 또한 많았는데 현경달(玄景達)을 만나게 되니, 듣건대 어제 산척(山尺: 사냥꾼) 등 수십 명이 황당한 사람으로 남자 5명과 여자 2명을 붙잡았다고 그의 임시거처로 와서 고하는지라, 즉시 한중형(韓仲瑩: 韓璉)과 함께 그들을 신문하였더니 모두 우리나라 백성들로 왜적과 내통해 빌붙은 패거리이었다. 어떤 이는 아래 지방에 살고 어떤 이는 우리 고을에 살던 자들로 그들이 메고 있던 물건들을 조사하니 모두 훼복(卉服: 섬 오랑캐의 풀옷)·긴칼·왜기(倭旗) 등의 물건이 보자기에 싸여 있었으며, 여인들은 곧 상주(尙州) 읍내에 사는 사람으로 왜놈들과 육체적 관계를 맺고서 관아에 드나들며 왜놈들이 주는 선물을 받고 우리나라의 사정을 남몰래 알려준 데다 또 술과 안주

를 갖추어 날마다 보내 먹기를 권한 사람이니 그 정상이 이미 드러나
서 즉시 모두 목베었다고 하였다.

二十三日。大雨終日。

因尹公[304]聞鶴峯令公中道放敎, 更拜招諭使下來云, 所謂招諭者,
意必招諭散亡之人, 使之急赴勤王之擧云也。鶴峯前在右廂, 軍令極
嚴, 略不饒貸, 群下振慄, 不敢喘息。一與接戰, 賊醜退縮, 其所誅伐
亦多, 軍聲將有再振之勢, 而遽被拿去。舊元戎曺大坤[305], 年老且怯,
不能當陣騁勇, 竟至陷城, 何憾如之?云。盖其子尹植[306], 有武才年少
出身[307]者也, 頃以裨將[308], 在鶴峯幕下, 及其上京後, 移隷曺帥, 而曺
公接不以義。不可與共濟大事, 故托故[309]出還, 尹公以此審知其大槪
云矣。○ 與趙佩卿諸君, 冒雨衝泥, 艱得還寓。平日非惟不學徒步, 如
此等事, 一未嘗親進爲之, 而遽遭變故, 饑餓切身, 未免屈身而强求,
其苦不可言, 不可言。諸友之同來者亦多, 得遇玄景達, 聞昨日山尺等
數十人, 執荒唐人男五女二, 來告于渠寓處, 卽與韓仲瑩[310]問訊, 則皆
是我民, 而黨賊者也。或居下道, 或居本州, 檢其所擔, 則皆裹卉服·

---

304) 尹公: 尹孝仁.

305) 曺大坤(조대곤, 생몰년 미상): 본관은 昌寧, 자는 光遠. 1588년 滿浦鎭僉使에 제수되었
는데, 나이가 너무 많아 평안도 지역을 책임지기에 부족하다는 병조판서 鄭彦信의
상소로 말미암아 체직되었다. 경상우도 병마절도사 재임 중이던 1592년에 임진왜란이
일어났는데, 善山郡守 丁景達과 함께 龜尾의 金烏山 부근에서 왜군을 대파하였다.
또 星州에서 많은 적을 생포하였고, 高靈에서 수 명의 적장을 베는 등의 공적을 세웠
다. 그러나 많은 군사를 거느린 병마절도사로서 적의 침입 소문에 겁을 먹어 도망을
가고, 金海 일대에서는 어려움에 처한 아군을 원조하지 않았다가 병사들이 전멸하고
城이 함락되게 만들어 왜군이 서울까지 침범하게 하는 원인을 제공했다는 내용으로
탄핵되어 파직된 뒤 백의종군하였다. 1594년 副摠管에 제수되자 敗戰 장수를 급히
현직에 기용할 수 없다는 상소가 올라와 체차되었다.

306) 其子尹植: 尹之子植.

307) 出身(출신): 과거의 무과에 급제하고 아직 벼슬에 나서지 못한 사람.

308) 裨將(비장): 조선시대 감사·절도사 등 지방장관이 데리고 다니던 막료.

309) 托故(탁고): 핑계삼음. 구실을 만듦.

310) 仲瑩(중형): 韓璡(1556~?)의 자. 본관은 淸州. 尙州 출신이다. 1590년 증광시에 급제
하였다.

長劍·倭旗等物, 女人則乃邑內所居者, 而交嫁[311]倭奴, 出入官府, 受
其贈賂, 潛通本國之事, 且具酒饌, 逐日勸餉之人也, 情狀旣露, 卽皆
斬梟云云。

5월 24일。맑음。

주인집에 머물렀다.

왕래하는 사람을 통해 듣건대 경성(京城)에서 내려오는 왜적들이 잇
대어 끊이지 않았는데 많게는 5,60명으로 적게는 3,40명으로 큰길 근
처의 인가를 보기라도 하면 불 질렀고 남아있는 소와 말은 남김없이
끌어갔다고 하였다. 이와 같이 많지 않은 적은 잡아다 베어죽이기가
어렵지 않을 것이나, 사람들이 모두 도망쳐 숨어버렸어도 혹시 군부
(君父)를 위해 의병을 일으켜 원수를 없애려는 자가 있지 않으니 애통
함이 뼛속에 사무치나 누구에게 하소연하겠는가? 숨이 막혀 숨을 쉴
수가 없다.

○ 며칠 전에 올라왔던 배들이 모두 짐바리들을 싣고 이미 다 내려
갔다고 하니, 이는 필시 하도(下道: 아래지방)에서 왜적과 내통해 빌붙
은 패거리들임이 의심의 여지가 없었다.

왜놈들이 도성(都城)에 들어간 뒤로는 다시금 그곳의 적확한 소식을
듣지 못했는데, 대가(大駕)가 떠나서 지금 어느 곳에 피난해 있는지 서
쪽으로 장안(長安: 한양)을 바라보아도 그 소식을 알 길이 없으니, 신하
와 백성들은 이때를 애통해하며 하늘이 다하도록 한량없이 호소하였
다. '남쪽으로 건너간 군신(君臣)들은 사직을 가볍게 여겼으나, 중원(中
原)의 남은 어른들은 악왕(岳王: 岳飛)의 깃발을 기다리네.'라는 이 구절

---

311) 交嫁(교가): 사족과 상민이 서로 결혼하는 일을 이르던 말. 여기서는 육체적 관계를
　　　맺다는 의미로 쓰였다.

을 예전에는 읊조리며 이전 시대의 일로 여기고 탄식하고 말았거늘, 어찌 내몸으로 직접 그러한 시대를 보리라고 생각이나 했겠는가? 괴로웠고 고통스러웠다.

二十四日。晴。

留主家[312]。因往來人，聞自京下來之倭，陸續不絶，多者六七十，少者三四十，沿路人家，到輒焚燒，所餘牛馬無遺取去云。似此不多之賊，捕斬不難，而人皆亡匿，無[313]或有爲君父擧義除讐者，痛入心骨，誰與告語? 氣悶氣悶。○ 前日上來之船，皆載卜物，已盡下去云，此必是下道黨賊之徒也無疑矣。賊奴入都後，更未得彼處的報，日馭[314]出巡，今舍何所，西望長安[315]，消息無由，臣民此日之痛，極天罔籲。南渡臣君[316]輕社稷，中原父老望旌旗[317]，昔誦此句，爲前代處付一嘆，豈謂於吾身親見之[318]也。可苦可苦。

5월 25일。흐림。

주인집에 머물렀다.

---

312) 留主家: 留蘆洞.

313) 無: 莫.

314) 日馭(일어): 해수레. 임금어 御駕를 일컫는다.

315) 西望長安(서망장안): 서쪽으로 장안을 바라봄. 좋지 않음.

316) 臣君: 君臣.

317) 南渡臣君輕社稷, 中原父老望旌旗(남도신군경사직, 중원부로망정기): 趙孟頫의 〈岳顎王墓〉에 나오는 "남으로 건너간 군신들은 사직을 가볍게 여기나, 중원의 어른들은 악왕의 깃발 기다리네.(南渡君臣輕社稷, 中原父老望旌旗.)"라는 구절. 남송 말의 충신 岳飛는 金과이 화친을 주장하는 秦檜에 반대하여 끝까지 항전할 것을 주장한 勇將이다.

318) 於吾身親見之(어오신친견지):《孟子》〈萬章章句 上〉의 "내가 밭두둑 사이에 있으면서 이대로 요순의 도를 즐기기보다는, 내 어찌 이 임금으로 하여금 요순과 같은 성군이 되게 하는 것만 하겠으며, 내 어찌 이 백성들로 하여금 요순 때의 백성이 되게 하는 것만 하겠으며, 내 어찌 그런 시대를 내 몸으로 직접 보는 것만 하겠는가.(與我處畎畝之中由是以樂堯舜之道, 吾豈若使是君爲堯舜之君哉? 吾豈若使是民爲堯舜之民哉? 吾豈若於吾身親見之哉?)"에서 나오는 말.

신문숙(申文叔: 申景翼, 고령 현감)과 신추백(申樞伯: 申景斗) 형제가 태봉(台峯)에서 찾아왔다. 그들 또한 4월 20일에 피난을 나와서 온집안이 지금껏 아무 일 없다고 하였는데, 오랫동안 떨어져 있던 끝에 뜻밖에 다시 만나 안부를 물으니 위안되는 마음을 이루 말할 수가 없었다.

날이 저물어 유숙하였다.

二十五日。陰。

留主家[319]。申文叔樞伯昆季, 自台峯[320]來訪。渠亦於四月廿日出來, 闔族尙幸無事云, 久別之餘, 邂逅蘇叙, 慰不可喩。日暮留宿。

5월 26일。비。

주인집에 머물렀다.

들건대 왜구가 다시 중모현(中牟縣)에 들어와 불사르고 노략질하는 것이 더욱 극심하니, 김산(金山: 金泉) 사람들로 직지산(直指山: 黃岳山인 듯)으로 피하여 들어갔던 자들이 많이 살해되었다고 하였다. 이의술(李義述: 李胤呂, 검간의 동서)의 온가족이 생각건대 또한 그 산으로 피하여 들어갔을 것이니 어떻게 붙어살고 있는지 그 소식을알 수가 없어 매우 염려스러웠고 매우 염려되었다.

저녁에 비가 멈추자 신문숙(申文叔: 申景翼, 고령 현감) 형제가 돌아갔다.

二十六日。雨。

留主家[321]。聞倭寇再入中牟縣[322], 焚略尤酷, 金山人避入直指山[323]者, 多被殺害云。李義述[324]一家, 想亦避入其山, 何以寄活, 消息未通,

---

319) 留主家: 留蘆洞.
320) 台峯(태봉): 경상북도 상주시 함창면에 있는 마을.
321) 留主家: 留蘆洞.
322) 中牟縣(중모현): 경상북도 상주군 牟東面과 牟西面 지역에 있었던 현.
323) 直指山(직지산): 경상북도 김천시 대항면 黃岳山을 일컫는 듯. 이 산에 直指寺가 있다.

可慮可慮。夕雨止, 文叔兩君還。

5월 27일。맑음。

노곡 숙모(魯谷叔母: 검간의 외숙인 洪約昌의 부인 開城高氏)님을 뵈러 삼기(三歧: 갈령삼거리인 듯) 앞으로 갔다가 홍윤정(洪胤禎: 홍윤최의 6촌동생)·김교(金嶠: 字는 美伯)를 겸해서 만났다. 그리고 들건대 호남(湖南)에도 또한 왜변이 있어서 강진(康津)·해남(海南) 두 고을이 함락되었지만, 즉시 모두 섬멸하니 왜선 모두 도망쳤으며, 전라도 방어사(全羅道防禦使: 郭嶸)가 적과 금산(金山: 錦山)에서 접전하여 죽인 왜놈이 또한 수백 명이라고 하였다. 호남 풍속이 모질고 사나워서 장수와 군사들이 전장에 나아가도 겁이 없는데다 용맹하게 나아가는 것도 번갯불같이 신속하니 능히 승리를 취할 수 있었던 것은 이 때문이었다. 영남은 인심이 나약하여 적을 보면 먼저 겁을 먹고 주장(主將)들도 의리를 지키다 죽을 마음이 없는 것으로 덧붙여 곳곳마다 이리저리 피하여 구차스럽게 살길을 바라니, 그 때문에 패배를 초래한 것임은 괴이할 것이 없었다.

식량을 구하려는 일로 노비와 말을 화령(化寧: 상주의 서부지역)의 사가(私家)에 보냈다.

二十七日。晴。

往拜魯谷叔母主于三歧[325]前, 兼見洪胤禎[326]·金嶠[327]美伯。仍聞湖

---

324) 義述(의술): 李胤呂(1560~1634)의 字. 본관은 星山. 1590년 증광시에 합격하였다. 거주지는 開寧이다. 藥峯 金克一의 셋째딸과 혼인하였으니, 趙靖과 동서간이다. 약봉은 아들이 없어 金守一의 차자 金澈을 후사로 삼았고, 네 딸 가운데 첫째딸은 조정에게, 둘째딸은 柳椅에게, 넷째딸은 張汝華(1566~1621)에게 시집보냈다.

325) 三歧(삼기): 경상북도 상주시 화남면 동관리 갈령삼거리를 가리키는 듯. 이곳은 보은, 상주, 문경의 세 갈래로 나뉘는 곳이다. 趙翊의 〈辰巳日記〉 6월 1일 기록에서는 魯谷叔母를 廣州叔母로 일컫고 加恩을 향하는 길에 인사하는 것으로 되어 있다.

326) 洪胤禎(홍윤정, 생몰년 미상): 본관은 南陽. 洪汝剛 → 1자 洪禹傳 → 3자 洪永智 → 1자

南亦有倭變, 康津[328)·海南[329)兩邑見陷, 而旋皆殲滅, 賊船皆逃走, 全
羅防禦使, 來到金山郡[330)接戰[331), 所殺倭奴, 亦百餘人云。湖俗悍猛,
將士臨陣不怯, 勇進如風霆, 其能取勝者, 以此也。嶺南則人心柔懦,
見賊先怯, 加以主將無死義之心, 到處回避, 冀得苟活之路, 其所以致
敗者, 無怪矣。求糶事, 送奴馬于化寧地私第[332)。

5월 28일。비。

주인집에 머물렀다.

듣건대 경성(京城)에서 내려오는 왜적이 지금까지도 오히려 끊이지
않는다고 하는데 그 연유를 알지 못하겠다. 어찌 양식이 떨어진 게 머
물러 사는 것보다 어려운가? 그렇지 않다면 저놈들이 방어하는 자가
없어 도성(都城)을 차지하고 소굴을 만들었거늘, 무엇을 꺼려서 갑자기
내려온단 말인가?

듣건대 경성(京城)에서 전해온 통신문에 의하면, 사족(士族) 및 평민,
연고 없는 자라도 왜적 셋 이상의 목을 벤 자는 무과 급제(武科及第)를
내려주고 관노비이든 사노비이든 양민이 되는 것을 허용한다고 하였다.

洪頊→3자 洪胤禛으로, 홍윤최의 6촌 동생이다.

327) 金𥊥(김교, 생몰년 미상): 본관은 商山, 자는 美伯. 金憲(1566~1633)의 형이다.《西厓
先生文集》권1〈金美伯晦仲及權生巽行來訪, 偶吟書贈〉에서 확인된다. 晦仲은 김혜의
字이다. 아버지는 金綏吉이다.

328) 康津(강진): 전라남도 남서해안에 있는 고을.

329) 海南(해남): 전라남도 남서부에 위치한 고을.

330) 金山郡(금산군): 錦山郡. 충청남도 남동부에 있는 군.

331)《선조실록》1592년 5월 20일조 3번째 기사에 기록되어 있음. 郭嶸(생몰년 미상)을
가리킨다. 본관은 宜寧. 1591년 평안도병마절도사를 역임하였다. 1592년 임진왜란이
일어나자 전라도방어사로서 龍仁·錦山 전투에 참가하였으나 패주, 사헌부로부터 전
란 이후 단 한 번도 용감하게 싸움을 못한 拙將이라 하여 탄핵을 받았다. 1595년 右邊捕
將·行護軍 등을 역임하였다.

332) 求糶事。送奴馬于化寧地私第: 누락.

또 듣건대 방어사(防禦使)와 조방장(助防將) 등이 장계(狀啓)에서 '영남의 고을수령들이 모두 성을 버리고 도주하였으나 오직 상주 목사(尙州牧使) 아무개[金澥]만이 자제와 패잔병들을 거느리고 홀로 빈 성을 지키면서 목숨을 바쳐 떠나지 않았는데, 함창 현감(咸昌縣監) 아무개[李國弼]는 전투에서 패하고 돌아왔다가 달아나 나타나지 않았다.'고 하니, 위에서는 상주 목사를 후하게 포상하되 함창 현감을 주벌(誅罰)하게 하라고 하였다. 하지만 함창 현감이든 상주 목사든 그 죄는 매한가지였느니 나랏일에는 뜻이 없고 제 하고싶은 것만 마음대로 하여 적들이 장차 들이닥치려는데도 굳게 방어할 방책을 생각하지 않았던 것인데, 번갈아가며 도주할 생각만 한 자는 상주 목사가 더 심하였다. 그렇지만 저들이[방어사와 조방장] 감히 사사로운 뜻을 마음대로 하여 장계를 올려 임금을 속이고 포상과 징벌을 하는 마땅한 이치에서 벗어나게 하였으니 비통하고 비통스러웠다.

대체로 석전(石田)의 전투에서 헛소문에 무너졌으니 죄는 이 두 고을수령에게 있었거늘, 만약 방어사(防禦使: 趙儆)와 순변사(巡邊使: 李鎰)가 먼저 이 두 사람의 목을 베어 높은 곳에 매달아서 여타의 고을수령들을 징험하게 했다면, 사방으로 흩어졌던 군졸들이 반드시 모두 서로 말하기를, "퇴각하고 비겁하였기 때문에 이미 주장(主將)들이 베였는데, 우리들이 진격하지 않으면 나중에 주벌(誅罰)로부터 벗어나기가 어려울 것이니 재빨리 모여 힘써 싸우는 것이 기필코 죽어야 하는 중에 살기를 바라는 것만 못하다."라고 하였을 것이며, 수만 명의 군졸이 금방 모일 것이고 적과 접전할 즈음이면 또한 반드시 죽음을 각오하는 마음이 있을 것이다. 계책이 이에 미치지 못하고 상하가 서로 몽매하여 고식적인 것만 따르니, 비록 패하지 않고자 할지라도 가능하겠는가?

막내딸이 학질에 걸려 고통스러워하니 염려되었다.

二十八日。雨。

留主家[333]. 聞自京下來之倭, 今尙不絶云, 未知所由. 豈粮盡難於留住? 不然則彼無禦之者, 窃據[334]都城, 以爲窟穴, 何所憚而遞爾下來耶? 聞自京傳通內, 士族及平民無故者, 斬倭三級以上, 賜武科及第, 公私賤則從良[335]云. 且聞防禦・助防等狀啓內, 嶺外守令, 擧皆棄城逃走, 而唯尙牧某, 率其子弟及孱卒, 獨守孤城, 效死不去, 咸昌倅某, 敗軍而還, 逃走不現云云, 自上深褒尙牧, 而命誅咸倅云. 咸昌・尙州, 厥罪相等[336], 而其無意國事, 任其自爲, 賊勢將及, 不思所以悍禦之方, 而遞作逃走之計者, 尙州尤甚. 而彼輩敢逞私臆, 欺罔入啓, 以致賞罰之乖常, 可痛可痛. 大槩石田虛警之潰, 罪在此[337]兩倅, 向使防禦・巡邊等使, 先梟此兩人之頭, 以懲其餘, 則四散之卒, 曰: "退怯之故, 已斬主帥, 吾等不進, 則後難免誅, 不如亟聚力戰, 求生於必死之中." 數萬之卒, 可以立致, 接戰之際, 亦必有殊死之心矣. 計不出此, 而上下相蒙, 動[338]循姑息, 雖欲不敗, 得乎? 末女得痁, 苦痛可慮[339].

5월 29일. 비.

권여심(權汝深: 미상)과 명식(命息: 검간의 장자 조기원인 듯)에게 이사확(李士擴: 李弘道, 權景虎의 손자인 權以說의 장인, 士廓으로도 쓰임)・이사회(李士會: 李亨道)를 만나뵈러 소야동(蘇夜洞: 쇠약동)에 가게 했는데, 이곳과의 거리가 거의 10리쯤 되었다. 이어서 이 별감(李別監)의 숙모를 뵌 뒤, 나는 이사회와 저녁을 틈타 가은(可隱: 加恩)의 김지원(金至元) 집에 가서

---

333) 留主家: 留蘆洞.
334) 窃據(절거): 부정한 수단으로 차지함.
335) 從良(종량): 천민이 양민이 되던 일.
336) 相等: 惟均.
337) 此: 누락.
338) 動: 務.
339) 末女得痁. 苦痛可慮: 누락.

묵고 장차 광주(光州) 숙모(叔母: 姨母의 오기인 듯, 金宇宏의 부인)를 찾아가
서 뵐 계획이었다.

二十九日。雨。

與權汝深及命息[340]，往訪李士擴[341]·士會[342]于蘇夜洞[343]，去此里幾
十許里矣[344]。仍謁李別監叔母主，僕則與士會[345]，乘夕往宿于可隱金
至元家，將欲往拜光州叔母主[346]計也。

---

340) 命息: 命兒.

341) 士擴(사확): 李弘道(?~1620)의 字. 본관은 眞城, 호는 冠巖. 鄭經世의 문집《愚伏集》
권16에 실린〈祭李察訪士廓文〉이 1620년에 지어졌으니 몰년은 1620년으로 짐작되고,
字는 士廓으로 쓰였다. 함창에 거주하였으며, 찰방을 지냈다. 權景虎의 손자인 權以說
의 장인이다.

342) 士會(사회): 李亨道(생몰년 미상)의 字. 李弘道의 동생인 듯.

343) 蘇夜洞(소야동): 疎野洞인 듯. 경상북도 상주시 화북면 龍遊洞 일대의 골짜기에 있는
부락. 원래 衰弱洞이라 하였는데, 골짜기 위에 철광석을 가공하는 곳이 있어 '鐵冶'라
한 것을 우리말로 읽은 것이다. 문경의 농암에서 상주 속리산 문장대로 향하는 길은
높은 청화산과 도장산을 양쪽으로 끼고 구불구불 나 있는데, 그 길을 따라 흐르는
계곡이 쌍룡계곡이다. 도처에 기암괴석이 맑은 물과 어우러져 있는데, 용유동이 그
가운데에 있다.

344) 去此里幾十許里矣: 去此十餘里矣.

345) 李別監叔母主 僕則與士會: 李叔母 與士會.

346) 叔母主: 叔母. 姨母의 오기. 각주 324)를 참고하면 幽谷察訪 洪胤崔의 세 딸 가운데
한 명일 터인데, 金宇宏이 1583년 탄핵을 받아 靑松府使와 光州牧使를 지내다가 1589
년 관직에서 물러나 고향인 성주로 돌아와 1590년에 죽었기 때문에 그의 부인을 지칭
한 것으로 전란을 겪다가 1596년에 세상을 떠났다. 이 일기의 나머지에서는 모두
광주 이모로 되어 있으며, 가규의〈진사일기〉에도 광주 이모로 되어 있다.

6월 기축삭

6월 1일。 맑음。

주인집에서 닭을 잡고 기장밥을 지었는데 백주(白酒)까지 겸하여 차렸다. 영남의 땅이 모두 다 불타 평온한 곳이 남아 있지 않았으나 홀로 이 면(面)만은 지금까지 보전되어 보리를 거두고 가을에 익을 만한 곡식을 심으면서 평일과 다름이 없으니, 아마도 마을이 깊고 궁벽했기 때문일 것이다. 식사한 뒤 궁기리(宮基里: 문경 농암면 소재 마을)에 가니, 이모(姨母: 金宇宏의 부인)의 모든 가족들이 어제 이미 화산(華山: 青華山)의 꼭대기에 있는 상암(上庵)으로 옮겨와서 임시로 지내고 있었다. 이모(姨母: 홍윤최의 맏딸, 김우굉의 부인) · 홍구(洪舅: 洪約昌)며 창녕 형수(昌寧兄嫂: 김우굉의 장자인 金得可의 부인) · 양우 아내[良遇嫂: 홍윤최의 둘째 사위인 李安仁의 아들 李應明 부인 邊氏, 검간의 이종사촌동생 부인] · 옥산 여동생[玉山妹] · 국신 아내[國信嫂: 洪民獻의 부인 權氏] · 사행 아내[士行嫂] 등 여러 친척들이 각자 자기에게 딸린 식구들을 거느리고 이곳에 모여 서로 더불어 안부도 묻고 회포를 푸니 죽은 사람이 다시 살아온 것과 같았다. 각기 난리 중에 겪었던 어렵고 괴로운 상황을 말하면서 구사일생으로 지금에 이르러 다시 얼굴을 볼 수 있었으니, 어찌 불행 중의 다행함이 아니겠는가? 슬프고 애통함이 번갈아 솟구쳐 마음을 자못 진정시킬 수가 없었다.

듣건대 가은리(可隱里: 加恩里)의 사람들과 훈련봉사(訓鍊奉事) 송건(宋建) 등 100여 명이 모의하여 함창현(咸昌縣)에 남아 있던 적들을 급습하

여 7,8명을 쏘아 죽인 뒤에 우리 병사도 적의 탄환에 맞아서 퇴각하다
죽은 자가 6명이었는데 송건도 죽었다고 하였다. 송건은 바로 흥양(興
陽: 전남 고흥) 사람으로 무과(武科)에 급제한 자이다. 마침 방어사(防禦
使: 梁士俊)의 군관으로서 전투하다가 패한 후로 몸을 피해 도망쳐 궁기
리(宮基里)에 와 있었는데, 목숨을 바쳐 적을 토벌하기로 생각하여 격
앙된 뜻을 품고 있었지만 끝내 자기의 바람을 크게 이룰 수가 없게 되
었으니 사람들이 모두 애석하게 여겼다.

막내 자식[趙亨遠]이 학질을 앓았다.

六月小 己丑朔 一日。晴。

主人殺鷄爲黍, 兼設白酒矣。嶺外之地, 皆遭焚蕩, 無有寧靜之處,
而獨此一面, 尙得保存, 根耕刈麥, 無異平日, 盖以村巷深僻之故也。
食後往宮基[1], 則姨母闔門, 已於昨日, 移寓于華山[2]上頂之上庵矣。姨
母·洪舅[3]及昌寧兄嫂[4]·良遇[5]嫂·玉山妹·國信[6]嫂·士行嫂諸親,　各

---

1) 宮基(궁기): 경상북도 문경시 농암면에 있는 마을. 후백제 시대의 견훤이 궁을 짓고
　 군사를 훈련시켰던 곳이라 한다.
2) 華山(화산): 靑華山. 충북 괴산군 청천면 삼송리, 경북 상주시 화북면, 문경시 농암면
　 경계에 있는 산.
3) 洪舅(홍구): 외숙 洪約昌(1535~1592)인 듯. 洪胤崔의 둘째부인 缶溪洪氏 소생 가운데
　 막내딸인 검간 모친의 생년이 1533년이기 때문에 맏이모 다음 순서로 놓일 수 있는
　 외숙은 남양홍씨 족보에 의하면 홍약창 뿐이다.
4) 昌寧兄嫂(창녕형수): 金宇宏의 맏째아들 金得可(1547~1591)가 昌寧縣監을 지낸 것으로
　 인하여 그의 부인 眞寶李氏(1548~1618)를 일컫는바 僉正 李憑의 딸을 가리킴. 김득가
　 의 본관은 義城, 자는 君望. 1564년 식년시에 급제하였으며, 창녕현감이 되어 아전들
　 의 착취를 척결하여 백성들로 추앙을 받았던 인물이다.
5) 良遇(양우): 洪胤崔의 둘째사위 李安仁의 아들인 李應明(1556~1583)의 字인 良偶의
　 오기. 본관은 碧珍, 호는 道淵. 그의 부인은 邊氏이다.
6) 國信(국신): 洪民獻(?~1592)의 字. 1592년 임진왜란이 일어나자 아버지 洪約昌(1535~
　 1592)과 함께 鞍嶺에서 왜적과 싸우다 전사하였다. 그의 부인 晉州柳氏(1559~1636)는
　 부친이 柳宗智이고, 외조부가 풍향조씨 趙世英이다. 곧 검간의 외사촌 부인이다. 홍약
　 창은 洪義範의 아들인데 홍윤최의 후사로 들인 인물이다. 후사로 들어온 시기는 짐작
　 컨대, 홍윤최의 첫째부인 南原梁氏 소생인 洪涉(생몰년 미상)의 아들 洪秀慶이 대를
　 이을 수 없는 사정이 생기자, 홍민헌의 손자 洪以海(1603~1668)를 후사로 들인 것으

率其家累[7], 會于此, 相與蘇叙, 有同再生之人。各說亂離中艱苦, 十生
九死, 得至今日, 重見面目, 豈非不幸之幸也? 悲哀交激, 殊不能定情
矣。聞可隱里人及訓鍊奉事宋建[8]等百餘人, 謀擊咸昌縣留在之倭, 得
射七八人後, 我軍中鐵丸, 退走殞命者六人, 而宋建亦死。建乃興陽[9]
人, 而中武科者也。會[10]爲防禦使軍官, 敗軍之後, 脫身逃走, 來在于
宮基[11], 思欲徇身討賊, 志氣激昂, 而竟未大成其志, 人皆惜之。末息
痛痁[12]。

6월 2일。 맑음。

아침 일찍 길을 떠나 만난 시승(詩僧) 홍정(弘靖)은 병천사(屛川寺: 병
천 주변에 있었던 절인 듯)에서 이름난 선승(禪僧)이다. 시냇가에 풀을 깔
고 해가 기울도록 오순도순 조용히 이야기를 나누었는데, 목백(牧伯:
상주목사 金澥)이 절 뒤편의 용호암(龍虎庵)에 있다고 하였다.

○ 마침 경성(京城)에서 온 사람을 만났는데, 바로 5월 18일에 왜놈
에게 사로잡혀 그들의 짐바리를 싣고 상주(尙州)에 도착했다가 도망쳐

보인다. 趙靖宗孫家所藏文籍 가운데 〈四月十五日門中和會成文天啓元年辛酉〉에 의하
면, 홍윤최 묘소에서 친손과 외손 13명이 모여 재산을 분배하였는데 홍윤최의 친가로
는 홍민헌 부인, 홍민일 부인, 홍수경이 참여하고 있기 때문이다.

7) 家累(가루): 한 집안에 딸린 식구. 노비와 처자를 포함하여 어떤 사람에게 매여 있는
   가솔을 말한다.
8) 宋建(송건, 생몰년 미상): 본관은 礪山. 1588년 무과에 급제하여 북방의 경비를 맡았
   다. 효자로도 이름이 높았는데, 복무 중 어머니가 세상을 떠나자 곧 귀향해 3년상을
   치렀다. 1592년 임진왜란이 일어나자 助防將 梁士俊의 청으로 佐幕이 되어 참전했다.
   전투 때마다 선봉에 서 공이 많아 星州判官에 임명되었다. 그 후 統軍別將에 발탁되어
   함창전투에 참가하여 적과 싸우다 중과부적으로 죽었다.
9) 興陽(흥양): 전라남도 고흥지역의 옛 지명.
10) 會: 勇.
11) 宮基: 宮基里.
12) 末息痛痁: 누락.

나온 자이었다. 그가 이르기를, "당초 왜구가 미처 도성에 진입하지 못했을 때 상중(喪中)이던 김명원(金命元)을 도원수(都元帥)로 삼고서 한강(漢江)에 출병하게 하여 적을 방어하는 계책을 세웠습니다. 그러나 우리 군대는 뜻하지 않게 적의 기세가 등등함을 보고서 점차 도망갔고, 원수(元帥) 김명원도 대적할 수 없음을 헤아리고 또한 함께 달아나 버렸습니다. 적들은 아무도 없는 텅 빈 성을 거리끼는 바가 없이 들어가서 수천여 명의 왜적을 나누어 파견했는데, 대가(大駕)가 있는 곳을 끝까지 뒤쫓도록 하고는 또 경기지방의 여러고을로 나누어 파견하여 날마다 행패를 부리며 약탈해 미곡(米穀)과 물자 등을 산더미 같이 쌓았으니 곳곳마다 모두 그러하였습니다. 왜장은 도성 안에 머무르며 오래 주둔할 계책을 삼고서 빼앗은 물건들은 곧 모두 수송해 내려보내고 있습니다. 도성 안의 사람들은 스스로 서로 강도가 되어 칼을 갖고서 빼앗으며 죽이거나 상처를 입힌 것이 이루 다 헤아릴 수가 없으며, 사족(士族)들도 도성을 빠져나간 후에 텅 빈 골짜기에서 굶주려 죽은 자도 또한 이루 다 셀 수가 없습니다."라고 하였다. 나랏일이 이 지경에 이르러 다시 기세가 진작될 리가 만무한데, 태어나서 사람이 되어 눈으로 이러한 때를 보았으니 통곡밖에 무슨 말을 할 것이며 통곡밖에 무슨 말을 하겠는가?

○ 저녁에 신문숙(申文叔: 申景翼, 고령 현감)·송언명(宋彦明: 宋光國, 셋째아들 趙弘遠의 장인)의 임시거처를 지나게 되어 잠깐 머무르며 이야기하다가 어두워진 다음에야 노곡(蘆谷)에 돌아왔다.

二日。晴。

朝發路, 遇詩僧弘靖[13], 乃屏川[14]秀禪也。藉草溪邊, 穩話移日, 牧

---

[13] 弘靖(홍정): 宣武原從功臣의 僧軍 2등급 명단에 오른 인물. 義僧將이었다.

[14] 屏川(병천): 瓶川으로도 표기됨. 속리산에서 발원하여 점촌으로 흐르는 영강의 상류에 해당하는 시내. 경북 문경시 농암면 내서리와 상주시 화북면의 경계에 위치한 道藏山

伯在寺後龍虎庵¹⁵⁾云。○ 適遇自京之人, 乃於五月十八日, 被執於倭奴, 領其卜駄, 來到◇¹⁶⁾尙州, 而逃出者也。渠云:"當初倭寇之未入城時, 起復¹⁷⁾金命元¹⁸⁾爲都元帥, 出師漢濱, 方爲禦敵之計。而卒伍遽見賊勢鴟張¹⁹⁾, 稍稍逃走, 元帥度其不濟, 亦並遁去。賊入空城, 無所忌憚, 分遣數千餘倭, 窮追大駕所在, 又分遣畿下諸邑, 逐日攻怯, 米穀物貨等, 積聚如山, 在在皆然。倭將則留住都中, 以爲久住之計, 所攫之物旋皆輸下。都內之人, 自相爲盜, 使刃攘奪, 殺傷無數, 士族之家, 則出門之後, 餒死窮谷者, 亦不可勝計。"云云。國事至此, 萬無再振之勢, 生而爲人, 目見此時, 痛哭何言? 痛哭何言²⁰⁾? ○ 夕, 過申文叔‧宋彦明寓所, 暫時留話, 乘昏還蘆谷。

밑에 흐르는 쌍룡계곡이다. 충청북도 괴산군 청천면 華陽里에서 40리 거리이다.

15) 龍虎庵(용호암): 경상북도 상주시 화북면 상오리 장각폭포 아래에 있는 소를 용호라고 한 것으로 보아 그 주변에 암자가 있었을 것으로 추측됨. 조희열 상주 향토지명 연구가 로부터 도움을 받았다.

16) 于.

17) 起復(기복): 起復出仕. 喪中에는 벼슬을 하지 않는 것이 관례로 되어 있으나 국가의 필요에 의하여 상제의 몸으로 상복을 벗고 벼슬자리에 나오게 하는 일.

18) 金命元(김명원, 1534~1602): 본관은 慶州, 자는 應順, 호는 酒隱. 1568년 종성부사가 되었고, 그 뒤 동래부사‧판결사‧형조참의‧나주목사‧정주목사를 지냈다. 1579년 의주목사가 되고 이어 평안병사‧호조참판‧전라감사‧한성부좌윤‧경기감사‧병조참판을 거쳐, 1584년 함경감사‧형조판서‧도총관을 지냈다. 1587년 우참찬으로 승진했고, 이어 형조판서‧경기감사를 거쳐 좌참찬으로 지의금부사를 겸했다. 1589년 鄭汝立의 난을 수습하는 데 공을 세워 平難功臣 3등에 책록되고 慶林君에 봉해졌다. 1592년 임진왜란이 일어나자, 순검사에 이어 팔도도원수가 되어 한강 및 임진강을 방어했으나, 중과부적으로 적을 막지 못하고 적의 침공만을 지연시켰다. 평양이 함락된 뒤 순안에 주둔해 行所 경비에 힘썼다. 이듬해 명나라 원병이 오자 명나라 장수들의 자문에 응했고, 그 뒤 호조‧예조‧공조의 판서를 지냈다. 1597년 정유재란 때는 병조판서로 留都大將을 겸임했다.

19) 鴟張(치장): 소리개가 날개를 활짝 폈다는 뜻으로, 기세가 등등함을 비유하여 이르는 말.

20) 痛哭何言: 누락.

6월 3일。맑음。

주인집에 머물렀다.

들건대 내려오는 왜적이 대부분 산척(山尺: 사냥꾼)의 무리에 의해 사살되어 아래로 내려갈 수가 없어서 상주(尙州) 읍내에 머물렀는데, 그 수가 극히 많았고 곳곳을 샅샅이 뒤지며 사람을 찾다가 비위에 거슬리면 죽였다고 하니, 무슨 괴로운 일인들 이것만 하겠는가?

막내 자식[趙亨遠]이 또 병을 앓았다.

三日。晴。

留主家[21]。聞下來之倭, 多被山尺輩所射, 不得下去, 留在州內, 厥數極多, 窮尋人物, 觸輒屠殺云, 何悶如之? 末息又痛[22]。

6월 4일。맑음。

주인집에 머물렀다.

들려오는 소식에 의하면 왜구들이 화령현(化寧縣: 상주의 서부지역)에 쳐들어와서 또 관음사동(觀音寺洞)을 약탈하였는데 여러 암자의 승려들이 많이 죽임을 당했다고 하였다. 영식(榮息: 趙榮遠)이 수락암(水落菴)에 가서 임시로 지내고 있었는지라 살았는지 죽었는지 알지 못하여 마음이 몹시 어지러워서 즉시 사람을 보내어 찾게하고 싶었으나, 적들이 점차 다가오고있다는 소식이라 단지 종 한 놈이라도 급작스럽게 위급함을 만날까 두려워 보낼 수가 없으니, 더욱 가슴아프고 더욱 가슴아팠다.

四日。晴。

留主家[23]。流聞倭寇, 侵及化寧縣, 且焚蕩關音寺洞[24], 諸庵僧輩亦多

---

21) 留主家: 留蘆谷.

22) 末息又痛: 누락.

被害云。榮息[25], 往寓水落[26], 未知生死, 心緒極亂, 卽欲送人往探, 而賊
報漸迫, 只有一奴, 恐有倉卒之急, 不得送去, 尤極痛心, 尤極痛心[27]。

6월 5일。 맑음。

밥 먹을 때 갑작스레 왜구가 화령(化寧)에서 쳐들어왔다는 것을 듣게
되었는데, 마을사람들과 다른 지방에서 이곳에 임시로 피난해 있던
자들이 모조리 도망쳐 숨었다. 나와 조굉(趙竑) 아우가 어머니를 모시
고서 후령(後嶺: 뒤 고개)을 간신히 넘으면서 길을 벼랑과 산기슭으로
잡아 엎어지고 자빠지며 달아나 피했으나, 산길이 험준해 어머니가
기력이 다하여 잘 걷지를 못하자 적이 추격해와 환난이 있을까 두려워
하였으니 민망스러움을 말할 수가 없다. 처가 식구들은 사방으로 흩
어져 각기 달아나 간곳을 알지 못한 채 4,5리를 가서야 비로소 서로
만날 수 있었으나, 명식(命息: 趙基遠)만이 있지 않았지만 찾아볼 겨를
이 없었다. 조굉(趙竑) 아우가 어머니를 받들어 곧바로 소야동(蘇夜洞:
쇠약동)에 있는 이홍도(李弘道: 權景虎의 손자인 權以說의 장인)의 임시거처
로 돌아갔는데, 대체로 소야동은 신선마을로 깊숙하고 궁벽한데다 초
목이 무성하고 빽빽하여 몸을 숨기는데 이로웠기 때문이었다. 처가
식구며 막내 누이[李嶌의 처]와 기주(歧州) 아내 등은 달전(達田: 大田)에
있는 신문숙(申文叔: 申景翼, 고령 현감)과 송언명(宋彦明: 宋光國, 셋째아들
趙弘遠의 장인) 등 여러 친구들의 임시거처로 지시해 보냈다. 나는 짐바

---

23) 留主家: 留蘆谷.

24) 觀音寺洞(관음사동): 경상북도 상주시 화남면 동관리에 있는 부락.

25) 榮息: 榮兒.

26) 水落(수락): 水落庵. 경상북도 상주시 화남면 형제봉 남쪽 절골 북쪽에 있는 암자.
   동관음사 북쪽 높은 산봉우리 석벽이 떨어진 물에 의해 구멍이 나서 불렸다고 한다.

27) 尤極痛心: 누락.

리를 살펴보기 위해 노곡(蘆谷)으로 되돌아갔는데, 노복들 및 소와 말 등이 모두 바위와 숲 사이에 피해 숨어있었고 짐바리 또한 바위틈에 숨겨져 있어서 잃어버리는 데에 이르지 않았으니 이 또한 불행 중에 하나의 다행이었다.

어둠을 틈타 머물렀던 주인집에 들어가 자세히 물으니, 주인 식구들 또한 산골짜기에서 저녁이 되어서야 돌아왔는데 말하기를, "왜구 10여 명이 남쪽의 고개에서 총을 쏘며 산허리까지 내려왔다가 곧장 다시 올라갔는데 산 밖에 숨겨두었던 소와 말 10여 마리를 뒤져서 가져갔고, 또 성산(城山: 淸溪山)을 포위하여 사람들이 많이 죽었다."라고 하는데도, 이 마을만은 다행히 불태워지고 약탈당하는 화변(禍變)을 입지 않았으니 어떤 위안인들 이것과 같겠는가?

밤이 깊어서야 김운룡(金雲龍)·김순생(金順生) 무리들이 짐바리들을 숨겨둔 곳에 되돌아와서 바위 위에 모여 앉았는데 갑자기 비가 억수같이 쏟아지고 사나운 짐승들까지 모이니, 전신이 비에 죄다 젖어서 어찌할 바를 몰랐지만 서로 함께 나무로 내리치고 돌을 던져 겨우 짐승의 해침을 피하였다.

새벽이 되어서 비를 무릅쓰고 내려오는데 짐바리를 실은 말이 미끄러져 천 길이나 되는 비탈로 굴러 떨어졌는지라, 등골이 부러졌을 것으로 생각하고 급히 쫓아가 일으켜 세우니 발만 절룩거릴 뿐이었다.

해질녘이 되어서 달전리(達田里: 大田里)에 도착하니, 여러 가솔(家率)들이 다행히도 모두 아무런 탈없이 밤을 지새웠다.

五日。晴。

食時, 猝聞倭寇自化寧入來, 里人及他來寓者, 盡數亡匿。吾與竑弟奉慈氏, 艱得踰後峴, 取路崖麓, 顚沛走避, 而山路峻險, 慈氏力盡, 不能善步[28], 恐有追及之患, 悶不可言。妻屬則四散各走, 不知去處, 及到四五里許, 始得相遇, 而命息[29]獨不在, 不暇尋覓。竑則奉母直歸蘇夜洞李弘道兄寓所, 蓋爲其洞府深邃林茂草密, 利於莊身故也。妻屬及季妹·歧州嫂等, 指送于達田[30]申文叔·宋彦明諸益寓所。僕則[31]以卜物點檢事, 還到蘆谷, 則奴僕牛馬等, 皆避匿岩藪間, 卜物亦莊諸石罅, 不至漏失, 是亦不幸之一幸也。乘昏入主家詳問, 則主人輩亦自山谷間, 乘夕還家曰："倭寇十餘名[32], 自南嶺放鐵丸, 下及山腰, 旋復上去, 搜括山外所藏牛馬十餘頭, 且圍城山[33], 人多見害。"云, 此里幸免焚抄之變, 何慰如之? 夜深, 與金雲龍·金順生輩, 還到卜物所聚[34]處, 聚坐岩石上, 俄而雨下如澍, 惡獸且至, 萬身盡沾, 不知所爲, 相與擊木投石, 僅避其害。到曉冒雨下來, 而卜馬蹄蹶, 倒落千仞之坂, 意謂折脊, 趁急扶起, 則蹇足而已。日晚, 來到達田之里, 則諸屬, 幸皆無恙度夜矣[35]。

6월 6일。흐림。

여러 가솔들을 거느리고 깊은 계곡에 들어갔다가 저녁이 되어서야 돌아왔으니 적의 칼날을 피하기 위해서였다. 적의 무리들이 공격하거나 위협할 자를 나누어 선발해 매번 오전에 와서 약탈하고 오후가 되

---

28) 不能善步: 扶負倉皇.

29) 命息: 命兒.

30) 達田(달전): 경상북도 상주시 외서면 大田里. 원래 상주목 지역이었으나 후에 상주군 외서면 지역이었다. 너점 마을의 동쪽이고 독점 마을의 서북쪽에 있다. 산중에 위치하며 밭이 많은 마을이다.

31) 僕則: 吾.

32) 名: 누락.

33) 城山(성산): 淸溪山. 경상북도 상주시 화북면 동관리와 화서면 하송리 사이에 있는 산. 후백제 왕 견훤이 이 산에 성을 쌓고 대궐을 지어 머물렀다고 전해 온다. 성 아래 청계 마을에는 견훤을 마을 수호신으로 모시는 仙神閣이 있고, 성 안에는 극락정사가 있는데 조선시대의 山城倉 터로 알려져 있다.

34) 所聚: 所莊.

35) 幸皆無恙度夜矣: 皆無恙矣.

면 각기 자기의 진영(陣營)으로 돌아갔기 때문에, 피난민들이 밤에는
촌락에서 묵고 새벽이면 반드시 산에 올라가면서 촌락에 거처가 없으
면 모두 섶을 베어다 가리개를 삼아 낮과 밤을 지냈다. 적들이 새벽에
나갔다가 저녁에 들어오는 형편을 엿보아 알아내고 깊숙한 산과 궁벽
한 골짜기까지 모두 수색하여 소와 말이며 물품들을 취하여 갔고 사람
들을 만나기만 하면 번번이 죽이면서 여자들은 데려갔는지라, 장차
살아남을 사람과 가축이라고는 없게 될 것이었다. 예로부터 전쟁이
어느 시대인들 있지 않았겠는가마는 촌락이 텅 비었는 게 이처럼 참혹
한 적이 있지 않을 것이다.

○ 조굉(趙竑) 아우가 소야동(蘇夜洞: 쇠약동)에 가서 어머니를 받들어
왔다.

〈[36]六日。陰。

率諸累入深谷, 乘夕而還, 爲避賊鋒也。賊徒分抄攻怯者, 每趁午前
而來, 午後則各還其陣, 故人之避亂者, 夜宿村里, 曉必登山, 無村里
處, 則皆伐薪爲障, 以度晝夜。賊徒詗知其狀, 各山深洞, 並皆搜索,
取其牛馬物貨而去, 人物則逢輒殺害, 女人則率去, 將至人畜俱盡。自
古喪亂, 何代不有, 巷里空虛, 未有若是之慘也。○ 竑弟往蘇夜洞, 奉
慈氏而來。

6월 7일。비。

어머니를 모시고 가솔들을 데리고서 가파른 산으로 올라 우거진 숲
속에 숨어있다가 저녁이 된 후에야 돌아왔다.

김달가(金達可: 김우굉의 둘째아들, 검간의 이종동생)에게 얻은 서찰에 이

르기를, "얼마 전 단양(丹陽)에서 내려온 한 친구를 만났더니, '경성(京城)의 소식을 전해 들었는데 경상 좌도와 우도에 각기 방백(方伯: 관찰사)을 두어 좌도(左道)는 이성임(李成任: 李聖任의 오기)을 제수하였고, 우도(右道)는 상중(喪中)이었던 신대진(申大進)으로 도사(都事)를 삼았다.'고 했다."라고 하였다.

또 평구역(平丘驛) 역자(驛子)가 지닌 전언통신문을 보니, "왜적의 1운(運)과 2운(運) 모두 이미 남김없이 섬멸되자 적의 기세가 점차 꺾이어 바야흐로 모두 아래지방으로 되돌아갔다."라고 하였다.

사행(士行: 미상)이 이곳으로 내려오는 적의 형세가 끊이지 않고 양식조차 거의 다 떨어져갔기 때문에 바야흐로 부모님을 받들어 관동(關東)으로 돌아가려는 계획을 세우고 나에게 함께 떠나가기를 권하였다.

七日。雨。

奉慈氏及諸累, 登峻巘, 潛伏茂林之中, 乘夕還來。得金達可[37]書云: "頃見一友自丹陽[38]來者, 謂曰: '傳聞京報, 慶尙左右道各設方伯, 左道則李成任[39]除授, 起復申大進爲都事.'" 且見平丘驛[40]子所持傳通內, "倭徒一二運已皆殲盡, 以此賊勢稍挫, 方皆下歸."云云。士行以此處賊勢不絶, 粮餉垂盡, 方爲奉親入歸關東之計, 勸我偕發矣。

---

37) 金達可(김달가, 1565~?): 본관은 義城. 金宇宏(1524~1590)의 둘째아들. 홍윤최의 외손자이자, 검간의 이종사촌 동생이다. 英陵參奉을 지냈다.

38) 丹陽(단양): 충청북도 북동부에 위치한 고을.

39) 李成任(이성임): 李聖任(1555~?)의 오기. 본관은 全州, 자는 君重, 호는 月村. 1583년 聖節使의 書狀官으로 명나라에 다녀왔고, 이듬해 암행어사로 파견되어 안산군수 洪可臣과 삭녕군수 曹大乾이 선치가 있음을 아뢰어 승진하도록 하였다. 1590년 담양부사가 되었으며, 1592년 임진왜란이 일어나자 자청하여 경상도관찰사가 되어, 몸소 군사를 모집하여 왜적을 토벌하려 하였으나 전선이 막혀 뜻을 이루지 못하고 돌아왔다. 곧 순찰부사가 되어 민병 800여명을 거느리고 전선으로 나아가 참찬 韓應寅의 군무를 도왔으나, 임진강의 방어선이 무너져 사태가 급박하여지자 패주하였다. 패주한 죄로 사헌부의 탄핵을 받아 한때 파직당하였으나, 1594년 강원감사·길주목사·황해도관찰사가 되었다.

40) 平丘驛(평구역): 경기도 楊州 동쪽 70리에 있는, 원주와 춘천의 갈림길에 있던 역.

6월 8일. 흐리다가 비.

어머니를 모시고 가솔들을 데리고서 산에 올라 적을 피했다가 오후
가 되어 내려왔다.

내가 노곡(蘆谷) 주인집에 처리할 일이 있어서 들어갔다가 마침 노비
막생(莫生)·맹걸(猛乞)·춘장(春長) 등을 만났는데, 이들은 모두 주인의
명을 따르지 않고 제 멋대로 횡행한 자들이었다. 문득 모두 형틀에 뒤
섞어 얽어매고 매질을 하려는 찰나, 어떤 사람이 산꼭대기에서 급히
달려오며 소리치기를, "왜구가 갑작스레 들이닥칩니다."라고 하자, 온
마을의 사람들이 일시에 놀라서 움직이며 분주히 피하여 숨었고 나 또
한 무리들을 따라 달아나 피하였다. 얼마 뒤에 자세히 파악하니, 도리
어 이 자가 그러한 말을 전한 것은 필시 숨어서 도둑질하는 무리들이
마을사람들을 몰아내고자 꾀하여 양식을 몰래 훔치려는 계책인 것 같
았다. 나는 하나의 계책을 마련하고 급히 달려오며 소리치던 자를 불
러서 심문하였더니, 그 자가 말하기를, "저도 실은 적을 보지 못했지
만 마침 고개 위에서 전하여 알리라는 소리를 들었기 때문에 내달려
와서 널리 알린 것이외다."라고 하는지라, 그의 속임수가 궁색해서 가
리기 어려움을 알 만하였다. 몹시 가증스러웠고 몹시 미웠다.

주인집에 머물러 묵었는데, 주인이 기장밥을 지어 보낸 뜻이 심히
정성스러워 감동하였다.

八日。陰雨。

奉慈氏及諸累, 登山避賊, 午後下來。吾以蘆谷主家, 有料理事, 進
去, 適遇奴莫生·猛乞·春長等, 此皆不從主令, 任意橫行者也。輒皆
絆縛榜訊之際, 有一人於山頂, 急走而呼曰: "倭寇遽至矣." 舉里之人,
一時警動, 奔走避匿, 吾亦隨衆走避。俄而, 審知, 則竟是者傳此, 必
是竄窮之徒, 謀逐里人, 偸取粮物之計也。吾以一計, 致其急呼者, 訊
之, 則曰: "吾亦實不見倭寇, 而適聞嶺上有傳告之聲, 故走來通喩."云

云, 其詐窮難掩可知矣。痛憎痛憎。留宿主家, 主人炊黎以饋, 意甚懇
勳矣。

6월 9일。흐렸다가 비。

영아(榮兒: 趙榮遠)가 수락암(水落庵)에서 돌아왔는데, 비로소 듣자니
그 사찰은 두 번이나 적을 맞는 변을 당하여 수색이 너무 심해서 비축
재물들 가운데 하나도 남아 있는 것이 없지만, 사람들은 모두 잘 피했
기 때문에 적의 칼날에 해를 입지 않았고 사찰 또한 불타지 않았다고
하였다. 왜변이 일어났다는 소식을 들은 후로 오랫 동안 적확한 소식
을 듣지 못하여 마음속으로 애태우다가 갑자기 이렇게 서로 만나서 슬
픔과 기쁨이 교차하게 되니, 부자간의 천륜이 어찌 끝이 있었겠는가?

九日。陰雨。

榮兒自水落還。始聞其寺再度逢倭, 搜括太甚, 財藏雜物, 一無遺
者, 人物則以善避之故, 免害凶刃, 寺刹亦不焚之云。聞變之後, 久不
聞的報, 心事煎慮, 忽此相見, 悲喜交並, 父子之天, 寧有紀極也?

6월 10일。맑음。

온 가솔이 산에 올랐다가 저녁에 돌아왔다. 조굉(趙竑) 아우와 산꼭대
기에 사방을 둘러보니 상주(尙州)·함창(咸昌)·용궁(龍宮)·문경(聞慶)·괴
산(槐山)·보은(報恩) 등지에 전혀 밥 짓는 연기라고는 없었으나, 유독 화
령현(化寧縣: 상주의 서부지역)의 남쪽은 연기와 불길이 대단히 심하였다.

들건대 괴산·보은에서 내려온 왜적들이 움직이는 게 수만 명에 이
르렀는데 모두 화령을 거치는 길로 상주에 들어왔기 때문에 속리산(俗
離山)·성산(城山)·도장산(道莊山) 등지를 마구 뒤져 약탈한 소와 말이며
짐바리들이 이루 다 셀 수가 없다고 하였다. 또 덕통역(德通驛)의 역관

(驛館) 앞 및 낙역(洛驛)·구도곡(求道谷: 상주시 동성동의 서곡리) 등 큰길가
의 여러 곳에서 나무를 베고 집을 헐어 마음대로 가옥(假屋: 임시로 지은
오두막집)을 지어 10여 리나 길게 이어져 무려 수백여 칸이나 되었다고
하였다. 이것들이 무슨 용도로 지었는지 알지 못하겠다. 어찌 또한 오
래도록 머물 수 있게 만들었으니, 경성을 왕래하며 도로 지낼 역관으
로 삼으려는 것인가? 근래에 내려오는 적들이 날마다 끊이지 않아 그
숫자를 이루 다 셀 수가 없었으나, 모두 그 가옥에 머물러 임시로 살
면서 간혹 상주성 안에 들어가 살았다. 그리하여 적의 기세가 가득차
고 길도 막혀 병화(兵禍)의 혹독함이 당초 올라갈 때보다 더욱 심하니
통탄스럽고 통탄하였다.

○ 전해들은 소문에 의하면, 전라(全羅: 李洸)·충청(忠淸: 尹先覺)·경기
(京畿: 沈岱) 세 도의 방백(方伯)이 15만의 병사를 거느리고 도성으로 달
려가 싸웠으나 모두 불리하여 무너져 흩어졌다고 하였다.

○ 또 듣건대 용궁 현감(龍宮縣監) 우복룡(禹伏龍)이 정예병 1천 여 명
을 뽑아서 그 고을의 땅인 화장(花莊: 花庄面, 문경시 산북면)의 마을에 들
어가 요로에 나누어 매복시켜 적들을 차단해 막고 죽인 자가 극히 많
으니 적들이 두려워하여 감히 침범하지 못했는데, 이로써 예천(醴泉)에
서 동북쪽의 여러 고을들에 이르기까지 아직껏 모두 온전하였으며,
왜변을 겪지 않아 전처럼 농사를 지었다고 하였다. 영남의 여러 고을
가운데 오직 이 수령만이 이러한 일을 감당하였으니, 이는 돼지가 사
람의 양식을 먹지 못하도록 하면서 난리를 맞아 나라를 저버리지 않은
자라 이를 만하다. 탄복할 만하였고 탄복하였다.

　十日。晴。

　學屬登山夕還。與竑弟上絶頂回望, 則尙州·咸昌·龍宮·聞慶·槐
山·報恩等諸處, 皆無烟氣, 而獨於化寧南面, 烟熖極熾矣。聞自槐山
·報恩下來之倭, 動至數萬, 皆有化寧路, 入尙州, 搜索俗離山[41]·城

山[42]·道藏山[43]諸處, 所得牛馬卜物, 不可勝計云。且於德通驛[44]驛館
前及洛驛[45]·求道谷[46]沿路諸處, 伐木撤屋, 橫作假屋, 連亘[47]十餘里,
多至數百餘間云。此不知爲何用而作也。豈亦爲久留, 以爲往來還接
之館耶? 近來下來之倭, 逐日不絶, 其數不可勝記, 而皆留寓其假屋,
或入居州城中, 然彌滿, 道路阻梗, 兵火之酷, 有甚當初上去之時, 可
痛可痛。○ 流聞全羅·忠淸·京畿三道方伯, 領兵十五餘萬, 赴戰于都
城, 皆不利潰散云。○ 且聞龍宮倅禹伏龍, 擇得精卒千餘人, 入處其
邑之境花莊[48]之里, 分伏要路, 遏絶賊徒, 所殺極多, 賊徒畏憚, 不得
侵犯, 以此自醴泉[49]以東北諸邑, 則尙皆完全, 不經賊變, 農作如舊
云。嶺外凡幾州縣, 而惟此倅, 能辦此事, 此可謂不廢食人食, 而臨亂
不負國也。可欽可欽。

6월 11일。 맑음。

밥을 먹고 난 뒤, 산등성이에 올라 골짜기를 두루 살피다가 창졸간
에도 몸을 숨길만한 곳을 골랐다.

---

41) 俗離山(속리산): 충청북도 속리산면과 괴산군, 경상북도 상주시 화북면에 걸쳐 있
는 산.

42) 城山(성산): 충청북도 괴산군 칠성면에 위치한 마을.

43) 道藏山(도장산): 경상북도 문경시 농암면 내서리와 상주시 화북면 용유리의 경계에
있는 산.

44) 德通驛(덕통역): 경상도 幽谷道에 속한 역. 오늘날의 경상북도 상주시 함창읍에 위치
에 있었다. 유곡도는 문경에서 남쪽으로 뻗어 함창을 지나 상주와 선산 방면으로 이어
지는 역로이었다.

45) 洛驛(낙역): 상주의 洛陽驛·洛東驛·洛源驛·洛西驛·洛平驛의 하나인 듯.

46) 求道谷(구도곡): 경상북도 상주시 東城洞의 서곡리. 書堂과 求道谷의 이름을 따서 붙여
진 마을이다.

47) 連亘(연긍): 길게 뻗침.

48) 花莊(화장): 花庄面. 경상북도 문경시 산북면 일부. 1906년 예천군에서 문경군으로
편입되었다.

49) 醴泉(예천): 경상북도 북서부에 위치한 고을.

들려오는 소식에 의하면 경성(京城)에 있던 왜장 2명이 죽임을 당하
자, 이때부터 적의 기세가 차츰 꺾이어 모두 철군해 자기 나라로 돌아
가려는 계획을 세웠다고 하였다. 또 듣건대 김사종(金嗣宗)의 무리가
요로에서 아래 지방으로 돌아가는 왜적 10여 명을 사살하자, 적의 무
리들이 원한을 품고 모두 외남면(外南面)의 마을로 들어가 불태우며 살
해하여 다른 곳보다 심하게 사족들이 많이 해를 입었다고 하였다. 경
악할 만하였고 경악하였다.

十一日。晴。

食後, 上崗覽洞壑, 爲擇倉卒藏身之所也。流聞在京倭將二人被誅,
自此賊勢稍挫, 俱爲退兵還國之計云。且聞金嗣宗輩, 要路射殺下歸
之倭十餘人, 賊徒挾憾, 皆入外南之里, 焚燒殺害, 有甚他處, 士族輩
多見害云。可愕可愕。

6월 12일。맑음。

달전(達田: 大田)에 머물렀다.

저녁에 듣건대 왜구들이 대부분 가은현(加恩縣)에 이르러 인가를 불
지르며 약탈하고서 장차 군대를 주둔시킬 계획이었다고 하였다. 이곳
마을부터 저 가은현까지 거리가 서로 그리 멀지 않아서 온 가솔들이
밤을 무릅쓰고 길을 떠나 깊숙한 골짜기로 옮겨가니, 미리 적의 칼날
을 피하려는 계획이었다.

초복(初伏)이다.

十二日。晴。

留達田。夕聞倭寇多至加恩縣, 焚惻人家, 爲將留陣之計云。此里去
彼縣不遠, 擧屬冒夜而發, 移寓深邃之谷, 以爲豫避之計。初伏。

6월 13일. 맑음.

날이 저문 뒤 산등성이에 올라 먼곳을 바라보니 사방에 연기가 없
는지라, 어제 가은현(加恩縣)에 왜적들이 이르렀다는 소식이 잘못 전해
진 것인지 아니면 이미 모였다가 다시 곧 흩어져 돌아간 것인지 의심
스러웠다. 산골짜기를 정처없이 떠돌아다닌 것이 이미 석 달이 되어
발이 부르트고 기력도 부쳤을 뿐만 아니라 양식까지 거의 바닥나서 형
편상 지탱하기가 어려웠다. 한 되의 쌀로 세 식구를 먹어야 하는 지경
에 이르러, 노복들이 굶주림에 못 이겨서 모두 흩어져 도망치려는 생
각만 하고 있으니 염려스러웠고 염려되었다.

○ 들건대 용궁 현감(龍宮縣監: 우복룡(禹伏龍)과 신임 방백(新任方伯) 이
성임(李成任: 李聖任의 오기) 등이 군사를 이끌고서 왜적의 무리들을 견
고히 막고자 두 차례나 나아가 공격하였으나 모두 불리하여 물러나 함
창(咸昌)에 진(陣)을 쳤다고 하였다.

十三日。晴。

日晩, 登崗騁望, 則四無烟氣, 疑昨日加恩之倭, 非信傳, 抑或旣聚
而還卽散歸耶? 流離山谷, 已涉三朔, 非但足胼力倦, 粮餉垂盡, 勢難
支遺。一升之米, 至饋三口, 奴僕飢困, 俱有散亡之意, 可慮可慮。○
聞龍宮倅與新方伯李成任等, 領兵堅禦倭徒, 兩度進攻, 皆不利, 退處
咸昌云。

6월 14일. 맑음.

달전(達田: 大田)에 머물렀다.

저녁에 신문숙(申文叔: 申景翼, 고령 현감) 등 제공(諸公)의 노비들이 장
천(長川)에서 들어와 비로소 듣자니 신원룡(申元龍) 형이 지난달 25일
왜적의 칼날에 죽임을 당했다고 하였다. 또 듣건대 왜놈의 무리들이
죽현(竹峴)에서 상주(尙州) 읍내에 이르기까지 큰길가에다 가옥(假屋: 임

죽현 장천 갑장산 상주읍내

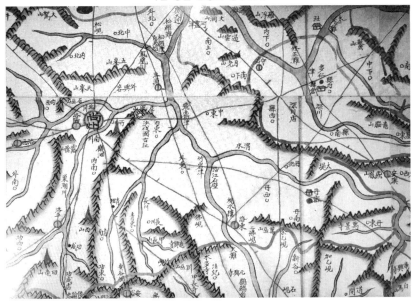

출처 : 『대동여지도』, 1861.

시로 지은 오두막집)을 지은 것이 거의 100여 개에 이르렀는데 더러는 기와를 덮어 왕래하다가 투숙하는 곳으로 삼았는지라 왕래하는 자가 날마다 끊이지 않고 도로에 가득하니, 이로써 양맥(兩麥: 보리와 밀)이 이미 말라가거나 썩는데도 일체 수확하지 못하여 사람들이 장차 산골짜기에서 거의 굶어죽을 것은 의심할 여지가 없다고 하였다.

고산(孤山: 낙동면 내곡리 고봉산)·요포(繞浦: 낙동면 승곡리)의 위아래에 있는 여러 마을 사람들로 해를 입은 자가 거의 20여 명에 이르렀으며, 그것을 피해 돌아온 사람들이 군사로 징발되어 적을 막은 까닭에 화를 입은 것이 더욱 참혹하였고, 흉적들의 칼날에 죽은 자들도 70여 명이었다고 하였다. 이것이 더욱 가슴아프고 가슴아팠다.

이날 송희평(宋希平) 어른 및 송희택(宋希澤)·신문숙(申文叔: 申景翼, 고령 현감)·신추백(申樞伯: 申景斗)·송언명(宋彦明: 宋光國, 셋째아들 趙弘遠의 장인) 등 여러 사람들이 시냇가의 돌 위에서 지내다가 저녁밥을 짓자 돌아왔다.

대서(大暑)이다.

十四日。晴。

留達田。夕申文叔諸公之奴, 自長川入來, 始聞申元龍兄, 去月二十五日, 見害於倭刀。且聞倭徒, 自竹峴[50]至州內, 沿路作假屋 幾至百餘所, 或盖以瓦, 以爲往來投宿之計, 往來者逐日不絶, 彌滿道上, 以此兩麥, 已至枯腐, 而一切不得收獲, 人將盡斃於山谷之中, 無疑云。孤山[51]繞浦[52]上下諸里之人被害者, 幾至卄餘人, 避回之人, 則以發軍捍禦之故, 遭禍尤酷, 橫罹兇刀者七十餘人云。此尤痛心痛心。此日, 與宋丈希平及希澤・申文叔・樞伯・宋彦明諸君, 生活於溪石之上, 夕炊而還。大暑。〉

6월 15일。맑음。

어머니를 뵈러 노곡(蘆谷)의 옛 주인집에 갔다가 저녁에 달전(達田: 大田)으로 돌아왔다.

들건대 공성(功城)・외남(外南)・청리(青里)에 사는 김사종(金嗣宗)・권서(權署)・노감(盧瑊) 등이 각각 군사들을 모아 거의 1천 4,5백명이나 되자 왜적을 굳게 막으며 죽이거나 다치게 한 것이 100여 명에 이르렀는데, 이 때문에 적들은 끝내 그 마을에 들어가 노략질을 하지 못했다고 하

---

50) 竹峴(죽현): 경상북도 상주시 낙동면 용포리와 구미시 옥성면 죽원리(지금은 대원리) 사이에 있는 고개.

51) 孤山(고산): 경상북도 상주시 낙동면 내곡리에 있는 孤峰山을 가리킴. 굴티고개에서 흘러온 내가 장천과 만나는 지점의 북쪽에 있다.

52) 繞浦(요포): 경상북도 尙州의 낙동면에 있는 자연마을. 상주의 案山인 甲長山이 동쪽 자락을 펼쳤고 면의 한가운데는 長川이 북으로 흘러 낙동강과 하나가 되는데, 그 사이에 升谷里가 있고 그 마을에 검간 종택인 養眞堂(보물 제1568호)이 있는 자연마을을 가리킨다. 장천으로 둘러싸인 포구였던 것으로 보인다.

였다. 하지만 그 후에 우리의 군인들이 제멋대로 각기 흩어지고 기꺼이 굳건하게 지키려 하지 않아 왜놈들이 그 틈을 노려 졸지에 들이닥치자, 김사종은 말을 치달리며 화살을 쏘아 7,8명의 왜적을 죽인 뒤에 화살이 떨어진데다 적의 탄환까지 맞고서 말을 달려 **빠져나왔다**고 하였다. 왜놈들이 앙심을 품고 흉악한 짓을 자행하여 사족(士族)으로서 해를 입은 자가 많았는데, 진사 김유성(金有聲) 및 그의 동생 김유진(金有振)·김유문(金有聞)과 그들의 아버지 김신(金伸: 金紳의 오기) 등 4부자, 진사 신봉서(辛鳳瑞), 진사 정국성(鄭國成), 황유원(黃裕元) 및 이숙평(李叔平: 李埈)의 부모 등이 모두 해를 입었고, 부인과 처자 20여 명도 또한 사로잡혔으며, 내한(內翰) 정경임(鄭景任: 鄭經世)은 적의 탄환에 맞았으나 겨우 죽음을 면하였지만 그의 모친 및 동생 정흥세(鄭興世) 등이 모두 살해를 당했고, □언룡(□彦龍)·정인서(鄭獜瑞) 및 그의 아들 정건(鄭健) 또한 살해되었다고 하였다. 소문을 듣고서 놀라움과 슬픔을 금치 못하였고 지극히 애도하였다.

　노복들을 장천(長川)에 보냈다.

　十五日。〈晴。

　往拜慈氏于蘆谷舊主人之家, 夕還達田。聞功城[53]·外南·靑里[54]居人金嗣宗·權署·盧城等, 各聚軍人〉, 幾至千四五百人[55], 捍拒倭賊, 所殺傷多, 至百餘〈人〉,〈以〉此賊徒終不得入抄其里。厥後, 軍人等, 任意各散, 不肯堅守, 倭奴乘釁猝至, 金嗣宗躍馬射殺七八人, 後矢盡且中鐵丸, 馳出。倭奴銜憾, 恣其凶慝, 士族多被殺害[56], 金進士有聲, 其弟有振·有聞及其父伸[57]四父子, 辛進士鳳瑞[58], 鄭進士國成[59], 黃

---

53) 功城(공성): 경상북도 상주시 남부에 위치한 고을.
54) 靑里(청리): 경상북도 상주시 청리면 일대에 있던 옛 고을.
55) 千四五百人: 千百人.
56) 殺害: 殺.
57) 伸(신): 金伸. 金紳(?~1592)의 오기. 본관은 商山, 자는 希張, 호는 西齋. 金允浩의

裕元及李叔平⁶⁰⁾之父母, 皆被害, 婦人處子二十餘人亦被執⁶¹⁾, 鄭內翰
景任⁶²⁾, 中鐵丸僅免, 其慈氏及其弟興世⁶³⁾俱見害◇⁶⁴⁾, □⁶⁵⁾彦龍·鄭獜
瑞及其子健亦遇害云。聞來⁶⁶⁾不勝驚悼驚悼。送奴子于長川⁶⁷⁾。

아들이고, 金範의 4촌동생이다. 임진왜란 때 6월 10일 鞍嶺 전투에서 전사한 김신
4부자의 충절을 기린 비석이 경상북도 상주시 외남면 소상리 소상교회 50m 앞에
있다.

58) 辛進士鳳瑞(신진사봉서): 辛鳳瑞(1546~1592). 본관은 靈山, 자는 景儀. 尙州 출신이
다. 金沖의 넷째 사위이다. 1573년 식년시에 급제하였다.

59) 鄭進士國成(정진사국성): 鄭國成(1526~1592). 본관은 晉陽, 자는 叔擧, 호는 復齋.
鄭經世의 증조부이다. 黃瑾의 사위이다. 1558년 사마시에 합격하였다.

60) 叔平(숙평): 李埈(1560~1635)의 字. 본관은 興陽, 호는 蒼石. 1591년 별시 문과에 급제
해 교서관정자가 되었다. 1592년 임진왜란 때 피난민과 함께 안령에서 적에게 항거하
려 했으나 습격을 받아 패하였다. 그 뒤 鄭經世와 함께 의병 몇 천 명을 모집해 姑姆潭
에서 외적과 싸웠으나 또다시 패하였다. 1594년 의병을 모아 싸운 공으로 형조좌랑에
임명되었으나 사양하였다. 이듬해 경상도도사가 되었으며, 이때 중국 역대 왕들의
덕행과 신하들의 正邪를 밝힌《中興龜鑑》을 지어 왕에게 바쳤다. 당시 鄭仁弘이 세력
을 키워 많은 사람들을 주변에 모았으나 가담하지 않았다. 1597년 지평이 되었으나
柳成龍이 국정운영의 잘못 등으로 공격을 받을 때 함께 탄핵을 받고 물러났다. 같은
해 가을 召募官이 되어 의병을 모집하고 군비를 정비하는 등 防禦使와 협력해 일하였
다. 이어 예조정랑·단양군수 등을 거쳐, 1603년 수찬으로 불려 들어와 형조와 공조의
정랑을 거쳤다. 1604년 奏請使의 서장관으로 명나라에 다녀왔다. 광해군 때 濟用監正
을 거쳐 교리로 재직 중 대북파의 전횡이 심해지고, 특히 1611년 정인홍이 李滉과
李珥를 비난하자 그에 맞서다 벼슬을 버리고 고향으로 돌아갔다. 1623년 인조반정으
로 정국이 바뀌자 다시 교리로 등용되었다.

61) 婦人處子二十餘人 亦被執: 누락.

62) 景任(경임): 鄭經世(1563~1633)의 字. 본관은 晉州, 호는 愚伏. 1596년 이조좌랑에
시강원문학을 겸했으며, 잠시 영남어사의 특명을 받아 禦倭鎭營의 각처를 순시하고
돌아와 홍문관교리에 경연시독관·춘추관기주관을 겸하였고, 이어서 이조정랑·시강
원문학을 겸하였다. 이조정랑에 있을 때에는 인사 행정이 공정하여 賢邪를 엄선해서
임용·퇴출했으며, 특정인에게 경중을 둔 일이 없었다. 1598년 2월 승정원우승지,
3월에 승정원좌승지로 승진되었고, 4월에는 경상감사로 나갔다. 이때 영남 일대가
임진왜란의 여독으로 民力이 고갈되고 인심이 각박해진 것을 잘 다스려, 도민을 너그
럽게 무마하면서 양곡을 적기에 잘 공급해 주고, 백성들의 풍습 교화에 힘써 도내가
점차로 안정을 찾게 되었다.

63) 興世(흥세): 鄭興世(1566~1592). 본관은 晉州, 자는 景振. 임진왜란에 모부인 을 보시고
피난하는 길에 왜적을 만나 싸우다가 죽었다. 정려가 내려 司瞻寺主簿에 증직 되었다.

64) 云.

65) 문맥상 鄭인 듯.

6월 16일。맑음。

내일은 곧 외왕모(外王母: 외할아버지 洪胤崔의 둘째부인 缶溪洪氏, 洪彦忠의 딸)의 초상(初祥)이다. 입후외숙(立後外叔) 진사공(進士公: 洪約昌) 및 이모 광주댁(光州宅: 金宇宏의 부인)이 신주(神主)를 받들어 와서 화산(華山: 靑華山)의 상암(上庵)에 지내고 있었기 때문에, 간소하게나마 백주(白酒)·닭과 생선 등을 마련하여 심중(審仲: 趙竑)과 함께 오늘 미리 갔다.

외할머니가 85세에 이르도록 수를 누리고 작년에 돌아가시어 이 고통스러운 병란(兵亂)을 겪지 않아서 외할머니 신령(神靈)에게는 유감이 있지 않을 것으로 생각되지만, 어리고 약한 못난 자손들은 유독 이어가는 모진 목숨이 이미 의지할 곳을 잃고 이렇게 온갖 재앙을 당하게 되니, 때를 잘못 타고났음을 통곡한들 어찌 끝이 있겠는가? 말과 생각이 이에 미치자 차라리 죽어서 듣거나 보지 못한 것이 더 나은 것만 못하였다. 낮에 병천사(屛川寺: 병천 주변에 있었던 절인 듯)에서 쉬고 저녁에야 상암(上庵)에 도착하니, 그곳에 와서 살고 있는 온 가족이 모두 아무런 탈이 없었으나 다만 양식과 반찬이 다 떨어지고 있어 바야흐로 모두가 걱정하였다.

○ 들려오는 소식에 의하면 도성(都城)에 들어갔던 왜적의 1운(運)과 2운(運) 모두 섬멸되었고, 도중에 도적질하던 자들도 경성(京城)에 들어가지 못한 채 도로 모두 내려온다고 하니, 회복하는 데에 희망이 있을 것이었다.

홍성민(洪聖民)·윤두수(尹斗壽)가 서로 이어서 재상이 되었고, 임해군(臨海君)이 멀리 달아났다고 하는데 되돌아왔는지 여부를 알 수가 없다.

날씨가 몹시 더웠다.

---

66) □彦龍鄭獜瑞及其子健 亦遇害云 聞來: 누락.

67) 送奴子于長川: 누락.

十六日。晴。

明日乃外王母初忌也。繼舅進士公[68]及姨母光州宅，奉主來住于華山之上庵，故略備白酒·鷄魚[69]等物，偕審仲，今日[70]前期進去。外王母壽至八十五歲，年前[71]捐館，不見此[72]喪亂之苦，想於神道無憾，而不肖孱孫，獨延頑命，旣失所恃[73]，逢此百罹，生之不辰，痛哭何極？言念及此，不若死而無聞見之爲愈也[74]。午憩屛川寺[75]，夕到上庵，閤門[76]之來住者，俱無恙，但以粮饌俱乏，方皆爲憂矣。○ 流聞入都之倭一二運，皆殲滅，中道作賊者，不入京城，還皆下來，恢復庶有望矣[77]。洪聖民[78]·尹斗壽[79]，相繼爲相，臨海君[80]遠竄云，未知還[81]否。日候極熱。

---

68) 繼舅進士公(계구진사공): 洪約昌(1535~1592)을 가리킴. 洪胤崔의 후사로 들어왔고, 1568년 성균 진사에 합격했기 때문이다.

69) 鷄魚: 雜魚.

70) 今日: 누락.

71) 年前: 前此.

72) 此: 누락.

73) 恃: 依.

74) 言念及此 不若死而無聞見之爲愈也: 누락.

75) 屛川寺(병천사): 屛川 주변에 있었던 절인 듯. 일설에는 경상북도 상주시 화북면 상오리의 자연부락 장각동에 있었다고 하는 절터로 추정하기도 한다. 장각동은 속리산 천황봉 아래에 있는 마을이다.

76) 閤門(합문): 閨門의 오기. 閨家. 가족 전체.

77) 矣: 云.

78) 洪聖民(홍성민, 1536~1594): 본관은 南陽, 자는 時可, 호는 拙翁. 1564년 식년문과에 급제하여 정자·교리 등을 지냈으며, 대사간을 거쳐 1575년 호조참판에 이르러 사은사로 명나라에 건너가 宗系辨誣에 대하여 힘써, 명나라 황제의 허락을 받아 가지고 돌아왔다. 그 뒤 부제학·예조판서·대사헌·경상감사 등을 역임하였다. 1591년 판중추부사가 되었다가 建儲問題로 鄭澈이 실각하자, 그 일당으로 몰려 북변인 부령으로 유배되었다가 1592년 임진왜란이 일어나자 특사로 풀려나 복관되어 대제학을 거쳐, 호조판서에 이르렀다.

79) 尹斗壽(윤두수, 1533~1601): 본관은 海平. 자는 子仰, 호는 梧陰. 尹根壽의 형이다. 1592년 임진왜란이 발발하자 다시 기용되어, 어영대장·우의정을 거쳐 좌의정에 이르렀다. 이 해 평양 行所에 임진강의 패배 소식이 전해지자, 명나라에 구원을 요청하자는 주장에 반대하고 우리의 힘으로 최선의 노력을 다하자고 주장하였다.

80) 臨海君(임해군, 1574~1609): 宣祖의 맏아들 珒. 임진왜란 때 왜군의 포로가 되었다가

화산(청화산) 병천 불일사(심원사)

6월 17일。맑음。

제사를 지낸 후 화산(華山: 靑華山)에서 내려오다가 잠시 병천(屏川)에서 쉬었고, 이어 불일사(佛一寺: 深源寺)를 거쳐 신심(申諶: 字는 信叔)을 방문하였다가 저녁에야 임시 거처로 돌아왔다.

더위를 먹어 기운이 편치 못했는데, 날씨가 몹시 무더웠다.

十七日。晴。

祭後下山, 暫憩于屏川, 仍過佛一寺[82], 訪申諶信叔, 夕還寓次。中暑[83]氣不平, 日候極熱。

석방되었다. 광해군 즉위 후 유배되었다가 죽었다.

81) 還: 是.

82) 佛一寺(불일사): 深源寺를 가리킴. 660년 원효스님이 창건하여 道藏庵이라 하였고, 이후 890년 大雲祖師가 佛日臺를 신축한 이후 조선 중기까지의 연혁은 전하지 않는다. 1592년 임진왜란 때 모든 건물이 불에 탔으나 곧 중건했고, 임진왜란 뒤 이 사찰의 然一이 四溟堂 惟政을 수행하여 일본에 가서 포로를 데려오는 공훈을 세움에 따라 1605년 조정으로부터 10리 땅을 하사받았다. 1729년 樂貧 스님이 옛 절터에 중창하여 深源寺라 이름을 바꾸고 임진왜란 이전의 사세를 유지했다. 佛一은 佛日과 혼용하는 경우가 흔하다.

6월 18일。 맑음。

견딜 수 없을 정도로 몹시 무더워 기운이 편치 못하여 아침에 산골짜기 시냇가에 나아가 종일토록 쓰러져 누워있고 무엇을 먹어도 맛을 모르니 민망스러웠고 민망하였다.

듣건대 좌도(左道)에서 용궁 현감(龍宮縣監: 우복룡(禹伏龍)이 잘 방어하였기 때문에 왜적들이 세 번이나 나아가 싸웠지만 모두 불리하여 퇴각하니, 이로써 예천(醴泉)·풍기(豐基)·영천(榮川: 榮州)·예안(禮安)·봉화(奉化)·안동(安東) 등의 고을이 아직까지는 무사하다고 하였다.

나는 한 끼의 양식조차 떨어져 위급했던 것이 여러 번이었기 때문에 가솔들을 이끌고 임하(臨河)로 들어가려는 계획이 매우 간절했지만, 적의 기세가 꺾이지 않고 도로가 대부분 막혀서 이에 아직 결행하지 못하고 있으니, 무슨 괴로운 일인들 이것만 하겠는가? 곡식자루의 양식은 거의 떨어져가고 소금이며 간장마저 이미 궁핍하니, 비록 적들의 손에 죽는 것을 피한다 할지언정 장차 굶주려 죽는 지경에 이를 것이었다. 살아갈 방도가 없는데도 어찌할 줄 모르니 어떻게 할 것이며 어찌하겠는가?

十八日。晴。

不勝[84]極熱, 氣不平, 朝出磵邊, 終日僵臥, 食不甘味, 可悶〈可悶〉。聞左道, 以龍宮倅善禦之故, 倭徒三度〈進〉戰, 俱不利而退, 以此醴泉·豐基[85]·榮川[86]·禮安[87]·奉化[88]·安東等邑, 時尙無事云。吾方以累一炊[89]粮盡爲急[90], 欲挈家眷, 入去臨河[91]之計甚切, 而賊勢不息, 道路

---

83) 中暑(중서): 더위를 먹어서 생기는 병.

84) 不勝: 누락.

85) 豐基(풍기): 경상북도 영주시 풍기읍과 예천군 은풍면 지역의 지명.

86) 榮川(영천): 榮州. 경상북도 북쪽 끝에 위치한 고을.

87) 禮安(예안): 경상북도 안동 지역에 위치한 고을.

88) 奉化(봉화): 경상북도 동북단에 위치한 고을.

多阻, 玆未得決行, 何悶如之? 槖儲垂盡, 鹽醬已乏, 雖或避害於賊
手, 而將至饑死。生理無由, 莫知所措, 奈何奈何[92]?

6월 19일。맑음。

기운이 편치 못하여 주인집에 머물렀다. 같이 피난을 온 신여주(申汝
柱)와 박천식(朴天植) 군들이 국수와 떡이며 보리술을 마련하여 여러 사
람들에게 보내주었는데, 몇 달 동안 굶주렸던 지경에서 지금 철에 맞
는 음식을 맛볼 수 있었으니 그 감격스러움이 어떠하였겠는가?

○ 듣건대 별감(別監) 김방선(金邦善: 김자형의 백부) 어르신 및 김자형
(金子亨: 金安節, 金宗善의 아들로 검간의 둘째매부) 등이 각기 그들의 가솔을
데리고 장천(長川)에서 부채살 골짜기[扇楸之洞]로 들어왔는데, 장천의
여러 사람들은 모두 멀리 피하지 않고서 늘 자기 집이며 마을과 가까
운 곳에 있었다가 적도(賊徒)를 여러 차례 마주쳐 재빨리 초야로 달아
나는 군박함이 다른 곳보다 배나 되어 위험을 면할 수 없음을 알고 난
뒤에야 지금 비로소 들어왔다고 하였다.

날씨가 몹시 무더웠다.

十九日。晴。

◇[93]氣不平, 留主家[94]。同避人申君汝柱·朴君天植, 設麵餅麥酒, 爲
餉諸人, 累月饑餒之餘, 得此時羞, 爲感如何? ○ 聞金別監邦善丈[95]及
子亨[96]諸公, 各率其家屬, 自長川入來于扇楸之洞[97], 長川諸人, 俱不

---

89) 累一炊: 누락.
90) 爲急: 누락.
91) 臨河(임하): 경상북도 안동시 남동부에 위치한 고을.
92) 奈何: 누락.
93) 日候極熱.
94) 留主家: 留達田.
95) 金別監邦善丈: 金丈邦善 金邦善(생몰년 미상). 金子亨의 백부.

遠避, 常在其家鄕近處, 累逢賊徒, 奔走草莽間, 難窘倍他, 知其不得
免, 然後今始入來云。日候極熱[98]。

6월 20일。맑음。

기력이 회복되지 않아 주인집에 머물렀다. 소나무를 베어다 처마를
둘러서 삼복더위를 피하였고, 콩죽을 쑤어 같이 피난온 20여 명에게
보냈으나 어린아들에게는 주지 않았다.

○ 듣건대 가까운 고을에 왕래하던 왜적들이 모두 용궁(龍宮)·예천
(醴泉) 등의 고을로 향해서 여러 날 동안 대치하다가 움직이면 그 기세
가 꺾였다고 하였다. 일찍이 듣건대 충청도(忠淸道)의 여러 고을 및 경
성(京城)에서 온 장수와 병사들이 왜놈들을 몰아내고 머지않아 우리 경
내에 도착할 것이라고 하니, 영남의 사람들이 이 소식을 듣고는 몹시
놀라며 미칠 듯이 기뻐하면서 모두 회생되기를 바라는 마음을 지니고
있었으나 아직도 도착하지 않았다. 일대에 왕래하는 왜적들은 날마다
끊이지 않으니, 어찌 이전에 들은 소식이 사실이 아니란 것인가? 괴이
하다는 생각을 이기지 못해 가슴이 답답해왔다.

소금이며 간장을 거두어 들이는 일로 노복을 상주(尙州) 읍내에 보냈다.

二十日。晴。

氣不蘇, 留主家[99]。伐松爲簷, 以避庚熱[100], 作豆粥, 爲餉同避諸君

---

96) 子亨(자형): 金安節(1564~1632)의 자. 본관은 尙州, 호는 洛涯. 아버지는 金宗善이고,
    어머니는 眞城李氏 李宰의 딸이다. 趙翊의 둘째 누이의 남편. 상주 長川里 百源村에서
    태어났다. 朴守一에게 글을 배운 뒤 成允謙의 문인이 되었다. 임진왜란이 일어나자
    金鎰과 모의하여 의병을 일으켰으나 모친 때문에 禮安 溫溪로 피난하였다. 선조 때
    진사에 올랐으나 광해군 때 廢母論이 일어나자 文科에의 응시를 포기하였다.
97) 扇橵之洞(선살지동): 경상북도 상주시 외서면 泥村里에 있는 부채살 골의 한자어표기.
    연네골에서 북동쪽으로 갈라진 골짜기이다.
98) 日候極熱: 누락.

二十餘人, 童子不與焉。○ 聞近邑往來之倭, 俱向龍宮·醴泉等邑, 相持累日, 動輒被挫云。曾聞忠淸諸郡及自京將士, 驅逐賊奴, 近將到界云, 南人得此報, 驚喜如狂, 咸有其蘇之望, 而迄不來臨。一路往來之倭, 逐日不絶, 豈前聞不實耶? 不勝怪慮, 悶鬱之至。◇[101]收得鹽醬事, 送奴于州內。

6월 21일。 맑음。

주인집에 머물렀다.

송언명(宋彦明: 宋光國, 셋째아들 趙弘遠의 장인)집에서 보리밥을 지어 여러 사람들을 대접하였다. 이로부터 돌아가며 점심을 마련하는 것이 그대로 전례가 되었다.

날씨가 몹시 무더웠다.

二十一日。 晴。

◇[102]留主家[103]。宋彦明家, 炊麥飯, 爲餉諸人。自此輪設點心, 仍以爲例。日候極熱[104]。

6월 22일。 맑음。

주인집에 머물렀다.

신극(申克)·김덕수(金德秀)가 콩죽을 마련하였다.

중복(中伏)이다.

---

99) 留主家: 留達田.

100) 庚熱(경열): 삼복더위를 달리 이르는 말. 初伏이 庚日에 시작하는 데서 유래한 말이다.

101) 以.

102) 日候極熱.

103) 留主家: 留達田.

104) 日候極熱: 누락.

二十二日。晴。
◇[105]留主家[106]。申克·金德秀, 設豆粥。中伏[107]。

6월 23일。맑음。

주인집에 머물렀다.

신문숙(申文叔: 申景翼, 고령 현감)·박문진(朴文軫)이 콩죽을 마련하였
고, 같이 피난온 사람들이 활쏘기를 하여 이기지 못한 사람은 보리술
을 내기로 하였다.

○ 노복(奴僕) 막생(莫生)이 사내종 천을(天乙)·득수(得壽) 및 계집종
금덕(今德)·금령(金令)을 데리고 장천(長川)에서 들어왔다. 듣건대 그쪽
의 왜구들이 날마다 끊이지 않아서 보리와 밀을 아직 거두어 타작하지
못했다고 하는데, 천을은 단지 보리쌀과 멥쌀 몇 말을 가지고 와서 들
였지만 나머지 노비들은 한 놈도 찾아온 자가 없었다. 신분이 노예가
되고서 이처럼 최대의 변란을 당해 자기의 주인을 배반하여 저버리고
는 한 번도 문안하지 않으니 그 죄야 주살하는 것이 마땅하리라. 그러
나 나라가 무너지려 하고 법의 금령(禁令)이 해이해지자 강자가 약자를
집어삼키고 많은 무리가 적은 무리를 해치며, 윗사람과 아랫사람 또
노비와 주인의 분수를 전연 알지 못하였다. 세상의 변화가 이 지경에
이르렀으니 어떻게 살아간단 말인가? 집에 보관해둔 서책이며 여러
가지 물건들이 화재를 겪은 나머지 터럭 하나도 남은 것이 없다고 하
였으며, 신주(神主)를 묻은 곳도 또한 파헤쳐졌다고 하였다. 이것이 더
욱 마음 아픈 것이고 마음아팠다.

---

105) 中伏.
106) 留主家: 留達田.
107) 中伏: 누락.

二十三日。晴。

留主家[108]。申文叔·朴文軫, 設豆粥, 同避諸人, 射的〈不〉勝者, 做
出[109]麥酒。○ 奴莫生, 率奴天乙·得壽及婢今[110]德·〈金令〉等, 自長川
入來。聞彼地倭寇, 逐日不絶, 兩麥迄未收打, 天乙只賚牟米·稻米並
數斗來納, 他餘奴婢, 無一人來見者。身爲奴隷, 當此極變, 背棄其主,
一不瞻問, 罪當誅戮。而家國崩分, 法禁解弛, 强呑衆暴, 慢不知上下
奴主之分。時變至此, 何以聊生? 家藏書冊及雜物, 遭火之餘, 秋毫不
遺云, 埋主之地, 亦被掘發云。此尤痛心痛心[111]。

6월 24일。맑음。

주인집에 머물렀다.

듣건대 목백(牧伯: 상주목사 金澥)이 속리산(俗離山)의 골짜기에 숨었다
가 요사이 병천사(屛川寺: 병천 주변에 있었던 절인 듯)로 옮겨 머물러 있
으면서 화령현(化寧縣: 상주의 서부지역)의 창고에 쌓아 둔 곡식을 훔쳐
낸 일로 현리(縣吏: 화령현 아전) 한 명의 목을 베었고, 우리 상주(尙州)의
이방(吏房)이 자신의 명을 거스르고 나타나지 않은 일로 또한 형벌을
집행하였으며, 또 바야흐로 여러 아전들에게 명을 내려 알려주면서
군졸들을 거두어 모으게 했다고 하였다. 아마도 지난번 경성(京城)에서
온 전언통신문에 의하면, '도성(都城) 안에 있던 왜놈들 대다수가 섬멸
되었으며 서북지방의 장수와 병사들도 때마침 흩어진 왜적들을 물리
쳐 몰아내고 고개[秋風嶺]를 넘어 경상도 경계에 도착하리니, 모든 고
을들은 각기 군사와 백성들을 모아 기다리라.'고 하였기 때문에 비로

---

108) 留主家: 留達田.

109) 做出: 徵.

110) 今: 个.

111) 痛心痛心: 痛哭痛哭.

소 생기가 나서 군졸을 준비하여 기다리려는 계획을 삼고자 한 것이며, 또한 지난날 군대를 버리고 성을 버려서 나라를 저버리며 구차히 살아남은 죄를 면하고자 도모하기를 겸한 것이니, 이는 심히 가소로운 일이다.

그가 하는 짓으로 그의 속마음을 가만히 헤아려 보건대, 애당초에 놀라 겁을 집어먹고 먼저 도망쳤던 것이야말로 그의 의향은 변경에서 적이 쳐들어왔다는 기별을 듣고 섬오랑캐와의 충돌만을 반드시 염려한 것이 아니라, 혹여 내륙의 폭도들이 이 틈을 타서 반역을 꾀하면 나아가 싸우다 부질없이 죽기보다는 도망쳐 숨어서 구차하게 사는 것만 못하다고 여긴 것으로 천천히 훗날을 기다려 낯짝을 바꾸며 꼬리칠 계획이었던 것이다. 이러한 계획 때문에 상주 고을의 가옥들이 무너지고 마을이 분탕질을 당했거늘 조금도 진휼할 생각은 않고 오로지 깊숙이 들어가 남몰래 숨어있는 것만이 잘된 계책으로 삼고는 사람을 만나기만 하면 반드시 고개를 숙이거나 얼굴을 돌릴 것이었다. 그리고 자기의 거처하는 곳에 외부사람들이 드나들지 못하도록 금한 것은 오로지 어떤 사람이 자신의 형체나 그림자를 엿볼까만 두려워서였던 것이다.

지금에 이르러 나라의 적은 과연 내륙의 폭도가 아니었고 경성(京城)에서 내려온 소식 또한 저와 같았기 때문에 비로소 곧 주백(州伯: 상주 목사)으로 자처하고 호령을 발하여 시행하며 지난번의 죄상을 엄폐하려 꾀했는데, 그 계교가 비록 교활하기는 했을지라도 곁에서 본 사람들이야 그의 속셈을 들여다보듯 하니 어떻게 그것을 숨길 수 있겠는가? 그렇지 않다고 하면 사방 100리 안의 땅은 그가 지켜야 하는 것이었다. 그런데 당초에 함락될 때 상황이 매우 위급하여 타개해야 했음에도 어떻게 그 당시 자기 직책을 다하는 데에 온 정성을 쏟으며 나라에 보답하고 백성을 구하려는 계획은 세우지 않다가, 또한 몇 달이 지난 끝에 성을 맡았으면서 다시 함락되자 아무 흔적없이 사라진 뒤에도 전언통신문 내에서 언급한 지휘를 삼가 받들어 비로소 몸을 바위틈에서 빼내어 군사를 모우고 적을 방어할 계획을 세웠으니, 이는 그의 사정이나 형편이 절로 드러난 것으로 살펴 헤아리기를 기다리지 않아도 알만한 것이다. 오늘날 위기에 처하여 나라를 저버린 자가 어찌 이루 다 셀 수 있으랴만, 그와 같은 부류는 특히 비부(鄙夫)들이 더욱 심한 것이었다. 조정이 이러한 부류에게 관직을 임명하고도 나라가 망하지 않게 하려면 가능하겠는가? 통탄스럽고 통탄하였다.

들건대 도중에 도적질하는 왜적들이 왕래가 일정하지 않아서 올라가기도 하고 내려가기도 하는 것이 길에 이어져 끊이지 않은데다 또 이웃의 예천(醴泉)·안동(安東) 등 고을을 노략질하자 아군은 점차 후퇴하고 기세가 꺾이는데 이르렀지만, 경성(京城)에서 장수와 병사들이 내려간다는 기별을 단지 미리 해놓고 아직 사람이든 그림자든 볼 수가 없어서 인민들이 정녕 움츠리고 말았으니 승리하는 기약은 까마득히 할 수가 없었다. 그러나 세월이 쉽게 흘러가서 이미 가을의 계절이 닥쳐오는데, 사방의 들판은 황폐하여 한 이삭도 똑바로 서 있지 않았고 그루갈이의 때에 이르러는 씨앗 뿌리기조차 전연 못하여 가을과 겨울을 날 수가 없으니, 사람들은 장차 모두 시체로 도랑이나 골짜기를 메울 것이었다.

대체로 백성은 나라의 근본이니, 근본이 단단한 다음에야 나라를 편안케 할 수 있을 것이다. 하지만 감사(監司: 경상감사) 김수(金睟)는 부지런하고 재간이 있다는 평판을 얻고자 하여 임금의 은혜를 차지할 수 있는 곳으로 여긴 영남에다 성을 쌓는 역사(役事)를 지난해 가을부터 시작하였으나 올봄 3월 초에 이르기까지 아직 마치지 못하였는데, 양식을 가지고 멀리서 이 역사에 참여한 사람이 열이면 아홉이 파산했고, 부과된 노역을 밤낮으로 수행한 장정(壯丁)이 쓰러져 죽은 자가 많았다. 손과 발에 굳은살이 박히도록 신음하는 참혹함은 진(秦)나라 백성들이 학정을 겪은 고통과 다를 바가 없었다. 많은 사람들이 원망하고 떠들며 모두 어찌 망하지 않는가 하는 원망을 지녔었는데, 갑자기 병화(兵火)를 만나서 일시에 무너지고 흩어지는 바람에 견고한 금성탕지(金城湯池)와 같았던 곳이 도리어 왜놈들이 차지하고 말았으니, 김수(金睟)가 원한을 쌓은 것은 이를 통해 알 만하였다. 김수는 이미 방백(方伯: 감사)이 된 몸이라서 경상도 내의 지휘가 그의 손에 달렸으니 죽음을 각오하고 충성을 다하여 왕과 나라를 지키는 것이 곧 그의 직분이었는데도, 지금 왜변을 만나 오직 자기 일신만을 보호할 생각에서 왜놈에 관한 소문을 탐문하고는 몸을 별 탈이 없을 곳에 숨겨서 끝내 또한 그의 거처를 알지 못하게 하였으니, 그의 죄상을 따지면 머리털을 낱낱이 뽑더라도 다 헤아리가 어렵거늘 대신(大臣)이 된 자가 또한 이렇게 할 수 있단 말인가?

대가(大駕)가 피난길에 오른 지 이미 석 달이나 되었으니, 무릇 혈기를 지닌 사람이라면 누군들 마음아파하지 않겠는가? 그러나 영남의 여러 고을에서는 한 사람일망정 의병을 일으키는 자가 아예 없으니, 초야에서 햇볕을 쬐는 인사가 어찌 장대를 들고 임금의 원수를 갚으려는 마음이 전혀 없겠는가? 그러나 조정의 언론이 양분되고 벼슬길이 더욱 험하였으니, 어진 이를 방해하고 능한 이를 질시하는 무리들이 권세를 남몰래 차지하고서 조금이라도 자신들의 뜻에 거슬리면 번번이 무도(無道)하다는 죄명을 덮어씌워서 한꺼번에 죄다 잡으려는 계획을 세웠던 것이다. 그리하여 지혜가 있는 자나 생각이 깊은 자나 모두 팔짱을 끼고 깊이 숨어서 사후에 닥칠 혐의를 피하고자 할뿐, 난리를 평정하려는 가장 중요한 계획을 기꺼이 세우려고 하지 않았다. 시국 돌아가는 일이 이 지경이라서 또한 몹시 한심스러웠다. 때를 잘못 타고났으니 그저 잠들고 깨어나지 말았으면 하였다.

二十四日。晴。

留主家[112]。聞牧伯[113]曾匿于俗離之谷, 頃移屛川寺, 以化寧倉穀偸
出事, 斬縣史[114]一人, 本州吏房拒逆不現事亦行刑, 且方知委[115]諸吏,
收聚軍卒云。蓋因頃日自京中傳通內, 都中倭奴多數勦滅, 西北道將
士, 適[116]將驅逐散賊, 踰嶺到界, 列邑等各聚軍[117]民待候云云, 故始有
生氣, 欲爲支待[118]之計, 且兼圖免前日棄師棄城負國偸活之罪, 此甚
可笑。執其所爲, 竊揣其心, 當初之驚怯先遁者, 其意必慮[119]邊警, 非
直島夷衝突, 或者內寇乘釁作逆, ◇[120]與其進戰輕死, 不如退伏偸生,
以爲徐俟異時易面搖尾之計。以此州家崩析, 閭里焚蕩, 略不恤念, 唯
以深入密伏爲得計, 見人則必低頭反面。且禁外人往來其處者, 唯
恐[121]或人之得窺其形影也。及今國賊, 果非內寇, 且京來之報, 亦適如
彼, 故始乃以州伯自居[122], 發號施令, 謀掩前日之罪, 其計雖狡, 而人
之旁視者, 如見◇[123]肺肝, 焉得以廋[124]之哉? 不然, 則百里封疆, 〈乃〉
其所守也。當初被陷, 勢甚拯溺[125], 何不於〈其〉時, 汲汲效職, 以爲報
國救民之計, 而却於數月之〈餘〉, 專城[126]覆陷落無餘痕然後, 承〈奉

---

112) 留主家: 留達田.

113) 牧伯(목백): 지방행정 단위의 하나인 목을 맡아 다스리던 정3품의 외직 문관.

114) 縣史: 州吏.

115) 知委(지위): 명령을 내려서 알려주는 것.

116) 適: 近.

117) 軍: 來.

118) 支待(지대): 지방에 출장 나간 관원에게 필요한 음식물·일용품 등을 지방 관아에서
   공급하는 일.

119) 必慮: 以爲.

120) 則.

121) 唯恐: 恐惟.

122) 自居(자거): 자처함. 행세함.

123) 其.

124) 廋: 瘦.

125) 拯溺(증닉): 물에 빠진 사람을 구원한다는 뜻으로, 위급한 상황을 타개하는 것을 말함.

126) 專城(전성): 한 지방 혹은 城의 일을 담당한다는 뜻으로 곧 太守나 守令·州牧官을

傳〉通內指揮, 始乃抽身岩穴, 以爲聚軍禦賊之計, 此其情狀自露, 不
待審量而可知矣。今日之臨危, 負國者何限, 而若此之類[127], 特鄙夫之
尤甚者也。朝廷使此輩任官, 欲國不亡, 得乎? 可痛可痛。聞中路作賊
之倭, 往來無常, 或上或下, 陸續道途, 且旁抄醴泉·安東等諸邑, 我
軍漸至退挫, 自京將士, 徒有先聲[128], 而迄無影響, 人民寧戢, 邈無其
期。而時月易失, 已迫秋候, 四野荒廢, 一苗不立, 至於根耕, 則全不
播種, 不出秋冬, 而人將盡塡於溝壑[129]矣。大抵, 民爲邦本, 本固然後,
邦可以得寧。監司金睟[130], 欲得勤幹之名, 以爲賭恩之地, 嶺外築城之
役, 始自前秋, 至今春三月之初, 猶未就畢, 齎粮遠赴, 十九破産, 晝
夜課役, 丁壯多斃。胼胝[131]呻吟之慘, 無異秦民之苦。萬口嗷嗷, 咸有
曷喪之怨[132], 遽値兵火, 一時潰散, 金湯之固, 反爲賊奴所據, 睟之築

말함.

127) 類: 輩.

128) 有先聲(유선성): 먼저 성대하게 아군의 위세를 과시한다는 말. 《史記》〈淮陰侯列傳〉의
"병법에 진실로 먼저 소문을 퍼뜨리고 뒤에 실제로 행동한다고 하는데 바로 이를 말하
는 것이다.(兵固有先聲而後實者. 此之謂也.)"에서 나온다. 여기서는 전언통신문을 미
리 보내온 것을 일컫는다.

129) 塡於溝壑(전어구학): 도랑이나 골짜기를 메움. 목숨을 잃는 것을 겸손하게 일컫는
말이다.

130) 金睟(김수, 1547~1615): 본관은 安東, 자는 子昂, 호는 夢村. 1573년 알성문과에 급제
하여 평안도관찰사·경상도관찰사를 거쳐 대사헌, 병조·형조의 판서를 두루 지냈다.
임진왜란이 일어났을 때 경상우감사로 진주에 있다가 동래가 함락되자 밀양과 가야를
거쳐 거창으로 도망갔다. 전라감사 李洸, 충청감사 尹國馨 등이 勤王兵을 일으키자
함께 용인전투에 참가했으나 패배한 책임을 지고 한때 관직에서 물러났다. 당시 의령
에서 의병을 일으켰던 곽재우와 불화가 심했는데 이를 金誠一이 중재하여 무마하기도
했으며, 경상감사로 있을 때 왜군과 맞서 계책을 세워 싸우지 않고 도망한 일로 사람들
의 비난을 받았다.

131) 胼胝(변지): 《史記》 권87 〈李斯列傳〉에 의하면, 夏禹가 治山治水를 하며 범람하는 홍
수를 막으려고 8년 동안 분주히 돌아다니다 보니, "손과 발에 못이 박이고 얼굴은
시꺼멓게 그을렸다.(手足胼胝, 面目黧黑.)"라고 한 데서 나오는 말.

132) 曷喪之怨(갈상지원): 《書經》〈商書·湯誓〉에 백성들이 자기 임금을 원망하며 "이 해가
언제나 없어질런고. 너와 함께 차라리 망해 버렸으면 좋겠다.(時日曷喪, 予及汝皆亡.)"
라고 속마음을 토로한 데서 나오는 말.

怨, 因此可知矣。睟旣身爲方伯, 道內節制, 都在其手, 效死盡忠, 以
捍王國[133], 乃其職分, 而及玆逢變, 惟思保身, 伺候賊奴聲息, 置身無
撓[134]之境, 竟亦不知其去處, 原其罪狀, 擢髮難盡, 身爲大臣者, 其[135]
亦若是乎? 大駕蒙塵, 已浹三朔, 凡有血氣者, 孰不痛心? 而嶺外列
郡, 了無一介唱義之人, 草野負暄[136]之人士[137], 豈專無揭竿敵愾之心?
而朝論作歧, 世路益險, 妨賢嫉能之徒, 窃據城社[138], 稍忤其己, 輒加
以不道之名, 以爲網打之計。〈有〉智者[139]·慮者, 率皆袖手深藏, 以避
事後之嫌, 莫肯爲〈首事[140]〉戡亂之計。時事至此, 亦極寒心。生之不
辰, 尙寐無寤。

6월 25일。맑음。

어머니를 뵈러 노곡(蘆谷)으로 갔다. 노복 천을(天乙) 등이 장천(長川)
에서 돌아왔다. 저녁에 임시거처로 돌아왔다.

二十五日。晴。

〈往拜〉慈氏于蘆谷。奴天乙等還長川。夕還寓次。

---

133) 王國: 南國.

134) 撓: 梗.

135) 者 其: 누락.

136) 負暄(부훤): 등에 따뜻한 햇볕을 쬔다는 뜻으로, 군왕을 생각하는 지극한 정성을 비유
하는 말.

137) 人士: 士.

138) 城社(성사): 城狐社鼠의 준말. 성에 있는 여우를 없애려 하나 성이 무너질까 두렵고,
社에 근거한 쥐를 소탕하려 하나 사가 탈까 두렵다는 말로 당로의 세력을 빙자하여
나쁜 짓을 함을 비유한 것이다.

139) 者: 누락.

140) 首事(수사): 행사를 시작하기 전에 하는 일. 가장 중요한 일.

6월 26일. 맑음.

산골짜기 속으로 가서 찰방 권종경(權從卿: 權景虎, 趙竑의 4촌처남) 및 권여림(權汝霖: 權澍의 字)·권여심(權汝深: 미상) 등을 만났고 또 내금(內金) 김사종(金嗣宗)과 김경추(金景樞) 등 여러 사람을 만났다.

김사종은 무사(武士)로서의 재주와 용기가 있는 사람이다. 지난번 외남면(外南面)에서 접전하던 날 수백여 명의 군졸을 거느리고 맞아 싸웠는데, 왜놈들 또한 수백여 명이나 되자 군사들이 모두 무너져 흩어졌으나 김사종은 말을 치달리며 혼자 감당하면서 왜적 10여 명을 사살한 뒤에 적의 탄환을 맞고나서야 빠져나왔다. 적의 탄환이 바깥 복사뼈를 뚫고 들어가서 고통을 참을 수가 없었는데, 상처를 입은 곳이 부어올라 그 크기가 허리통만 하여 다시 일어날 가망이 만무하였다. 애석한 일이고 애석하였다. 이 사람은 이전에도 사살하였으니, 그간 사살한 왜적이 거의 30여 명이라고 하였다.

낮에 소낙비를 만났는데, 동행한 신문숙(申文叔: 申景翼, 고령 현감)·종경(從卿: 權景虎, 趙竑의 4촌처남) 등이 모두 비를 맞아 옷이 흠뻑 젖었다. 비가 개이자, 다시 높은 봉우리에 올라 북쪽을 바라보니 가은현(加恩縣)의 마을에 적병들의 불길이 하늘로 치솟는지라 보기에 매우 참혹했다.

저녁에 임시거처로 돌아왔다.

二十六日。晴。

往訪權察訪從卿[141]及汝霖汝深等于山谷中，仍訪金內禁嗣宗金景樞諸公。嗣宗，武士之有才勇者也。前於外南，接戰之日，率數百餘卒迎擊，倭奴亦幾數百餘人，軍士皆潰，而嗣宗躍馬獨當，射殺十餘級後，

---

141) 權察訪從卿(권찰방종경): 權景虎(1546~1609). 본관은 安東, 자는 從卿, 호는 晩悟軒. 安東府使 權紹의 아들이고, 趙竑의 장인인 權龍(1537~?)의 동생이다. 1585년 음보로 獻陵參奉이 되고 의금부도사·昌樂찰방을 지내고 임진왜란 때 金誠一의 천거로 咸昌 일대의 召募官으로 활동했으며, 정유재란 때도 창의하였다. 金山郡守·長城郡守·司憲府監察 등을 지냈다.

中鐵丸退走。丸入外踝中, 痛不可忍, 瘡處成浮, 其大如腰, 萬無差快
之勢。可惜可惜。此人前亦射[142]殺, 前後所殺, 幾三十餘倭云。午逢驟
雨, 同行申文叔·從卿等, 盡被沾濕。雨止, 更上高峰北望, 則加恩縣
里, 賊火漲天, 所見極慘。夕還寓。

6월 27일。비。

주인집에 머물렀다.

아침에 가은현(加恩縣)에서 온 사람을 만나 그곳 사정을 물었더니, 왜
놈 수백여 명이 어제 가은현의 마을에 들어와 여염집을 불지르며 약탈
하여 30여 바리나 되는 물자들을 거두었지만, 사람들은 잘 피했기 때문
에 모두 적의 칼날에 살상되는 것을 면했다고 하였다. 대개 왜적 속에
는 우리나라 사람들이 절반 이상 서로 섞여 있었으니, 얼굴이 익숙한
자는 모두 종이가면을 쓰고 앞장서서 인도했다고 하였다. 근래 왜놈들
이 도중에 머물러 지내며 내려가지도 않고 올라가지도 않으면서 날마
다 공격하거나 겁박하여 재물을 취하는데 힘쓰니, 문경(聞慶)·신원(新
院)·모곡(茅谷) 등지에는 집을 지어 머무른 자가 그 수를 알 수가 없고,
용궁(龍宮)·안동(安東) 등지에 횡행한 자 또한 무수하였으며, 의성현(義
城縣)은 한결같이 잘 방어하여 피해가 심하지 않았으나 얼마전에 역시
함락되었다고 하니 통탄스러웠다.

○ 신태(申兊: 申景房의 첫째아들, 申景翼의 조카)가 장천(長川)에서 들어
왔는데, 이 사람은 그의 어머니 및 여러 부형(父兄)들을 모시고 산으로
피난하여 들어왔다가, 그의 부친 별감공(別監公: 申景房)이 살해되었음
을 듣고 상(喪)을 치르고자 집으로 어렵사리 급히 돌아가 그대로 빈소
에 며칠을 머물다가, 갑자기 적의 칼날을 맞아 여러 군데 찔려 상처가

---

142) 前亦射殺: 누락.

났지만 요행으로 벗어날 수 있었는데 볼기살은 칼에 찔린 흔적으로 실낱처럼 이어져 있었다. 별감공은 가산(家産) 및 농작물 등의 일을 염려하여 여러 친척들이 극력으로 집을 떠나자고 청하였으나 끝내 멀리 피하지 않고 그의 집 뒷산 기슭에 머물러 있다가 결국에 화를 면하지 못하고서 뜻밖의 재난을 자초하였으니 또 누구를 책망하겠는가. 한탄스러웠고 한탄하였다.

二十七日。雨。

留主家[143]。朝見自加恩來者, 問之, 則倭奴數百餘人, 昨入縣里, 焚掠閭閻, 收得[144]卜物三十餘駄, 人物[145]以善避之故, 俱免殺傷云。大槩賊中, 本國人[146]居半[147]相參[148], 面目慣熟者, 皆着紙假面先導云。近來倭奴輩, 留住中道, 不下不上[149], 日以攻劫[150], 取貨爲務, 聞慶·新院[151]·茅谷[152]等地, 結屋留屯者, 不知其數, 橫行于龍宮·安東等地者, 亦無數, 義城[153]縣終始善禦, 被害不甚, 而頃亦見陷云, 可痛。○ 申兒自長川入來, 此公陪其慈氏諸父, 避亂入山, 聞其父別監公遇害, 艱得奔喪[154], 仍留殯側數三日, 遽[155]遇賊鋒, 幾被刺傷, 僥倖[156]得脫, 臀肉有

---

143) 留主家: 留達田.

144) 收得: 攫取.

145) 人物: 人民.

146) 本國人: 我國人.

147) 居半: 太半.

148) 參: 雜.

149) 不下不上: 不上不下.

150) 劫: 却.

151) 新院(신원): 경상북도 문경시 麻城面 新峴里. 고모산성이라는 城이 삼국시대에 축성되어 외적 침입 때 중요한 방어진의 역할을 하게 되었고 현재에도 옛 성이 일부는 허물어진 채로 남아 있다.

152) 茅谷(모곡): 경상북도 문경시 麻城面 모곡리.

153) 義城(의성): 경상북도 중앙에 위치한 고을. 동쪽은 안동시·청송군, 서쪽은 상주시, 남쪽은 군위군·구미시, 북쪽은 안동시·예천군과 접하고 있다.

154) 奔喪(분상): 먼 곳에서 어버이의 죽음을 듣고 급히 집으로 달려옴.

155) 此公陪其慈氏諸父 避亂入山 聞其父別監公遇害 艱得奔喪 仍留殯側 數三日遽: 曾.

劍痕如縷矣。別監公, 爲念家産及農作等事, 諸親極力請出。而終不遠避, 逗留其家後山麓, 竟至不免, 自取奇禍, 又作咎焉。可嘆可嘆¹⁵⁷⁾。

6월 28일。흐림。

주인집에 머물렀다.

이어 상주(尙州)에서 사람이 왔는데, 상주에 머물렀던 적들이 성안에 가득히 있다가 어제 용궁(龍宮) 땅으로 향했다는 소식을 들었다. 그래서 용궁 현감(龍宮縣監: 禹伏龍)이 잘 방어하였는데, 들려오는 소식에 의하면 네다섯 차례 접전하면서 승리하거나 퇴각하거나 하면서도 여전히 스스로 꺾이지 않자, 왜놈의 무리들이 이 때문에 앙심을 품고서 반드시 이기기를 기약하며 번번이 나아가 싸웠으나 그때마다 헛되이 되돌아갔다고 하였다.

二十八日。陰。

留主家¹⁵⁸⁾。仍自尙州來人, 聞本州留倭, 彌滿城中¹⁵⁹⁾,〈而〉昨日出向龍宮地云。蓋龍倅善禦, 流聞¹⁶⁰⁾四五次接戰, 或勝或退, 而猶不自挫, 倭徒以此銜憾, 期於必勝, 每每進戰, 輒至空還云。

6월 29일。맑음。

주인집에 머물렀다.

들건대 왜놈들이 가은현(加恩縣)의 마을에 쳐들어가 신응개(申應漑)

---

156) 僥倖: 僥幸.
157) 別監公爲念家産及農作等事 諸親極力請出 而終不遠避 逗留其家後山麓 竟至不免 自取奇禍 又作咎焉 可嘆可嘆: 누락.
158) 留主家: 留達田.
159) 城中: 城內縣.
160) 善禦 流聞: 누락.

집의 벼곡식 40여 바리를 약탈해 갔다고 하였다.

입추(立秋)이다

二十九日。晴。

留主家[161]。聞倭奴入寇加恩縣里, 略取申應漑家稻穀四十餘駄而去
云[162]。立秋。

---

161) 留主家: 留達田.
162) 云: 누락.

7월 무오삭

7월 1일。맑음。

장리(長利)를 놓고 주는 곡식을 구하는 일로 여러 친구들과 함께 가은현(加恩縣)의 신순(申諄) 집에 가서 팥과 콩이며 조와 보리 등 모두 7,8석(石)의 셈을 치르고 날이 저물어 그의 집에 묵었는데, 어제 적의 약탈을 겪어 집안의 세간살이들이 죄다 흩어진 채로 깨부숴져 있었고 장항아리 9개도 또한 파손되었으나 그래도 잡곡 수백여 곡(斛: 10말)이 남아있다고 하였다.

七月大 戊午朔 一日。晴。

求得殖租事, 偕諸友躬詣加恩申諄家, 出豆太栗粟牟並七八石, 日暮留宿其家, 昨經賊抄, 家間什物, 盡敷裂破, 醬甕九坐, 亦皆破壞, 猶有雜穀數百餘斛云[1]。

7월 2일。맑음。

적으로부터 변을 당할까 두려워 새벽을 틈타 길을 떠나서 임시거처로 돌아왔다. 들건대 적도(賊徒)들이 아침밥을 먹을 때 이미 그 마을에 들이닥쳐 범처럼 날뛰며 빼앗아갔다고 하니 통탄스럽고 통탄하였다.

二日。晴。

畏賊變, 乘曉發程還寓。聞賊徒食時已到其里, 挐攫如虎云, 可痛可痛。

---

1) 昨經賊抄 家間什物 盡敷裂破 醬甕九坐 亦皆破壞 猶有雜穀數百餘斛云: 누락.

7월 3일. 맑음.

이른 아침에 가솔들을 거느리고 노곡(蘆谷)의 옛 주인집으로 돌아와
지냈다. 저녁에 듣건대 왜구들이 다시 가은현(加恩縣)으로 들어가 30여
채의 집들을 분탕질하였다고 하였다.

광주 이모(光州姨母: 金宇宏의 부인)네가 화산(華山: 靑華山)에서 노곡으
로 옮겨와 부쳐 지냈는데, 친족들이 한곳에 지낼 수 있게 되니 깊이
위로가 되었고 매우 위안이 되었다.

말복(末伏)이다.

三日。晴。

早朝率累[2], 還寓蘆谷舊主人之家。夕, 聞倭寇復入加恩, 焚蕩三十餘
家云。光州姨母, 自華山移寓蘆谷[3], 親屬得◇[4]一處, 深慰深慰。末伏。

7월 4일. 맑음.

오늘 외왕고(外王考: 외할아버지 洪胤崔)의 제삿날이라서 약소하나마
밥과 국을 장만하여 제사를 베풀었다.

김경추(金景樞)·이사회(李士會: 李亨道)·신문숙(申文叔: 申景翼, 고령 현
감) 등이 각기 자기의 임시거처에서 찾아와 정담을 나누었다.

四日。晴。

此日乃外王考忌辰[5], 略備飯羹奠獻。金景樞·李士會·申文叔諸君,
各自其寓所來叙。

---

2) 累: 家累.

3) 蘆谷: 蘆舍.

4) 會.

5) 忌辰(기신): 죽은 사람이나 또는 죽은 사람과 관련되는 사람을 높이어 그 제삿날을
   이르는 말.

7월 5일。맑음。

주인집에 머물렀다. 주인집이 답답하고 좁아서 나무를 베어다 두세 칸의 가옥(假屋: 임시로 지은 오두막집)을 지어 가솔들을 편히 지내게 하였다. 계절이 이미 바뀌었건만 적의 기세는 아직도 치성하여 살던 땅으로 돌아갈 기약이 없으니, 어떤 고통이 이것만 하겠는가?

인편을 통해 초유사(招諭使) 학봉(鶴峯: 金誠一) 영감이 보내온 격서(檄書)를 받아 보니, 대개 도망쳐 흩어진 사람들을 불러들여 깨우치고 그들로 하여금 각기 병기를 잡도록 하여 나라를 위해 적과 싸우자는 것이었다. 그 글의 뜻이 매우 알맞고 적절하여 사람들을 감동하게 하였다. 오늘날의 사세는 다만 군사와 백성들이 무너지고 흩어진 것뿐만 아니라 주상(主上)을 위해 죽으려는 마음조차 없는 것이니, 대체로 여러 고을수령들이 모두 자기 몸을 빼어다 숨고 머리를 감싸서 도망쳐 구차스럽게 살려고 할 뿐이지 한 사람도 의병을 일으켜 이끄는 자가 없었고, 방백(方伯: 관찰사)과 연수(連帥: 절도사)들이며 순변사(巡邊使)·방어사(防禦使) 등도 또한 모두 각처에 흩어져서 머물고 있는 일정한 곳이 없었는지라 위로는 통솔하려는 자가 없어 마치 뒤엉킨 실타래와 같았다. 간혹 왜적을 토벌해 전공(戰功)을 세우는 데에 뜻이 있는 선비가 있어도 장차 누구를 의지하여 목숨을 바칠 수 있단 말인가? 나랏일이 이 지경에 이르렀으니, 망하지 않기를 어찌 기대하겠는가?

들건대 목백(牧伯: 尙州牧使 金澥)은 사사로이 저지른 죄를 이유로 삼아 상주의 이방(吏房) 윤문경(尹文卿)을 죽였고, 또 죄인을 잡는 사람을 보내어 산골짜기의 유랑민들이 가지고 있던 양식을 수색해 가져다가 그의 임시 거처에 쌓아 모아두고 자기가 사사로이 쓸 자원으로 삼았다고 한다. 몇 달 동안 도망하여 숨었던 자가 마치 뼈도 없는 사람인 것처럼 굴다가 하루아침에 머리를 세우고 가혹하게 위세를 부리며 주벌(誅罰)하는 것이 어지러운 데다 토색질이 이를 데 없이 이처럼 더해지니, 인심이 더욱 잃게 되고 원망과 비방이 사방에서 일어났다. 이것은 모두 누군가가 그렇게 하도록 종용하고 부추키는 자가 있어서 그렇게 하는 것이라 하였다.

무과(武科) 출신인 윤식(尹湜)이 일찍이 용궁(龍宮)의 진영(陣營)에 가서 왜적과 접전하여 몇 명의 머리를 베고 오자, 목백(牧伯: 尙州牧使 金澥)은 우리 고을의 적을 잡지 않고 멀리 다른 고을에 갔다는 이유로 장형(杖刑) 50대를 심하게 쳤다고 하였다. 윤식이 저 고을로 간 것은 그가 원하고 하려던 바가 아니었다. 단지 우리 고을에는 주장(主將)이 없어서 군사들을 모아 적을 공격하는데 그 방도가 없었지만, 저 고을은 수령이 나라를 위해 목숨을 바칠 각오로 병사를 거느리고 방어에 힘쓰는데 한결같이 게을리하지 아니하니 그에게 의지하여 전공(戰功)을 세울 수 있었기 때문이었다. 또 이 고을이든 저 고을이든 막론하고 그가 나라의 적을 죽이는 것은 똑같았던 것이다. 그러나 토주(土主: 고을수령)가 정치를 행하는 것은 이와 같으나, 그 품은 뜻이 나라에 있지 않고서 남의 능력을 가리고 전공(戰功)을 시기하여 반드시 자신의 진영(陣營)에서만 움직이려는 실상을 이것으로써 알 수 있을 것이다.

공경히 듣건대 대가(大駕)가 도성을 떠난 후에 광해군(光海君)을 세자(世子)로 책봉하니 백성들의 바람을 따른 것이라고 하였다. 국본(國本: 왕세자)이 정해졌으니 무슨 위안이 이것만 하겠는가? 천명(天命)이 아직 끊어지지 않았으니 어찌 중흥의 기약이 없겠는가만, 도성과 시골이 서로 왕래할 수 없어 소식이 통하지 않은데다 왜놈들이 왕래하며 공격하거나 겁박하는 것이 어느 날이고 없는 날이 없으니 이것이 걱정이었다.

五日。晴。

留主家[6]。主家鬱隘, 伐木作假屋數三間, 以安家累。時節已換, 而賊勢尙熾, 還土無期, 何痛如之? 因人得見招諭使鶴峯令公所移檄書,盖招諭逃散之人, 使之各執兵器, 爲國敵愾也. 詞旨愷切, 令人感動.
今日之事, 非徒軍民潰散, 未有死上之心, 大槩列邑守令, 擧皆脫身潛
隱, 首竄偸活, 無一人唱義導〈率者〉, 方伯·連帥·巡邊·防禦使等, 亦
皆散歸各處, 未有定所, 上無統領, 有同亂繩. 其間縱有有志於成功
者, 將何所倚以自效也? 國事至此, 不亡何待? 聞牧伯以私罪, 殺州吏
尹文卿, 且多發差[7]使, 搜括山谷間流民所齎粮物, 積聚于其寓處, 以
爲自用之資云. ◇[8]累月逃竄者[9], 如無骨之人, 而一朝起頭, 暴生威
焰, 誅罰狼藉, 加以徵索無厭如此, 人益失所, 怨讟四起. 此皆有人有
以縱曳指嗾[10]而爲之云. ◇[11]武科尹湜, 曾赴龍宮陣接戰, 射殺數級而
來, 牧伯以不捕本州之賊, 而遠赴他邑之故, 重杖五十度云. 湜之赴
彼, 非其所願欲也. 直以此州無主將, 聚軍攻賊, 其路無由, 彼邑則主
倅爲國效死, 鍊[12]兵勤禦, 終始不怠, 可以倚而成事故也. 不論彼此,
其殺國賊則一也. 而土主之爲政如此, 其志之不在國家, 掩能忌功, 動
必自營之實, 據此可知矣. ◇[13]恭聞大駕播越之後, 冊封光海君[14]爲世
子, 以係民望云. 國本[15]有定, 何慰如之? 天命未絶, 豈無中興之期,

---

6) 留主家: 留蘆谷.

7) 發差(발차): 죄 지은 사람을 잡아 오려고 사람을 보내는 것.

8) 噫.

9) 者: 有.

10) 指嗾(지주): 달래고 꾀어서 무엇을 하도록 부추김.

11) 此何時世良可書云.

12) 鍊: 揀.

13) 可歎可歎.

14) 光海君(광해군, 1575~1641): 본관은 全州, 이름은 李琿. 宣祖의 둘째아들로, 어머니는
恭嬪金氏이다. 妃는 판윤 柳自新의 딸이다.1592년 임진왜란이 일어나자 피난길 평양
에서 서둘러 세자에 책봉되었다. 선조와 함께 의주로 가는 길에 영변에서 만약의 사태
에 대비해 分朝를 위한 國事權攝의 권한을 위임받았다. 그 뒤 7개월 동안 강원·함경도
등지에서 의병 모집 등 분조 활동을 하다가 돌아와 行在所에 합류하였다. 서울이 수복
되고 명나라의 요청에 따라 조선의 방위체계를 위해 軍務司가 설치되자 이에 관한
업무를 주관하였다. 또 1597년 정유재란이 일어나자 전라도에서 모병·군량 조달 등의
활동을 전개하였다. 1594년 尹根壽를 파견해 세자 책봉을 명나라에 주청했으나, 장자
인 임해군이 있다 하여 거절당하였다.

而京鄕阻隔, 消息莫通, 賊奴之往來[16)]攻劫者, 無日無之, 是可悶也。

7월 6일。 맑음。

주인집에 머물렀다.

들건대 하도(下道: 아래 지방)에서 올라오는 왜적들이 대부분 상주(尙州) 읍내에 들어왔는데 그 수가 매우 많다고 하였다. 아마도 초유사(招諭使)가 군사들을 이끌고 극력 방어했기 때문에 내려갈 수 없어서 도중에 다시 되돌아 올라왔다고 하였다.

六日。 晴。

留主家[17)]。 聞自下道上來之倭, 多入州內, 厥數極多云。 蓋以招諭使率諸士, 極力防禦之故, 不得下去, 中道還復上來云。

7월 7일。 맑음。

주인집에 머물렀다.

내일은 곧 창녕형(昌寧兄: 金宇宏의 장자 金得可)의 첫 기일(忌日)이다. 정리로야 응당 기어서라도 가야하겠지만, 마침 더위를 먹고 기력이 떨어져 형편상 걸을 수가 없었던 데다 양식마저도 떨어져 한 병의 술조차도 보내지 못하니 죽은 자와 산 자의 정리를 부끄러이 저버려서 지극히 한스럽고 마음아팠다. 다만 자식을 보내어 제사에 술잔을 올리도록 하였다.

○ 들건대 김면(金沔)·정인홍(鄭仁弘)·조종도(趙宗道)·박성(朴惺)·문덕수(文德粹)·이로(李魯) 등 예닐곱 명이 의병을 일으키기로 도모하고

---

15) 國本(국본): 나라의 근본이라는 뜻으로, 왕위를 이을 세자를 달리 이르는 말.

16) 往來: 누락.

17) 留主家: 留蘆谷.

이미 군사 5,6천 명을 모아서 바야흐로 왜적을 무찌르고 길을 막기로
적개심을 품었으나, 다만 의병들에게 양식을 주지 못할까 염려된다고
하였다. 대가(大駕)가 도성(都城)을 떠나 피난을 떠난 지가 이미 네 달이
나 지났지만 의병을 일으킨 사람이 있다는 것을 미처 듣지 못했었는
데, 지금 이러한 소식을 들으니 그 기쁨을 이루 다 말할 수가 없고 말
할 수가 없었다.

七日。晴。

留主家[18]。明日乃昌寧兄初忌之辰。情當匍匐, 而適傷暑[19]氣惡,
勢[20]不得徒步, 粮物亦乏, 一壺薄奠, 亦[21]不得指送, 愧負幽冥情理, 極
可憾痛。只[22]送豚息[23], 俾叅奠獻。○ 聞金沔[24]·鄭仁弘[25]·趙宗道[26]·

---

18) 留主家: 留蘆谷.

19) 傷暑(상서): 더위를 먹음.

20) 惡 勢: 누락.

21) 亦: 누락.

22) 只: 누락.

23) 豚息: 豚兒.

24) 金沔(김면, 1541~1593): 본관은 高靈, 자는 志海, 호는 松菴. 임진왜란 때 분연 궐기하
여 의병을 규합하여 開寧 지역에 있는 적병 10만과 대치하여 牛旨에 진을 치고, 金時敏
과 함께 知禮를 역습하여 대승했다. 1593년 경상우도 병마절도사가 되어 의병과 함께
진을 치고 善山의 적을 치려할 때 병에 걸리자 죽음을 알리지 말라는 유언을 남기고
죽었다.

25) 鄭仁弘(정인홍, 1535~1623): 본관은 瑞山, 자는 德遠, 호는 萊菴. 南冥 曺植의 문인으
로, 崔永慶, 吳建, 金宇顒, 郭再祐 등과 함께 경상우도의 南冥學派를 대표하였는데,
1581년 掌令이 되어 鄭澈·尹斗壽를 탄핵하다가 해직되었다. 1589년 鄭汝立 獄事를
계기로 동인이 남북으로 분립될 때 北人에 가담하여 領首가 된 인물이다. 1592년 임진
왜란 때 濟用監正으로 陝川에서 의병을 모아, 星州에서 왜병을 격퇴하여 영남의병장의
호를 받았다. 이듬해 의병 3,000명을 모아 성주·합천·함안 등을 방어했고, 1602년
대사헌에 승진, 중추부동지사·공조참판을 역임하였으며 柳成龍을 임진왜란 때 화의
를 주장하였다는 죄목으로 탄핵하여 사직하게 하고, 洪汝諄과 南以恭 등 北人과 함께
정권을 잡았다. 1608년 柳永慶이 선조가 광해군에게 양위하는 것을 반대하자 이를
탄핵하다가, 이듬해 寧邊에 유배되었다. 하지만 선조가 급서하고 광해군이 즉위하자
대사헌이 되어 大北政權을 세웠다. 자신의 스승인 남명 조식의 학문을 기반으로 경상
우도 사림세력을 형성하였다. 더구나 임진왜란 당시의 의병장으로서 활약한 경력과
남명의 학통을 이어받은 수장으로써 영남사림의 강력한 영향력과 지지기반을 확보하

朴惺²⁷⁾·文德粹²⁸⁾·李魯²⁹⁾六七人, 謀擧義兵, 已得五六千人, 今方勸遏
賊路, 期於敵愾, 而只以兵粮俱不給爲慮云。大駕蒙塵, 已浹四朔, 而
迄未聞唱義之有人, 今得此報, 其喜可言可言。

7월 8일。비。

주인집에 머물렀다.

김운룡(金雲龍)이 그의 본가에서 보리를 거두어 가지고 왔다. 그의
말에 의하면, 상주(尙州) 읍내에 들어와 있던 적들이 천 명 만 명에 그
치는 정도가 아니라 이사벌(二沙伐: 이사골)·중동(中東)·비라리(飛羅里:
飛鸞)·개암(開岩) 등 여러 곳에 두루 가득하였으며, 좌도(左道)에서 온
왜적 또한 수백이 넘어서 다인현(多仁縣)의 길을 잡아 모두 상주에 들
어와서는 마을마다 사방으로 흩어져 없는 곳이 없었으니, 사람들이

───────────────

였다. 1623년 인조반정 뒤 참형되고 가산은 적몰되었으며, 이후 대북은 정계에서 거세
되어 몰락하였다.

26) 趙宗道(조종도, 1537~1597): 본관은 咸安, 자는 伯由, 호는 大笑軒. 1589년 鄭汝立의
모반 사건에 연루되어 투옥되었다가 석방되었으며, 임진왜란 때 단성현감을 지내고
1596년 咸陽郡守에 있다가 병으로 사임했다. 정유재란 때 의병을 규합, 안음현감 郭䞭
과 함께 黃石山城에서 왜장 加藤清正이 인솔한 적과 싸우다 전사했다.

27) 朴惺(박성, 1549~1606): 본관은 密陽, 자는 德凝, 호는 大菴. 鄭逑의 문인. 裵紳에게
사사, 科擧에의 뜻을 버리고 학문에 정진, 崔永慶·金沔·張顯光 등과 사귀었다. 鄭仁弘
과도 친했으나 그가 대사헌에 올라 권세를 부려 절교하였다. 1592년 임진왜란 때
招諭使 金誠一의 참모로, 정유재란 때는 趙穆과 상의해 의병을 일으켜서 체찰사 李元翼
의 참모로 종군, 周王山城의 대장으로 활약했다. 王子師傅에 임명되었으나 부임하지
않았다. 뒤에 司圃가 되고 이어 工曹佐郞·安陰縣監을 지낸 후 모든 벼슬을 사퇴했다.

28) 文德粹(문덕수, 1519~1595): 본관은 南平, 자는 景胤, 호는 孤査亭. 효행이 뛰어나
살아서 정려를 받은 합천의 선비이다. 1591년 선정을 베풀지 않던 경상감사 金睟에게
글을 보내 백성을 생각하는 선정을 베풀라고 충고하자, 그에게 미움을 사서 옥에 갇히
기도 했다. 임진왜란이 일어나자 김수는 왜적에게 패하여 도망을 가는데, 김면·조종
도·박성·이로 등과 의병을 일으켜 나라를 위기에서 구하려고 했다.

29) 李魯(이로, 1544~1598): 본관은 固城, 자는 汝唯, 호는 松巖. 1564년 진사시에 합격하
고, 1590년 문과에 급제했다. 임진왜란 때 귀향하여 의병을 일으켰다. 金誠一과 함께
곳곳에 召募官을 보내 창의하도록 하고 군량을 모았다. 《龍蛇日記》가 있다.

피신할 곳이 없어 대부분 살상이나 약탈을 당하였으며, 김징(金澂)도 역시 사로잡혀 거의 해를 입을 뻔했지만 갖가지로 애원해 탈출하여 도 망쳐 왔다고 하였다.

○ 듣건대 초유사(招諭使: 金誠一)와 의병들이 크게 일어나 왜적을 막 으며 무찔렀기 때문에 성주(星州) 이하 지방은 왜놈이 비로 쓴 듯하여 길이 모두 통하였으나 상주(尙州)·함창(咸昌)·김산(金山: 金泉)·개령(開 寧)·문경(聞慶) 등 여러 고을만은 왜적들이 모두 모여 때로 혹 용궁(龍 宮)·예천(醴泉) 땅을 횡행하며 약탈하기도 한다고 하였다. 전해 들은 소문에 의하면 경성(京城)에도 또한 왜적이 없지만 오직 용인(龍仁) 이 하 지방의 길에는 왕래가 끊이지 않는다고 하였다.

딸아이가 여러 날을 계속하여 학질을 앓고 있는데, 오늘은 네 차례 나 고통이 멈추지 않으니 염려스럽고 염려되었다. 큰 병을 앓고 난 뒤 로 머리와 얼굴에 부스럼이 나서 지극히 모진 고생을 하다가 또 이런 병을 앓으니 더욱 안타깝다.

八日。雨。

留主家[30]。金雲龍, 自其本家, 收麥入來。渠云州內入來之倭, 不啻 千萬, 遍滿于二沙伐[31]·中東[32]·飛羅里[33]·開岩[34]等諸處, 自左道來倭,

---

30) 留主家: 留蘆谷.

31) 沙伐(사벌): 경상북도 상주시 북동부에 있는 면. 동쪽은 중동면·예천군 풍양면, 서쪽 은 공검면·외서면, 남쪽은 북문동·계림동·동문동, 북쪽은 함창읍에 접해 있다. 二沙 伐은 경상북도 사벌면 삼덕리 이사골인 듯하다.

32) 中東(중동): 경상북도 상주시에 있는 면. 남·서쪽은 낙동강을 경계로 東門洞·洛東面, 북·동쪽은 예천군·의성군에 접한다. 3면이 낙동강으로 둘러싸여 있다.

33) 飛羅里(비라리): 飛鸞 또는 飛鸞津인 듯. 대비나루라 부르기도 한다. 경상북도 상주시 중동면 오상리 대비마을과 상주시 도남마을을 잇는 나루이다. 병성천과 낙동강이 합류하는 바로 위쪽이라 예전에는 교역이 활발하게 이루어졌었는데, 부산에서 소금배 가 이곳까지 올라와 주변에 취락이 형성되었다고 한다.

34) 開岩(개암): 開巖. 경상북도 상주시 중동면 화상리 蒼應峰 아래에 있는 자연부락. 강변 에 있는 가로로 터져 마치 입을 벌린 바위 형상에 기인하였다고 한다. 金宇宏(1524~

亦過數百, 取路多仁縣[35], 皆入尙州, 村村[36]四散, 無處無之, 人無避
身之地, 多被殺掠[37], 金澂[38]亦被執, 幾見害, 百般求哀, 脫身逃來
云[39]。○ 聞招諭使及義兵大發, 勒截之故, 自星州以下, 賊奴如掃, 道
路皆通, 而唯尙州·咸昌·金山·開寧[40]·聞慶等諸邑, 衆倭咸聚, 時或
橫抄龍宮·醴泉之地云。傳聞京城亦無倭, 唯[41]自龍仁[42]以下之路, 往
來不絶云。女息得連日瘧, 今是四度, 而苦痛不歇, 可慮可慮。大病之
餘, 頭面發瘡, 極費辛苦, 又得此疾, 尤悶[43]。

7월 9일。소나기。

들건대 왜놈들이 화령현(化寧縣: 상주의 서부지역)에 쳐들어왔는데 오
늘로 이미 3일이나 되었다고 하였다.

저녁에 기식(奇息: 미상)이 화산(華山: 靑華山)에서 돌아왔다.

○ 좌랑(佐郞) 송주빈(宋周賓)이 경성(京城)에 있다가 왜놈에게 살해되
었다고 하였다. 곧 김달가(金達可: 김우굉의 둘째아들, 검간의 이종동생)의
처남이다.

○ 진사 신한룡(辛翰龍)으로부터 전해들은 소식에 의하면 이의술(李義
述: 李胤呂, 검간의 동서)이 적의 칼날에 해를 입었고 그의 처자식들은 있

1590)이 그의 호로 삼기도 하였다.

35) 多仁縣(다인현): 경상북도 의성군에 위치한 현.

36) 村村: 盜劫.

37) 掠: 略云.

38) 金澂(김징): 앞에서는 金順生의 아들로 金澄이 나오나 동일인인지는 알 수 없음.

39) 金澂亦被執幾見害 百般求哀 脫身逃來云: 누락.

40) 開寧(개령): 경상북도 김천시 북동부에 위치한 고을.

41) 唯: 惟.

42) 龍仁(용인): 경기도 중앙부에 위치한 고을.

43) 女息得連日瘧 今是四度 而苦痛不歇 可慮可慮 大病之餘 頭面發瘡 極費辛苦 又得此疾
尤悶: 누락.

는 곳을 지금 알지 못한다고 하였다. 극히 놀랍고 애통하나 왜구들이 두루 가득하여 그들을 찾으러 갈 길이 없으니, 그의 여러 자식들을 생각하면 비록 흉적의 칼날에 해는 혹 면했을지라도 필시 굶주림으로 틀림없이 고생할 것인데 위로는 늙은 부모가 있고 곁에는 가장(家長)이 없으니 장차 어디에 의지할 것인가? 더욱 마음이 아프고 슬펐다.

九日。驟雨。

聞倭奴入寇化寧縣, 今已三日云。夕, 奇息自華山還[44]。○ 宋佐郎周賓[45], 在京爲賊奴所害云。卽金達可之妻娚也。○ 傳得辛進士翰龍[46]之報, 李義述遇害於賊刃, 其妻子則時不知所在云。極爲驚痛, 而倭寇遍滿, 往探無路, 想其諸雛, 雖或免害於凶刃[47], 而必罹飢渴丁寧[48], 上有老親, 旁無家長, 將何所依賴耶? 益可慘怛可慘怛。

7월 10일。맑음。

주인집에 머물렀다.

신태(申兌: 申景房의 첫째아들, 申景翼의 조카)가 장천(長川)에 갔다와서 말하기를, "왜구가 많이 그 마을에 이르러 집을 불태우고 재물을 빼앗은 뒤에는 거의 다 되돌아갔지만 네댓놈이 뒤에 처져 홀로 다니자, 서

---

44) 夕 奇息自華山還: 누락.

45) 宋佐郎周賓(송좌랑주빈): 佐郎 宋周賓(1551~1592). 본관은 鎭川. 宋應國의 손자이고 宋瑗의 아들이다. 1583년 별시에 급제하여 호조좌랑에 이르렀다. 임진왜란 때 왜적에게 포로로 잡혀 항복을 강요받았으나 끝까지 이를 거부하자 왜적이 목을 베려 하였다. 이때 그의 큰아들인 宋河年이 14세의 나이로 아버지 앞으로 달려들어 몸으로 막아내다가 아버지 대신 희생되고 말았다. 아들이 죽은 이튿날 송주빈도 왜적의 협박에 끝까지 저항하다 살해되었다.

46) 辛進士翰龍(신진사한룡): 進士 辛翰龍(생몰년 미상). 본관은 靈山, 자는 鱗伯. 鑑湖 呂大老의 만사를 지었다.

47) 凶刃: 凶鋒.

48) 丁寧: 누락.

당의 승려와 마을사람들이 일시에 때려 죽이고 죄다 그 목을 베어서 묻어두었다."라고 하였다.

十日。晴。

留主家[49]。申兗往來于長川曰: "倭寇多至其里, 焚劫[50]之後, 幾盡還歸, 有四五人, 落後單行, 書堂僧及里人等, 一時打殺, 盡斬其首埋置."云。

7월 11일。소나기。

심중(審仲: 趙竑)과 함께 정경임(鄭景任: 鄭經世)을 조문하러 소야동(蘇夜洞: 쇠야동)으로 갔다. 정경임은 일찍이 6월 중에 그의 어머니와 동생을 적의 손에 잃었는데, 정경임 자신도 또한 화살을 맞아 거의 죽을 뻔했다가 다시 살아났다고 했었다.

날이 저물어 머물러 묵었는데, 김경추(金景樞)·이사확(李士擴: 李弘道, 權景虎의 손자인 權以說의 장인, 士廓으로도 쓰임)·이사회(李士會: 李亨道) 등과 함께 잤다.

十一日。驟雨。

偕審仲, 往吊鄭景任于蘇夜洞。景任曾於六月中, 喪其慈闈及舍弟於賊手, 景任亦中矢[51], 幾死復甦云。日暮留宿, 金景樞·李士擴·士會同寢。

7월 12일。맑음。

아침식사 후에 달전(達田: 大田)으로 가서 신문숙(申文叔: 申景翼, 고령

---

49) 留主家: 留蘆谷.
50) 焚劫(분겁): 집을 불태우고 재산을 빼앗음.
51) 中矢: 中鐵丸.

현감) 등 여러 친구들을 만나고는 오후에 동곡리(東谷里: 상주시 내서면 西院里)로 가서 권종경(權從卿: 權景虎, 趙竑의 4촌처남)·권여림(權汝霖: 權澍) 을 만났는데 날이 어두워지고나서야 임시거처로 되돌아왔다.

듣건대 상주(尙州) 읍내에 들어왔던 왜적들이 모두 출발하여 조령(鳥嶺)을 향한다고 하였다. 또 듣건대 관동(關東)의 여러 고을에도 왜구들이 두루 가득하여 강릉(江陵)이 함락되고 안동(安東)·용궁(龍宮) 또한 함락되었다고 하였다. 임하(臨河)에 있는 가솔들이 어느 곳으로 피신해 있는지 알지 못하여 멀리서 염려함은 그지없고 이를 데가 없었다.

十二日。晴。

食後, 往見申文叔諸友于達田, 午後旋向東谷[52], 訪權從卿·汝霖, 日昏還寓。聞州內入來之倭, 皆發程向鳥嶺云。且聞關東諸邑, 倭寇亦 遍滿, 江陵[53]被陷, 安東·龍宮亦見陷云。臨河家屬[54], 不知避泊何所, 遙慮罔喩罔喩[55]。

7월 13일。맑음。

날이 저물었을 때 왜구가 달전(達田: 大田)에 들어온 것을 듣고 몹시 놀라 산에 올랐는데, 달전의 여러 마을들에 연기와 불길이 하늘로 치솟았다. 가솔들이 한꺼번에 피난하고자 날이 어두워지기를 기다려 길을 떠나서 용화촌(龍化村: 雲興里)의 마을로 옮겨 지낼 계획이었지만, 나는 타고 있던 소와 말이 모두 쓰러져서 일어나지를 않았으며 아내와 두 어린 자식들은 모두 발바닥이 부르터 잘 걸을 수가 없었는지라 마지못

---

52) 東谷(동곡): 경상북도 상주시 내서면 西院里. 1914년 藥水里·東谷里·西谷里·栗院里 를 합하고 서곡과 율원의 이름을 따서 서원리라 했다.

53) 江陵(강릉): 강원도 영동지역 중앙부에 위치한 고을.

54) 家屬: 諸人.

55) 罔喩: 누락.

해 도중에 뒤처졌다가 마탈산(馬奪山: 천마산인 듯)으로 올라갔다. 정자(正字: 趙翊, 검간의 동생)와 심중(審仲: 趙竑, 검간의 동생)이 어머니를 모시고 막내여동생[李勛의 부인]을 데리고서 곧장 그곳으로 돌아갔다. 광주 이모(光州姨母: 金宇宏의 부인)도 또한 어머니와 같이 용화촌으로 갔다.

十三日。晴。

日晚, 聞倭入達田, 驚動登山, 則達田諸里, 烟焰漲天。家屬[56]一時走避, 竢日昏卽發程, 以爲移寓龍化村[57]里之計, 而吾則牛馬俱僵仆不起, 荊布及兩稚子, 皆足繭不〈得善〉步, 不得已中途落後, 仍上馬奪山[58]。◇[59]正字與審仲, 陪慈氏及季妹[60], 直歸彼地。◇[61]光州姨母, 亦同慈氏, 往龍化矣。

7월 14일。맑음。

어머니를 뵙고 돌아왔다.

마탈산(馬奪山: 천마산인 듯)이 큰길과 가까운데다 게다가 그 골짜기에 물이 없어서 어둑어둑할 무렵 가솔들을 이끌고 다시 노곡(蘆谷)의 주인집으로 되돌아오니, 권여림(權汝霖: 權澍)의 온가족이 이미 먼저 와 있었고, 이사확(李士廓: 李弘道, 權景虎의 손자인 權以說의 장인, 士擴으로도 쓰임)·정경임(鄭景任: 鄭經世)·김경추(金景樞) 등 여러 친구들 또한 소야동(蘇夜洞: 쇠약동)에서 왜놈들을 만나 소와 말이며 양식을 모조리 탈취당

56) 家屬: 家眷.
57) 龍化村(용화촌): 경상북도 상주시 화북면 雲興里. 본래 化寧縣 지역이었으나 후에 상주군 화북면 지역이 되었다. 용화리의 한자어는 《세종실록》 1442년 2월 3일조 4번째 기사와 《磻溪隨錄補遺》〈郡縣制·歷代制〉에 나온다. 咸昌에는 龍華寺가 있다.
58) 馬奪山(마탈산): 龍化로 가는 길목에는 天馬山이 있는바, 이를 가리키는 듯. 경상북도 외서면 연봉리·개곡리·관동리 경계에 있는 산이다.
59) 使.
60) 季妹(계매): 李勛의 부인.
61) 心緒益亂 生逢聖代 目見昇平之日 豈謂干戈之禍 遽至於骨肉之不相携也 痛心痛心.

했으나 그들의 어머니를 모시고 가족들을 데리고서 겨우 해를 면해 이웃집으로 와 임시로 머물렀다.

정경임은 일찍이 외남(外南)에서 접전했던 날에 이미 왜적과 한 하늘을 이고 살 수 없는 통한을 품었거늘 지금 또 흉포한 왜구들을 피하지 못하고 거듭 당하였으니, 어찌 너무 불행한 일이 아니겠는가? 개탄스럽고 통탄하였다.

오늘 화령현(化寧縣: 상주시의 서부지역)에 왜구들이 또한 쳐들어왔지만, 대체로 돌아갔다고 하였다.

十四日。晴。

◇[62]省慈氏而還。以馬奪山近路, 且其洞無水, 黃昏率家累, 還來蘆谷主人之家, 則權汝霖擧族已先來到, 李士廓·鄭景任·金景樞諸兄, 亦自蘇夜洞, 逢倭奴, 牛馬粮物, 盡被劫取, 奉其慈氏及諸累, 僅能免害, 而來寓于隣舍矣。景任曾在外南接戰之日, 已抱戴天之痛, 而今又不免疊遭兇寇, 豈非不幸之甚也? 可歎可歎。是日化寧縣, 倭寇亦入, 大略而歸云[63]。

7월 15일。맑음。

뜻밖의 환란이 생길까 염려되어 권종경(權從卿: 權景虎, 趙竑의 4촌처남)·정경임(鄭景任: 鄭經世) 등과 함께 종일토록 산에 올랐다가 날이 저물어서야 되돌아왔다.

○ 들려오는 소식에 의하면 왜구들이 조령(鳥嶺)으로 올라가거나 선산(善山)으로 내려가거나 하지만, 상주(尙州)에 머물러 있는 왜적만은 돌아가지 않고서 오래 있을 것이라고 하였다.

---

62) 往龍化.

63) 云: 누락.

처서(處暑)이다.

十五日。晴。

慮有意外之患, 偕權從卿·鄭景任諸君, 終日上山, 日暮還來。○ 流
聞倭寇, 或上鳥嶺, 或下善山[64], 而留州之倭, 則長在不歸云。處暑。

7월 16일。맑음。

아침식사 후에 산에 올랐다.

장천(長川)의 노복들이 돌아왔는데, 이들 10여 명은 13일에 각자 모
맥(牟麥: 보리와 밀)을 서너 말씩 가지고 왔으니, 집안의 대소가가 올 여
름에 수확한 것이 각기 두세 석(石)조차도 채우지 못한 것이라 눈앞의
여러 가솔들이 살아갈 계책이 없으니 무슨 딱한 일인들 이것만 하겠
는가?

장천(長川)의 논밭들이 모두 큰길가에 있는데다 왜놈들이 왕래하는
것이 이어지고 끊이지 않아서 제 마음대로 타작하지 못해서 그러했을
것이다. 그러나 그렇더라도 전결(田結: 논밭에 물리는 세금)이 심히 적은
것이 아니었으니 만일 정성껏 거두었다면 어찌 이처럼 부실한 지경에
이르렀겠는가? 노복들이 충실하지 못하고 제대로 처리하지 못한 것이
이처럼 극에 이르렀다. 몹시 가증스러웠고 몹시 미웠다.

十六日。晴。

食後上山。長川奴輩還, 右奴◇[65]十餘人等, 十三日[66]各持牟麥[67]三
四斗入來, 大小宅[68]今夏所收, 各不滿數三石, 眼前諸累, 得活無計,

---

64) 善山(선산): 경상북도 서부, 중앙지대에 위치한 고을.

65) 等.

66) 等 十三日: 누락.

67) 牟麥(모맥): 보리와 밀.

68) 宅: 家.

청화산 병천 장암

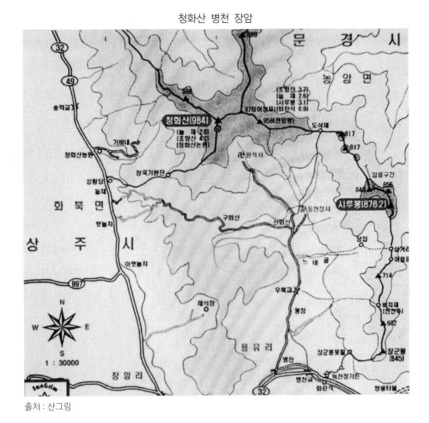

출처 : 산그림

何悶如之? 長川田庄, 皆在大路傍, 倭奴之往來者, 陸續不絶, 其不得
任便打作[69]固矣. 而然其田結不至甚尠, 苟能以誠收拾[70], 則豈至若此
之不實乎? 奴子[71]之不忠不謹, 到此極矣. 痛憎痛憎.

---

69) 任便打作: 任意收拾.

70) 收拾: 收穫.

71) 奴子: 奴僕.

7월 17일。비。

새벽에 듣건대 왜놈들이 어제 적도(賊徒)들이 화산(華山: 靑華山)·병천(屛川)·장암(藏岩)·율현(栗峴) 등 여러 곳을 쳐들어왔다가 저녁을 틈타 되돌아가다 가은현(加恩縣)의 서쪽 방면에서 머물러 있다고 하였다. 이곳에 침입해오는 근심이 있을까 염려되어 가솔들을 이끌고 산꼭대기로 올라갔다가 종일토록 비를 맞아 옷가지들과 여러 물건들이 전부 흠뻑 젖었고 저녁이 되어서야 임시거처로 되돌아왔다.

단밀(丹密: 경상북도 의성군 소재 고을)의 서이모(庶姨母)가 용화(龍化)에서 되돌아 와서 말하기를, "용화와 율현의 거리가 매우 가까워, 어머니가 가신 곳이 비록 깊숙하게 들어갔다고 할 수 있겠으나 그래도 왜적의 해를 면하지 못하는 염려가 있을지니 짐을 챙겨 산에 올랐다가 장차 다른 곳으로 옮겨가서 있어야 할 것이다."라고 하였다. 그러나 나는 가솔들이 많은데다 말이 약하여 따라갈 수가 없으니, 무슨 답답함인들 이것만 하겠는가?

예천(醴泉)의 변씨제수(邊氏弟嫂: 홍윤최의 둘째사위인 李安仁의 아들 李應明 부인, 검간의 이종사촌동생 부인)가 예천의 본가로 가고자 하여 겨우 길에 올랐는데, 갑자기 왜구를 만나 말에 실었던 짐바리와 여러 물건들을 죄다 빼앗기고 몸만 겨우 해를 면했다고 하니, 지극히 놀라고 두려웠다. 나도 또한 가솔들을 이끌고 동쪽으로 가려는 마음이 매우 간절했으나 중도에 이와 같은 변고가 있을까 염려되어 문득 떠날 수가 없으니 한탄스러웠다.

十七日。雨。

晨曉[72]聞倭奴昨寇華山·屛川[73]·藏岩[74]·栗峴[75]等諸處，乘夕回還，

---

72) 晨曉: 曉.

73) 屛川(병천): 경상북도 상주시 화북면 용유리에 있는 지명. 현재는 甁川精舍의 주인이 었던 宋明欽(1705~1768)의 부친인 宋堯佐(1678~1723)에 의해 하천 지형이 병의 입구

留宿加恩之西面云。慮有侵及此地之患, 率家屬上山頂, 終日被雨, 衣
服雜物, 全數沾濕, 夕還寓。丹密庶姨母, 自龍化還來云: "龍化去栗峴
甚近, 慈氏之行, 雖曰深入, 而猶有不免之虞, 治任登山, 將欲移寓于
他地。"云云。吾則以累煩馬弱, 不得隨行, 何悶如之? 醴泉邊氏嫂, 欲
歸醴泉本家, 纔得登道, 遽逢倭寇, 馬駄雜物, 盡被刦取, 身僅免害云,
極可驚怖。吾亦率累欲東之計甚切, 而中道慮有如此之變, 不得遽發,
可歎[76]。

7월 18일。맑음。

이른 아침에 산에 올라가 왜적의 동태를 살피고 저녁이 되어서야
임시거처로 되돌아왔다.

十八日。晴。

早朝登山, 候賊氣, 夕還寓。

7월 19일。맑음。

일찍 마탈산(馬奪山: 천마산인 듯) 꼭대기에 올라가 왜적의 동태를 살
폈다. 전해 들은 소문에 의하면 왜구들이 가은현(加恩縣)에서 곧장 송
면(松面: 충청북도 괴산군의 면)으로 돌아가서 침략하였다가 저녁 때 장암

와 같다하여 甁川으로 개명되어 전해진다.

74) 藏岩(장암): 경상북도 상주시 화북면 장암리. 원래 화령현 지역이었으나, 나중에 화북
면 지역이 되었다.

75) 栗峴(율현): 경상북도 상주시 화북면 장암리에 있는 고개. 栗峙. 밤티. 아랫늘티에서
용화 중벌리로 넘어가는 고개이다.

76) 丹密庶姨母 自龍化還來云 龍化去栗峴甚近 慈氏之行 雖曰深入 而猶有不免之虞 治任登山
將欲移寓于他地云云 吾則以累煩馬弱 不得隨行 何悶如之 醴泉邊氏嫂 欲歸醴泉本家 纔得
登道 遽逢倭寇 馬駄雜物 盡被刦取 身僅免害云 極可驚怖 吾亦率累欲東之計甚切 而中道
慮有如此之變 不得遽發 可歎: 누락.

(藏岩)으로 가 머물러 묵었다고 하였다.

　저녁에 주인집에 되돌아왔다.

　十九日。晴。

　早登馬奪山頂, 候賊氣。傳聞倭寇自加恩, 直歸松面[77]侵略, 夕向藏岩留宿云。夕還主家[78]。

7월 20일。비。

　주인집에 머물렀다.

　어린 사내종이 속리산(俗離山)의 대사(大寺: 법주사)에서 어머니와 정자(正字: 趙翊)의 편지를 가지고 왔다. 편지에 이르기를, "용화(龍化)는 장암(藏岩)과 가까워서 오래 머무르기에는 어려워 지난 17일 밤에 일행을 데리고 속리사(俗離寺)로 옮겨 자리를 잡았다가 장차 다시 작은 암자로 옮겨 지내는데, 보은(報恩)에 왜적이 없는지가 이미 한 달 남짓이 되었다는구나."라고 하였다.

　또 경성(京城)에서 온 관보(官報)를 얻어 보니, 왜구가 평양(平壤)을 침공하여 평양 또한 함락되어 대가(大駕)가 다시 피난길을 떠나 지금 용천(龍川) 땅에 머물러 있고, 중조(中朝: 명나라)는 우리 조정이 구원병을 요청했었기 때문에 또한 장수로 하여금 귀화 달자(歸化㺚子) 5천 명을 거느리고서 이미 압록강(鴨綠江)을 건너게 하였고 또 5만 명의 병사들을 내보내어 압록강 가에 머무르면서 계속 지원하도록 하였다고 하니, 이는 위안이 되었다.

　좌의정과 우의정[崔興源과 兪泓] 및 여러 대신들로 하여금 왕세자(王世子: 光海君)을 모시고 강계(江界)에 머무르면서 장차 병사들을 모으게 하

였으니, 감국(監國: 왕세자)이 계획하였던 것이다. 우리 전하(殿下)도 또한 천병(天兵: 명나라 군) 및 그곳 연해의 군졸을 친히 거느리고 진격하여 취하려는 계획을 세우자, 군대의 함성이 이로 인하여 점차로 다시 떨치려는 기세가 있다고 하였다. 또 명나라 조정에서 산동도(山東道) 수군 10만을 파견하여 곧장 일본의 왜놈 소굴을 짓이기려 한다고 하였다.

또 들려오는 소문에 의하면 경성(京城)에 있던 사대부들이 왜적의 칼날에 피살된 것이 거의 50여 명에 이르렀는데, 이를테면 이대해(李大海)·김순명(金順命: 金光烈의 아들)·신할(申硈)·변기(邊璣)·우홍적(禹弘積: 禹弘績의 오기)·남이공(南以恭)·남이신(南以信)·박경선(朴慶先)·박경심(朴慶深)·류희서(柳熙緖)·김광렬(金光烈)·김여물(金汝岉)·허명(許銘)·김성립(金誠立) 등이 또한 그 안에 있었다.

고경명(高敬命)이 의병을 일으키고 그의 아들 고인후(高因厚)와 함께 싸움터로 나아갔다가 부자가 같이 죽었다고 하니, 놀랄 만하고 놀라웠다. 김천일(金千鎰)이 수군을 거느리고 곧장 행재소(行在所)로 가서 근왕(勤王)할 계책을 세웠다고 하였다.

二十日。雨。

留主家[79]。僮奴自俗離大寺[80]，持慈氏及正字書來。書云: "龍化近藏岩[81]，難於久住，去十七夜，陪一行，移泊俗離寺，將復移寓小庵，報恩之無倭，已浹月餘。"云。且得京報，倭寇侵及平壤，平壤亦見陷，大駕再移，今駐龍川[82]地，中朝以我朝請援之故，亦[83]命將領向化獷子五千兵，已渡鴨綠[84]，又出五萬兵，駐江邊，以爲繼援云，是則可慰。領右兩

79) 留主家: 留蘆谷.
80) 大寺: 누락.
81) 藏岩: 莊岩.
82) 龍川(용천): 평안북도 서단에 위치한 고을.
83) 亦: 누락.
84) 鴨綠(압록): 鴨綠江. 한국과 중국의 국경을 이루면서 황해로 흘러드는 강.

相⁸⁵⁾及諸大臣, 陪王世子, 駐江界⁸⁶⁾, 將聚兵, 爲監國⁸⁷⁾之計云。我殿下亦親領天兵及其道沿海之卒, 將爲進取之計, 軍聲因此稍有再振之勢云。且天朝遣山東道舟師十萬, 直擣日域倭奴之巢穴云。且流聞京城士夫之被殺於賊刃者, 幾至五十餘員, 如李大海⁸⁸⁾·金順命⁸⁹⁾·申硈⁹⁰⁾·邊璣·禹弘積⁹¹⁾·南以恭⁹²⁾·以信⁹³⁾·朴慶先⁹⁴⁾·慶深⁹⁵⁾·柳熙緖⁹⁶⁾·金光

---

85) 兩相(양상): 崔興源과 劉泓을 가리킴. 최흥원(1529~1603)의 본관은 朔寧, 자는 復初, 호는 松泉. 1588년 평안도관찰사가 되었다. 이후 지중추부사를 거쳐 1592년 임진왜란이 일어나자 우의정·좌의정을 거쳐 柳成龍의 파직에 따라 영의정에 기용되었다. 이듬해 병으로 사직, 領敦寧府事, 寧平府院君에 봉해졌다. 한편, 유홍(1524~1594)의 본관은 杞溪, 자는 止叔, 호는 松塘. 1587년 명나라에 사신으로 가서 이성계가 고려의 권신 李仁任의 아들로 잘못된 것을 바로잡았으며, 1589년 좌찬성으로서 판의금부사를 겸해 鄭汝立의 逆獄을 다스렸다. 이러한 공으로 1590년 宗系辨誣 1등, 討逆 2등에 策勳되어, 平難功臣 호를 하사받고 輔國崇錄大夫·杞城府院君에 봉해졌으며, 이조판서·우의정에 올랐다. 1592년 임진왜란 때 선조를 호종했고, 평양에서 세자(뒤의 광해군)와 함께 종묘사직의 신위를 모시고 동북방면으로 가 도체찰사를 겸임하였다. 그리고 伊川에서 격문을 여러 도로 보내 각 도의 의병들을 격려, 지휘해 방어태세를 갖추었다. 이듬해 왜적이 서울에서 물러나자, 먼저 서울에 들어와서 불탄 도성을 정리하고 전재민을 구호하는 데 힘을 기울였다. 1594년 좌의정으로서 해주에 있는 왕비를 호종하다가 객사하였다.

86) 江界(강계): 평안북도 북동부에 위치한 고을.

87) 監國(감국): 임금이 일시적으로 멀리 行幸할 때 세자가 都城에 남아 대신 정치를 보살피던 일.

88) 李大海(이대해, 1562~1590): 본관은 驪州, 자는 百宗. 李光軒의 아들이다.

89) 金順命(김순명, 1561~1614): 본관은 江陵, 자는 正受, 호는 月峰. 아버지는 社稷署令을 지낸 金光烈이다. 1592년 임진왜란이 일어나자 양근(현 경기도 양평)에 피신해 있다가 왜적을 만났는데 양친이 늙어서 가지 못하므로 몸을 벌려 감싸니 적이 드디어 공을 베고서 양친까지 베었고 한 집안에서 같이 죽은 자가 매우 많았다. 공은 상처가 심하여 기절하였다가 살아났으나, 상처 자국이 얼굴에 가득하여 보는 자가 상심하였다. 1595년 복직되어 승문원박사, 병조좌랑, 1596년 홍문관부수찬, 사헌부지평, 사간원정언을 지냈다. 1597년 정유재란 때 전라도사로 병사 수천 명을 모집하기도 하였다. 1598년 이후 교리, 세자시강원문학, 사간원헌납, 사헌부지평, 괴산군수를 거쳐 1601년 충주목사로 부임하였다.

90) 申硈(신할, 1548~1592): 본관은 平山. 申砬의 동생이다. 1567년 무과에 급제하여 비변사에 보임된 뒤 1589년 慶尙道左兵使를 지냈다. 1592년 임진왜란이 일어나자 咸鏡道兵使가 되어 선조의 몽진을 호위한 공으로 京畿守禦使兼南兵使에 임명되었다. 이후 都元帥 金命元과 임진강에서 9일 동안 왜적과 대치하다가 都巡察使 韓應寅의 병력을 지원받아 심야에 적진을 기습하였으나 복병의 공격을 받아 그 자리에서 순절하였다.

烈⁹⁷⁾·金汝岉⁹⁸⁾·許銘·金誠立⁹⁹⁾等，亦在其中。高敬命¹⁰⁰⁾唱義擧兵，與

---

91) 禹弘積(우홍적): 禹弘績(1564~1592)의 오기. 본관은 丹陽, 자는 嘉中, 호는 長谷. 禹秀民의 아들이다.

92) 南以恭(남이공, 1565~1640): 본관은 宜寧, 초명은 南以敬, 자는 子安, 호는 雪蓑. 南以信의 아우이다.

93) 以信(이신): 南以信(1562~1608). 본관은 宜寧, 자는 自有, 호는 直谷. 南以恭의 형이다.

94) 朴慶先(박경선, 1552~?): 본관은 竹山, 자는 伯吉. 朴慶新의 형이다.

95) 慶深(경심): 朴慶深(1562~?). 본관은 竹山, 자는 季吉. 박경선(朴慶先)의 동생이다.

96) 柳熙緒(류희서, 1559~1603): 본관은 文化, 자는 敬承, 호는 南麓. 柳墺의 아들이다.

97) 金光烈(김광렬, 생몰년 미상): 본관은 江陵. 김순명의 아버지이다.

98) 金汝岉(김여물, 1548~1592): 본관은 順天, 자는 士秀, 호는 披裘子. 金瑬의 아버지이다. 1592년 임진왜란이 일어나자 도체찰사 柳成龍이 무략에 뛰어남을 알고 옥에서 풀어 자기 幕中에 두려고 하였다. 그런데 도순변사로 임명된 申砬이 재능과 용기가 뛰어나고 충의로운 선비임을 알고 자기의 종사관으로 임명해줄 것을 간청해 신립과 함께 출전하였다. 신립이 丹月驛(현재의 충주단월역)에 이르러 몇 명의 군졸을 이끌고 왜적의 북상로인 鳥嶺의 형세를 정찰할 때, 尙州에서 패주해 온 순변사 李鎰을 만나 조령 방어의 어려움을 알고 충주로 가 배수의 진을 치기로 결정하였다. 김여물은 이것을 반대하고, 적은 수의 군사로 많은 적을 물리치기 위해서는 먼저 조령을 점령해 지키며, 그렇지 못하면 평지보다는 높은 언덕을 이용해 왜적을 역습하는 것이 좋겠다고 강력히 주장했으나 채택되지 않았다. 결국, 충주의 달천서 배수의 진을 치고 신립을 따라 彈琴臺 아래에서 분투했으나 왜적을 당하지 못해 강에 투신, 순국하였다.

99) 金誠立(김성립, 1562~1593): 본관은 安東, 자는 汝見, 호는 西堂. 부인은 許曄의 딸인 許蘭雪이다. 1589년 증광 문과에 급제하고 弘文館著作에 이르렀으나, 1592년 임진왜란 때 죽었다. 당대에 문명이 높았다.

100) 高敬命(고경명, 1533~1592): 본관은 長興, 자는 而順, 호는 苔軒·霽峯. 아버지는 대사간 高孟英이며, 어머니는 진사 徐傑의 딸이다. 1552년 진사가 되었고, 1558년 식년문과에 장원으로 급제해 成均館典籍에 임명되고, 이어서 공조좌랑이 되었다. 그 뒤 홍문관의 부수찬·부교리·교리가 되었을 때 仁順王后의 외숙인 이조판서 李樑의 전횡을 논하는 데 참여하고, 그 경위를 이량에게 몰래 알려준 사실이 드러나 울산군수로 좌천된 뒤 파직되었다. 1581년 영암군수로 다시 기용되었으며, 이어서 宗系辨誣奏請使 金繼輝와 함께 書狀官으로 명나라에 다녀왔다. 이듬해 서산군수로 전임되었는데, 明使遠接使 李珥의 천거로 從事官이 되었으며, 이어서 종부시첨정에 임명되었다. 1590년 承文院判校로 다시 등용되었으며, 이듬해 동래부사가 되었으나 서인이 실각하자 곧 파직되어 고향으로 돌아왔다. 1592년 임진왜란이 일어나 서울이 함락되고 왕이 의주로 파천했다는 소식을 전해들은 그는 각처에서 도망쳐온 官軍을 모았다. 두 아들 高從厚와 高因厚로 하여금 이들을 인솔, 수원에서 왜적과 항전하고 있던 廣州牧使 丁允佑에게 인계하도록 했다. 전라좌도 의병대장에 추대된 그는 종사관에 柳彭老·安瑛·楊大樸, 募糧有司에 崔尙重·楊士衡·楊希迪을 각각 임명했다. 그러나 錦山전투에서 패하였는데, 후퇴하여 다시 전세를 가다듬어 후일을 기약하자는 주위의 종용을

其子因厚¹⁰¹⁾, 俱接戰同死云, 可驚可驚¹⁰²⁾。金千鎰¹⁰³⁾領舟師, 直赴行

뿌리치고 "패전장으로 죽음이 있을 뿐이다."고 하며 물밀듯이 밀려오는 왜적과 대항해 싸우다가 아들 인후와 유팽로·안영 등과 더불어 순절했다.

101) 因厚(인후): 高因厚(1561~1592). 본관은 長興, 자는 善健, 호는 鶴峯. 1592년 임진왜란 이 일어나자 전라도관찰사 李洸은 관군을 이끌고 북상, 공주에 이르러 선조가 몽진하 였다는 소식을 듣고 군대를 해산, 귀향시켰다. 이때 광주의 향리에 있으면서 아버지의 명에 따라 이들을 다시 모아 형 고종후와 함께 수원에 留陣하고 있는 丁允祐에게 인계 하고 행재소로 가려 하였으나, 길이 막혀 귀향 중에 북상중인 아버지의 의병 본진과 泰仁에서 합류하였다. 의병이 礪山에 이르러 黃澗·永同의 왜적이 장차 전라도로 침입 하려 한다는 정보를 입수하고, 당초의 계획을 변경하여 금산으로 향하였다. 금산에서 방어사 郭嶸의 관군과 합세하여 왜적을 방어하기로 하였으나, 왜적이 침입하자 관군 이 먼저 붕괴되고, 이에 따라 의병마저 무너져 아버지 고경명과 함께 전사하였다.

102) 可驚可驚: 可歎可歎.

103) 金千鎰(김천일, 1537~1593): 본관은 彦陽, 자는 士重, 호는 健齋·克念堂. 1578년 任實 縣監을 지냈다. 임진왜란 때 나주에 있다가 高敬命·朴光玉·崔慶會 등에게 글을 보내 倡義起兵할 것을 제의하는 한편, 담양에서 고경명 등과도 협의하였다. 그 뒤 나주에서 宋濟民·梁山璹·朴懽 등과 함께 의병의 기치를 들고 의병 300명을 모아 북쪽으로 출병 하였다. 한편, 공주에서 趙憲과 호서지방 의병에 관해 협의하고는 곧 수원에 도착하였 다. 북상할 때 수원의 연도에서 스스로 의병에 참가한 자와 또 호서방면에서 모집한 숫자가 크게 늘어나자 군세는 사기를 떨쳤다. 수원의 禿城山城을 거점으로 본격적인 군사 활동을 전개, 유격전으로 개가를 올렸다. 특히, 金嶺戰鬪에서는 일시에 적 15명 을 참살하고 많은 전리품을 노획하는 대전과를 올렸다. 8월 전라병사에 崔遠의 관군과 함께 강화도로 진을 옮겼다. 이 무렵 조정으로부터 倡義使라는 軍號를 받고 掌禮院判 決事에 임명되었다. 강화도에 진을 옮긴 뒤 강화부사·전라병사와 협력해 연안에 防柵 을 쌓고 병선을 수리해 전투태세를 재정비하였다. 강화도는 당시 조정의 명령을 호남 ·호서에 전달할 수 있는 전략상의 요충지였다. 9월에는 通川·陽川 지구의 의병까지 지휘했고 매일같이 강화 연안의 적군을 공격했으며, 양천·김포 등지의 왜군을 패주시 켰다. 한편, 전라병사·경기수사·충청병사, 秋義兵將 禹性傳 등의 관군 및 의병과 합 세해 楊花渡戰鬪에서 대승을 거두었다. 또한, 일본군의 圓陵 도굴 행위도 막아 이를 봉위하기도 하였다. 다음해인 1593년 정월 명나라 군대가 평양을 수복, 개성으로 진격 할 때 이들의 작전을 도왔으며, 명·일간에 강화가 제기되자 반대 운동을 전개하였다. 서울이 수복되어 굶주리는 자가 속출하자 배로 쌀 1,000석을 공급해 구휼하였다. 전투에서도 경기수사·충청수사와 함께 仙遊峯 및 沙峴戰鬪에서 다수의 적을 참살, 생포하고 2월에는 權慄의 행주산성 전투에 강화도로부터 출진해 참가하였다. 이들 의병은 강화도를 중심으로 장기간의 전투에서 400여 명의 적을 참살하는 전공을 세웠 다. 1593년 4월 왜군이 서울에서 철수하자 이를 추격, 상주를 거쳐 함안에 이르렀다. 이 때 명·일강화가 추진 중인데도 불구하고 남하한 적군의 주력은 경상도 밀양 부근에 집결, 동래·김해 등지의 군사와 합세해 1차 진주싸움의 패배를 설욕하기 위한 진주성 공격을 서두르고 있었다. 이에 6월 14일 300명의 의병을 이끌고 입성하자 여기에

在, 以爲勤王之計云。

7월 21일。 장시간 비。

주인집에 머물렀다.

신문숙(申文叔: 申景翼, 고령 현감) 등 여러 친구들도 함께 머물렀는데, 신문숙은 그의 일가붙이 10여 명과 함께 일찍이 달전(達田: 大田)에 임시로 지냈지만, 뜻하지 않게 왜구의 노략질을 당하여 몸만 빠져나와 겨우 화를 면하고 그의 일가붙이와 함께 산골짜기 속으로 도망쳐 숨어 있다가 그저께 밤에 속리산(俗離山)의 천왕봉(天王峯)으로 옮겨가는 도중에 다시 왜적의 참화를 만나 이곳으로 되돌아와서 그대로 잠시 머물러 있었다. 문숙의 일행에게 줄 소고기를 사서 장차 함께 먹을 계획이었으나, 새벽에 계집종이 잠든 틈을 타서 어떤 도둑이 남몰래 숨어들어 그 고기와 가마솥을 훔쳐 가지고 가버렸는데, 솥은 바로 주인집의 물건이었다. 어쩔 수 없어서 곧장 다른 솥을 사서 보상했으나 소고기를 판 주인도 또한 그 자리서 고기값을 독촉하니, 조물주가 사람을 그르친 것이 어찌 지경에 이르렀단 말인가? 나도 모르게 허허 웃었다.

二十一日。陰雨[104]。

留主家[105]。申文叔諸君亦同留, 文叔與其族屬十餘輩, 曾寓達田, 不意爲倭冠抄畧, 脫身僅免, 偕其屬逃竄山谷中, 昨昨[106]夜, 將移俗離之

다시 관군과 의병이 모여들었다. 합세한 관군·의병의 주장인 都節制가 되어 항전 태세를 갖추었다. 10만에 가까운 적의 대군이 6월 21일부터 29일까지 대공세를 감행하자 아군은 중과부적임에도 분전했으나 끝내 함락되고 말았다. 이에 아들 金象乾과 함께 촉석루에서 南江에 몸을 던져 순사하였다.

104) 陰雨(음우): 장시간 하염없이 내리는 비. 적당히 내리는 비는 雨, 종일 내리는 비는 雨雨, 가랑비는 細雨, 이슬비는 小雨, 안개비는 煙雨, 소나기는 驟雨, 거센 바람을 동반한 비는 大風雨라고 한다.

105) 留主家: 留蘆谷.

天王峯, 中道復遇賊火, 還到此地, 仍姑留住矣。與文叔輩買牛肉, 將
以爲共破之計, 曉頭爨婢就睡, 有盜潛入, 窃取其肉及所盛鼎而去, 鼎
乃主家之物也。不得已卽貿他鼎以償之, 牛主亦立督其肉債, 造物之
誤人, 何至此耶? 不覺大噱[107]。

7월 22일。비。

어린 노비가 다시 답서를 가지고서 속리사(俗離寺)에 어머니가 계신
곳으로 되돌아갔다.

二十二日。雨。

僮奴持復書, 還歸俗離寺慈氏之所。

7월 23일。비。

주인집에 머물렀다.

좌랑(佐郎) 박덕응(朴德凝: 朴惺)의 편지를 보니, 바야흐로 거창(居昌)에
있으면서 의병들이 있는 곳의 말을 점검하고 있다 하였다.

二十三日。雨。

留主家[108]。得朴佐郎[109]德凝書, 方在居昌[110], 義兵處檢馬事云。

---

106) 昨昨: 再昨.
107) 與文叔輩買牛肉 將以爲共破之計 曉頭爨婢就睡 有盜潛入 窃取其肉及所盛鼎而去 鼎乃主家
　　之物也 不得已卽貿他鼎以償之 牛主亦立督其肉債 造物之誤人 何至此耶 不覺大噱: **누락**.
108) 留主家: 留蘆谷.
109) 협주【號大菴 名惺】있음.
110) 居昌(거창): 경상남도 북서부에 위치한 고을.

7월 24일。맑음。

신문숙(申文叔: 申景翼, 고령 현감) 등과 함께 모두 마탈산(馬奪山: 천마산인 듯)에 올랐는데, 신문숙 등은 그대로 머물러 묵었고 나는 저녁에 돌아왔다. 어둑해질 때 적들이 가은현(加恩縣)의 마을에 많이 들어가 진(陣)을 치고 있다는 소식을 들었다.

○ 사내종 수홍(守弘)이 어머니가 계신 곳에서 편지를 가지고 왔는데, 그곳이 평안하다는 것을 삼가 알고나니 지극히 위안이 되었다.

二十四日。晴。

與文叔[111]輩, 俱上馬奪山, 文叔輩仍留宿, 僕[112]夕還。昏, 聞賊徒多入加恩縣里, 結陣云。○ 奴守弘, 自慈氏所, 持柬[113]來, 伏悉[114]彼地平安, 極慰。

7월 25일。맑음。

가솔들을 이끌고 산에 올랐다가 저녁에 임시거처로 돌아왔다.

二十五日。晴。

率家累登山, 夕還寓所。

7월 26일。맑음。

함창 현감(咸昌縣監) 이국필(李國弼)이 낙양산(洛陽山: 落影山 오기인 듯)에서 이곳을 지나갔는데, 장차 황령사(黃嶺寺: 황령리 북쪽에 있는 절)에 가서 군졸을 불러모아 왜적을 잡을 계획을 세웠다고 하였다. 아마도

---

111) 文叔: 申文叔.
112) 僕: 吾.
113) 柬(간): 편지. 서찰.
114) 悉: 審.

충청북도 괴산군 청천면 사담리 낙영산

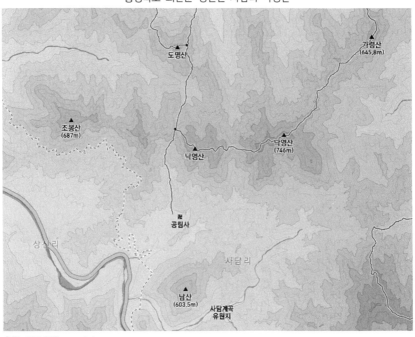

출처 : 카카오맵, map.kakao.com.

이 현감은 지난날 석전(石田)에서 패하여 군대가 궤멸되었기 때문에 문
경(聞慶)의 관아에 감금되었다가 논죄를 미처 하기도 전에 문경이 함락
되자 몸만 빠져나와 산골짜기로 숨은 지가 오래였었다. 근래에 공을
세우는데 스스로 노력하여 공무를 행할 수 있도록 청하자, 방백(方伯:
李聖任)이 그를 종전의 관직 그대로 임명하여 함창현의 일을 보도록 허
락하였기 때문에 내려온 것이다.

○ 청주(淸州) 사람 이봉(李逢)은 나이가 70세에 가까웠는데, 젊을 때
무술을 일삼고 과거에는 나아가지 않았지만 또한 시문(詩文)에 능하고
기개와 절조가 있어서 그 고을의 산척(山尺: 사냥꾼) 20명을 불러 모아
의병을 일으켜 적을 토벌하고 나라의 은혜를 보답하려는 계획을 세웠
다. 그의 생질인 채유희(蔡有喜) 또 거사를 힘껏 도와 오늘 황령사(黃嶺

寺)에 모두 모여 군량을 조처하여 얻고 바야흐로 매복(埋伏)을 가은현
(加恩縣)의 접경에 두기로 꾀했다고 하였다. 나는 저녁을 틈타 도보로
송언명(宋彦明: 宋光國, 셋째아들 趙弘遠의 장인)과 함께 그 사찰에 가서 군
사적인 전략을 경청하였는데, 이봉(李逢)은 노인이었을지언정 젊은이
처럼 건장하였으나 단지 뜻만 크고 재주가 성근 폐단이 있음은 면치
못하였다. 초야의 선비들이 충의를 떨쳐 적에게 분개하는 뜻을 갖지
않는 이가 없으니 옛 문물을 회복하는 일에 어찌 기약함이 없겠는가?
　밤에 여러 사람들과 함께 잤다.

　二十六日。晴。

　咸昌倅李國弼[115]，自洛陽山[116]過去，將往黃嶺寺[117]，爲聚卒捕賊之
計。蓋此倅，以前日潰軍之故，囚繫聞慶官[118]，未及論罰，而聞慶見陷，

---

115) 李國弼(이국필, 1540~?): 본관은 禮安, 자는 棐彦, 호는 漳淮. 퇴계 이황의 문인이다.
예안이씨 족보에 따르면, 증조부 李魯→1남 李瑛→1남 李夢慶→1남 李國弼, 2남 李國
衡, 3남 李國成, 사위 吳世蘭인데, 이국형은 李魯→3남 李琜→2남 李夢近에게 立後되
었다. 따라서 이국필은 李國衡(1551~1633)의 친형이다. 蒼石 李埈이 지은 〈處士趙公墓
碣銘〉에 의하면, 이국형은 趙靖의 막내동생인 趙竑(1568~1605)의 장인이다. 可畦 趙
翊이 지은 〈悼亡弟止仲文〉에 의하면, 조준은 종조부의 후사로 立後되었지만 임진왜란
때 종조부모가 피살되자 平康에 임시매장하고, 둘째형인 조익이 있는 報恩의 속리산
으로 돌아와 의병활동을 하고는 38세의 나이로 죽었다. 이준의 묘갈명에 의하면 후사
가 없다고 한바, 현재 예안이씨 족보에는 딸과 사위에 관한 기록이 없다. 이국형의
본관은 禮安, 자는 平彦. 퇴계 이황의 문인이다. 요컨대 함창군수 이국필은 검간의
막내동생인 조준의 처백부인 것이다. 단, 현 풍양조씨 족보에는 조준이 延安李氏 李國
衡의 사위로 서자만 2명이 있는 것으로 기록되어 있다. 이 시기에 가까운 연안이씨로
는 李淑璜이 있는데, 다섯 아들 가운데 장남 李元禮의 아들 李國衡으로 배위 林宗義의
딸 사이에 이후백(1520~1578)를 두었으며, 차남李亨禮(1448~1507)는 서애 柳成龍의
아버지인 柳仲郢(1515~1573)의 외조부가 되며, 삼남 李貞禮의 아들 가운데 李國弼이
있지만, 조준의 배위와는 연배가 서로 맞지 않는다. 곧 이숙황의 손자들이 모두 國字
돌림이나 시기가 부합하지 않는다. 따라서 연안은 예안의 오기일 가능성이 크다.

116) 洛陽山(낙양산): 충청북도 괴산군 청천면 사담리에 있는 落影山의 오기인 듯. 이곳에
는 公林寺라는 사찰이 있다.

117) 黃嶺寺(황령사): 경상북도 상주시 은척면 칠봉산에 있는 사찰. 이 사찰이 있는 곳을
黃嶺里라 하는데, 본래 함창군 수상면에 속했으나, 통폐합에 따라 수상면의 冶洞,
磨店里, 於項里를 병합하여 황령리라 하고 상주시 은척면에 편입되었다.

脱身潛山者久矣。近來欲爲立功自效[119]之計, 報使請行公, 方伯許其仍任[120]縣事, 故下來矣。○ 淸州人李逢[121], 年迫七十, 少時事武, 擧業不就, 亦能詩文, 有氣節, 召募其邑山尺二十人, 唱義討賊, 欲爲報國之計。其甥蔡有喜[122], 亦力贊擧事, 今日並聚黃嶺寺, 措得軍粮, 方謀設伏于加恩縣境云云。僕[123]乘夕徒步, 與宋彦明, 偕進彼寺, 參聽軍謀, 李逢矍鑠[124]人也, 但未免有志大才踈之弊矣。草莽之士, 莫不有奮忠敵愾之志, 恢復舊物, 豈無其期也? 夜與諸公同寢。

7월 27일。맑음。

해돋을 무렵 길을 떠나 임시거처로 되돌아왔다.

들건대 호남의 승려(僧侶: 靈圭)가 승군(僧軍) 700여 명을 거느리고 지

---

118) 官: 누락.

119) 立功自效(입공자효): 무슨 실수나 과오 같은 것이 있는 사람을, 어떤 일이 있는 기회를 계기로 삼아 공을 세우는데 스스로 노력하도록 하는 것.

120) 仍任(잉임): 임기가 찬 벼슬아치를 그대로 머물러 둠.

121) 李逢(이봉, 1526~?): 본관은 全州, 자는 子雲. 1592년 임진왜란이 일어나자 趙憲·鄭經世와 의병을 모집, 險峻한 요지에 진을 치고 적군의 후방을 교란하여 많은 적을 죽였다. 서울이 수복되자 해산하고 고향에 내려갔다가 왕의 부름으로 상경, 1595년 監察로 발탁 되었다. 이듬해에 沃川郡守로 나가 백성들이 기근으로 굶주리자 부호들의 저장 양곡을 풀어 구제했다. 후에 槐山郡守가 되어 義倉을 두어 많은 빈민을 구제했고, 1597년 정유재란이 일어나자 관군·의병을 각 요해지에 배치, 적군의 진격을 저지했다. 그 공으로 堂上官에 올랐으나 사퇴하고 고향에 돌아갔다. 그의 庶女가 李玉峰이다. 이옥봉은 趙瑗(1544~1595)의 소실이었지만 버림을 받은 뒤 지어진 시들이 여인의 애절하고 처절함이 절절하다.

122) 蔡有喜(채유희, 1558~1597): 본관은 仁川, 자는 仲懼, 호는 蘭軒. 1592년 임진왜란이 일어나자 의병을 일으켜 李逢, 蔡有終, 趙熊, 張忠範 등과 함께 활약하였다. 이후 괴산 군수가 된 李逢을 따라 괴산으로 가 義穀 1천 여석을 마련하여 군량에 대비했는데, 1597년 충청도소모사 金時獻에 의해 의곡을 빼앗기고 살해당하였다.

123) 僕: 吾.

124) 矍鑠(확삭): 노인이 여전히 강건하여 젊은이처럼 씩씩한 것을 말함. 東漢의 伏波將軍 馬援이 62세의 나이에도 불구하고 말에 뛰어올라 용맹을 보이자, 光武帝가 "이 노인네가 참으로 씩씩하기도 하다.(矍鑠哉是翁也.)"라고 찬탄했던 고사가 전한다.

금 청주(淸州)에 도착하여, 그 충청도의 방어사(防禦使: 李沃)·목판관(牧判官: 공주목사 許頊) 등과 함께 청주에 머물고 있는 적을 물리치기로 도모하였는데, 승장이 스스로 선봉이 되겠다며 기일을 확정하여 공격하기를 재촉했으나 방어사 등 여러 장수들은 나아가지 않고 머뭇거리면서 허락하지 않았다고 하였다. 이 승장은 재주와 능력이 남보다 뛰어나고 지혜와 계책이 얕지 않은데다 병법(兵法) 또한 지극히 엄밀히 밝았는데, 제때에 적을 잡지 못했다는 이유로 관군의 양식을 먹지 않았다고 하였다.

○ 감사(監司)가 보낸 관문(關文: 공문서)을 얻어 보니, 당병(唐兵: 명나라 군대) 5만 명이 이미 압록강(鴨綠江)을 건너고 4천 명이 지금 선천(宣川) 땅에 도착하자 왜적놈들이 중조(中朝: 명나라 조정)가 구원병을 보낸 소식을 듣고 또한 점차 내려와서 뱃길 따라 돌아가려는 계획을 세웠고, 또 우수사(右水使: 경상우수사 元均)가 전라도 주사(全羅道舟師: 李舜臣) 및 고성 현감(固城縣監: 元㙉) 등과 합세하여 맞붙어 싸우기로 하고서 왜선 70여 척을 격파하고 300여 명의 왜적의 머리를 베었으며 바닷물에 빠져죽은 나머지 왜적은 그 수를 알지 못한다고 하였다. 이른바 왜선으로 실어나른 자들은 틀림없이 내려가는 왜적일 것이나 잘 방어하였기 때문에 경상우도의 군현(郡縣)들 이를테면 진주(晉州)·함안(咸安)·사천(泗川)·단성(丹城)·거창(居昌)·함양(咸陽)·산음(山陰)·안음(安陰)·합천(陜川) 등 9개의 관아가 여전히 성을 보전할 수 있었는지라, 방백(方伯: 李聖任)·초유사(招諭使: 金誠一) 등 일행 또한 모두 그곳에 있다고 하였고, 김면(金沔)·조종도(趙宗道)·박성(朴惺) 등의 의병도 또한 거창현(居昌縣)에 주둔하면서 버팀목으로 삼았다고 하였다. 만약 훌륭한 장수가 있어 상도(上道: 북도)에서 적을 몰아내려간다면, 소탕하여 깨끗이 쓸어없애는 경사는 날을 정해 기약할 수 있을 것이다.

二十七日。晴。

日出發還寓次。聞湖南僧[125]，領得僧軍七百餘人，今到淸州，與其道防禦使[126]及牧判官[127]等，謀擊留州之倭，僧將自募爲先鋒，刻日促事，而防禦諸將士，逗遛[128]不許云。此僧才力過人，智計不淺，軍法亦極嚴明，且以時未捕賊之故，不食官粮云。○ 得見使關[129]，唐兵五萬，已渡鴨江，四千則今到宣川[130]地，賊奴聞中朝遣援之奇，亦稍稍下來，爲還海之計，且右水使，與全羅道舟使及固城[131]倅[132]等，同謀接戰，撞破倭舡七十餘隻，斬首三百餘級，其餘投水溺死之倭，不知其數云。所謂倭

---

125) 湖南僧(호남승): 靈圭(?~1592)를 가리킴. 密陽朴氏. 호는 騎虛. 충청남도 공주 출신. 계룡산 甲寺에 들어가 출가하고, 뒤에 休靜의 문하에서 법을 깨우쳐 그의 제자가 되었다. 임진왜란이 일어나자 분을 이기지 못하여 3일 동안을 통곡하고 스스로 승장이 되었다. 義僧 수백 명을 규합하여 관군과 더불어 청주성의 왜적을 쳤다. 관군은 패하여 달아났으나 그가 이끄는 승병이 분전하여 마침내 8월초 청주성을 수복하였다. 이어 의병장 趙憲이 전라도로 향하는 고바야가와(小早川隆景)의 일본군을 공격하고자 할 때, 그는 관군과의 연합작전을 위하여 이를 늦추자고 하였다. 그러나 조헌이 듣지 않자 그는 조헌을 혼자서 죽게 할 수는 없다고 하면서 조헌과 함께 금산전투에 참가하였다. 그리하여 조헌이 이끄는 의사와 영규가 거느린 승군은 1592년 8월 18일 금산전투에서 최후의 한사람까지 싸워 일본군의 호남침공을 저지하였다.

126) 防禦使(방어사): 충청도 방어사 李沃을 가리킴.

127) 牧判官(목판관): 공주목사 許頊(1548~1618)을 가리키는 듯. 본관은 陽川, 자는 公愼, 호는 負暄. 1591년 공주목사가 되었다. 이듬해 임진왜란이 일어나자 금강을 굳게 지켜서 호서·호남 지방을 방어하는 데 공을 세웠다. 또한, 僧將 靈圭를 불러 도내의 승군을 뽑은 뒤 장수로 삼았고, 의병장 趙憲과 함께 청주성을 탈환하는 데 성공하였다. 1593년 충청도관찰사가 된 뒤, 서울 수복을 위해 군대를 通津·禿山城 등지로 주둔시키다가 도원수 權慄로부터 內浦가 풍년임에도 불구하고 군량을 충분히 확보치 못한다고 탄핵을 받아 파직되었다. 곧 이조의 요청과 柳成龍의 추천으로 형조참의에 임명되고, 請糧使로 명나라에 건너가 산동지방의 곡식 2만 2,700섬을 얻어왔다. 그 뒤 강계부사로서 여진족의 움직임을 정탐해 보고하였다. 이어 의주부윤·평안도관찰사·병조참판 등을 지냈으며, 1604년 이조판서가 되었다.

128) 逗遛: 逗留.

129) 使關(사관): 使는 관찰사나 수령을 일컫는 말로, 여기서 사관은 감사가 보낸 공문서를 일컬음.

130) 宣川(선천): 평안북도 서남해안에 위치한 고을.

131) 固城(고성): 경상남도 남부 중앙에 위치한 고을.

132) 固城倅(고성쉬): 固城縣監 元墂(?~1597)을 가리킴. 원균의 셋째동생으로 임진왜란 때 고성현감으로서 원균 휘하의 종사관으로 활약하였다. 정유재란 때 원균과 함께 해전에 나가 전사한 것으로 전해진다.

舡者, 必是下去之賊, 而以善禦之故, 右道郡縣如晉州[133]·咸安[134]·泗川[135]·丹城[136]·居昌·咸陽[137]·山陰[138]·安陰[139]·陜川[140]等九官, 尙爲全城, 方伯·招諭使等行亦在其地云, 金沔·趙宗道·朴惺等義兵, 亦在居昌縣撑柱云。若得良將, 自上道驅逐, 則勦滅廓淸[141]之慶, 可指日以期也。

7월 28일。 맑음。

아침식사 후에 기식(奇息: 미상)을 데리고 건천동(乾川洞: 문경시 농암면 연천리)의 깊은 골짜기로 가서 김자형(金子亨: 金安節, 金宗善의 아들, 검간의 매부)을 만나고, 아울러 강 진사(姜進士: 姜霍인 듯) 어른을 찾아가 인사하였다. 김자형과 서로 보지 못한 지가 이미 4개월이 지났는데, 난리를 만난 뒤로는 그대로 장천(長川) 근처의 산에 머물렀지만 늘 왜적놈들에게 쫓기게 되자 그 괴로움을 이길 수가 없어서 이 산으로 들어왔다고 하였다. 또 어제 왜놈들이 그 산으로 들어왔는데, 강 진사(姜進士) 등은 모두 **빼앗겼고** 백도(白刀) 김진(金震)의 딸은 장차 보은(報恩)에 있는 그녀의 시댁으로 되돌아가는 도중에서 왜적을 만나 또한 사로잡혀 갔지만, 김자형은 골짜기 깊이 있었기 때문에 왜적이 미처 들어오지 못하고 돌아갔다고 하였다. 백도(白刀)와 산척(山尺: 사냥꾼)들이 이

---

133) 晉州(진주): 경상남도 남서부에 위치한 고을.
134) 咸安(함안): 경상남도 남부 중앙에 위치한 고을.
135) 泗川(사천): 경상남도 남부에 위치한 고을.
136) 丹城(단성): 경상남도 山淸의 남동부에 위치한 고을.
137) 咸陽(함양): 경상남도 서북단에 위치한 고을.
138) 山陰(산음): 경상남도 서북부에 위치한 고을.
139) 安陰(안음): 경상남도 함양군에 위치한 고을.
140) 陜川(합천): 경상남도 북서부에 위치한 고을.
141) 廓淸(확청): 깨끗이 쓸어 없애서 맑게 하는 것.

날 왜적 6명을 사살하였다고 한다.

　二十八日。晴。

　食後帶奇息[142]，往訪金子亨于乾川洞[143]深谷，兼拜姜進士尊丈[144]。
子亨不相見，已浹四箇月，遭亂之後，仍住長川近山，常被賊奴尋逐，
不勝其苦，入來此山云云。且昨日倭奴，入來其山，姜進士等[145]盡被劫
奪，白刀金震之女，將歸于報恩其舅之家，中途逢倭，亦擄去[146]，子亨
則以谷深之故，賊未及入而還去云。白刀・山尺輩，是日射殺賊六首云。

7월 29일。흐림。

상주(尙州)에 머물고 있는 왜적들이 나뉘어 산골짜기로 흩어져서 약
탈한다는 기별을 듣고 사람들은 모두 짐을 챙겨 산꼭대기에 올라 피난
하였다.

　二十九日。陰。

　聞留州賊分掠山谷之奇，人皆理任登山頂以避。

7월 30일。맑음。

아침식사 후에 찰방(察訪: 保安察訪) 권종경(權從卿: 權景虎, 趙竑의 4촌처
남)・내한(內翰) 정경임(鄭景任: 鄭經世)과 함께 황령동(黃嶺洞) 어귀로 가
서 왜적을 토벌하는 일로 회동하였다.

　처음에는 이홍도(李弘道: 李士廓, 權景虎의 손자인 權以說의 장인, 권경호의
아들 權淳은 趙竑의 4촌처남)・채유희(蔡有喜: 李逢의 생질) 등이 먼저 의병을

---

142) 奇息: 奇兒.
143) 乾川洞(건천동): 경상북도 문경시 농암면 연천리.
144) 尊丈: 丈.
145) 等: 諸人.
146) 白刀金震之女 將歸于報恩其舅之家 中途逢倭 亦擄去: 누락.

일으키는 거사를 꾀하고서 채중구(蔡仲懼: 채유희)가 청주(淸州)로 가 그의 외숙 이봉(李逢)과 궁수(弓手: 활잡이) 17,8명을 맞아 왔다. 함창(咸昌)·문경(聞慶) 등지의 궁수 및 사족(士族)들도 또한 같은 소리로 호응하고 모두 이곳에 모이니, 사족은 40여 명에 가까웠고 활을 쥘 수 있는 자가 청주 사람들까지 합하여 또한 50여 명에 가까웠다. 중론에 따라 이봉(李逢)을 상장(上將)으로 추대하였고, 함창의 이천두(李天斗)를 중위장(中衛將)으로 삼았으며, 전식(全湜)·송광국(宋光國: 검간의 셋째아들인 趙弘遠의 장인)·조광수(趙光綬: 검간의 3종조부) 및 나는 좌막(佐幕: 참모)이 되었고, 채천서(蔡天瑞)·홍경업(洪慶業)이 서기(書記)를 맡게 하면서 나도 그것을 겸하도록 하였다.

의논이 끝나자, 주장(主將: 上將)이 북쪽 방향으로 두 번 절하고 통곡하여 하늘을 두고 맹세하였으며, 모든 좌중에 있던 사람들도 이어서 또한 북쪽 방향으로 절하기를 마친 다음에 주장에게 절하였다. 주장이 말하기를, "나라의 치욕이 이 지경에 이르렀으니 오늘의 맹세는 죽을지라도 변함이 없어야 하오."라고 하자, 모두 "네."라고 하였다.

또 정경임에게 명하여 약조(約條)를 함께 맹세하는 뜻을 기록하되 성명을 엮은 문서의 앞머리에 쓰도록 하고, 이에 세 조항의 약조를 세웠는데 적을 만나 먼저 도주하는 자는 벨 것이고, 약조한 후에 퇴각하기를 도모하는 자는 벨 것이며, 명령을 어기는 자·약속을 저버리는 자·유언비어[訛言]로 군중(軍衆)을 미혹케 하는 자는 또한 군율(軍律)에 의거하여 처단할 것이다. 아! 오늘의 회동은 부득이하여 그만두지 못한 데서 나온 것이 아니었다.

지금 중원(中原)을 어지럽히려는 변란이 일어나서 도성(都城)이 함락되는 지경에 이르러 이때 대가(大駕)가 먼지를 덮어쓴 지 어느덧 다섯 달이나 되었으나 각 고을의 수령이며 병사를 지휘하는 장수 등이 모두 도망쳐 숨었지만, 혹여라도 나랏일을 위하여 직분을 다하는 자가 있지 않으니 신민의 애통함이 이보다 더 심할 수가 없다. 그런데 근래 주상(主上)께서 자신에게 책임을 돌리며 도움을 구하는 교지를 내린 것으로 인하여 군신 사이의 대의(大義)를 다소나마 알던 자가 눈물을 훔치며 팔을 걷어붙이지 않음이 없었으니, 모두 적개심을 품고 대의를 부르짖으며 적을 토벌하려는 군대가 곳곳에서 벌떼처럼 일어났다. 그러나 유독 우리 상주(尙州) 및 함창(咸昌)·문경(聞慶) 등의 곳에서만 적막하여 한 사람도 그것을 하려고 앞장서 나오지 않으니 마음에 몹시 유감스러웠다. 다행스럽게도 뜻을 같이하는 사람들이 오늘 맹약을 이룰 수 있었으니, 마음속으로 기쁘고 위안됨을 어찌 이루 다 비유하겠는가? 그러나 왜적을 토벌하기로 의논한 것이 요로에 매복을 설치하여 한두 명씩 떨어진 왜적이 왕래하는 것을 사살하는데 불과하다면 국가의 성패를 좌우하는 운수에는 보탬이 되지 않음을 정녕코 알겠으나, 세력이 그에 미치지 못하여 별달리 해볼 만한 수단이 없으니 우선 할 수 있는 것을 하는 것도 또한 나랏일을 걱정하는 마음에 조금이나 보답하는 것으로 임금을 친애하고 나라를 근심하는 정성일 것이다.

주장(主將)의 사람됨은 내가 일찍이 알지 못했으나 나이가 지금 65세이었다. 젊을 때 무술을 익혔으나 과거에는 나아가지 않았고 기개와 절조가 있으며 시문(詩文)에도 능하여 말과 의론이 젊은이처럼 씩씩하였고 걸음걸이는 소년(少年) 같았다. 또 살고죽는 것을 생활하는데서 급급해 하지 않으니 또한 지금의 세상에서 쉽게 얻을 수 있는 사람이 아니었다. 나이가 늙었음을 말하지 않고 멀리서 의병 모집하는데 달려왔으니 어찌 보통의 선비가 미칠 수 있는 바이겠는가?

저녁에 비가 왔는데, 모든 일을 끝내고 정경임(鄭景任: 鄭經世)과 함께 밤이 깊어서 돌아왔다.

三十日。晴。

食後, 偕權察訪從卿·鄭內翰景任, 往會于黃嶺洞[147]口, 爲討賊事

也。其始李弘道[148]·蔡有喜等，首謀唱義之擧，蔡公仲惧，往淸州，奉
其舅李逢及弓手十七八人來。咸昌·聞慶等地弓手及士族輩，亦同聲
相應[149]，俱會于此，士族近四十餘員，操弓者合淸州人，亦近五十餘人
矣。僉議推李逢爲主將，咸昌李天斗爲中衛將，全湜[150]·宋光國·趙光
綬及余爲佐幕[151]，蔡天瑞[152]·洪慶業爲掌書，以余並兼之。議訖，主將
北向再拜，哭以誓日，諸座中繼亦北向拜訖，且拜于主將。主將曰：“國
辱至此，今日之盟，有死勿渝。”咸曰：“諾。”且命鄭景任，記同盟之意，
書諸篇名之首，仍立三章之法，臨賊先退者斬，約後謀退者斬，違令
者[153]·失期者◇[154]·訛言惑衆者，亦依軍律論斷。噫！今日之會，非出
於得已而不已也。何者猾夏[155]之變，至陷都城，日駕蒙塵，已浹五朔，
而各邑守令軍帥等，擧皆逃遁，莫或有爲國事殫職者，臣民之痛，莫此
爲甚。近因自上下責己求助之敎，稍知大義者，莫不揮涕扼腕，咸有敵

---

147) 黃嶺洞(황령동): 본래 경상북도 함창군 수상면의 지역이었는데, 1914년 행정구역 통폐
합에 따라 수상면의 冶洞·磨店里·於項里를 병합하여 상주시 은척면에 편입된 동네.
黃嶺寺가 있기 때문에 황령골 또는 황령곡이라 하기도 하였다.

148) **협주【士廓】있음.**

149) 同聲相應(동성상응): 같은 소리끼리는 서로 응하여 울린다는 뜻으로, 같은 무리끼리는
서로 통하여 모인다는 말.

150) 全湜(전식, 1563~1642): 본관은 沃川, 자는 淨遠, 호는 沙西. 1592년 임진왜란이 일어
나자 의병을 모아 왜적을 토벌해 많은 전과를 올렸으며, 金應南의 추천으로 連原道察
訪이 되었다. 1599년 禮賓寺直長으로 전임되었으나 나가지 않았고, 1603년 식년 문과
에 병과로 급제해 1607년 전적·예조좌랑과 정랑을 거쳐, 1611년 울산판관이 되어
고을 백성들의 교화에 힘썼다. 다음해 전라도사가 되었으나 광해군의 실정으로
벼슬을 단념하고 鄭經世·李埈 등과 산수를 유람해 세칭 商社의 三老라 일컬어졌다.
1623년 인조반정으로 새 왕이 등위하자 예조정랑에 이어 수찬·교리가 되어 經筵에
참석하였다.

151) 佐幕(좌막): 監司·留守·兵使·水使 따위에 따라 다니는 관원의 하나로 裨將을 가리킴.

152) 蔡天瑞(채천서, 생몰년 미상): 본관은 仁川. 고조부가 蔡壽, 아버지가 蔡有光으로 그의
셋째아들이다.

153) **者: 누락.**

154) **斬.**

155) 猾夏(골하): 《書經》〈舜典〉, “만이가 중하를 어지럽히면서 약탈하고 죽이며, 밖을 어지
럽히고 안을 어지럽힌다.(蠻夷猾夏, 寇賊姦宄, 汝作士.)”에서 나오는 말.

愾之心, 唱義討賊之師, 處處蜂起。而獨我尙州及咸昌・聞慶等地, 寂無一人爲之挺身而出, 心甚憾缺。幸賴同志之人, 得成今日之約, 私心喜慰, 曷可勝喩? 然所議討賊者, 不過要路設伏, 射殺一二零賊之[156] 往來者耳, 於國家成敗之數, 懸知無益, 而勢力不逮, 別無可爲之端, 姑爲其所及爲者而[157]爲之, 亦可以小酬漆室[158], 愛君憂國之寸忱[159] 矣。主將之爲人, 吾未曾知之, 而年今六十五歲矣。少業武不就, 有氣節, 能詩律, 言論攫鑠, 行步如少年。且不以生死計活爲屑屑, 亦今世不易得之人也。不以年老爲辭, 遠赴應募, 豈尋常士所可及也? 夕雨, 事畢, 同景任犯夜而還。

---

156) 之: **누락**.

157) 而: **누락**.

158) 漆室(칠실): 춘추시대 魯나라의 칠실이란 고을에 살았던 처녀를 말함. 그 칠실녀가 자신이 시집가지 못하는 것은 걱정하지 않고 임금은 늙고 태자가 어린 것을 걱정하여 기둥에 기대어 울자, 이웃집 부인이 비웃으며 "이는 노나라 대부가 할 근심인데 그대가 무슨 상관인가?" 하였다는 데서 나온 말로, 국사를 걱정하는 마음을 나타낼 때 겸사로 많이 쓰인다.

159) 寸忱(촌침): 寸心. 정성.

8월 무자삭

8월 1일。비。

오늘은 백로(白露)이다.

오후에 신문숙(申文叔: 申景翼, 고령 현감)·신추백(申樞伯: 申景斗)·김경추(金景樞)·권종경(權從卿: 權景虎, 趙竑의 4촌처남)·권여림(權汝霖: 權澍) 등과 함께 황령사(黃嶺寺)의 의병소(義兵所)에 같이 가니, 모두 약조(約條)를 같이한 사람들이다. 약조 가운데 미비된 조항이 많이 있어서 서로 의논하여 정하였다.

저녁에 대장(大將: 李逢)이 복병을 나누어 가은현(加恩縣)의 마을에 파견하였고, 함창 현감(咸昌縣監) 이국필(李國弼)도 황령사로 와 바야흐로 복병을 두어 왜적을 잡는 일을 세웠다. 감사(監司)가 보낸 관문(關文: 공문서)을 얻어 보았는데, 당병(唐兵: 명나라 군)이 이미 평양(平壤)·송경(松京: 개성) 등을 회복하고 이제 한양(漢陽)에 도달하였으며, 저가(邸駕: 동궁 행차 곧 왕세자)도 강계(江界)에서 친히 함경도의 모든 병사들을 거느리고 장차 내려올 것이라고 하였다. 대체로 근래에 왜적을 잡으려는 자들이 구름처럼 일어나자, 적의 기세가 날로 점점 쇠하여 꺾여서 조금씩 아래 지역으로 갔다고 하였다. 또 들건대 호남의 적들이 전주(全州)에서 패배를 당하고 다시 금산군(錦山郡)을 거쳐 황간(黃磵) 땅에 들어가 마을들을 분탕질했다고 하였다.

날이 저물어서 머물러 묵었다.

八月小 戊子朔 一日。雨。

今日白露。午後, 與申文叔·樞伯·金景樞·權從卿·汝霖等, 同赴黃
嶺寺義兵所, 皆同約之人也。約中多有未備之條, 相議以定。當夕, 大
將分遣伏兵于加恩縣里, 咸昌倅李國弼亦來寺, 方爲設伏捕賊之事。
得見使關, 唐兵已復平壤·松京[1]等府, 今到漢陽, 邸駕[2]自江界府, 亦
親領咸鏡一道之兵, 自將下來云。大槩, 近來捕賊者雲起, 賊勢衰弱,
稍稍下去云。且聞湖南之賊, 見敗於全州[3], 更由錦山郡[4]入黃磵[5]地,
焚略諸里云。日暮留宿。

8월 2일。흐림。

의병을 일으킨 연유를 갖추어 진술한 격문을 함창 현감(咸昌縣監: 李
國弼)에게 보내는 것은 그로 하여금 순찰사(巡察使: 金睟)와 초유사(招諭
使: 金誠一) 앞으로 보고하도록 부탁하려는 것인데, 나중에 틈이 생길까
하는 염려가 있었기 때문이었다.

정경임(鄭景任: 鄭經世)이 와서 참여하여 군사적 계책을 듣고, 저녁에
정경임·권종경(權從卿: 權景虎, 趙竑의 4촌처남)·신문숙(申文叔: 申景翼, 고
령 현감) 등과 함께 되돌아왔다. 조굉(趙竑) 아우가 영대암(靈臺菴)에서
왔는데, 어머니의 편지를 받았다. 개암(開岩)에 있던 노비가 벼와 보리
를 가지고 왔다.

二日。陰。

---

1) 松京(송경): 조선시대 이후 고려시대의 도읍지인 開城을 松嶽山 밑에 있던 서울이란
   뜻으로 일컫는 말.
2) 邸駕(저가): 동궁의 행차.
3) 全州(전주): 전라북도 중부에 위치한 고을.
4) 錦山郡(금산군): 충청남도 남동부에 위치한 고을. 동쪽은 충청북도 영동군, 서쪽은
   논산시 및 전라북도 완주군, 남쪽은 전라북도 무주군과 진안군, 북쪽은 대전광역시와
   충청북도 옥천군 등과 접하고 있다.
5) 黃磵(황간): 충청북도 영동군 북부에 위치한 고을.

具起兵之由, 移文咸倅, 使之轉報⁶⁾巡察·招諭諸使前, 慮有後嫌故
也。鄭景任來爲參聽軍謀, 夕與景任·從卿·文叔諸君還。竑弟自靈臺
菴⁷⁾來, 得慈氏書。◇⁸⁾ 開岩奴持稻麥來。

8월 3일。맑음。

장리(長利)를 놓고 주는 곡식을 구하는 일로 노비를 개암(開岩)에 보
냈다.

○ 봉화대(烽火臺)에서 망보는 사람들의 보고에 의하면 용궁(龍宮)·예
천(醴泉)·낙동(洛東)·장천(長川)·김산(金山: 金泉) 등지에 불타는 연기가
극히 심하다고 하였다. 또 용궁 현감(龍宮縣監: 禹伏龍)의 통문(通文)을 얻
어 보았는데, 안동(安東)의 적들이 좌병사(左兵使: 朴晉)에게 쫓겨 수백
여 명의 무리가 일시에 상주(尙州)로 들어가자, 좌수(左帥: 좌병사 박진)
가 바야흐로 영가(永嘉: 안동)에다 진(陣)을 치고 있다 하였다.

○ 중모(中牟)·화령(化寧: 상주의 서부지역) 등의 현(縣)에도 들이닥쳐
날마다 분탕질한다고 하는데, 틀림없이 금산(錦山)에서 내려온 적들일
것이다.

우리 고을 상주(尙州)는 영남의 요충지(要衝地)이자, 적들이 경유해야
하는 길에 있는 거진(巨鎭)이다. 만약 훌륭한 장수를 얻어 잘 지휘하였
다면 진지에서 왜적을 무찌르는데 정예병과 건장한 군졸이 없다며 근
심하지 않았을 것이다. 그리고 고을수령이 정사(政事)를 펼치면서 걸핏

---

6) 轉報(전보): 사람에게 부탁하여 알림.
7) 靈臺菴(영대암): 權燮(1671~1759)이 그의 71세 때인 1741년에 상주 花枝莊 주변을 다
   녀와 쓴 〈閑行錄〉에 따르면, 불상암은 무너졌고, 본속리암(上歡庵), 본이암, 영대,
   청량굴, 상사자암 등은 부서졌으며, 복천암은 옛 자취가 다 사라져 새로 짓고 싶은
   마음이라고 한 것을 보아 그 당시 이미 사라진 것으로 보임.
8) 伏審平安極慰.

하면 백성의 뜻을 어기니, 사람들 모두가 원망하고 저버려 기꺼이 힘쓰려하지 않았다. 촌락에 왕왕 적을 토벌하려 했던 자는 그 공이 자기에게 돌아오지 않는 것을 분하게 여겨서 기꺼이 적의 목을 베려하지 않았다. 그런데도 목백(牧伯: 尙州牧使 金澥)은 스스로 반성하지 않고 도리어 격노하여 심지어 그 자들을 붙잡아다 매질까지 하고서 그 자들이 탈취한 왜놈의 물건, 이를테면 은갑옷, 환도(環刀) 등을 위엄으로 억눌러 빼앗아 모두 다 스스로 차지하였고, 군량을 대비한다는 핑계로 복병(伏兵)을 차출해 보내어 산골짜기의 사람들이 거두어들인 곡식도 탈취하고 왜놈들이 노략질한 소와 말들까지도 모두 거두어들여 공주(公州) 땅으로 수송하여 처자식들의 식량으로 제공하였다. 이 때문에 인심을 얻기가 더욱 어려워져서 사람들이 마치 원수인 왜적같이 미워하였으니, 무슨 죄지은 것이 있어서 이러한 난리가 일어나는 날을 만나 또 다른 강적이 생길 줄 헤아렸겠는가? 그런데도 고을수령이 가로채 간 왜놈의 머리가 무려 수십 여 급(級)에 이른다고 하니, 뒷날 상을 주기 위해 논의할 때면 반드시 승진의 포상을 받기 위해 세상 모두가 아는 것을 밝은 대낮에도 속일 것임은 이보다 더 심한 것이 없으리니, 개탄스러웠고 개탄하였다.

○ 듣건대 가은현(加恩縣)의 들에서 13명의 왜놈이 올벼를 베고 있었는데, 복병(伏兵)들이 활을 쏘고 5명의 머리를 베었으며 왜놈들의 소와 말, 환도(環刀)와 화통(火筒: 화약을 넣어 탄환을 쏘는 총통) 등 물건들을 빼앗았다고 하였다.

三日。晴。

覓租事, 送奴于開岩。○ 得候望人[9]報, 龍宮·醴泉·洛東·長川·金山等處, 烟氣極熾云。且得見龍倅之通, 安東之賊, 爲左兵使[10]所逐,

---

9) 候望人(후망인): 烽火臺에서 망보는 사람.

數百餘人, 一時來入于尙州, 左帥方陣于永嘉[11]云。 ○ 中牟·化寧等
縣, 亦連日焚蕩云, 必是自錦山下來之賊[12]也。 吾州, 嶺外之要衝, 而
一路之巨鎭也。 苟得良將, 有以指揮之, 則臨陣勦賊, 不患無精兵健
卒。 而主倅之爲政, 動輒[13]拂民, 人皆怨背, 莫肯用力。 村巷間往往討
賊者, 憤其功不歸己, 不肯獻馘。 牧伯不自反省, 而却發狂怒, 至於推
捉榜撻, 以威劫奪所得倭物如銀甲環刀之類, 並皆自占, 托備軍粮, 而
發差伏兵, 奪取山谷人所收之稻穀, 倭擄牛馬, 亦皆收納, 搬移于公
州[14]之地, 以供其妻子之奉。 以此人心益難, 疾如讐賊, 有畀[15]奚罪,
而當此喪亂之日, 添得此一秦[16]耶? 然所攫倭頭, 多至數十餘級云, 後
日論賞, 必得陞叙之褒, 白日欺明[17], 莫此爲甚, 可歎可歎。 ○ 聞加恩
縣野, 有賊倭十三人刈早稻, 伏兵等射斬五級, 奪其牛馬·環刀·火筒

---

10) 左兵使(좌병사): 朴晉(1560~1597)을 가리킴. 본관은 密陽, 자는 明夫. 1584년 무과
급제, 備邊司에서 근무하다가 1589년 沈守慶의 천거로 등용되어 선전관을 거쳐, 1592
년에 밀양부사가 되었다. 같은 해 4월에 왜적이 침입해 부산·동래 등이 차례로 함락되
는 와중에서 鵲院에서 적을 맞아 싸우다 패해 포위되자, 密陽府를 소각하고 후퇴하였
다. 이후 경상좌도병마절도사로 임명되어 나머지 병사를 수습하고, 군사를 나누어
소규모의 전투를 수행해 적세를 저지하였다. 같은 해 8월 영천의 민중이 의병을 결성
하고 永川城을 근거지로 해 안동과 상응하고 있는 왜적을 격파하려 하자, 별장 權應銖
를 파견, 그들을 지휘하게 하여 영천성을 탈환하였다. 이어서 안강에서 여러 장수들과
회동하고 16개 읍의 병력을 모아 慶州城을 공격했으나 복병의 기습으로 실패하였다.
그러나 한달 뒤 군사를 재정비하고 飛擊震天雷를 사용해 경주성을 다시 공략해 많은
수의 왜적을 베고 성을 탈환하였다.
11) 永嘉(영가): 경상북도 安東의 古號.
12) 賊: 倭.
13) 動輒(동첩): 걸핏하면.
14) 公州(공주): 충청남도 동부 중앙에 위치한 고을.
15) 畀: 痹.
16) 一秦(일진): 또 다른 강적이 생겨날 가능성이 있다는 말. 《史記》〈張耳陳餘列傳〉에 "진
나라가 아직 망하지 않은 상태에서 무신 등의 집안을 처벌한다면, 이는 또 하나의
진나라를 만들어 내는 것이다.(秦未亡而誅武臣等家, 此又生一秦也.)"라고 房君이 陳王
을 설득하는 말이 나온다.
17) 欺明(기명): 세상 모두가 아는 것을 속임. 《古文眞寶》〈讀李斯傳〉의 "남이 모르는 것을
속이려 해도 뜻대로 안 되는 것을 천하가 다 아는 일을 속이려 했으니 마땅히 죽음을
자초하였네.(欺暗常不然, 欺明當自戮.)"에서 나오는 말이다.

等物云。

8월 4일. 맑음.

아침식사를 하고나서 산에 올라 멀리 바라보니 가은(加恩)의 동쪽 방면에 연기들이 매우 치성하였는데, 아마도 적도(賊徒)들이 어제 사살된 것의 분노를 되갚는 듯하였다. 용궁(龍宮)·안동(安東) 등지에서도 연기가 나고 있었다.

○ 낮이 되어서 신문숙(申文叔: 申景翼, 고령 현감)·신추백(申樞伯: 申景斗)·김경추(金景樞)·신태(申兌: 申景房의 첫째아들, 申景翼의 조카)와 함께 황령사(黃嶺寺)에 같이 가서 군대 안의 일을 처리하였는데, 복병(伏兵)을 설치한 지가 여러 날이 되었는데도 아직 왜적 한 놈도 잡지 못하였다. 몹시 침통스러웠고 대단히 분통하였다.

四日。晴。

食後, 登山遠望, 加恩東面, 烟氣極漲, 盖賊徒爲報昨日射殺之憤也。龍宮·安東等地, 亦有烟氣矣。○ 當午, 與文叔·樞伯·景樞·申兌, 同赴黃嶺寺, 料理軍中之事, 設伏累日, 而未獲一級。深痛深痛。

8월 5일. 맑음.

병장기와 양식 등을 복병(伏兵)이 설치된 곳으로 운송하였다. 함창(咸昌) 사람이 왜적 1명의 머리를 참하여 함창 현감(咸昌縣監: 李國弼)에게 가져 왔다.

○ 감사(監司)가 보내온 관문(關文)을 통해 저가(邸駕: 왕세자 광해군)가 군사를 거느려 이천(伊川) 가까이에 주둔하고 있으며, 대가(大駕)도 또한 용천(龍川)에서 평산(平山)으로 옮겨서 주둔하고 있음을 알았다. 또 들건대 서원(西原: 청주)의 적들은 아군이 나아가 공격한 까닭으로 밤을

틈타 달아나 아직 미처 섬멸하지 못했다고 하니, 한편으로 한스러웠고 다른 한편으로 통쾌하였다.

○ 포산(苞山: 달성군 현풍) 곽재우(郭再祐)가 바야흐로 의병을 일으켜 지금 성산(星山)에 도착했는데 그의 용병술이 자못 귀신인 듯했고, 함안 군수(咸安郡守) 류숭인(柳崇仁) 또한 의병을 일으켜 적을 토벌하였는데 류공(柳公)은 나이가 젊지만 무략(武略)이 있는 사람이다. 적도(賊徒)들이 그를 마주칠 때마다 절로 가슴 서늘해하며 저들끼리 모여 말하기를, "류장군(柳將軍)을 조심해서 피해야 한다."고 하였다 한다.

선성(宣城: 예안) 사람 금응협(琴應夾)·금응훈(琴應壎)과 상주(尙州) 사람 김해(金垓) 등이 또한 대의를 부르짖어 의병을 모집했다고 하는데, 적개심을 품은 군대가 곳곳에서 벌떼처럼 일어나면 옛 도성 수복하는 것은 조만간 날을 정해 기약할 수 있을 것이다.

또 용궁 현감(龍宮縣監: 禹伏龍)의 관문을 보건대 영가(永嘉)의 적들이 좌상(左廂: 좌병사 朴晉)에게 쫓기는 바가 되어 구덕리(仇德里: 안동시 풍천면 九潭里인 듯)로 진(陣)을 옮기고 사방으로 흩어져 나가 분탕질하여 그 참혹함을 차마 볼 수가 없었는데, 예천(醴泉)의 북쪽 방면은 산골짜기 깊숙한 곳이었지만 적들은 모두 샅샅이 찾으며 이르지 않는 곳이 없다고 하였다. 관동(關東: 강원도)의 적도 또한 강릉(江陵)·삼척(三陟) 등의 고을에서 영가(永嘉)의 재산(梓山: 才山의 오기. 봉화군 소재)·소천(小川: 봉화군 소재) 등지로 넘어 들어와 도처에서 해치고 노략질하여 사람과 짐승이 모두 해를 입었지만, 아군들이 참획한 것 또한 많았다고 하였다.

五日。晴。

搬送[18]軍器·粮物等[19]于設伏所。咸昌人斬倭頭一級, 來見于其倅。

---

18) 搬送: 撥送.
19) 等: 누락.

○ 因使關, 得知邸駕領軍近住伊川[20], 大駕亦自龍川移駐平山[21]。且聞
西原之賊, 以我軍進功之故, 乘夜遁去, 未及勦〈殺〉云, 一恨一快。○
苞山[22]郭再祐[23], 方起義旅, 今到星山[24], 用兵頗神, 咸安倅柳崇仁[25],
亦起兵討賊, 柳公年少有武略之人也。賊徒遇之, 輒自膽慄, 相聚曰:
"謹避柳將軍."云。宣城[26]琴應夾[27]·應壎[28]·金垓[29]等, 亦募兵唱義云,

---

20) 伊川(이천): 강원도 서북부에 위치한 고을.

21) 平山(평산): 황해도 남동쪽에 위치한 고을.

22) 苞山(포산): 대구광역시 달성군 현풍.

23) 郭再祐(곽재우, 1552~1617): 본관은 玄風, 자는 季綏, 호는 忘憂堂. 1585년 정시문과
에 급제했지만 왕의 뜻에 거슬린 구절 때문에 罷榜되었다. 임진왜란 때 의병을 일으켜
天降紅衣將軍이라 불리며 거듭 왜적을 무찔렀다. 정유재란 때 慶尙左道防禦使로 火旺
山城을 지켰다.

24) 星山(성산): 경상북도 고령군 성산면 일대.

25) 柳崇仁(류숭인, ?~1592): 본관은 文化. 함안군수로 있을 때 임진왜란이 일어나 성이
포위되자 군민과 합세하여 성을 지켰다. 6월 郭再祐의 의병에게 진로를 차단당한 왜군
을 추격하여 47명을 참획하는 전과를 올렸다. 진해에서 李舜臣 휘하의 함대와 합세하
여 적을 크게 무찔렀다. 7월 금강을 거슬러 공격해 오는 왜군을 직산현감 朴誼와 합동
으로 대적하여 전공을 세웠다. 경상우도 병마절도사에 특진, 10월 창원에서 진주성을
지원하러 갔다가 전사했다.

26) 宣城(선성): 예안의 옛 명칭.

27) 琴應夾(금응협, 1526~1596): 본관은 奉化, 자는 夾之, 호는 日休堂. 1574년 行義가
조정에 알려져 集慶殿參奉을 제수받았다. 다시 敬陵·昌陵의 참봉, 王子師傅에 제수되
었으나 모두 취임하지 않았다. 1587년 조정에서는 遺逸로 뽑아서 6품직을 超授(일정한
승진단계를 뛰어넘어 관직을 제수함)하고 河陽縣監을 제수하였으나, 얼마 되지 않아
서 부모의 봉양을 이유로 사직하였다.

28) 應壎(응훈): 琴應壎(1540~1616). 본관은 奉化, 자는 壎之, 호는 進齋. 李滉의 문인이며,
柳成龍·趙穆과 교우하였다. 1570년 사마시에 합격, 1594년 학행에 의하여 좌찬성
鄭) 등의 천거를 받아 宗廟署副奉事에 제수되었다. 그 뒤 영춘현감과 제천현감 등을
역임하고 1600년 의흥현감에 제수되었으나, 유성룡과 조목의 요청에 따라 사직하고
《退溪先生文集》 간행실무자로 참여하였다.

29) 金垓(김해, 1555~1593): 본관은 光山, 자는 達遠, 호는 近始齋. 1589년 10월 鄭汝立의
모반사건이 일어나고, 11월 史局에서 史草를 태운 사건에 연루되어 면직되었다. 임진
왜란이 일어나자 향리 禮安에서 의병을 일으켜 영남의병대장으로 추대되어 안동·군
위 등지에서 분전하였다. 이듬해 3월 좌도병마사 權應銖와 합세하여 상주 唐橋의 적을
쳐서 큰 전과를 거두고, 4월 한양에서 부산으로 철수하는 적을 차단하고 공격하여
대승하였으며 5월에는 양산을 거쳐 경주에서 李光輝와 합세하여 싸우다가 진중에서
병사하였다.

敵愾之師, 處處蜂起[30], 恢復舊都, 可指日以期也。且得龍倅關, 則永嘉之賊, 爲左廂所逐, 移陣仇德里[31], 四出焚蕩, 慘不忍見, 醴泉北面, 山谷深邃, 而賊皆窮探, 無處不到。關東[32]之賊, 亦自江陵[33]·三陟[34]等邑, 踰入永嘉之梓山[35]·小川[36]等縣, 到處攻劫, 人物俱被害, 然我軍斬獲亦多云。

8월 6일。맑음。

아침식사를 하고나서 일로 인하여 신추백(申樞伯: 申景斗)과 함께 구만촌(九滿村) 마을에 갔다가 조 좌수(趙座首: 趙徽인 듯) 대부(大父: 할아버지)의 묘소를 참배하고, 이어서 별감(別監) 홍약징(洪約澄)을 만나 보았다.

신추백은 그의 요긴한 일 때문에 화령(化寧: 상주의 서부지역)으로 갔고, 나는 문암동(門巖洞)에 이르러 김길보(金吉甫)·홍정(洪禎)이 모시는 두 춘부장과 김회중(金晦仲: 金憓)을 방문하였다. 날이 저물어서 머물러 묵었는데, 누런 기장밥을 짓고 막걸리를 내놓으며 조용히 접대하는 것이 매우 은근하였다.

六日。晴。

食後因事, 與樞伯, 往九滿村, 吊趙座首大父墳[37], 仍見洪別監約

---

30) 蠭起(봉기): 起兵하는 자가 많아서 벌이 날아오르는 것과 같음을 이르는 말.

31) 仇德里(구덕리): 九潭里인 듯. 경상북도 안동시 풍천면 구담리. 동쪽으로 구릉을 사이에 두고 도양리, 서쪽으로 예천군 지보면, 남쪽으로 낙동강을 경계로 기산리, 북쪽으로 예천군 호명면과 닿아 있다.

32) 關東(관동): 畿湖지방의 동쪽, 즉, 대체로 강원도 지역을 말하는데, 좁게는 大關嶺 동쪽 지역을 가리킴.

33) 江陵(강릉): 강원도 영동지역 중앙부에 위치한 고을.

34) 三陟(삼척): 강원도 남동부에 위치한 고을.

35) 梓山(재산): 才山面의 오기. 경상북도 봉화군 남동부에 위치한 고을. 동쪽은 영양군, 서쪽은 明湖面, 남쪽은 안동시, 북쪽은 小川面·法田面과 접한다.

36) 小川(소천): 경상북도 봉화군 북동부에 위치한 고을.

37) 趙座首大父墳: 大父趙某氏之墳.

澄³⁸⁾。樞伯, 爲其要事, 往化寧, 吾則到門岩洞³⁹⁾, 訪金吉甫·洪禎之兩
侍及金晦仲。日暮留宿, 炊黃酌白, 容接甚勤。

8월 7일。흐림。

이른 아침에 임시거처로 돌아왔다. 의병을 모집하여 왜적을 포획하
라는 기별을 듣고 신문숙(申文叔: 申景翼, 고령 현감)·김경추(金景樞)·정경
임(鄭景任: 鄭經世)·권종경(權從卿: 權景虎, 趙竤의 4촌처남) 등과 함께 급히
황령사(黃嶺寺)로 달려 갔더니, 대장(大將: 李逢)은 병사를 거느리고 복병
(伏兵)을 송원현(松院峴) 마을 입구에 설치하였는데, 왜놈 6명을 만난 사
부(射夫: 활쏘는 사람)들이 분노가 가슴에 쌓인 지 이미 오래되어 일제히
활을 쏘고 모름지기 다시 죄다 잡아다 머리를 베었으며, 그들이 찼던
크고 작은 환도(還刀) 6자루, 화통(火筒)이며 철환(鐵丸)·화약(火藥) 등의
6종, 서간 20여 통을 싼 꾸러미도 획득하였다. 곧 이곳에서 전언통신
문을 가지고 그들이 있었던 곳으로 돌아가던 자들이었다. 서간의 글
에는 고려국왕(高麗國王: 朝鮮 宣祖)이 평양(平壤)으로 퇴각하였지만 죄를
청하는데는 이르지 않았다는 말이며 대명(大明)·전라도(全羅道)·대구(大
丘: 大邱) 등의 말이 있는데, 글자의 획이 모두 거칠게 쓰여 정확하지가
않은데다 우리나라 사람이 쓴 글씨체와 같지가 않아서 능히 그 개략적
인 내용을 다 알 수 없었다. 훗날 감사(監司: 관찰사)에게 보고하기 위하
여 우리들은 각기 그것들을 맡아서 왔는데 참획한 것이 비록 적었을지
라도 모두 강한 왜적이었으며, 또 그들의 병장기를 획득한 것이 매우
많은데다 간첩들 또한 붙잡혀 도망가지 못하였으니 이것이 더욱 기뻤

다. 우리들이 곧 황령사의 뜰에 도착하여 축하의 자리에 참석하자, 대장은 마루 위에 앉아 축하를 받았다. 군대의 명성이 점차 떨치게 되자, 뛸 듯이 기뻐하여 자못 적을 죽이려는 마음을 가지지 않는 이가 없었다.

○ 경성(京城)의 소식을 얻어 듣건대 저가(邸駕: 왕세자 광해군)가 지금 이천(伊川)에 머물러 있으면서 바야흐로 대도(大都: 경성)로 진격하여 옛날 왕업의 터전을 회복하도록 도모하였고, 또 경상도를 좌도 방백(左道方伯)과 우도 방백(右道方伯)으로 나누어 설치하여 이에 초유사(招諭使) 김모(金某: 金誠一)를 좌도 감사(左道監司: 左道方伯)로 삼았으며, 용궁 현감(龍宮縣監) 우복룡(禹伏龍)은 온힘을 다하여 왜적을 토벌한 이유로 포상이 내려와 통정대부(通政大夫)에 승진하였다고 하니, 이는 곧 전 통진(前通津) 노대하(盧大河)의 하인이 전해준 소식이다.

이 하인은 일 때문에 이천(伊川)으로 올라갔는데, 왕세자가 곧 그를 불러들여 만나보고서 영남에 있는 왜적의 세력이 성한지 약한지를 자세히 묻고, 또 속리산(俗離山)이 험준한데 피란할 만한지 그렇지 않은지를 묻고나서는 조보(朝報) 및 비변사(備邊司)의 공무를 이 하인에게 부탁하여 보냈으니, 아마도 길마다 막혀 역로(驛路)를 통해 곧바로 전할 수 없었기 때문일 것이다.

저녁에 노곡(蘆谷)으로 돌아왔다. 기아(奇兒)가 멀리 장천(長川)에서 왔는데, 그곳에 왕래하는 적은 아직도 이어져 날마다 끊이지 않는다고 하였다.

七日。陰。

早朝還寓次。聞募兵等捕賊之奇, 與文叔·景樞·景任·從卿等, 急赴黃嶺寺, 則大將率兵, 設伏于松院峴[40]洞口, 遇倭奴六人, 射夫畜憤

---

40) 松院峴(송원현): 경상북도 상주시 사벌면 목가리의 솔티고개. 목가리 원터 마을에서 함창읍 신덕리 솔티마을로 가는 고개이다.

已久, 一時齊發, 須更盡獲斬首, 得其所佩環刀, 大小並六柄, 火筒俱
鐵丸·火藥等六事, 書簡封二十餘裹。乃是自此持傳通, 還其地者也。
書中有高麗國王退走平壤, 不及乞罪及大明·全羅道·大丘等語, 而字
畫皆胡草不正, 不類我國所書, 不能知悉其梗槩矣。後日報使[41]次, 吾
等各逢受[42]而來, 所斬雖小, 而皆是勁賊, 且得其軍器甚多, 間諜亦被
獲不去, 此尤可喜。吾等旣到寺庭, 參請[43]謁, 大將坐廳事[44]上受賀。
軍聲稍振, 莫不踊躍歡喜, 殊有死敵心。○ 得聞京報, 邸駕今駐伊川,
方圖進取大都, 以復舊業, 且以慶尙, 分設左右方伯, 仍以招諭使金謀
爲左道監司, 龍宮倅禹伏龍, 以戮力討賊之故, 襃陞通政[45]云, 此乃前
通津[46]盧大河[47]之奴所傳也。右奴因事上去伊川, 王世子卽引見, 備問
嶺外賊勢之衰盛, 且問俗離山險阻可避亂與未, 仍以朝報[48]及備邊司
公事, 付送此人, 盖以道途阻梗, 不得由驛路直傳故也。夕, 還蘆谷。
奇兒自長川遠來, 彼地往來之賊, 尙陸續逐日不絶云。

---

41) 報使(보사): 관찰사에게 보고함.

42) 逢受(봉수): 남의 돈이나 물건을 맡아 둠.

43) 請: **누락**.

44) 廳事(청사): 마루.

45) 通政(통정): 通政大夫. 조선시대 문관의 정3품 堂上官의 품계. 국가의 중요한 정책을
결정하는데 참여하였으며 근무일수에 상관없이 능력에 따라 加資 또는 加階되었다.
관직에서 물러난 다음에도 奉朝賀가 되어 祿俸을 받는 등의 특권을 누렸다.

46) 通津(통진): 경기도 김포군 월곶면 군하리에 있는 옛 고을. 한강 입구를 지키는 중요한
요충지로 조선 시기에는 경기도의 8도호부 가운데 하나였다.

47) 盧大河(노대하, 1546~1610): 본관은 光山, 자는 受吾, 호는 履素堂. 아버지는 盧克愼이
며, 큰아버지인 盧守愼이 珍島에 유배되었을 때 따라가 학문을 배웠다. 은진현감을
거쳐, 의성현령이 되고, 1584년에 교하현감을 지냈다. 임진왜란 중에 세자를 이천에
배종하여 첨정이 되었고, 金應南과 함께 군량운반에 공을 세웠다. 1597년에 청풍군수
와 단양군수를 거쳐 1602년 천안군수가 되었고, 대동법을 처음으로 시행하였다 한다.

48) 朝報(조보): 京報·朝紙·邸報·漢京報·寄別紙 등으로도 불림. 승정원이 발행을 담당했
으며, 서울과 지방의 관리들에게 배포되었다. 내용은 임금의 명령과 지시, 정부의
중요 결정 사항, 관리 임명 외에 기상 이변, 자연 재해 및 사회·군사 문제 등을 다루었다.

8월 8일。 비。

영대암(靈臺菴: 靈臺庵)으로 어머니의 안부를 묻고자 사람을 보내면서 아울러 양식도 보냈다.

오후에 황령사(黃嶺寺)의 군막(軍幕)으로 갔더니, 함창(咸昌)의 관군이 의병을 모집하는데 응모한 자가 무려 40여 명이나 되었다. 함창 현감(咸昌縣監: 이국필)도 처음에는 꺼리지 않고 관군이 스스로 원하는 대로 의병진(義兵陣)에 들어가는 것을 허용했다가, 지금에 이르러 의병들이 왜적들을 잡고난 뒤로는 그것을 자기의 전공(戰功)으로 삼고자 자못 도로 빼앗으려는 생각이 있었는데, 우리들이 극력 배척하니 감히 아무 까닭 없이 탈취하지 못하다가 공훈을 기록 문서로 보고하기 위해 사람을 보내려는 즈음에 자기와 의병이 협력하여 왜적을 함께 잡았다는 말로 문장(文狀: 관아의 공문서)을 채웠다. 그러니 그의 마음쓰는 것이 사특한 수작이나 부릴 것임은 말하지 않아도 능히 상상할 수 있을 것이다.

八日。 雨。

送人奉候[49]安否于靈臺菴, 兼致糧物。 午後, 赴黃嶺寺軍幕, 咸昌官軍應募爲義兵者, 多至四十餘人。 縣監初旣不憚, 從自願許入, 及今捕倭之後, 欲以爲己功, 頗有還奪之計, 吾等極力排之, 則不敢公然奪取, 錄勳報使[50]之際, 以其己與義兵協力共捕措語, 以塡文狀。 其心回譎[51], 不言可想矣。

8월 9일。 흐림。

대장(大將: 李逢)이 오후에 병사들을 거느리고 가은(加恩) 땅으로 갔는

---

49) 奉候(봉후): 남의 안부를 물음.

50) 報使(보사): 하급관아에서 상급관아에 보고하기 위하여 보내는 使者.

51) 回譎(회휼): 간사스럽고 속임수가 많음.

데, 좌막(佐幕: 참모) 송언명(宋彦明: 宋光國, 셋째아들 趙弘遠의 장인)·장서
(掌書: 서기) 채공서(蔡公緒: 蔡天瑞의 오기인 듯)가 모시고 돌아갔다. 대장
이 거느린 병사가 모두 정예병이지만 그 수는 겨우 90명이라서 만일
많은 왜적을 만나기라도 한다면 형편상 접전하기가 어려울 것이라고
하였다.

저녁에 정경임(鄭景任: 鄭經世)·김경추(金景樞)·이사확(李士廓: 李弘道,
權景虎의 손자인 權以說의 장인, 士擴으로도 쓰임) 등 여러사람들과 함께 걸
어서 노곡(蘆谷)에 돌아왔다.

감사(監司)의 관문(關文)을 얻어 보건대 당병(唐兵; 명나라 군)이 한도(漢
都: 漢陽)에 당도하니 왜놈들이 죄다 도망쳐 나가서 한강 가에 주둔해
있다고 하였다. 또 괴산군(槐山郡)의 관문을 얻어 보건대 그 근처의 왜
적들이 모두 충주(忠州)·괴산(槐山)·연풍(延豊) 등지에 모였는데, 그들
의 실태를 보노라면 필시 우리 군대와 접전하고 올라온 것임은 의심의
여지가 없다고 하였다.

九日。陰。

大將午後, 領兵向加恩之地, 佐幕宋彦明·掌書蔡公緒[52]陪歸[53]。所
領皆是[54]精卒, 而數僅九十, 若逢衆賊, 則勢難接戰云。夕, 與景任·景
樞·士廓諸人, 步還蘆谷。得使關, 唐兵今到漢都, 倭奴盡遁, 出屯于
江濱云。又得槐山郡關, 近處之倭, 咸聚于忠州·槐山·延豊[55]等境, 觀
其形止[56], 必[57]爲與我師接戰而上來[58]也, 無疑矣。

---

52) 蔡公緒(채공서): 蔡天瑞의 오기인 듯. 7월 30일의 일기 내용에 따르면 채천서와 洪慶業
이 掌書가 된 것으로 나오기 때문이다.
53) 陪歸(배귀): 모시고 돌아가는 것.
54) 是: 누락.
55) 延豊(연풍): 충청북도 괴산군에 위치한 고을.
56) 形止(형지): 일이 진행되어 가고 있는 형편.
57) 必: 누락.
58) 而上來: 누락.

8월 10일。맑음。

주인집에 머물렀다.

들건대 좌수(座首) 하만학(河滿壑) 어르신의 일가 및 이준정(李俊丁) 등이 낙동(洛東)의 야트막한 산에 숨어있다가 모두 살해되었다고 하니 상서롭지 못한 일이고 상서롭지 못하였다.

대체로 적도(賊徒)들은 근래에 들어 아군들이 매우 힘껏 그들을 붙잡으려 하자 곳곳에서 분탕질하는 것이 더욱 혹독한데다 사람을 만나기만 하면 죽였다. 그들이 사로잡아간 사람도 남녀를 가리지 않고 또한 모두 살해하였다고 하니 통탄스럽고 통탄하였다.

十日。晴。

留主家[59]。聞河座首[60]滿壑尊丈[61]一家及李俊丁等, 在洛東淺山, 俱被殺害云, 不祥不祥[62]。大槩, 賊徒近來, 以我軍措捕甚力之故, 處處焚蕩尤酷, 逢人輒殺。其所擄去之人, 不論男女, 亦皆殺戮云, 可痛可痛。

8월 11일。맑음。

이사확(李士擴: 李弘道, 權景虎의 손자인 權以說의 장인, 士廓으로도 쓰임)· 이사회(李士會: 李亨道)· 전정원(全淨遠: 全湜)과 함께 황령사(黃嶺寺)의 의병 군막으로 가서 상의할 일이 있었다.

의병들이 왜적들을 잡고난 뒤로 함창 현감(咸昌縣監: 李國弼)이 의병을 시샘하여 미워하는 것이 날로 심해져 우리들에게 호협(豪俠)이라는 명칭을 덧붙이려 하였고, 또 사족(士族) 집에 있는 활과 화살을 거두어들여 의병들로 하여금 사용할 수 없게 하면서 궁장(弓匠: 활을 만드는 장

---

59) 留主家: 留蘆谷.
60) 座首: 누락.
61) 尊丈: 丈.
62) 不祥不祥: 驚愕.

인)·철장(鐵匠: 대장장이)으로 하여금 또한 의병진(義兵陣)의 병장기들을 보수하는 것을 금하였다. 그의 마음 쓰는 것을 보노라면 진정코 못난 소인배였다. 당초에 이와 같은 위인과 함께 일을 도모한 것이 깊이 후회스러우나 지금으로서야 거슬러 올라갈 수가 없으니 몹시 분하였고 몹시 한스러웠다.

대체로 함창 현감이 시새움하는 것은 의병에 참여한 군졸들이 왜적을 잡았기 때문이다. 만약 왜적의 수급(首級)을 그에게 주면 그의 마음이야 반드시 기쁘겠지만, 군졸들도 공을 세워 상을 바라는 것을 황금처럼 소중하게 여기는지라 막중(幕中: 의병지휘소)의 힘으로 마음대로 포기하도록 하기가 어려운 형세이니 개탄스럽고 탄식할 일이었다.

○ 듣건대 오늘 내려오는 왜적들은 630여 명이라고 하였다. 의병과 군졸들이 복병(伏兵)을 설치한 지가 이미 오래되었는데도, 아직 승전의 소식이 없는 것은 서로 대적할 왜적을 만나지 못했기 때문이리라.

十一日。晴。

與士擴·士會·全淨遠, 往黃嶺寺幕中, 有相議事。咸倅自義兵捕倭之後, 猜嫌日深, 欲加我等以豪俠[63]之名, 且收取士族家弓矢, 使不爲義兵之用, 弓匠鐵匠, 亦禁修補義兵中軍械。觀其用心, 眞無狀小人也。深悔當初與此等人謀事, 而今不可追, 痛恨痛恨。大槩, 咸倅所嫉者, 以其捕倭也。若以賊級與之, 則[64]其心必喜, 而軍卒輩要功希賞, 重之如金, 勢難以幕中之力擅棄, 可歎可歎[65]。○ 聞今日下來之倭, 六百三十餘人云。義軍設伏已久, 迄未報捷, 以其不遇相敵之賊故也。

---

63) 豪俠(호협): 호걸의 의기를 가진 자. 이들이 참람하고 과격한 면을 함창 현감은 주목한 것이다.
64) 則: 누락.
65) 可歎: 누락.

8월 12일。맑음。

아침식사 후에 의병의 군막(軍幕)에서 되돌아왔다. 장천(長川)의 하인들이 과일과 겉곡식을 가지고 왔는데, 추석제사에 쓸 것이었다.

노비를 통해 듣건대 선산(善山)에서 올라오는 왜적들이 종일토록 끊이지 않았다고 하니, 올라오기도 하고 내려가기도 하면서 그 수가 무궁하다니 이는 무슨 까닭이란 말인가? 장천·외남(外南)·상주 읍내 등 여러 곳에서 분탕질이 더욱 혹독하여 이전 날에 타지 않고 남아있던 집들도 점차 남아난 것이 없는 지경에 이르렀다고 하였다. 또 듣건대 정월(鄭越)·황정준(黃庭俊)·류응춘(柳應春)의 동생이 양식을 구하는 일로 각자 자기 집에 들어갔는데, 한밤중에 적도들이 빙 둘러싸고 찾아서 죽였다고 하니 소름끼치도록 놀랍고 놀라웠다. 근래에는 적도(賊徒)들이 번번이 밤을 틈타 노략질하니, 이것이 더욱 두려워할 만한 일이다.

十二日。晴。

食後, 自義幕還來。長川奴屬, 持果物租石入來, 以其用秋夕奠故也。因奴聞自善山上來之賊, 終日不絶云, 或上或下, 而其麗無窮, 此何故也? 長川·外南·州內諸處, 焚蕩甚酷, 前日所餘之家, 漸至無餘云。且聞鄭越·黃庭俊·柳應春之弟, 以覓粮事, 各歸其家, 當夜賊徒, 圍立搜殺云, 驚愕驚愕。近日來, 每乘夜抄略, 此尤可怖。

8월 13일。맑음。

주인집에 머물렀다. 장천(長川)의 하인들이 돌아갔다.

十三日。晴。

留主家[66]。長川奴屬還。

---

66) 留主家: 留蘆谷.

8월 14일。맑음。

아침식사 後에 심중(審仲: 趙竑, 검간의 동생)과 함께 속리산(俗離山)의
영대암(靈臺菴: 靈臺庵)으로 같이 가서 어머니를 뵈었다。어제 밤에 허황
된 경보로 인하여 일행이 모두 산꼭대기로 올랐는지라, 어지러운 수
풀들을 헤치고서야 어렵사리 찾아 저녁에 암자로 돌아왔다。내일이
명절(名節: 추석)이라서 약소하나마 제사에 올릴 음식을 마련하였다。

○ 사담(沙潭: 金弘敏의 호) 형제도 또한 백운암(白雲菴)에 임시로 지냈다。

十四日。晴。

食後, 與審仲, 同往俗離山之靈臺菴, 省覲慈氏。昨夜因虛警, 一行
皆上絶頂, 撥開蒙茸[67], 難得尋覓, 夕還菴子。以明日節日, 故略治奉
奠之具。○ 沙潭[68]昆季[69], 亦寓白雲菴[70]矣。

---

67) 蒙茸(몽용): 풀이 어지럽게 난 모양.

68) 沙潭(사담): 金弘敏(1540~1594)의 호. 본관은 尙州, 자는 任父. 아버지는 金範이다.
1570년 式年試에 급제하여 한림과 三司를 거쳐 1584년 이조좌랑이 되었고, 삼사와
함께 李珥와 朴淳을 탄핵하였다. 그 후 舍人을 거쳐 1590년 典翰에 임명되었고, 청주목
사를 지냈다. 1592년 임진왜란 때는 의병을 모아 忠報軍이라 칭하고 상주에서 적의
통로를 막아 왜적이 호서지역으로 돌아서 가게 했다. 청주목사는 임진왜란 전에 지낸
것으로 申炅의 《再造藩邦志》 권2에 처음 언급되어 있다.

69) 昆季(곤계): 형제. 곧 김홍민의 동생은 金弘微(1557~1605)이다. 본관은 尙州, 자는
昌遠, 호는 省克堂. 아버지는 金範이다. 曺植과 柳成龍의 문인이다. 1579년 진사가
되고, 1585년 식년 문과에 급제하여 승문원부정자에 발탁되고, 홍문관정자·著作, 예
문관검열 등을 거쳐 부수찬을 역임하였으며, 당시 형인 金弘敏과 함께 사림으로 영예
를 누렸다. 1589년 이조좌랑으로 있을 때 남인으로 鄭汝立의 모반사건에 연루되어
파면되었다. 그 뒤 복관되어 1592년 임진왜란이 시작될 무렵에는 경상좌도도사가
되고, 이어 교리 겸 시강원문학을 거쳐 이듬해 경연관·응교·사간·사성 등을 역임하
였다. 1597년 승정원동부승지로 있을 때, 삼도수군통제사인 李舜臣을 탄핵하여 파면
하게 하고 元均을 통제사로 삼게 하는 데 가담하였다. 그 뒤 좌부승지·훈련도감제조를
거쳐, 형조참의·대사간·이조참의·승문원부제조 등을 역임하다가 1598년 관직을 사
퇴하였다. 그 이듬해 다시 靑松府使를 거쳐 1604년 江陵府使로 부임하였다.

70) 白雲菴(백운암): 경상북도 상주시 모동면 수봉동에 있는 암자. 일설에는 수봉동에
그러한 암자가 전해오지 않는다면서, 김홍민이 청주목사를 지낸 것에 주목하여 충청
북도 청주시 상당구 미원면 운암리로 보기도 한다.

8월 15일。 비。

지방(紙牓)을 설치하여 조상들의 여러 신위(神位)에 제사를 올렸다. 난리를 만난 이래로 오래도록 산골짜기에 있으면서 동쪽으로 내닫고 서쪽으로 숨느라 일정하게 몸 붙일 곳이 없는 사이에 세월은 물 흐르듯 빨리도 흘러서 추석이 이미 되었지만 선영(先塋)을 찾아가서 돌볼 길조차 없었다. 말과 생각이 이에 미치자 홀연히 살고싶은 마음이 사라지나 내가 태어난 것을 어찌하리오? 온통 이러한 그지없는 지경에 이르렀으니 통탄스럽고 통탄하였다.

저녁에 보정 선사(寶晶禪師)와 함께 부도대(浮圖臺)에 올라 경치를 구경하고 날이 저물어서야 대사(大寺: 법주사)에 투숙하였다. 삼산(三山: 報恩의 邑號)의 유자(儒者) 이여즙(李汝楫)이 찾아왔는데, 나이가 젊고 재능과 기개가 있는 자였지만 우리집안에 혼인을 청하기에는 매우 멀다고 하겠다.

十五日。雨。

設紙牓, 奉奠祖先諸位。遭亂以來, 長在山谷, 東竄西奔, 不定所寓, 日月流邁, 已迫秋夕, 松楸[71]展省[72], 亦無其路。言念及此, 忽欲忘生, 我辰如何? 一至此極, 痛歎痛歎。夕與寶晶上人[73], 同登浮圖臺玩景, 暮投大寺[74]宿。三山[75]儒士李汝楫[76]來見, 生年少而有才氣者也, 求婚於吾家甚退云[77]。

---

71) 松楸(송추): 소나무와 오동나무. 이 두 나무는 묘소 주위에 주로 심는 것이어서, 묘소를 가리키는 말로 사용된다.

72) 展省(전성): 조상의 산소를 찾아가서 돌봄.

73) 上人(상인): 지덕을 갖춘 불제자. 곧 중을 높여 이르는 말.

74) 大寺(대사): 충청북도 보은군 속리산면에 있는 법주사를 가리킴.

75) 三山(삼산): 報恩縣의 邑號. 보은문화원이 지명과 유래에서 보은군의 산천을 소개한 것에 따르면, 옛 보은현의 주산이 寺山, 蛙山, 猪山인데, 이를 三山이라 불러 읍호가 되었다고 한다.

76) 李汝楫(이여즙, 1570~?): 본관은 加平, 자는 而涉. 아버지는 李命百으로 임진왜란 때 忠義將을 지냈고, 형은 李汝柱이다. 1609년 증광시에 급제하였다.

8월 16일。맑음。

아침 일찍 삼산 현감(三山縣監: 報恩縣監 具惟謹)이 사찰에 있어서 사람을 보내어 만나기를 청하여 잠시 가서 이야기를 나누고 아침식사 후에 상암자(上菴子)로 돌아왔다.

돌아오는 길에 임보(任父: 金弘敏의 字, 任甫로도 표기) 어른·창원(昌遠: 金弘微의 字)·비중(棐仲: 趙翊의 字) 및 노통진(盧通津: 盧大河) 등 여러 사람들을 만났는데, 아마도 의병을 모집하여 왜적을 토벌하려는 일로 여러사람들을 이끌고 동네 어귀에서 회동하여 의논하는 것 같았다.

저녁에 본속리암(本俗離庵)에 올라 광주 이모(光州姨母: 金宇宏의 부인)를 뵙고 날이 어둑해서야 어머니가 계신 곳으로 돌아왔다.

十六日。晴。

早朝三山倅[78]在寺, 送人請見, 暫往打話[79], 食後還上菴子。路遇任父丈·昌遠·棐仲及盧通津諸公, 蓋以募兵〈討〉賊事, 率諸人會議于洞口也。夕, 上本俗離, 拜光州姨母, 昏還慈氏所。

8월 17일。맑음。

아침식사 후에 어머니를 모시고 남동생이며 누이들과 천왕봉(天王峯)에 올라 경치를 구경한 뒤에 노곡(盧谷)의 임시거처로 돌아왔다. 오는 길에 도토리 열매 두어 말을 주워서, 그 사이에 가솔들이 왜적을 피하여 모두 산에 올라 어린 아이들이 물불 속에 빠지는 곤경을 겨우 면하였다.

十七日。晴。

---

77) 求婚於吾家甚懇云: 누락.

78) 三山倅(삼산쉬): 보은현감 具惟謹(1563~?)을 가리킴. 본관은 綾城, 자는 汝厚. 鎭川 출신이다. 아버지는 具賛이고 형은 具惟諒이다. 1585년 식년시에 급제하였다.

79) 打話(타화): 이야기를 나눔.

食後, 奉慈氏及諸弟妹, 登覽天王峯, ◇[80]仍還蘆谷寓次。來路拾得
橡實幾數斗, 家屬避賊, 皆上山, 小兒輩僅免水火[81]矣。

8월 18일。맑음。

대장(大將: 李逢)의 전령을 받고 아침식사 후에 권종경(權從卿: 權景虎,
趙竑의 4촌처남)·정경임(鄭景任: 鄭經世)·신문숙(申文叔: 申景翼, 고령 현감)·
김경추(金景樞) 등 여러 사람들과 함께 병천(屛川)에 있는 큰 절로 일제
히 나아갔더니, 그곳에는 잠잠하기만 하고 한 사람도 없었다. 그대로
용호암(龍虎菴)에 묵었다.

十八日。晴。

乘[82]大將傳令, 食後, 與權從卿·鄭景任·申文叔·金景樞諸公, 齊進
于屛川大寺, 則寂無一人。仍宿龍虎菴。

8월 19일。맑음。

새벽에 출발해서 우현(雨峴: 비치)을 넘어 사마곡(沙麻谷: 삼화실)의 재
궁(齋宮: 齋室)에 도착하니, 대장(大將: 李逢) 이하 모두가 모여 있었다.
이어서 더불어 사안을 논의하고는, 저녁 때 대장을 모시고 함께 가은현
(加恩縣) 뒤쪽에 복병(伏兵)을 설치한 곳으로 갔더니, 많은 군사들이 왜적
을 만나지 못한 까닭에 모두 매복하지 않고 송정(松汀)에 와서 모여 있었
다. 대장이 복병들로 하여금 파하여 돌아가서 양식을 갖추고 23일을
기한으로 삼아 다시 와 모이도록 명하였다. 나는 김경추(金景樞)와 함께
밤길을 무릅쓰고 임시거처로 돌아왔더니, 밤은 이미 새벽을 향하고 있

---

80) 吾則.

81) 水火(수화): 극히 곤란한 환경을 비유적으로 이르는 말.

82) 乘: 承.

청화산 비치(우현) 삼화실(사마곡)

있다. 정경임(鄭景任: 鄭經世)·권종경(權從卿: 權景虎, 趙竧의 4촌처남) 등은
재궁(齋宮: 齋舍)에서 저녁에 이미 지름길로 돌아와 있었다.

○ 듣건대 함창 현감(咸昌縣監: 李國弼)이 말을 잘 꾸며서 순찰사(巡察
使: 韓孝純)에게 거짓 보고하여 말하기를, "이봉(李逢) 등은 나이 어린 서
생들을 거느리고 의병을 일으킨 것으로 거짓 칭탁하고는, 관군을 의
병으로 삼아 관군들이 잡은 왜놈들을 자신의 전공(戰功)으로 삼고 현감
으로 하여금 손도 놀리지 못하게 하였소이다."라고 하였다 한다. 이
사람이 이랬다저랬다 하면서 간사하고 음험한 장계로 알아듣기 어려
운 말을 입이 닳도록 하니, 장차 무례한 말을 얽어내고 헤아릴 수 없
는 재앙을 도모하여 이루고자함을 또한 헤아릴 수가 없다. 통분스럽
고 통분하였다.

十九日。晴。

曉發, 踰雨峴[83], 到沙麻谷[84]齋宮, 則大將以下皆聚會矣。仍與論事, 乘夕陪大將, 共進于加恩縣後設伏之所, 則諸軍以不遇賊, 故皆罷伏, 來聚于松汀[85]矣。大將命罷還備糧, 期以二十三日, 來會也。吾與景樞, 冒夜還寓, 則夜已向晨矣。景任·從卿等, 自齋宮, 夕已徑廻矣。○ 聞咸昌倅修飾說辭, 誣報于巡察使曰: "李逢等, 率年少書生, 冒稱擧義, 以官軍爲義兵, 以官軍所捕首級, 爲己功, 使縣監不得措手。"云云。此人反覆[86]邪險之狀, 極口難喻, 將來必構出無狀之語, 謀成不測之禍, 亦不可料。痛憤痛憤。

8월 20일。 비가 오다 늦게 멎음。

순찰사(巡察使: 韓孝純)가 회신한 관문(關文)을 보니, 수령이 의병 모집에 대해 막는 것을 일절 불허하며 "적을 토벌하는 것은 균등하니 관의 위세로 빼앗아서는 아니 되며, 차후로 만일 이러한 폐단이 있으면 반드시 순찰사 관문에 일컬어 보내지 않겠다."라고 하였다.

○ 근래 왜적들의 세력이 더욱 치성하여 상주(尙州)에 와 모인 자가 더욱 많은지라, 깊숙이 침입해오는 환난이 있을까 염려되어 마탈산(馬奪山: 천마산인 듯) 골짜기 속에 움막을 짓고 가솔들을 거느려 그곳으로 옮겼다.

저녁에 대장(大將: 李逢)이 의병 군막의 모든 사람들을 거느리고 노동(蘆洞)의 촌사(村舍)로 진지를 옮겼다.

---

83) 雨峴(우현): 경상북도 문경시 농암면 내서리 광정마을에서 화산리로 넘어가는 재. 우재 또는 비치라고도 한다.

84) 沙麻谷(사마곡): 경상북도 문경시 농암면 화산리의 우복산을 가리킴. 서쪽을 안사마곡이라고 하고 동쪽을 사마곡이라 하는데, 현재 사마곡을 삼화실이라 부른다.

85) 松汀(송정): 경상북도 문경시 가은읍 왕릉리 앞 지명인 듯. 曦陽山에서 발원한 陽山川이 농암천과 합류하여 가은천을 이루는 곳이다.

86) 反覆(반복): 언행이나 일 따위를 이랬다저랬다 하여 자꾸 고침.

二十日。雨晚止。

得巡察使回關, 則守令之禁遏募兵者, 一切不許曰: "均是討賊, 不可以官威奪去, 此後如有此弊, 必稱使關勿送."云云。○ 近來賊勢益熾, 來聚于尙州者尤多, 慮有深入之患, 結幕于馬奪山谷中, 率累移寓。夕, 大將率幕中諸人, 移鎭于蘆洞[87]村舍。

8월 21일。맑음。

종일토록 대장(大將: 李逢)을 모시고 이번 사태를 논의하였다. 거사한 뒤로 적을 많이 잡지 못했는데 일마다 방해가 많아 군대의 상황이 날로 동요되니, 모름지기 순찰사에게 처치할 수 있는 단서를 관문(關文)으로 아뢰어야 했다. 대장은 나와 이사확(李士擴: 李弘道, 權景虎의 손자인 權以說의 장인, 士廓으로도 쓰임)을 사자(使者)로 삼아 24일에 보고문을 가지고 길을 떠나도록 독려하였다.

二十一日。晴。

終日, 陪大將論事。擧事之後, 賊不多捕, 而事多掣肘, 軍情日撓, 須有關白于巡察道處置之端。大將, 以僕及李士擴爲使, 督以廿四日持文發程矣。

8월 22일。맑음。

오후에 대장(大將: 李逢)이 복병(伏兵)을 설치하는 일로 토천(兔遷)을 향해 떠나게 되었다. 출발할 때가 되자, 대장은 절구시(絶句詩) 한 수를 지어 작별을 고하였다.

---

87) 蘆洞(노동): 葛洞 또는 갈골. 경상북도 상주시 외서면 大田里에서 가장 북서쪽 골짜기에 있는 마을이다. 임진왜란 때 피난민들이 칡덩굴을 헤치고 밭을 일구어 세운 마을이라 한다.

진림이 격문을 날려보내고	陣琳飛檄草
위세가 손오의 지략 떨쳤네.	威勢振孫吳
한마디 말로 난리 평정한다면	一言如撥亂
내 칼날에 피 묻히지 않겠네.	吾刃血將無

이에, 내가 차운(次韻)하였다.

제갈량은 한나라 보존을 생각했고	諸葛思存漢
여몽도 오히려 오나라를 지켰어라.	阿蒙尙守吳
길 떠나는 채찍 하나에 달려 있나니	行裝一鞭在
뉘 진나라에 사람 없다 다시 이르랴.	誰復謂秦無

대장이 다시 앞 운(韻)을 받아 지었다.

후영이 조나라 구원한 계책과 같으나	計同侯救趙
등지가 오나라 오고간 사적과 다르네.	事異鄧歸吳
하늘을 떠받듦이 한 손에 맡겨졌으니	擊天憑隻手
충성과 절의 세상에는 응당 없으리라.	忠義世應無

이에 나는 또 차운하였다.

오랫동안 강회에 구원의 손길이 끊겼으나	久絶江淮援
양양은 끝내 오나라에 복속되지 않았어라.	襄陽不屬吳
하란진명이 그래도 머리에 하늘 이었으니	進明猶戴首
한자루 칼로도 어찌 베지 않을 수 있으랴.	一釰可容無

二十二日。晴。

午後, 大將以說伏事, 出向冤遷[88]。臨發, 大將書一絶以別, "陣琳[89]飛

橄草, 威勢振孫吳[90]. 一言如撥亂[91], 吾刃血將無." 僕次韻曰: "諸葛[92]思
存漢, 阿蒙[93]尙守吳. 行裝一鞭在, 誰復謂秦無[94]." 大將再用前韻曰:
"計同侯[95]救趙, 事異鄧[96]歸吳. 擊天憑隻手, 忠義世應無." 僕[97]又次曰:
"久絶江淮[98]援, 襄陽[99]不屬吳[100]. 進明[101]猶戴首, 一釖可容無."

---

88) 兎遷(토천): 경상북도 문경시 마성면 신현리에 있는 좁은 길. 속칭 톳재이비루라고
   한다. 고모산성 남쪽 벼랑길이다.

89) 陳琳(진림): 後漢의 문장가. 자는 孔璋. 主簿 벼슬에 있으면서 외부 군사를 불러들여
   십상사를 치려는 何進에게 말리는 간언을 하였다. 袁紹가 曹操 정벌에 나서기 전 지은
   격문이 유명하다. 원소가 망하고 조조에게 돌아가니, 그 재주를 아껴 그 죄를 묻지
   않고 서기로 삼았다. 글재주가 무척 뛰어나 많은 국가, 군사 등에 관한 글과 격문은
   그의 손에서 나왔다.

90) 孫吳(손오): 孫武와 吳起. 중국 전국시대의 병법가이다.

91) 撥亂(발란): 어지러운 세상을 평정하여 잘 다스림.

92) 諸葛(제갈): 蜀漢의 宰相 諸葛亮. 隆中에 은거하고 있을 때 劉備의 三顧草廬에 못 이겨
   出仕한 후 劉備를 보좌하여 천하 三分之計를 제시했고, 荊州와 益州를 취하고 蜀漢을
   세우는 데 큰 공헌을 했다. 또 南蠻을 평정하고 北伐을 주도했다. 유비가 죽은 뒤,
   遺詔를 받들어 後主인 劉禪을 보필하다가 魏나라의 司馬懿와 五丈原에서 대전중 陳中
   에서 죽었다. 그가 지은 〈出師表〉는 名文으로 유명하다.

93) 呂蒙(여몽): 吳나라의 명장. 젊었을 때에는 자형인 鄧當에게 의탁했으나, 뒤에 孫策의
   장수가 되었다. 벼슬은 別部司馬, 偏將軍, 虎威將軍, 南郡太守, 漢昌太守 등을 역임했
   다. 皖城을 공격하여 점령하고 濡須의 전투에서 방어를 잘하였으며, 지혜로 長沙,
   零陵, 桂陽 등 三郡을 취했고, 關羽가 지켰던 荊州를 탈취하였다.

94) 謂秦無(위진무): 晉나라 士會가 秦나라와 싸우다가 망명하니 晉나라가 자국에서 처벌
   하겠며 돌려달라고 하여 秦나라 康公이 돌려보내려 하자, 繞朝가 돌려주면 안된다고
   진언했으나 받아들여지지 않았을 때 그가 사회에게 "그대는 진나라에 사람이 없다고
   생각지 말라. 내 의견을 따르지 않았을 따름이다.(子無謂秦無人, 吾謀適不用也.)"라고
   한 것을 염두에 둔 표현임.

95) 侯(후): 侯嬴, 전국시대 魏나라 隱士. 위나라 信陵君이 맞아 上客으로 삼았다. 秦나라가
   趙나라를 포위하자, 조나라의 구원 요청을 받아들여 秦나라를 물리치도록 하면서 신
   릉군에게 말하기를 "신은 늙어서 종군하지 못합니다. 날짜를 계산하여 공께서 진비의
   군중에 이르는 날 북쪽을 향해 스스로 목을 찔러 자결하겠습니다." 했는데, 과연 그날
   후영이 자결했다고 한다.

96) 鄧(등): 鄧芝. 삼국시대 蜀나라 문신. 劉備가 益州를 점거했을 때 郫令을 지냈고, 제갈
   량의 부탁으로 吳나라를 수차례 왕래하며 우호관계 회복에 노력하여 魏나라에 항거하
   도록 하는 공을 세운다.

97) 僕: 余.

98) 江淮(강회): 중국 揚子江과 淮水 유역을 지칭. 지금의 江蘇省과 安徽省 일대이다. 唐나

8월 23일。맑음。

임시거처에 머물렀다.

권종경(權從卿: 權景虎, 趙竤의 4촌처남)·곽경택(郭景澤) 등 여러 사람들이 각기 술과 떡을 가지고 와 바위 위에 모여 함께 먹었는데, 내일 길을 떠나는 나를 전별하기 위함이었다.

들건대 며칠 동안 내려가는 왜적들이 밤낮으로 끊이지 않는다고 하였다.

二十三日。晴。

留寓次[102]。權從卿·郭景澤諸公, 各持酒餅, 會岩上共破, 爲餞明日之行也。聞數日來下去之倭, 晝夜不絶云。

8월 24일。맑음。

오늘은 일진(日辰)이 불길하다며 여러 사람들이 힘써 제지하는지라, 내일 길을 떠나기로 변경하였다. 아침식사 후에 골짜기의 10여 명들과 함께 산에 올랐는데, 마침 송이버섯 20개를 얻어서 밥을 지어 함께 먹고 저녁이 되어서야 돌아왔다.

二十四日。晴。

라 張巡과 許遠이 睢陽城을 지켜 강소성과 안휘성을 보존하였다는 뜻으로 쓰인다. 이를 강회의 保障이라 한다.

99) 襄陽(양양): 長江 가운데 가장 북단의 한수와 접한 荊州의 북단에 있는 지명.

100) 襄陽不屬吳(양양불속오): 孫權이 蜀漢의 劉備와 함께 魏나라 曹操를 赤壁에서 격하였으나, 형주의 귀속문제를 두고서 유비와 대립하게 되자 되레 조조와 결탁하여 유비의 용장 關羽를 물리쳐 죽이는 등 江蘇·安徽의 남부, 浙江·江西·湖北·湖南·福建, 그리고 廣東 방면까지 영토를 확장해 지배하게 되었지만, 끝내 晉나라에 항복한 것을 일컬음.

101) 進明(진명): 河南節度使 賀蘭進明. 安祿山의 난 때 張巡이 許遠과 함께 睢陽城을 지키며 적장 尹子琦와 싸워 몇 번이나 물리쳤으나, 몇 달이나 고수하다가 중과부적에 식량마저 떨어진 상태에서, 그의 부하장수 남제운이 군사를 빌려달라고 청하였지만 장순의 명성을 시기하여 고의로 구원병을 보내지 않은 인물이다.

102) 留寓次: 留蘆谷.

以今日日不吉, 諸君力止, 更以明日發程◇[103]。食後, 與洞中諸公十
餘輩上山, 摘得松蕈二十本, 炊飯共破[104], 乘夕而還。

8월 25일。맑음。

일찍 식사를 하고나서 출발했는데, 신극(申克) 또한 합천(陜川) 땅에
계시는 그의 어머니를 뵙고자 하여 함께 동행하였고, 명아(命兒: 검간의
장자 조기원인 듯)가 동시에 떠나서 돌아갔으니 속리산(俗離山)에 어머니
가 계신 곳으로 가 뵐 것이었다.

○ 저녁 때 중모현(中牟縣)에 들어서 금잔촌리(金盞村里: 道安里)에 머
물러 묵었다.

二十五日。晴。

早食而發, 申克亦爲覲其慈氏于陜川地, 與之同行, 命兒同時發歸,
覲于俗離山慈氏之所。○ 夕, 投中牟縣, 金盞村里[105]止宿。

8월 26일。비。

새벽에 출발하여 천하촌(川下村: 모동면 수봉리)에 들었지만 세찬 빗줄
기가 그치지 않아서 아침밥을 먹고는 그대로 머물러 묵었다. 그 마을
의 사족(士族) 신경신(申景信) 및 얼족(孼族) 황세필(黃世弼)·이사신(李士
信)·황인복(黃仁復)·이복정(李福貞)·황엽(黃曄) 등이 술을 가지고 찾아와
보고나서 머물러 있을 동안의 먹거리를 마련해주었다. 오랜 벗 황현

---

103) 爲計.

104) 破: 喫.

105) 金盞村里(금잔촌리): 경상북도 상주시 모서면 道安里. 도안 또는 역마루로 불렸는데,
    1914년 행정구역 통폐합 때 雲山里·佳山里·金盞里를 병합하여 도안리라 했다. 금잔리
    는 삼포천과 금계천이 만나는 지점의 남동쪽에 있는 마을이다.

경(黃玄慶) 또한 다른 마을에서 찾아와 보고 송이버섯 7,8개를 주었다. 이사신은 바로 돌아가신 할아버지의 6촌뻘이 되는 족친(族親)이고 이복정은 그의 아들이다. 옛정을 이야기하고 지금을 슬퍼하니 나도 모르게 눈물이 방울져 떨어졌다.

二十六日。雨。

曉發, 投川下村[106], 雨勢不止, 朝食仍留宿。其里士族申景信及[107] 孼屬黃世弼·李士信·黃仁復·李福貞·黃曄等, 持酒來見, 爲餉留時飯。知舊黃玄慶, 亦自他村來見, 兼惠松蕈七八本。士信, 卽吾先祖考再從戚, 而福貞其子也。道舊悲今, 不覺淚落[108]。

8월 27일。맑음。

새벽에 출발하여 오도현(吾道峴)을 넘고 황간현(黃磵縣)을 지나갔는데, 관아 및 읍내 주거지가 죄다 불타서 잿더미가 되었는지라 잡초가 남아있는 터를 뒤덮고 있었다. 관아 앞의 도로가에는 큰 나무막대기가 줄지어 세워져 있는데, 사람의 시체가 거꾸로 매어달려 있는 것이 무려 4,5개에 이르렀고 팔다리와 몸이 반쯤 썩어서 문드러져 있었으니, 곧 지난번 왜놈들이 황간현에 들어왔을 때 저지른 소행이라고 하였다.

아침밥을 전충효(全忠孝)의 집 앞에서 지었는데, 전충효와 그의 아들 전여덕(全汝德)이 나와서 맞이하였고 안국민(安國民, 字는 景臨) 또한 자기의 집에서 나와 맞이하였으니, 안국민은 곧 김경열(金景悅)의 처남이다. 전공(全公: 전충효)으로부터 이의술(李義述: 李胤呂, 검간의 동서)이 살

---

106) 川下村(천하촌): 경상북도 상주시 모동면 수봉리에 있는 자연부락. 조선시대 이래 장수황씨들이 대대로 터를 잡아 살았다고 한다.

107) 及: 누락.

108) 淚落: 泪落.

해됨은 틀림없음을 처음 들었고 그의 가솔들이 지금 황간현 남쪽 물한 리(勿罕里: 物旱里) 산골짜기에 임시로 지낸다고 하나, 갈길이 바빠서 찾 아가보지 못하는 것이 매우 한스러웠고 깊이 한탄하였다.

낮에 우도령(牛刀嶺: 우두령 또는 질마재)을 넘어 저녁 때에서야 고개아 래 마을에 묵었다. 듣건대 의병장 조헌(趙憲)이 그의 아들(역자 주: 趙完 基) 및 군졸 800여 명을 거느리고 승군(僧軍: 靈圭의 승려군)과 함께 금산 (錦山)에 가서 적진을 경솔히 범하였다가 적군에게 포위되어 전군이 거 의 다 피살되었는데 사인(士人)이 더욱 많았고, 조헌의 부자가 함께 진 중(陣中)에서 죽었다고 하였다. 이 사람이 단지 충분(忠憤)만 품고 자신 의 능력을 헤아리지 않은 채 왜적을 가벼이 보았다가 패배를 자초하였 지만, 전쟁에 임하여 두려워했던 자와는 달랐다.

二十七日。晴。

曉發, 踰吾道峴[109], 歷黃磵縣, 縣宇及邑居, 盡爲灰燼, 草掩遺墟矣。 縣前道傍, 列竪長竿, 倒懸人屍者, 多至四五, 肢体爲牛[110]腐破, 卽前 日倭奴入縣時所爲云。◇[111]朝炊于◇[112]全忠孝家前, 忠孝及其子汝德 出見, 安國民景臨亦自其家來見, 景臨乃金景悅◇[113]妻娚也。憑全公 始[114]聞李義述遇害丁寧, 其家屬今寓于縣南勿[115]罕[116]山谷中云, 行忙 未得往訪, 深恨深恨[117]。午踰牛刀嶺[118], ◇[119]夕投嶺下村宿。◇[120]聞

---

109) 吾道峴(오도현): 吾道峙. 충청북도 영동군 황간면 우매리와 경상북도 상주시 모동면 수봉리를 동서로 연결하는 고개. 현재 49번 국도가 지나가고 있다.

110) 爲牛: 牛.

111) 所見極慘 目不忍接矣.

112) 縣南.

113) 之.

114) 始: 備.

115) 勿: 物.

116) 勿罕(물한): 物罕. 충청북도 영동군 상촌면 물한리.

117) 云 行忙未得往訪 深恨深恨: 拒此僅一息之地云 而回公下去 勢難尋見 可恨可恨.

118) 牛刀嶺(우도령): 충청북도 영동군 상촌면 흥덕리에 있는 고개. 현재는 우두령으로

義兵將趙憲[121], 率其子[122]及軍卒八百餘人, 與僧軍[123], 同赴錦山郡, 輕犯賊陣, 爲賊所圍, 一軍幾盡被殺, 而士人尤多, 渠父子同死陣中云。此人徒懷忠憤, 不量己力, 輕賊取敗, 其與臨事而懼者異矣。

8월 28일。처음 서리가 내림。

새벽에 길을 떠나 우현(牛峴)을 넘으니, 무신(武臣) 변혼(卞渾)이 병사 400여 명을 이끌고 고개 마루에 와서 지키고 있었다. 거창(居昌) 이하

또 질마재로도 불린다.

119) 嶺頭 知禮軍三十餘名 來守矣.

120) 自中牟歸居昌 直向秋風驛可也 而今之迂由黃磵者 以金山郡 方有賊奴故也.

121) 趙憲(조헌, 1544~1592): 본관은 배천(白川), 자는 汝式, 호는 重峯·陶原·後栗, 시호는 文烈. 李珥·成渾의 문인이다. 1567년 式年文科에 급제하고, 호조와 예조의 좌랑·감찰을 거쳐 通津縣監으로 濫刑한다는 탄핵을 받고 富平에 유배되었다. 1581년 공조좌랑에 등용되어 全羅道都事·宗廟署令을 거쳐 1582년 報恩縣監으로 나갔다. 1586년 공주제독관이 되어 동인이 이이·성혼을 追罪하려는 것을 반대하고 고향에 내려가 임지를 이탈한 죄로 파직 당하였다. 1589년 동인을 공박하다가 길주에 귀양 가고, 그해 鄭汝立 모반사건이 일어나 동인이 실각하자 풀려났다. 임진왜란이 일어나자 沃川에서 의병을 일으켜 1,700여 명을 모아 靈圭 등 승병과 합세하여 청주를 탈환하였다. 이어 전라도로 향하는 왜군을 막기 위해 錦山으로 향했으나, 전공을 시기하는 관군의 방해로 의병이 대부분 해산되고, 700명의 의병으로 금산전투에서 분전하다가 의병들과 함께 모두 전사하였다.

122) 其子(기자): 趙完基(1570~1592)를 가리킴. 본관은 배천(白川), 자는 德恭, 호는 道谷. 의병장 趙憲의 아들이다. 1592년 임진왜란 때 沃川에서 의병을 일으킨 아버지를 따라 종군하여 淸州에서 승장 靈圭의 군사와 합세하여 적을 격파하였다. 그해 錦山의 적을 공격하다가 역습을 받아 순사하였다.

123) 僧軍(승군): 승려 靈圭가 이끈 의병군. 靈圭(?~1592)는 密陽朴氏. 호는 騎虛. 충청남도 공주 출신. 계룡산 甲寺에 들어가 출가하고, 뒤에 休靜의 문하에서 법을 깨우쳐 그의 제자가 되었다. 임진왜란이 일어나자 분을 이기지 못하여 3일 동안을 통곡하고 스스로 승장이 되었다. 義僧 수백 명을 규합하여 관군과 더불어 청주성의 왜적을 쳤다. 관군은 패하여 달아났으나 그가 이끄는 승병이 분전하여 마침내 8월초 청주성을 수복하였다. 이어 의병장 趙憲이 전라도로 향하는 고바야가와(小早川隆景)의 일본군을 공격하고자 할 때, 그는 관군과의 연합작전을 위하여 이를 늦추자고 하였다. 그러나 조헌이 듣지 않자 그는 조헌을 혼자서 죽게 할 수는 없다고 하면서 조헌과 함께 금산전투에 참가하였다. 그리하여 조헌이 이끄는 의사와 영규가 거느린 승군은 1592년 8월 18일 금산전투에서 최후의 한사람까지 싸워 일본군의 호남침공을 저지하였다.

산음(山陰)·안음(安陰)·단성(丹城)·진주(晉州)·함양(咸陽)·함안(咸安)·삼가(三嘉)·의령(宜寧)·사천(泗川)·초계(草溪)·합천(陜川) 등지를 잘 방어한 까닭에 왜적들이 쳐들어와 주둔하지 못한다고 하였다. 의병장 김면(金沔)이 수천 명의 병사를 이끌고 성주(星州)에 머물러 있는 왜적을 토벌하려 도모하던 차에 출정하다가 거창현을 더욱 도왔고, 합천(陜川) 정인홍(鄭仁弘) 및 현풍(玄風) 곽재우(郭再祐) 또한 각기 거느린 의병들을 나누어 매복시켜서 적을 잡으려고 조치하였는데 곽공(郭公: 곽재우)의 용병술이 자못 귀신과 같아서 적도(賊徒)들은 간담이 서늘해져 벌벌 떨었다고 하였다. 하도(下道: 아래 지역)는 초유사(招諭使: 김성일)가 조치한 것이 체통을 얻은 까닭에 의병이 모이면 많게는 수만에 이르고 군량[糇糧]과 병장기는 모두 관청에서 변통해 마련해주기 때문에 군대의 함성이 바야흐로 떨쳐져 아마도 적을 섬멸할 기약이 있을 것이었는데, 초유사 영감이 좌절(左節: 경상좌도 관찰사)에 승진하여 진(鎭)을 옮기게 되자 경상우도 사람들이 마치 원수(元首)를 잃은 듯해 지극한 아쉬움을 이기지 못하여 여러 고을의 유생들이 모두 모여 상소를 올려 행재소(行在所)에 호소하였다고 한다. 지례(知禮)의 왜적은 일찍이 의병에 의해 토벌되어 절반이 넘도록 사망하였으며, 나머지 또한 도망쳐 되돌아갔다고 하였다.

○ 저녁에는 영창리(永倉里: 新倉里의 오기)에 투숙하였다. 거창군 사람 변희정(卞希禎)이 의병운량감관(義兵運粮監官)이 되어 와서 현사(縣司: 집무소)에 있었는데, 관아에서 저장한 곡식은 이미 바닥나서 민간의 곡식을 가져다 쓴 것이 또한 수천여 석을 넘었으며, 하루에 소비하는 쌀이 무려 30석에 이른다고 하였다. 대부분 함께 왜적을 토벌하였는데, 군사들의 마음이 의병의 모집에 응할 때면 온힘을 다하였으면서도 관군에 배속되면 벗어나기를 바랐고, 또 공부(公簿: 관아 병부)에는 올려지는 것을 싫어하면서도 의적(義籍: 의병 명부)에는 다투어 오르려고 하

였다. 조정이 이미 그 유익함을 알았기 때문에 사자(使者)를 보내어 의병을 불러모은 것은 진실로 우연이 아니었다. 이러한 큰 난리를 당하여 의병의 힘을 빌리지 않는다면 왜적 토벌하는 것을 기약할 수 없으니, 의병을 모집하는 것이 국가에 관계됨은 이와같다. 그러나 저 관군들은 깊숙이 바위구멍 속에만 숨고서 스스로 왜적을 토포하려는 조치를 하지 않았으면서도 또 사람들이 거사하는 것을 막고 있으니, 이 또한 무슨 마음에서인가? 가증스러웠고 괘씸하였다.

二十八日。始下霜。

曉發, 踰牛峴[124), 有武臣卞渾[125)領兵四百餘人, 來守嶺頭矣。居昌以下山陰·安陰·丹城·晋州·咸陽·咸安·三嘉[126)·宜寧[127)·泗川·草溪[128)·陜川等邑, 以善禦之故, 賊未入屯云。義兵將金沔, 率數千兵, 謀討星州留賊次[129), 出陣加助縣, 陜川鄭仁弘及玄風郭再祐, 亦各提義旅, 分伏措捕, 而郭公用兵頗神, 賊徒膽慄云。下道, 則以招諭使措置得體之故, 義兵之集, 多至數萬, 而糇粮器械, 皆自官辦出, 軍聲方振, 庶有勦滅之朝, 而招諭令公, 遞陞左節移鎭, 右道之人, 如失元首, 不勝缺望[130)之至, 諸邑儒生, 咸聚拜疏, 以籲行在云。知禮[131)之賊, 曾

---

124) 牛峴(우현): 牛脊峴(牛旨峴, 牛旨嶺, 牛旨峙로도 불림). 경상남도 거창군 웅양면과 경상북도 김천시 지례면 경계에 있는 고개. 임진왜란 중에는 일본군이 전라도로 진격하는 要路 중 하나였다.

125) 卞渾(변혼, 1559~1626): 본관은 草溪, 자는 明叔. 1591년에 무과에 급제하였으나 벼슬에는 나아가지 않았다. 1592년 임진왜란이 일어나자, 士人 全雨와 함께 초계에서 의병을 일으켰다. 곧 거창 의병장인 金沔을 도와 출전했는데, 항상 선봉장으로서 우지령, 병암 등에서 왜적을 격퇴하여 왜적이 거창으로 침입하는 것을 막았다. 이에 초유사 김성일에 의해 聞慶 假守가 되었고, 1597년 정유재란 때는 왜적이 황석산성을 공격해오기 때문에 군마를 양성하여 이를 격퇴시켰다. 1614년 巨濟縣令에 임명되고, 이후 월갑 첨사, 위원 군수 등을 거쳐 삭주 부사를 역임했다.

126) 三嘉(삼가): 경상남도 합천군에 위치한 고을.

127) 宜寧(의령): 경상남도 중앙에 위치한 고을.

128) 草溪(초계): 경상남도 합천군 중동부에 위치한 고을.

129) 次: 누락.

130) 缺望(결망): 바라는 대로 이루어지지 아니하여 원망함.

爲義旅所討, 過半死亡, 餘亦逃歸云。○ 夕, 投宿永倉[132]。郡人卞希
禎[133], 爲義兵運粮監官, 來在縣司[134], 官穀已竭, 收用私儲者, 亦過數
千餘石, 一日所費米, 多至三十石云。大槩, 同是討賊, 而軍情應募則
致力, 屬官則解體, 且厭係公簿, 而爭趨義籍。朝廷已知其有益, 故遣
使招募者, 誠非偶然。當此弘亂, 不賴義師, 則討賊無期, 募兵之有關
於國家如是。而彼[135]深伏岩竇, 不自措捕, 而又欲沮人之擧事◇[136], 亦
獨何心? 可憎可憎[137]。

8월 29일。맑음。

새벽에 출발하여 거창현(居昌縣)에 도착하자마자 순찰사(巡察使: 韓孝
純)를 뵙고 인사하며 순영(巡營)을 찾아온 곡절을 아뢰고는 문장(文狀:
공문서)을 바치니, 방백(方伯: 韓孝純)이 재빨리 손으로 뜯어보고서 마음
을 기울여 채택하고 받아들였는데 간절히 말한 모든 일들이 하나하나
시행되었다.

저녁밥을 먹고 나와서, 찰방(察訪) 조윤지(曺胤祉)와 함께 침류정(枕流
亭)에서 같이 묵었다. 조공(曺公: 조윤지)은 김산(金山: 金泉) 사람으로 병란
을 피하기 위하여 왔다가 나그네로서 현청(縣廳: 관아)에 묵고 있었다.

二十九日。晴。

曉發, 抵居昌縣, 卽拜◇[138]巡察使, 爲陳所來曲折, 仍呈文狀, 方

---

131) 知禮(지례): 경상북도 김천시에 위치한 고을.
132) 永倉: 新倉. 조선시대 거창군 웅양면은 東邊里, 新倉里, 和洞里, 竹林里 등 5개 리를
두었던바, 新倉의 오기.
133) 卞希禎: 卞希璜.
134) 縣司(현사): 縣의 공무를 맡아서 보던 집무소.
135) 彼: 彼徒費國廩.
136) 者.
137) 可憎可憎: 痛憎痛憎.
138) 于.

伯¹³⁹⁾疾手開見, 傾心採納, 所控諸事, 一一施行。夕飯而出, 與曹察訪
胤祉¹⁴⁰⁾, 同宿枕流亭¹⁴¹⁾。曹公, 金山人也, 爲避兵火, 客寓縣廨矣。

---

139) 方伯(方伯): 韓孝純을 가리킴. 1592년 임진왜란이 일어나자 8월 영해에서 왜군을 격파
   하고 경상좌도관찰사에 승진, 순찰사를 겸임하게 했기 때문이다.

140) 曹察訪胤祉(조찰방윤지): 찰방 曹胤祉(생몰년 미상). 본관은 昌寧, 자는 文吉. 아버지
   는 曹士虞이다. 楊口縣監을 지냈다.

141) 枕流亭(침류정): 흐르는 물로 베개를 삼아 쓸데없는 세상 이야기를 듣고 더러워진
   귀를 씻는다는 뜻으로, 1552년 거창 관아의 공청으로 건립된 건물.

9월 정사삭

9월 1일。 흐림。

　이른 아침에 방백(方伯: 韓孝純)을 찾아 뵙고나서 시국의 시급한 일을 의논하였는데, 방백 또한 의병이 왜적 토벌에 관계됨을 알고 있어서 의병 모집을 힘써 권하였다. 이에 정경세(鄭經世)·권경호(權景虎: 趙竑의 4촌처남)·신담(申譚)을 각기 자기의 고을 소모관(召募官)으로 삼아서 관군에 구애받지 말고 아울러 모집할 수 있도록 허용하였다. 또 전령(傳令)을 통해, 상주(尙州)에는 군량미 50석, 궁자(弓子: 활) 10장(丈), 장전(長箭: 긴 화살)과 편전(片箭: 짧은 화살) 각기 20부(部)씩을, 함창(咸昌)에는 쌀 20석을, 문경(聞慶)에는 쌀 20석과 활·화살은 모두 상주와 똑같이 의병소(義兵所)에 지급하게 하며, 본영(本營: 경상우도 감영)에서 보관했던 궁자 3장, 장전과 편전 모두 10부, 총통(銃筒) 7부, 능철(菱鐵) 500개, 철환(鐵丸) 500개를 보내주도록 하였다.

　아침밥을 먹고나서 작별 인사를 하고 나왔지만, 사사로운 연고로 인하여 길을 떠날 수가 없었다. 거창 현감(居昌縣監) 정삼변(鄭三變)과 도사(都事) 김영남(金穎男)이 모두 진소(陣所: 병영)에서 들어왔다는 것을 듣고, 두 사람은 일찍이 알고지내던 사람이라 즉시 찾아가 서로 만나보았는데, 김영남은 담력과 지략이 있어서 왜란이 일어난 후에 특별히 순찰사 막하로 선발되어 이곳에 와 여러번 적의 칼날을 만났지만 살해되는 것을 면했다고 하였다.

　○ 저녁에 조공(曺公: 曺胤祉)과 함께 침류정(枕流亭)에서 같이 묵었다.

조윤지는 상주 목사(尙州牧使: 金澥)와 5촌이 되는 친척이라고 하나 며칠간 이야기를 나누는 동안 상주 목사의 허물에 대해 심도있게 말하니, 돕는 것이 적어지면 친척들조차 버린다고 하더니 어찌 참으로 그렇지 않은가? 방백 또한 조공을 통해 상주 목사에 관한 일을 빠짐없이 들었기 때문에 분하고 미워하는 마음을 깊이 지니게 되었다.

九月大 丁巳朔 一日。陰。

早朝入拜方伯, 仍論時務, 方伯亦知義兵之有〈關〉於討賊◇[1], 力勸召募。乃以鄭經世[2]◇[3]·權景虎[4]◇[5]·申譚◇[6], 各爲其本邑召募官[7], 勿拘官兵[8], 並許招募[9]。且傳令[10]尙州, 軍粮米五十石, 弓子十丈, 長片箭各二十部, 咸昌米二十石, 聞慶米二十石, 弓矢並如尙州, 題給[11] 義兵所, 本營所藏[12]弓子三丈, 長片箭並十部, 銃筒[13]七部, 菱鐵[14]五百介, 鐵丸五百介, 見遣矣。朝飯後, 拜辭而出, 因私[15]故不得發行。聞主倅鄭三燮[16]·都事金穎男[17], 俱自陣所入來, 兩君皆曾所知[18]之人也,

---

1) 矣.

2) 鄭經世: 鄭景任.

3) 爲尙州召募官.

4) 權景虎: 權從卿.

5) 爲咸昌召募官.

6) 爲聞慶召募官.

7) 各爲其本邑召募官: 使之各募鄕兵.

8) 官兵: 官軍.

9) 許招募: 皆許應以□ 義兵大將指揮.

10) 傳令: 移關.

11) 題給(제급): 관부에서, 백성이 제출한 소장이나 원서에 판결이나 물건의 지급 지시 등을 써 주는 일을 이르던 말.

12) 所藏: 所儲.

13) 銃筒: 鳥銃.

14) 菱鐵(능철): 도둑이나 적을 막기 위해 땅에 흩어 두던, 날카로운 가시가 네다섯 개 달린 쇠못.

15) 因私: 適有緊.

16) 鄭三燮(정삼변, 1544~?): 본관은 迎日, 자는 德全. 거주지는 영천이다. 1573년 식년시에 급제하였다.

卽往相見, 金公有膽畧, 亂後特選使幕來此, 屢當賊鋒免害云。○ 夕,
與曹公同宿枕流亭。曹於尙牧, 爲五寸之親云, 而數日接話, 深言尙牧
之失, 寡助親叛[19], 豈不信然? 方伯亦因曹公, 備聞尙牧事, 故深有憤
疾之意矣。

9월 2일。비。

거창 현감(居昌縣監: 鄭三變)이 찾아와서 아침식사를 같이 하였는데,
종이 묶음과 길가다 먹을 음식 등을 아울러 보내주었다.

○ 당인(唐人: 중국 사람) 허의준(許儀俊: 許儀後의 착오)이 일본에서 대
명(大明: 명나라)에 보낸 문자(文字: 글)를 얻어 보았다. 허의후는 본래 명
나라 유생(儒生)으로 지난 신미년(1571)에 포로가 되어 왜국에 들어갔다
가 그대로 억류된 채 돌아오지 못했는데, 왜놈들이 장차 군사를 일으
켜 상국(上國: 명나라)을 침범하려는 계획을 미리 알고 그 거사의 곡절
과 임시응변의 책략을 갖추 기록한 것으로서 그가 말한 수백 언의 글
을 왕래하는 사람들에게 부탁하여 상국(上國)에 전달하도록 하였으니,
곧 전년(1591) 9월에 써서 부친 것이었다. 그 문장이 아주 상세하고 적
의 실정을 모두 갖추어서 서술한 게 마치 부절(符節)처럼 부합하였다.
단지 그 가운데 경인년(1590) 5월 고려(高麗: 朝鮮)가 사신을 보내어 일
본에 나귀를 바치고 또 선봉이 되어 대명(大明)을 쳐들어가기로 약속했
다고 하였는데, 이와 같은 몇 마디의 말은 없는 사실을 크게 꾸며 속

---

17) 金穎男(김영남, 1547~?): 본관은 光山, 자는 仲悟, 호는 掃雪. 1572년 별시에 급제하였
다. 아버지는 金訔이고, 장인은 權審言이다.

18) 知: 相知.

19) 寡助親叛(과조친반): 《孟子》〈公孫丑章句 下〉의 "바른 도리를 상실한 사람은 돕는 자가
적어지고, 돕는 자가 적어지다 보면 친척들조차 그를 버린다.(失道者寡助, 寡助之至,
親戚畔之.)"에서 활용한 어구.

인 것으로 무슨 근거로 그와 같이 운운하였는지 알 수가 없었다. 가소
로웠고 개탄스러웠다. 저들의 고집스런 요청으로 인하여 사신을 파견
한 것이야 아닌 게 아니라 있었을지라도, 어찌 나귀를 보내는 일이 있
었겠는가? 공려(貢驢: 나귀를 바침)를 지적하며 말하는데, 공(貢)이란 것
은 아랫사람이 윗사람 받드는 것을 이르는 말로 혹여 나귀가 있어 선
물로 주는 것이라면 사(賜)로 일컬어야 하거늘, 어찌 아랫사람에게 공
(貢)자를 쓸 수가 있단 말인가?

　二日。雨。

　主倅來見, 仍對朝飯, 兼以紙束行饌見遣◇[20]。○ 得見唐人許儀俊[21]
所送◇[22]大明文字。許本大明儒士也, 往在辛未年, 被擄入倭, 仍留不
得還, 預知倭奴將有稱兵犯上之計, 備錄其擧事由折及臨時應變之策,
其說累數百言, 轉付往來人, 以達上國, 書卽前年九月中所發也。其文
甚詳, 俱述賊情, 若合符契。但其中, 有庚寅五月, 高麗遣使貢驢于日
本, 且爲先鋒, 約入大明云, 此等數語, 太涉誣妄, 不知何所據而云云
耶? 可笑可歎[23]。因彼固請。遣使則果有之, 抑[24]豈有送驢之事乎? 斥
言貢驢[25], ◇[26]貢者以下奉上之辭, 設或有以是物投贈, 賜之云乎? 何

---

20) 矣.

21) 許儀俊(허의준): 許儀後의 착오. 福建省 출신으로, 왜구에 잡혀 포로가 되어 일본 薩摩
　州에 끌려가 그곳에서 살며 일본의 중국 침략 계획에 관한 정보를 제공한 인물. 徐光啓
　의 〈皇明警世編〉을 보면, 이미 임란 전부터 사쓰마의 첩보원들이 본국에 임진왜란
　발발의 첩보를 보냈고 당시 시마즈의 22만 군대와 중국 복건성 사람들의 도움을 받아
　풍신수길을 암살, 제거하려는 계획도 세웠음을 알 수 있다. 허의후 등이 명나라에
　은밀히 보고하기를, "조선이 일본에 나귀를 바치고 일본과 모의하여 명나라를 침범하
　려 하면서 조선이 그의 선봉이 되기로 하였다." 하니, 명나라에서는 자못 우리나라를
　의심하였으므로 우리나라의 패전 소식이 명나라에 이르자 명나라 조정에서는 의논이
　흉흉하였는데, 閣老 許國이 홀로 큰 소리로 말하기를, "내가 일찍이 조선에 사신으로
　간 적이 있어 그 실정을 익히 아는데, 조선은 禮義의 나라이니 결코 이와 같은 짓을
　하지 않을 것입니다."하였다는 일화가 있다.

22) 於.

23) 可歎: 可愕.

24) 抑: 누락.

可下貢字耶?

9월 3일。맑음。

이른 아침에 길을 떠나 저녁에 지례(知禮)에서 묵었다. 전해 들은 소문에 의하면 밀양(密陽)의 적들이 영산현(靈山縣)으로 옮겨 쳐들어오고 있으며, 영산(靈山)·현풍(玄風)·성주(星州)의 적들은 모두 다음 차례에 올라온다고 하는데, 그 저의를 미처 알 수가 없다.

三日。晴。

早朝發行[27], ◇[28] 夕宿知禮地[29]。傳聞密陽賊, 移入靈山縣[30], 靈山·玄風·星州之賊, ◇[31]皆以次上來云, 其意未可知也。

9월 4일。맑음。

새벽에 길을 떠나 우도령(牛刀嶺)을 넘으면서 사확(士擴: 李弘道, 權景虎의 손자인 權以說의 장인, 士廓으로도 쓰임) 형은 먼저 되돌아가고 나는 이의술(李義述: 李胤呂, 검간의 동서)의 가솔들을 찾아 보고자 물한리(勿罕里: 物旱里) 산골짜기로 돌아 들어갔는데, 날이 어두워져서야 비로소 서로 만날 수 있었다. 이의술의 아내(검간의 처제)가 위로는 늙은 시어머니를 모시고 곁으로는 세 아이들을 이끌며 깊은 산속에 있었고 사방에 친척이라고는 없었는데다 양식조차 또한 다 떨어져 장차 굶어죽을 지경에

---

25) 斥言貢驢: 누락.

26) 且.

27) 早朝發行: 早發.

28) 炊飯牛新倉 踰牛旨峴 見伏兵將卞渾 暫叙寒暄.

29) 夕宿智禮地: 暮投知禮村舍.

30) 靈山縣(영산현): 경상남도 창녕군 영산면 일대.

31) 亦.

이르렀다. 이의술이 살해 당한 것은 6월 26일이었고, 그 후로도 여러
차례 노략질을 당하여 피난짐을 죄다 잃어버려서 몸에 걸칠 옷 하나조
차도 없었으니, 보기에 지극히 참혹하여 입으로 차마 말하기가 어려
울 정도로 가련하고 가련하였다.

황간(黃澗)의 전충효(全忠孝) 또한 그 마을에 임시로 지냈는데 나를
맞이하여 저녁밥을 주었으며, 밤에는 박사정(朴事淨)과 함께 묵었다.

四日。晴。

曉發, 踰牛刀嶺, 士擴兄先歸, 吾則以尋見義述家屬事, 迂入勿罕
谷, 日昏始得相遇。李妻上奉老姑, 傍挈三兒, 寄在深谷, 而四無親知,
粮物亦乏, 將至餓死。義述見害, 在六月二十六日, 厥後屢被擄劫, 盡
失行資, 身且無衣, 所見極慘, 口難忍言, 可憐可憐。黃澗全忠孝, 亦
寓其村, 邀我饋夕飯[32), 夜與朴事淨同宿。

9월 5일。맑음。

해가 밝아올 무렵 다시 이의술(李義述: 李胤呂, 검간의 동서)의 아내를
만나 이달 안에 노곡(蘆谷)의 내가 임시 지내는 곳으로 올라와서 함께
임하(臨河)에 가기로 약속하고서는 먼저 그의 맏아들을 데리고 왔다.
이 아이는 일찍이 또한 포로가 되었던 적이 있어 머리가 죄다 깎여 있
었다. 말에 채찍질을 하여 안경림(安景臨: 安國民) 집에 도착하니, 밥을
지어 대접해 주었다. 식사 후에 중모현(中牟縣)의 옛 주인 집에 도착하
니, 사확(士擴: 李弘道, 權景虎의 손자인 權以說의 장인, 士廓으로도 쓰임) 형이
머물러 있으면서 우리 일행을 기다리고 있었다. 얼족(孽族) 이복정(李福
貞)이 백주(白酒: 막걸리)를 가지고 와서 권하였으며, 사인(士人) 이숭건
(李崇健)·이숭신(李崇信) 및 신경충(申景忠)·신경신(申景信) 등이 또한 와

---

32) 夕飯: 飯.

서 만났다. 저녁이 되어서야 화령현(化寧縣: 상주의 서부지역) 땅에 묵었
는데, 밤이 되자 소나기가 심하게 쏟아졌다.

五日。晴。

平明, 再見李妻, 約以月內上來蘆谷吾所寓之地, 偕往臨河, 先挈其
胤子而來。此兒曾亦被擄, 頭髮盡削矣。促馬來到安◇[33]景臨◇[34]家,
則◇[35]炊飯以待。食後, 到中牟舊舘人之家。則士擴兄留在, 以待吾行
矣。孼族李朴貞, 持白酒來侑, 士人李崇健·崇信兄弟及申景忠·景信
等, 亦來見。夕, 宿化寧縣地, 昏驟雨大作。

9월 6일。맑음。

이른 아침에 길을 떠나 박연(薄淵)에서 밥을 지어 먹고 그대로 정현
경(鄭見卿: 김우굉의 손녀사위)을 조문하였다. 정현경은 6월 중에 그의 선
친(先親)을 적의 칼날에 잃고서 지금 이 산의 골짜기에 임시로 지내고
있다.

오후가 되어서야 비로소 노곡(蘆谷)에 들어가니 가솔이며 골짜기 속
에 있는 사람들이 모두 잘 있었다. 광주 이모(光州姨母: 金宇宏의 부인) 또
한 속리산(俗離山)에서 일찍이 이 골짜기에 와 있었다.

六日。晴。

早發, 炊飯于薄淵, 仍吊鄭見卿[36]。見卿六月中, 喪其先子[37]於賊鋒,
今寓于此山之谷。午後, 始入蘆谷, 家屬及谷中諸人, 皆好在[38]。光州

---

33) 國民.

34) 之.

35) 士擴昨宿于此 朝已發歸矣 景臨.

36) 見卿(현경): 鄭而龍(1572~?)의 字. 본관은 晉陽. 거주지는 상주이다. 1591년 식년시에
급제하고, 典牲署參奉을 지냈다. 검간의 이종사촌인 김득가의 사위인바, 金宇宏의
손녀사위이다.

37) 先子(선자): 先親.

姨母, 亦³⁹⁾自俗離, 曾亦來此谷矣。

9월 7일。 맑음。

듣건대 의병이 어제 가은(加恩)의 신전(薪田) 땅에서 왜적 2명을 포획하고 또 소 4마리를 획득했다고 하였다. 사확(士擴: 李弘道, 權景虎의 손자인 權以說의 장인, 士廓으로도 쓰임) 형은 대장(大將)에게 인사하는 일 때문에 황령사(黃嶺寺)로 되돌아갔고, 나는 오한이 나고 심기가 불편하여 미처 가서 인사할 수가 없었다.

○ 사람을 어머니가 계신 영대암(靈臺菴)으로 보내어 안부를 물었다.

七日。晴。

聞義兵昨於加恩薪田之地, 捕倭二級, 且得牛四頭云。士擴兄, 以拜大將事, 歸黃嶺寺, 僕⁴⁰⁾則感寒氣愆, 未得往拜⁴¹⁾。○ 伻候⁴²⁾安否于靈臺菴慈氏所。

9월 8일。 맑음。

병이 아직도 완쾌되지 않아 종일토록 누워 신음하고 있자, 이모님이 올라왔다가 저녁밥을 먹고 되돌아갔다. 날이 어두워지자, 큰비가 새벽녘까지 쏟아졌다.

八日。晴。

病尙不快, 終日臥吟, 姨母主⁴³⁾上來, 夕飯而歸。昏, 大雨達曙。

---

38) 好在: 得保全矣.

39) 亦: 누락.

40) 僕: 吾.

41) 往拜: 偕進.

42) 伻候(팽후): 사람을 보내어 안부를 묻는 일.

43) 主: 누락.

9월 9일。아침에는 비내리다가 저녁에 맑음。

약소하나마 절기에 나는 과일을 갖추고 지방(紙牓)을 설치하여 선친 (先親)의 신위(神位)에 제사를 지냈다. 가을 9월은 본래 아버지의 사당에 제사지내는 달인데, 지금 절일(節日: 重陽節)을 맞이하니 마음이 더욱 혼란스러웠고 선산을 한탄하며 바라보니 오장이 찢어지는 것 같아서 변변찮은 제사상 차리고 헛된 말로 비록 대충대충 한다라고 할지언정 또한 어찌 스스로 그만둘 수야 있겠는가? 날이 저물어서야 제사지낸 음식을 어머니 계신 곳으로 보내고는, 여러 벗들을 맞이하여 암석 위에 모여서 잠깐 이야기를 나누었다.

九日。朝雨晚晴。

略備時物, 設紙牓, 奉奠于先考位。九秋本是祭禰之月[44], 今遇節日, 心緒益撓, 悵望家山[45], 五內如割, 薄具虛說, 雖曰草草[46], 而[47]亦安能自已也? 日晚, 送祭餘于慈氏所, 仍邀諸友, 暫話于岩石上。

9월 10일。맑음。

사확(士擴: 李弘道, 權景虎의 손자인 權以說의 장인, 士廓으로도 쓰임) 등 여러 사람들과 함께 대장(大將: 李逢)에게 가서 인사하였다. 오후에 대장은 병사를 이끌고 대현(大峴)에 복병(伏兵)을 설치하였으며, 우리들은 어두워져서야 되돌아왔다.

듣건대 내려오는 적들이 유곡(幽谷: 문경 소재 유곡역) 이하로부터 40여 리나 길게 이어졌으며, 함창(咸昌) 지경에 묵기 위하여 머물러 있다

---

44) 九秋本是祭禰之月(구추본시제녜지월):《近思錄》의 "늦가을에는 아버지의 사당에 제사지낸다.(季秋祭禰。)"라는 구절을 활용한 표현.
45) 家山(가산): 집안의 묘지. 곧 先山이다.
46) 草草(초초): 간략한 모양.
47) 而: 누락.

고 하였다.

○ 명아(命兒: 검간의 장자 조기원인 듯) 및 서조모(庶祖母)와 기식(奇息: 미상) 등이 속리산(俗離山)에서 돌아왔다.

十日。晴。

與士擴諸君, 往拜大將。午後, 大將領兵設伏于大峴, 吾等乘昏還來。聞下來之賊, 自幽谷[48]以下, 連亘四十餘里, 留宿于咸昌之境云。
○ 命兒及庶祖母·奇息等, 還自離山。

9월 11일。맑음。

먼동이 트기 전인 이른 새벽에 멀리 바라보니 적병의 불들이 가은 (加恩)·황령(黃嶺)·달전(達田: 大田) 등 여러 곳에서 성하게 일어나 가솔들을 이끌고 급히 산꼭대기에 올라갔다가 날이 저물어서야 내려왔다.

들건대 장서(掌書: 서기) 김희남(金喜男)이 진소(陣所: 병영)로부터 돌아오다가 날이 저물어 가은(加恩)의 시골집에 들어서 머물러 묵었는데 먼동이 트기 전인 이른 새벽 무렵 왜적의 칼날에 살해를 당하여 의병 막부(幕府)의 문서 등 물건들을 죄다 빼앗겼다고 하니, 놀라움과 슬픔을 금치 못하여 놀라고 슬퍼하였다.

十一日。晴。

曉頭望見, 賊火盛起于加恩·黃嶺·達田諸處, 率家屬急上山頂, 日暮下來。聞掌書金喜男[49]◇[50], 自陣所還來, 暮投加恩村舍止宿, 曉頭爲賊鋒所害, 幕中文書等物, 盡數被奪, 不勝驚怛驚怛。

---

48) 幽谷(유곡): 경상북도 聞慶縣 남쪽 40리 지점에 위치한 역.

49) 金喜男(김희남, 생몰년 미상): 본관은 光山, 자는 而慶. 李葳壽의 셋째사위 찰방 金訒의 아들. 외숙 李愈(1522~1593)은 1592년 임진왜란 때 많은 전공을 세웠으며 1593년 예천 수어장으로서 중과부적으로 진중에서 전사했고, 李應(1536~1597)은 임진왜란 때 의병을 모집하였다.

50) 而慶.

9월 12일。맑음。

왜적을 피하기 위하여 이른 새벽 산에 올라갔다가 저녁이 되어서 내려왔다. 정경임(鄭景任: 鄭經世)·김경추(金景樞) 및 심중(審仲: 趙竤, 검간의 동생)이 일찍이 병사들을 합하여 야간에 공격하는 일로 용궁 현감(龍宮縣監: 禹伏龍)이 있는 곳으로 갔다가 길이 막혀서 오래도록 머무르며 지체되다가 오늘에서야 비로소 돌아왔다.

삼가 경상도의 선비와 백성들에게 내리는 교서(敎書)를 보니, 반성하여 깊이 책망하며 신민(臣民)들에게 도움을 구하는 뜻이 한 마디 한 마디가 사리에 합당하여 듣는 이들은 눈물을 떨구지 않는 이가 없었다. 저궁(邸宮: 왕세자)이 또한 내린 교서도 군사와 백성을 깨닫도록 이르는 것이었지만 그 뜻은 행재소(行在所)에서 내린 교서와 마찬가지였다.

十二日。晴。

爲避賊, 乘曉登山, 夕下來。鄭景任·金景樞及審仲, 曾以議合兵夜擊事, 往龍宮倅處, 阻梗留滯, 今日始還。伏見下慶尙道士民敎書, 反躬深責, 其求助臣民之意, 節節剴切[51], 聞者莫不隕涕。◇[52]邸駕[53]亦下敎書, 曉諭軍民, 而意與行在敎書一樣矣。

9월 13일。흐림。

상소문 올리는 일을 의논하기 위하여 의병 막부(義兵幕府)의 모든 사람들이 노동(蘆洞)의 후령(後嶺; 뒷고개)에 모였다. 처음에는 바로 유생(儒生)을 파견하되 상소문까지 보내려고 했으나, 길이 막힐 근심이 있

---

51) 剴切(개절): 사리에 합당함.
52) 與變初哀痛敎 大槪一意 而語益加切 凡爲臣子 孰不欲張拳冒刃以效其力哉 只緣守土不良 動輒沮抑 討賊一事 視同秦越 擁兵峙糧 自謀保身 何愧如之.
53) 邸駕: 邸宮.

을까 염려되어 다시 의논하여 봉소(封疏: 봉한 상소문)를 순찰사 편에 부쳐서 보내기로 하였다.

○ 듣건대 내려오는 적들이 잇대어 끊이지 않았는데 도연(道淵)·산양(山陽)·용궁(龍宮) 등지를 분탕질했다고 하였다.

저녁이 되어 이숙평(李叔平: 李埈)이 와서 묵었다. 숙평의 부모 또한 외남(外南)의 전투에서 같은 날에 해를 입었는데, 숙평이 바야흐로 복수하려고 진사 김각(金覺)씨와 의병을 모집해 거사하기를 도모하였다. 그러나 군량을 구할 수 있는 길이 없자, 지금 용화(龍華: 운흥리)에 목백(牧伯: 상주목사 金澥)의 임시거처로 가는 길이라고 하였다.

十三日。陰。

以議陳疏事, 幕中諸友, 會于蘆洞後嶺。初欲直遣儒生賚送, 而慮有阻梗之虞, 更議封疏憑付巡營使以送也[54]。○ 聞下來之賊, 陸續不絶, 焚蕩于道淵[55]·山陽[56]·龍宮等地。◇[57]夕◇[58], 李叔平[59]來宿。叔平兩

---

54) 以送也: 使之轉達.
55) 道淵(도연): 경상북도 문경시 영순면 의곡리에 있는 자연부락.
56) 山陽(산양): 경상북도 문경시 산양면 일대.
57) 以收米致溥于金而慶次出回文.
58) 還寓.
59) 叔平(숙평): 李埈(1560~1635)의 字. 본관은 興陽, 호는 蒼石. 1591년 별시 문과에 급제해 교서관정자가 되었다. 1592년 임진왜란 때 피난민과 함께 안령에서 적에게 항거하려 했으나 습격을 받아 패하였다. 그 뒤 鄭經世와 함께 의병 몇 천 명을 모집해 姑姆潭에서 외적과 싸웠으나 또다시 패하였다. 1594년 의병을 모아 싸운 공으로 형조좌랑에 임명되었으나 사양하였다. 이듬해 경상도도사가 되었으며, 이때 중국 역대 왕들의 덕행과 신하들의 正邪를 밝힌《中興龜鑑》을 지어 왕에게 바쳤다. 당시 鄭仁弘이 세력을 키워 많은 사람들을 주변에 모았으나 가담하지 않았다. 1597년 지평이 되었으나 柳成龍이 국정운영의 잘못 등으로 공격을 받을 때 함께 탄핵을 받고 물러났다. 같은 해 가을 召募官이 되어 의병을 모집하고 군비를 정비하는 등 防禦使와 협력해 일하였다. 이어 예조정랑·단양군수 등을 거쳐, 1603년 수찬으로 불려 들어와 형조와 공조의 정랑을 거쳤다. 1604년 奏請使의 서장관으로 명나라에 다녀왔다. 광해군 때 濟用監正을 거쳐 교리로 재직 중 대북파의 전횡이 심해지고, 특히 1611년 정인홍이 李滉과 李珥를 비난하자 그에 맞서다 벼슬을 버리고 고향으로 돌아갔다.

老, 亦⁶⁰⁾於外南之戰, 同日被害, 叔平方謀復讐, 與金進士覺⁶¹⁾氏募兵
起事。而軍粮無路求得事, 今往龍華⁶²⁾牧伯寓所云。

9월 14일。 흐림。

의병들이 백야원(白也院) 앞에 매복을 설치하고 있다가 적을 만나 맞
붙어 싸워서 왜적 9명을 베었고 또 환도(環刀) 9자루와 탄환통 5사(事)
를 탈취했고, 예닐곱 명의 왜적도 사살했다고 하였다. 하지만 아군 또
한 총탄에 맞아 3명이 죽어서 놀랍고 애통하였다.

十四日。 陰。

義兵設伏于白也院⁶³⁾前, 遇賊接戰, 斬首九級, 且得環刀九柄, 鐵丸
筒五事, 射殺者亦七八云⁶⁴⁾。但我軍亦中丸, 三人隕命, 驚痛驚痛。

9월 15일。 맑음。

식사 후에 권종경(權從卿: 權景虎, 趙竤의 4촌처남)·정경임(鄭景任: 鄭經
世) 등 여러 사람과 함께 황령사(黃嶺寺)로 가서 대장(大將: 李逢)을 만나
인사하고 이어 군공(軍功)을 기록하였으며, 어두워지고서야 돌아왔다.

---

60) 亦: 曾.
61) 金進士覺(김진사각): 진사 金覺(1536~1610). 본관은 永同, 자는 景惺, 호는 石川. 상주
출신이다. 1592년 임진왜란이 일어나자 그해 여름에 상주에서 의병을 일으켜 적을
다수 참획하는 전과를 올렸다. 감사 金睟가 전공을 行在所에 보고하여 司醞署主簿를
제수 받았으나 사양하였고, 그해 가을에는 순찰사가 咸昌縣의 수령이 궐석이라는 이
유로 그에게 함창현의 공무를 보도록 하였으나 또 다시 나아가지 않았다. 1593년
모친상을 당하였는데 노년에 전란까지 겹쳤음에도 예식을 집행함에 틀림이 없었다.
상복을 벗자 1596년에 조정에서는 龍宮縣監을 제수하여 왜적에 맞서게 하였다. 그
뒤 1604년 穩城判官을 역임하였다.
62) 龍華(용화): 경상북도 상주시 화북면 운흥리에 있는 자연마을.
63) 白也院(백야원): 경상북도 상주시 외서면에 있었던 원.
64) 云: 而.

十五日。晴。

食後, 與權從卿·鄭景任諸君, 往黃嶺寺, 拜大將, 仍錄軍功, 乘昏
乃還。

9월 16일。맑음。

채중구(蔡仲懼: 蔡有喜)·전정원(全淨源: 全淨遠의 오기, 全湜)이 상소문 올
리는 일을 의논하러 왔다.

○ 의병 막부(義兵幕府)에서 거두어들인 쌀 4말을 부의(賻儀)로 이경
(而慶: 金喜男)의 영연(靈筵: 殯所)에 보냈다.

十六日。晴。

蔡仲懼·全淨源, 來議拜疏事。○ 幕中收賻米四斗, 送而慶靈筵[65]。

9월 17일。맑음。

아내가 어머니를 뵙는 일로 속리산(俗離山)에 들어갔는데, 영아(英兒:
榮兒, 趙榮遠)·무복(無僕)이 따라갔다.

十七日。晴。

荊妻[66], 以覲慈氏事, 入歸離山, 英兒·無僕[67]出[68]隨之。

9월 18일。맑음。

상소문을 짓는 일 때문에 종일토록 임시거처에 있었다.

듣건대 왜적들이 올라가는 자들이 거의 수천 명에 이르렀다고 하였

---

65) 靈筵: 喪次.

66) 荊妻(형처): 남에게 자기의 아내를 낮추어 이르는 말.

67) 無僕: 及女息.

68) 出: 누락.

다. 근래에 연이어서 아래지방으로 되돌아가다가 지금 갑자기 다시 올라가는 것은 무슨 까닭이란 말인가.

十八日。晴。

◇[69]製疏事, 終日在寓次。聞賊上來者, 幾至數千云。近來, 連續下歸, 而今遽復上者, 何故也?

9월 19일。맑음。

상소문 짓기를 마쳤는데, 여러 친구들이 같이 모여 더 보탤 것은 보태고 불필요한 것은 지워버렸다. 당초 정경임(鄭景任: 鄭經世)이 책임지고 지었으나 말이 지나치게 소략하였기 때문에 나로 하여금 다시 짓게 하였다. 나 또한 그 문장을 그대로 따르면서 윤색하였기 때문에 단지 말이 이전에 지은 것보다 많았을 뿐이었다.

○ 강명보(康明甫: 康應哲)가 연악산(淵岳山: 修善山)으로부터 병사 한 명이라도 모집하기 위하여 왔다가 그대로 머무르며 이야기를 나누었다.

十九日。晴。

製疏畢, 諸友同聚筆削。當初景任主製, 而語涉踈略, 故使余更製。吾亦因其文而修潤, 但語多於前作矣。○ 康明甫[70], 自淵岳[71], 募得一兵而來, 仍留做話。

---

69) 以.

70) 明甫(명보): 康應哲(1562~1635)의 字. 본관은 載寧, 호는 南溪. 1592년 임진왜란이 일어나자 향병을 모집하여 경상도 상주를 지켰다. 그뒤 鄭起龍이 이끄는 의병과 뜻을 같이하여, 여러 곳에서 왜적들과 싸워 이를 무찔렀다.

71) 淵岳(연악): 淵岳山. 修善山은 경상북도 구미시의 무을면 상송이와 오가리 경계에 있는 산으로 조선시대에는 연악산으로 불렸다. 이 산의 북쪽 지맥은 곧 상주의 甲長山이다.

9월 20일。맑음。

대장(大將: 李逢)이 황령사(黃嶺寺)에서 일부러 와 상소문 초안을 보고 날이 저물어서야 돌아갔다.

○ 장천(長川) 하인이 곡식을 짊어지고 들어왔다.

二十日。晴。

大將, 自黃嶺委來, 見疏草, 日暮而還。○ 長川奴負租入來。

9월 21일。맑음。

정경세(鄭經世)로 하여금 상소문을 필사하게 하였다.

○ 듣건대 대장(大將: 李逢)이 그의 첩서(妾婿: 첩의 사위)인 조원(趙瑗)으로부터 전해온 부음(訃音)을 듣고 급히 본가(本家: 淸州)로 돌아갔다.

산양(山陽) 임경세(林慶世)가 의병 모집에 응하여 왔는데, 방백(方伯: 韓孝純)이 일찍이 이미 의병 막부(義兵幕府)에 제장(諸將)을 정해놓은 까닭이었다.

二十一日。晴。

令鄭經世寫疏。○ 聞大將得其妾女婿趙瑗[72]訃, 遽歸本家。山陽林慶世, 應募而來, 方伯[73]曾已定諸將於義幕故也。

9월 22일。맑음。

식사한 후에 상소문을 필사하는 게 끝나자 막부(幕府)에 있던 인원 모두가 모여 길위에서 절하고 보냈는데, 진사 전식(全湜)과 유학(幼學)

---

72) 趙瑗(조원, 1544~1595): 본관은 林川, 자는 伯玉, 호는 雲江. 양녕대군 고손자로서 의병대장이었던 李逢의 서녀 李玉峯의 남편이다. 이옥봉은 조원의 소실이었지만 버림을 받았는데, 이때 죽은 것으로 추측된다.

73) 方伯: 自巡營.

채유희(蔡有喜)가 순찰사의 병영까지 가지고 가는데에 강주(姜霔) 어르신 또한 와서 동참하였다. 이 어르신은 일찍이 작은 허물 때문에 사림(士林)으로부터 배척을 받았지만, 이제야 스스로 와서 사과하며 의병 명부에 들기를 청하였으므로 상소문 보내는 일에 참여하게 된 것이다. 저녁에 전식과 채유희 두 사람과 노동(蘆洞)에 같이 묵었다.

二十二日。晴。

食後, 疏章畢寫, 幕員皆會, 拜送于路上, 以進士全湜·幼學蔡有喜, 陪進于巡營, 姜◇[74]丈霔, 亦來同參。右丈, 曾以微過, 見斥於士林, 今乃自來修謝, 請入義籍, 故來參拜疏事。夕, 與全蔡兩公, 同宿蘆洞。

9월 23일。흐림。

아침에 중구(仲懼: 蔡有喜) 등 여러 사람을 경상도 좌도에 보냈다. 김혜(金憲)가 외남(外南) 의병 막부(義兵幕府)에서 왔는데, 그곳 대장 김각(金覺)의 명을 전달하기 위해서였다.

저녁이 되자 크게 벼락을 치면서 비가 내렸다.

二十三日。陰。

朝送仲懼諸君于道左。金憲◇[75], 自外南義幕來, 爲傳其大將金覺之命也。夕, 大雷下雨。

9월 24일。흐림。

식사한 후에 영대암(靈臺菴)으로 가서 어머니를 뵈었다. 김창원(金昌遠: 金弘微의 字) 또한 이웃 암자에 있었는데, 저녁이 되어 서로 만나보았다. 청주(淸州: 金弘敏을 가리킴) 및 비중(棐仲: 趙翊의 字)이 바야흐로 의병을

---

74) 進士.
75) 협주 【進士晦仲】 있음.

일으키기로 도모하고는 군량을 얻는 일로 함께 호서 방백(湖西方伯: 호서순찰사 尹先覺)이 있는 곳으로 가서 돌아오지 않고 있었다.

二十四日。陰。

食後, 往靈臺菴, 省觀慈氏。金昌遠, 亦在隣菴, 乘夕相見。清州◇⁷⁶⁾丈及棐仲, 方謀擧義, 求得軍粮事, 俱往湖西方伯⁷⁷⁾處, 不還矣。

9월 25일。흐림。

영대암(靈臺菴)에 머물렀다. 낮에 창원(昌遠: 金弘微의 字)과 서로 만나서 이야기를 나누었다.

二十五日。陰。

留靈臺菴。午, 與昌遠會話。

9월 26일。맑음。

식사한 후에 어머니를 모시고 노곡(蘆谷)으로 나왔는데, 광주 이모(光州姨母: 金宇宏의 부인)가 내일 예안(禮安)으로 가고자 하여 어머니가 직접 얼굴을 보며 작별 인사를 하려고 나온 것이었다.

二十六日晴。

食後, 陪慈氏, 出來于蘆谷, 光州姨母, 明將入歸禮安, 慈氏以⁷⁸⁾面別⁷⁹⁾事出來⁸⁰⁾。

---

76) 협주【沙潭】있음.

77) 湖西方伯(호서방백): 충청도 순찰사 尹先覺(1543~1611)을 가리킴. 본관은 坡平, 자는 粹天, 어렸을 때는 자는 國馨, 호는 恩省·達川. 1592년 충청도관찰사가 되고, 임진왜란이 일어나자 왜적을 맞아 싸우다가 패전하여 삭직되었다. 뒤에 재기용되어 충청도 순변사·판결사·중추부동지사 등을 거쳐, 비변사 堂上이 되어 임진왜란 뒤의 혼란한 업무를 수습하였다.

78) 以: 欲.

79) 面別(면별): 직접 얼굴을 보고 작별을 고하는 것.

9월 27일。맑음。

광주 이모의 행차가 길을 떠나 되돌아갔다.

○ 대장(大將: 李逢)은 오늘 용궁 현감(龍宮縣監: 禹伏龍)과 만나기로 약속하여, 장차 문경(聞慶)에 머물고 있는 왜적을 야간에 습격하려는 차였던지라 병사를 거느리고 돌아갔다. 나 또한 뒤따라갔다가 도중에 군대의 행진이 벌써 멀리 갔다는 소식을 듣고 되돌아왔다.

二十七日。晴。

姨母行次發歸[81]。○ 大將, 今日與龍宮倅期會, 將以夜擊聞慶留賊次, 領兵出歸。吾亦追去, 中路聞軍行已遠, 還來。

9월 28일。맑음。

두 진영이 병력을 합치자 우리들은 의리상 물러나 있기가 어려워 정경임(鄭景任: 鄭經世)와 함께 반암(盤岩)의 진소(陣所: 병영)로 같이갔는데, 염곡(鹽谷)에 다다르자 해가 이미 기울었다. 또 듣건대 두 진영의 군대는 이미 문경(聞慶)을 향했다고 하나, 형세상 좇아가기가 어려워서 부득이하게 신경홍(申景鴻)의 장인집에 들어가 묵었다. 이 마을에는 감나무가 숲을 이루어 열매가 주렁주렁 달려 있었는데, 주인댁에서 각기 100여 개씩을 주었다.

二十八日。晴。

兩陣合兵, 吾等義難退在, 與景任, 同赴盤岩[82]陣所, 行到鹽谷[83],

---

80) 事出來: 故也.
81) 行次發歸: 發行.
82) 盤岩(반암): 구한말 이전에는 상주 반암이었으나, 현재로는 경북 문경시 산양면 반곡리 소재 자연마을. 자연마을로는 盤谷, 뱀골, 불미골, 한바우 등이 있는바, 반곡은 주위의 산과 계곡에 크고 작은 반석이 많다고 하여 붙여진 이름이며, 그 북쪽에 있는 마을이 바로 한바우 또는 盤岩이라 불린다. 산모퉁이에 소반 같이 생긴 큰 바위가 있는 마을이라 하여 일컫는다고 한다.

◇⁸⁴⁾日候已戾。且聞兩兵, 已向聞慶, 勢難追及, 不得已入宿申景鴻丈岳⁸⁵⁾家。◇⁸⁶⁾村有柿木成林, 結實離離, 主家各遺百餘介⁸⁷⁾。

9월 29일。맑음。

일찍 길을 떠나 우곡(愚谷)의 김몽량(金夢良) 집에 도착해 아침밥을 지어 먹었다. 장천(長川)의 구탁이(丘卓爾) 또한 그곳에 와 있었다.

저녁이 되어서 노곡(蘆谷)에 돌아오니, 이의술(李義述: 李胤呂, 검간의 동서)의 가솔들이 물한리(勿罕里: 物罕里) 산골짜기에서 어제 이미 와 있었다. 이의술의 아내(검간의 처제)가 이곳에 오려고 한 지 오래였었지만 양식이며 하인들을 모두 마련하지 못하였다. 마침 학봉(鶴峯: 金誠一) 영감이 우절(右節: 경상우도 관찰사)로 이배(移拜: 轉出)되어 지금 거창(居昌)에 도착해 마부와 말이며 양식과 찬거리를 보내면서 찾아가 호송하게 하였으므로 그에 힘입어 지금에서야 비로소 길을 떠났는데, 이의술의 양조모(養祖母)와 계모이며 그의 동생 이윤무(李胤武) 또한 같이 왔다.

어두워지자 비가 내렸다.

二十九日。晴。

早發, 到愚谷⁸⁸⁾金夢良家⁸⁹⁾, 炊朝飯⁹⁰⁾。長川丘卓爾, 亦來在其處

83) 鹽谷(염곡): 경상북도 상주시 이안면 雅川里. 원래 함창군 상서면 지역이었으나, 1914년 於谷里・柿谷里・鹽洞里・赤長里를 합하여 아천리라 하면서 상주군 이안면에 편입하였다. 염골은 감바우 남쪽에 있는 마을로 임진왜란 때 마을 입구에 시각에 따라 용출량이 다른 潮泉이라는 샘이 있었는데, 이 샘에서 소금이 났으므로 불리는 이름이라 한다. 1944년에 만든 지평저수지에 잠겼다고 한다.

84) 則.

85) 丈岳: 岳丈.

86) 可歎.

87) 村有柿木成林 結實離離 主家各遺百餘介: 누락.

88) 愚谷(우곡): 경상북도 상주시 외서면 愚山里.

89) 金夢良家: 누락.

矣[91]。夕, 還蘆谷, 則義述家屬, 自勿罕山中, 昨已來到矣。李妻欲來
者久矣, 粮物〈僕〉從[92], 俱不得措。適鶴峯令公, 移拜右節[93], 今到居
昌, 爲發人馬粮饌, 使之往訪護送, 故得憑其力, 今始發行, 義述養祖
母[94]·繼母[95]及其弟胤武[96], 亦與偕來矣。昏下雨。

9월 30일。맑음。

길 떠날 채비를 갖추어서 김산행(金山行)과 같이 출발하여 저녁이 되
어서야 염곡(鹽谷)에 들었는데, 바람과 눈이 번갈아 몰아쳐 추위가 몹
시 심했다. 저녁 식사 후에 어두웠는데도 길을 떠나 용궁(龍宮) 읍내에
당도하니 밤이 비로소 밝아왔다.

이처럼 날씨가 몹시 추운데 옷조차도 없을 뿐만 아니라 걷는 것을
대신할 만한 것도 또한 없어서 나와 영아(英兒)·명아(命兒) 등이 모두
걸어가느라 그 괴로움은 말할 수가 없었다. 기아(奇兒)는 사고로 인하
여 노곡(蘆谷)에 머물러 있었다.

三十日。晴。

◇[97]治行具, 與金山行[98]同發, 夕投鹽谷, 則風雪交作, 寒烈斗甚。夕
飯後, 冒昏作行, 比到龍宮邑內, 夜始向明矣。當此天寒, 非但無衣,

---

90) 朝飯: 飯.
91) 長川近卓爾 亦來在其處矣: 누락.
92) 僕從(복종): 從僕. 사내종.
93) 移拜右節(이배우절): 김성일은 1592년 4월에 경상좌도 병마절도사로, 초유사로, 8월
   에 경상좌도 관찰사로, 9월에 경상우도 관찰사로 제수되었음.
94) 養祖母: 眷祖母.
95) 繼母: 누락.
96) 胤武(윤무): 李胤武(1569~1636). 본관은 星山. 자는 季述, 호는 陽峰. 거주지는 開寧이
   다. 아버지는 李續貴이고, 장인은 南以寬이다. 1613년 증광시에 급제하였다. 정경세
   휘하에서 의병활동을 하였다.
97) 曾與李妻 既有偕往臨河之約 故不得已.
98) 與金山行: 누락.

代步亦闕, 吾與英兒·命兒等, 皆徒步以行, 其苦不可言。奇兒則緣事
故, 留在蘆谷矣。

10월 정해삭

10월 1일。맑음。

 아침식사를 천덕원(天德院)의 마을에서 하고 저녁이 되어서 예천(醴泉) 땅의 위량곡(位良谷: 位羅谷의 오기)에서 묵었다. 길가에 해골들이 서로 베듯 뒤엉켜 즐비하게 무덤을 이룬 것이 들판과 밭두렁에 두루 가득하였는데, 모두가 지난 여름에 용궁 현감(龍宮縣監: 禹伏龍)이 안동(安東)·예천(醴泉)·예안(禮安) 등 여러 고을의 병사들과 함께 왜적과 접전했을 때 아군이 죽은 것이라고 하였다. 당초에 용궁 현감이 성을 잘 지켰다는 소식을 듣고서 마음으로 매번 장하게 여겼었는데, 지금에 이르러서야 상세히 듣자니 지난 여름에 왜적과 접전할 때 걸핏하면 불리하여 아군의 죽은 자가 수백여 명이 넘었으나 왜적을 포획한 것은 10여 명도 채우지 못하여 실로 크게 이긴 공도 없이 오로지 관할 지역을 떠나지 않아서 겨우 도망쳐 숨었다고 하는 죄를 면할 수 있었을 따름이라 하거늘, 포상으로 통정대부(通政大夫)에 승진하여 지금 영가(永嘉: 안동) 부사(府使)로 제수되었으니 어찌 스스로 부끄러워하지 않을 수 있겠는가? 그러나 성을 버리고 구차히 살고자 하여 적을 토벌하려는 뜻이 없는 상주 목사(尙州牧使: 金澥)와 함창 현감(咸昌縣監: 李國弼) 같은 무리와는 서로 거리가 먼 것이다.

 十月大 丁亥朔 一日。晴。
 朝飯于天德院[1]里, 夕宿醴泉地位良谷[2]。道傍髑髏, 相枕纍纍[3]成塚者, 遍滿原壄[4], 皆是夏間龍宮倅與安東·醴泉·禮安諸邑兵, 接戰時所死云矣[5]。當初, 聞龍宮倅善守城之奇, 心每壯之, 及此審問, 則夏間接戰, 動輒不利, 我軍殞命者, 過數百餘人, 而捕賊則不滿[6]十餘馘, 實無大捷之功, 惟不離封疆, 僅免竄伏之罪而已云, 襃拜通政, 今除永嘉, 豈不自愧乎? 然其視棄城偸生, 無意討賊, 如尙州·咸昌之輩, 相去遠矣。

10월 2일。맑음。

이른 아침에 길을 떠나 풍산현(豐山縣)의 마을에서 아침식사를 하였다. 사인(士人) 이진(李軫)·정서(鄭叙)·정헌(鄭憲) 등 네댓 명이 나와서 보고는 각기 말과 마부를 내어 안동(安東)까지 보내주었다. 이진은 또 쌀 2말을 행자(行資: 노자)에 쓰도록 은혜를 베풀었다. 저녁이 되어 안동부(安東府) 안에 들어가 묵었다.

한림(翰林) 김용(金涌: 金守一의 아들, 검간의 처4촌)이 지금 수성장(守城將)이 되어 안동성 안에 있었는데, 저녁이 되어 찾아왔다.

밤에는 비가 쏟아붓듯 내렸다.

二日。晴。

早發, 朝飯于豐山縣[7]里。士人李軫·鄭叙·鄭憲等四五人出見, 各出騎僕, 送至安東。李君則且以米兩斗, 惠扶行資矣。夕, 投府內留宿。金翰林涌[8], 今爲守城將, 在城內, 乘昏來見。夜, 下雨如瀉。

---

1) 天德院(천덕원): 경상북도 예천군 용궁면 천덕산에 있었던 역원.
2) 位良谷(위량곡): 位羅谷의 오기. 경상북도 예천군 호명면에 있는 골짜기. 위량곡은 경상북도 김천시 감문면에 있는 골짜기이다.
3) 纍纍(루루): 새끼로 잇달아 꿴 모양.
4) 原壄: 原野.
5) 矣: 누락.
6) 不滿: 누락.
7) 豐山縣(풍산현): 경상북도 안동시 풍산면 일대.
8) 金翰林涌(김한림용): 翰林 金涌(1557~1620). 본관은 義城, 자는 道源, 호는 雲川. 아버

10월 3일。흐리고 바람이 붊。

아침식사 하고나서 길을 떠나 낮에 임하(臨河)로 들어가니, 온 집안의 여러 피붙들이 모두가 아무런 탈이 없었다. 장모(丈母: 김극일의 부인) 또한 4월 23일에 먼곳으로 피란을 나갔고, 집의 여러 살림살이들을 모두 집안에 묻어두었지만 죄다 파헤쳐져 하나도 남아있는 것이라고는 없었다. 농작물도 또한 때를 놓쳐서 황폐하여 수확한 것이 극히 적었는지라, 허다한 가솔들이 생계를 꾸리어 살아나가기가 어렵게 되었으니 개탄스럽고 통탄하였다. 다만 살던 집이 아직도 온전하니, 이는 다행스러웠다.

三日。陰且風。

食後發行, 午入臨河, 一門諸屬, 並無恙矣。聘母[9]亦於四月念三, 避出遠地, 家藏雜物, 皆埋置宅中, 盡遭掘拔[10], 無一遺者。農作亦失時荒廢, 所收極小, 〈許〉多諸累, 資活爲難, 可歎可歎[11]。但家舍則尙全, 是可〈幸〉耳。

10월 4일。맑음。

마을에 머물러 있으니 오랜 벗들이 모두 찾아와서 위로해 주었는데, 몸과 목숨을 보전할 수 있어서 극히 다행이라고 하였다.

四日。晴。

지는 찰방 金守一이며, 어머니는 司果 趙孝芬의 딸이다. 金誠一의 조카이다. 1592년 임진왜란이 일어나자 향리인 안동에서 의병을 일으켜 安東守城將에 추대되었고, 이듬해 예문관의 검열·奉敎, 성균관의 典籍 등을 지냈다. 이어 正言·獻納·副修撰·持平 등을 거쳐 이조정랑에 올랐다. 1597년 정유재란이 일어나자 諸道都體察使 李元)의 종사관으로 수행해 많은 활약을 했으며, 교리에 재임 중 督運御史로 나가 군량미 조달에 많은 공을 세웠다.

9) 聘母: 氷母.
10) 皆埋置宅中 盡遭掘拔: 蕩盡.
11) 可歎可歎: 可歎.

留在里中, 知舊咸來致慰, 深以得保軀命爲幸云。

10월 5일。 맑음。

듣건대 향병 대장(鄕兵大將) 김해(金垓: 字는 達遠)가 추월촌(秋月村)에 와 있다고 하여서 찾아가 만나보았다. 이어서 치원(治源: 金瀹, 金明一의 아들, 검간의 처4촌)의 어머니(英陽南氏 南斗의 딸)를 찾아뵈었는데, 치원이 겨울에 입는 저고리를 벗어 주었으니 날씨가 추운데도 내 옷이 얇은 것을 살폈기 때문이었다.

五日。 晴。

聞鄕兵大將金垓達遠, 來在秋月村[12], 往見。 仍拜治源[13]慈闈, 治源解襦衣[14]以贈, 爲眷天寒衣薄故也。

10월 6일。 맑음。

추위를 막을 수 있는 옷을 구하기 위하여 장차 낯두꺼운 얼굴로 가기로 하고, 아침식사를 하고나서 안덕(安德: 靑松) 땅으로 돌아가고자 출발하여 검곡촌(黔谷村)에 이르러 말에게 먹이를 먹였다. 최립지(崔立之: 崔山立)의 가솔들도 또한 그 마을에 임시로 지냈는데, 비로소 사로잡혔던 일이 틀림없음을 다 듣고서 가슴이 아팠고 마음이 아팠다.

밤을 무릅쓰고 안덕(安德)의 민 좌수(閔座首: 閔樞) 집에 도착하니 순원(順原: 閔根孝) 또한 와 있어서 같이 잤는데, 이 마을은 왜적의 변을 겪지 않았다고 하였다.

---

12) 秋月村(추월촌): 경상북도 안동시 풍산읍 晚雲里에 있는 자연부락.

13) 治源(치원): 金瀹(1559~1649)의 字. 본관은 義城, 는 雲溪. 아버지는 김성일의 셋째형 金明一이다.

14) 襦衣(유의): 겨울에 남자가 입는 저고리.

六日。晴。

以求得禦寒之資, 將作强顔之行, 食後發歸安德[15]地, 行到黔谷[16]
村[17]秣馬。崔立之家屬亦寓其里◇[18], 始悉被擄事丁寧, 痛心痛心[19]。
冒夜, 到安德閔座首[20]家, 順原[21]亦在同枕, 此里不經賊變云。

10월 7일。

민 좌수(閔座首: 閔樞) 집에 머물러 있었는데, 훈도(訓導) 권자술(權子
述: 權繼昌)이 찾아와서 만나보았다. 저녁에는 습독(習讀) 신연(申演)을
찾아가 뵈었다.

七日。◇[22]

留閔宅, 權訓導子述[23]來見。夕, 往見申習讀演[24]公。

---

15) 安德(안덕) : 경북 청송 지역의 옛 지명.

16) 黔谷(검곡) : 경상북도 청송군 안덕면 甘隱里에 있는 자연부락 묵방인 듯.

17) 村: 누락.

18) 矣.

19) 始悉被擄事丁寧 痛心痛心: 누락.

20) 閔座首(민좌수): 閔樞(1526~1604)를 가리킴. 본관은 驪興, 자는 天極, 호는 明智齋.
경상북도 청송군 안덕면 출신의 학자이다. 안동에 살고 있는 고모부 靑溪 金璡
(1500~1580)에게 학문을 수학하면서 鶴峰 金誠一, 梧峰 申之悌와 도의로 사귀었다.
청송 지역에서 퇴계 이황의 학풍을 일으키는 데 주도적인 역할을 하였다.

21) 順原(순원): 閔根孝(1550~1630)의 字. 본관은 驪興, 호는 구벽재. 아버지는 閔樞이다.
1570년 약관으로 사마시에 장원하고 힘써 후진을 양성하니 당시 일대의 명사들이
다 그의 문인이었다. 청송부사 李詠道가 부임하여 훈도와 향수로 추대하였으며 임진
왜란을 겪은 뒤에 향교 대성전과 동서재를 세웠다.

22) 雨.

23) 子述(자술): 訓導 權繼昌(1536~1612)의 字. 본관은 安東, 호는 雙溪釣叟. 아버지는
權恢이다. 權翊(1572~1621)의 아버지이고, 東溪 趙亨道의 외숙이다. 첨지중추부사를
지냈다.

24) 申習讀演(신습독연): 習讀 申演(1534~1594). 본관은 平山, 자는 仲浩, 호는 寅軒. 아버
지는 申從渭이고, 장인은 李薰이다. 임진왜란이 일어나자 각지의 피난민들이 청송으
로 몰려들었는데, 마을 사람들은 감당할 수가 없어서 모두가 대문을 굳게 걸어 잠그고
그들의 숙식을 거절하였지만, 그는 피난민들이 당장 굶어 죽는 것을 보고서 혼자만

10월 8일. 맑음.

여러 사람들이 볏섬과 무명필이며 옷가지 등을 베풀어주었다. 아침 식사 하고나서 길을 떠나 저녁에 청송부(靑松府) 내에서 묵었는데, 남계조(南繼祖: 南繼曹의 오기)가 마침 관아에 있어서 그와 함께 잤다.

八日。晴。

諸公各以租石·木疋·衣件見惠。食後發行, 夕宿靑松府內, 南叔繼祖[25]方在官, 與之同枕。

10월 9일. 맑음.

아침식사 하고나서 영해(寧海: 盈德의 옛 지명)의 영양현(英陽縣)을 향해 출발하여, 진보현(眞寶縣)에 이르러 훈도(訓導) 김형윤(金亨胤)의 집에서 말을 쉬게 하였다. 김형윤 어르신이 나를 보자마자 겨울에 입는 저고리를 벗어 주었다. 저녁에 영양의 봉사(奉事) 남사명(南士明) 집에 들어가 묵었다.

九日。晴。

食後, 發向寧海[26]之英陽[27]縣, 行到眞寶縣[28], 稅馬金訓導亨胤[29]家。

먹고 살 수는 없다고 생각해 집안 재산을 털어 양식을 구하여 동네 어귀에 큰 가마솥을 걸어 놓고, 죽을 쑤어 진휼에 힘썼다. 참고로 신연, 신언, 신수위와 관련해서, 金樂行의《九思堂先生續集》권3〈微士風乎亭申公墓碣〉에서 이들의 본관은 寧海로 나온다.

25) 南叔繼祖(남숙계조): 南繼曹(1541~1621)의 오기인 듯. 본관은 英陽, 자는 善述, 호는 雲岡. 경상북도 청송군에 정착한 영양남씨 입향조이다. 이때 叔은 연장자임을 가리킨다.

26) 寧海(영해): 경상북도 盈德 지역의 옛 지명. 지금의 영덕은 영덕군의 남쪽 절반이었고, 북쪽은 영해라는 이름으로 불렸던 서로 다른 지역이었다.

27) 英陽(영양): 경상북도 북동부에 위치한 고을.

28) 眞寶縣(진보현): 경상북도 청송군 진보면. 1914년 청송군과 영양군(다만, 동면 낙평리는 영덕군 지품면으로 편입)으로 분할 편입되어 폐지되었다.

29) 金訓導亨胤(김훈도형윤): 訓導 金亨胤(1531~1612). 본관은 義城, 자는 義卿. 진보현에서 처가살이를 하였다. 부인은 安鼎의 딸인 죽산안씨이다. 金安繼(1556~1599)의 아버

金丈見卽解襦衣以贈。夕, 投英陽南奉事士明[30])家。

10월 10일. 맑음.

여회(汝晦: 南士明)의 집에 머물렀다. 아침에 남윤조(南胤祖: 南胤曺의 오기) 집에 가서, 아침식사 하고 되돌아와 여회와 이야기를 나누었다. 영양(英陽) 땅도 역시 왜적의 변란을 겪었으나 수색하고 약탈해가는 것도 너무 심하지 않았고 또 분탕질도 하지 않았다고 하였다.

十日。晴。

留汝晦家。朝, 進南叔胤祖[31])家, 食後還[32)], 與汝晦對話。英陽地[33)], 亦經賊變, 而搜攫不至已甚, 且不焚蕩云。

10월 11일. 맑음.

여희(汝晦: 南士明)의 집에 머물렀다. 아침식사 하고나서 조광의(趙光義: 字는 景制)를 찾아가 만나고 저녁이 되어 돌아와서는, 백문서(白文瑞: 白見龍)・이양원(李養源: 李涵)의 사정에 대해 편지를 써서 부쳤다.

十一日。晴[34)]。

留汝晦家。食後, 往見趙光義[35)]景制, 乘夕而還, 作書寄白文瑞[36)]・

지이다. 김안계는 임진왜란 때 의병을 일으켜 전공을 세운 인물이다.

30) 南奉事士明(남봉사사명): 奉事 南士明(생몰년 미상). 본관은 英陽, 자는 汝晦. 1597년 정유재란 때 火旺城 전투에 참전하였다.

31) 南叔胤祖(남숙윤조): 南胤曺(?~1597)의 오기인 듯. 본관은 英陽. 南繼曺의 형이다. 1597년 정유재란 때 昌寧 火旺山城의 郭再祐 義陣에 나아갔는데, 형의 전사 소식을 전해 들은 남계조가 화왕산 전적지로 찾아가 시신을 찾았으나 찾지 못하고 招魂葬으로 장례를 치렀다.

32) 還: 누락.

33) 地: 누락.

34) 晴: 누락.

35) 趙光義(조광의, 1543~1608): 본관은 漢陽, 자는 景制, 호는 約山. 아버지는 趙源이다.

李養源[37]情史[38]。

10월 12일。 맑음。

아침식사 하고나서 길을 떠나 돌아왔는데, 여회(汝晦: 南士明)는 족건 (足巾: 발싸개)과 콩을 보내주었으며, 경제(景制: 趙光義)도 또한 볏말을 보내왔다.

가솔들이 모두 추위와 굶주림에 시달리고 있어서 무슨 물건인들 상 관없으나, 어머니와 막내 누이동생은 모두 두터운 옷이 없는데다 아 직도 속리산(俗離山) 골짜기에 있어서 날씨가 점점 추워지고 있어도 겨 울을 날 방책이 없는지라 애틋한 마음이 날로 더해지며 어찌할 바를 몰랐다. 이번에 내가 길을 떠나왔던 마음은 대략 이 때문이었지만 얻 은 물건들이 겨울을 지내기에 적합하지 않으니, 어찌해야 하겠으며 어떻게 하겠는가?

저녁이 되어 진보(眞寶)의 훈도(訓導) 신언(申漹)의 집에 들었는데, 이 어 습독(習讀) 신수위(申守渭)의 궤연(几筵: 위패)에 조문하였다. 밤에는

1592년 임진왜란 때 곽재우의 서신을 받고서 조카 趙儉과 趙任, 아들 趙健과 趙佺을 거느리고 火旺山 전투에 참전하여 전과를 올렸다.

36) 文瑞(문서): 白見龍(백현룡, 1543~1622)의 字. 본관은 大興, 호는 惺軒. 아버지는 白眉 良이다. 처음 金彦璣에게 글을 배우다 뒤에 李滉의 문하에서 수학하였으며, 趙穆· 金誠一·柳成龍과 교유하였다. 1592년 임진왜란이 일어나자 李涵·白仁國 등과 의병 을 일으켜 김성일의 휘하에 들어가 공을 세웠고, 정유재란 때는 火旺山城으로 들어가 서 郭再祐와 함께 적을 무찔렀다.

37) 養源(양원): 李涵(1554~1632)의 字. 본관은 載寧, 호는 雲嶽. 葛庵 李玄逸의 조부로, 宣祖 때 문과에 올랐으나 답안지 가운데 《莊子》에서 인용한 말이 있다고 하여 취소당 하였으며, 宜寧縣監 등을 역임한 후 광해군 때 낙향하였다.

38) 情史(정사): 사정이나 형편. 서간문에서 쓰이는 듯하다. 백현룡과 이함이 모두 영양에 사는 사람들인바, 백현룡은 경상북도 영덕군 병곡면 원황리에, 이함은 경상북도 영덕 군 창수면 인량리에 지내고 있었으니, 검간이 들은 그들의 사정이나 형편에 대해 편지 를 써서 부쳤다는 문맥으로 이해해야 할 것이다.

효자 신심(申沈)과 같이 묵었는데, 이곳은 왜적을 만나지 않았다고 하였다.

十二日。晴。

食後發還, 汝晦以足巾·豆斛見遺, 景制亦送租斗矣。家屬俱罹寒餓, 何物不關, 而慈氏及季妹, 俱無厚衣, 尙在離山之谷, 天日漸寒, 禦冬無策, 戀係日增, 罔知所措。今吾作行, 意盖爲此, 而所得皆不合用, 奈何奈何? ◇[39]夕, 投眞寶申訓導馮[40]公家, 仍吊故習讀申守渭[41]几筵。夜, 與申孝子沉同宿, 此地〈以〉不逢賊云[42]。

10월 13일。맑음。

신언(申馮) 어르신이 벼와 조를 각기 1말씩, 옷감 1필을 보내주고, 신심(申沈) 또한 조 5말과 해진 낡은 옷 2벌을 주어서 얻은 바가 적지 않았는지라 감사하고 미안하였다.

아침식사 하고나서 떠나 돌아오는 길에 학봉(鶴峯: 金誠一) 영감의 부인(夫人: 안동권씨)을 신곡(申谷)으로 찾아가 뵈었다. 부인은 일찍이 왜적의 변란이 일어났을 때 서울에서 피신해 나와 관동 지방으로 길을 잡아 여기저기 밥을 얻어먹으며 자녀 4명을 거느리고 오느라 거의 죽음의 구렁텅이에 빠질 지경에 이른 것이 여러번이었고, 게다가 여러 차례 왜적의 칼날을 만났으나 그때마다 술수로 화를 모면하여 일행이 모두 아무런 탈없이 9월중에야 비로소 집에 돌아올 수 있었다고 하였다. 이 얼마나 다행인가?

---

39) 尤爲悶塞.

40) 申訓導馮(신훈도언): 訓導 申馮(1530~1598). 본관은 平山, 자는 彦浩, 호는 高山. 申演의 4촌형이다. 청주에 살았던 申禮男이 임진왜란 때 왜군의 포로가 되었지만 절의를 지켜 자결했던 인물의 아버지이다. 상주목사를 지냈다.

41) 申守渭(신수위, 생몰년 미상): 본관은 平山. 申馮의 아버지이다.

42) **夕投眞寶申訓導馮公家 仍吊故習讀申守渭几筵 夜與申孝子沉同宿 此地〈以〉不逢賊云: 누락.**

○ 저녁이 되어 임하(臨河)에 들어가니, 아이들이 모두 잘 있었다.

十三日。晴。

申丈以租粟各一斛, 衣材一疋見惠, 沉公亦以〈粟〉五斗·弊衣二事[43]見遺, 所得不貲, 感且未安。食後發還, 歷拜鶴峯令公夫人于申谷[44]。夫人曾於賊變之初, 自京城奔出, 取路關東, 轉輾寄食, 率四子女, 幾至塡壑者屢矣, 且屢逢賊鋒, 輒以術免禍, 一行俱得無恙, 九月中始得還家云。何其幸矣? ○ 夕, 入臨河, 兒屬並好在矣。

10월 14일。맑음。

낮에 여러 사람들과 더불어 도일공(道一公: 金道一, 김성일의 4촌동생)이 물고기를 잡고 있는 곳으로 가서 신선한 회를 마음껏 먹었다.

최계승(崔季升: 崔晛)이 의성(義城)에서 왔다. 최계승은 일찍이 일선(一善: 善山)에 있으면서 여러번 왜놈들을 만났는데 그 자신은 요행히도 화를 면했지만 집안 사람들은 사로잡혀가서 돌아오지 않고 있다. 그 또한 의탁할 곳이 없어서 오랜 친구들이 있는 곳을 기웃거리는데다 몸에는 제대로 걸친 옷도 없어 몹시 불쌍하고 가여웠다.

十四日。晴。

午, 與諸公, 往道一公[45]獵魚之所, 恣食鮮膾。崔季升[46], 自義城來。

---

43) 二事: 一事.

44) 申谷(신곡): 경상북도 안동시 임동면 갈전리에 있는 자연부락. 납실이라고도 부른다. 퇴계 이황이 이곳을 지나다가 마을의 지세가 원숭이 형상과 유사하다고 하여 붙여진 이름이라 한다. 현재 임하댐 건설로 인하여 대부분은 수몰되었다.

45) 道一公(도일공): 鶴峯 金誠一의 4촌 동생 金道一. 일찍이 부모를 잃고 귀의할 곳이 없자 학봉이 가련하게 여겨 길렀다고 한다. 崔晛의《訒齋先生文集》권13〈鶴峯言行錄〉에 나온다. 金禮範(1479~1550)의 3남2녀를 두었으니, 장남 金璉, 장녀 李克弼의 처, 차남 金珽, 삼남 金璲, 차녀 李希顔의 처인데, 김도일이 누구의 자식인지 알 수가 없다. 이 종제는 鄭經世가 지은〈有明朝鮮國贈嘉義大夫吏曹參判 行嘉善大夫慶尙道觀察使金公神道碑銘〉에도 나온다.

46) 季升(계승): 季昇. 崔晛(1563~1640)의 字. 본관은 全州, 호는 訒齋. 1588년 司馬試에

季升曾在一善, 累逢倭奴, 身幸免禍, 而其閨中見擄不還。渠亦[47]無所
歸托, 逡巡知舊之處, 身且無衣, 甚可矜惻。

10월 15일。맑음。

김내순(金乃純)이 소어(巢魚)를 잡아다놓고 초청하여 최계승(崔季升: 崔
晛)과 같이 가서 배불리 먹고 돌아왔다.

들건대 함창(咸昌) 일대에 적의 기세가 극히 치성하자, 신임 관찰사
한효순(韓孝純)이 지금 안동(安東)에 있으면서 영해(寧海)·진보(眞寶)·청
하(淸河)·영덕(盈德)·장기(長鬐)·영일(迎日)·청송(靑松) 등 고을의 병사들
을 징발하여 용궁현(龍宮縣)과의 경계에 가서 지키고 있다 하였다.

十五日。晴。

金乃純捉巢魚見邀, 與季升同往, 飽食而還。聞咸昌一路, 賊勢極
熾, 新方伯韓孝純, 方在安東, 徵發寧海·眞寶·淸河[48]·盈德·長鬐[49]·
迎日[50]·靑松等邑兵, 往守龍宮縣界。

10월 16일。맑음。

최계승(崔季升: 崔晛)과 함께 치원(治源: 金澐, 金明一의 아들, 검간의 처4
촌)의 집에서 이야기를 나누었다.

十六日。晴。

급제, 1592년 임진왜란이 일어나자 구국책을 올려 元陵參奉이 되었다. 1606년 增廣別
試 생원과에 장원, 檢閱이 되었으며, 광해군 때 遷都論이 거론되자 이를 반대, 그
계획을 중단시켰다. 仁祖反正 후 副提學을 거쳐 강원도관찰사가 되었다.

47) 其閨中見擄不還 渠亦: 누락.
48) 淸河(청하): 경상북도 포항시 북동부에 위치한 고을.
49) 長鬐(장기): 경상북도 포항시 지행면에 위치한 고을.
50) 迎日(영일): 경상북도 영일군 일대. 경상북도 동부 동해에 면하여 1994년까지 존속했
으나, 포항시로 통합되면서 폐지되었다.

與季升, 同話于治源家。

10월 17일。 맑음。

길 떠날 채비를 갖추었으니, 장차 내일 속리산(俗離山)으로 들어가 어머니를 뵙기 위함이다.

十七日。 晴。

治行具, 將以明日入歸離山慈氏所故也。

10월 18일。 맑음。

아침식사 하고나서 길을 떠나 안동부(安東府)에 도착하였다. 듣건대 도사(都事) 창원공(昌遠公: 金弘微의 字)이 관아에 있다는 소식을 듣고서 들어가 뵙고 더불어 같이 잤다.

찰방(察訪) 권종경(權從卿: 權景虎, 趙竤의 4촌처남)이 선성(宣城: 예안)에 서 또한 왔다. 나는 바야흐로 혼자 가게되어 걱정이 되었는데, 권종경 이 마침 도착하여 함께 가게 되자 깊이 위로가 되었고 매우 위안이 되 었다.

十八日。 晴。

食後發行, 到府內。 聞都事昌遠公在官, 入見, 仍與同枕。 權察訪從卿, 自宣城亦來。 吾方以單行爲憂, 權丈適到, 偕行, 深慰深慰。

10월 19일。 맑음。

오후에 길을 떠나 저녁이 되어서야 정야촌(鼎夜村: 안동 서후면 교리의 所夜村인 듯)의 시골집에서 묵었다. 경상좌도 병영에서 용궁(龍宮)을 방 어하러 가는 자들이 도로에 길게 이어져 있었다.

十九日。晴。

午後發行, 夕宿于鼎夜村[51]舍。左兵之赴防龍宮者, 連亘道路。

10월 20일。맑음。

먼동이 트기 전인 이른 새벽에 길을 떠나 권장(權丈: 權景虎, 趙竑의 4 촌처남)과 함께 신당곡(申堂谷: 용궁면 대은리)에 투숙하였다.

二十日。晴。

曉頭發行, 偕權丈, 投宿于申堂谷[52]。

10월 21일。흐림。

아침 일찍 길을 떠나 용궁(龍宮)의 석현(石峴: 용궁면 무이리)에 도착하니 적의 형세가 극히 왕성하여 도연(道淵)·영순(永順)·포내(浦內: 풍양면 우망리) 등 여러 곳에서 연기와 불길이 하늘을 가렸는지라, 결코 길을 통하기가 어려워 부득이하게 신당곡(申堂谷)으로 되돌아와 머물러 묵었다.

二十一日。陰。

早發, 到龍宮石峴[53], 則賊勢極盛, 道淵·永順[54]·浦內[55]諸處, 烟焰漲天, 決難通道, 不得已還到申〈堂〉谷, 止宿。

---

51) 鼎夜村(정야촌): 경상북도 안동시 서후면 교리 所夜村인 듯. 지명을 음차할 때 일어난 현상인 것으로 보이는바, 이 현상에 대한 지명연구가의 도움이 필요하다.

52) 申堂谷(신당곡): 경상북도 예천군 용궁면 大隱里 신당. 乃城川 가에 있는 마을로 옛 역촌이다.

53) 石峴(석현): 경상북도 예천군 용궁면 무이리. 申堂谷 가까이에 있는데 지금의 용궁향교 남석쪽이다. 현재는 지세가 아주 낮아서 고개라고 부르지 않는다고 한다.

54) 永順(영순): 경상북도 문경시 영순면의 邑治.

55) 浦內(포내): 경상북도 예천군 풍양면 우망리의 옛 이름. 조선시대에는 용궁 땅으로 일컬어졌다.

10월 22일. 맑음.

이러한 왜적의 형세를 보고서 형편상 길을 가기가 어려웠지만, 여러 날을 머무르려 해도 양식이 이미 바닥나고 있었다. 권장(權丈: 權景虎, 趙竑의 4촌처남)은 용궁 현감(龍宮縣監) 이유(李愈)의 집으로 갔는데, 이유가 그와 4촌간이었기 때문이다. 나는 저곡(渚谷: 예천군 은풍면 부초리)의 권경초(權景初: 權審言의 둘째아들 權旭) 집으로 갔다. 김이회(金而晦: 金光燁) 또한 은풍(殷豊)에 있다가 바야흐로 복병장(伏兵將)이 되어 용궁현의 경계로 가서 지키고 있었는지라, 즉시 사람을 보내어 맞아오게 하여 권시(權時: 權審言의 첫째아들)의 집에서 같이 잤고 권경초의 동생 경허(景虛: 權曇, 權審言의 셋째아들)도 함께 묵었다. 김이회는 서로 보지 못한 지가 지금까지 7달이나 되었다. 타향에서 해후하니 다행히도 각기 몸을 보존하여서, 그 기쁨이 둘 다 지극하였다.

二十二日。晴。

觀此賊勢, 勢難作行, 濡滯累日, 糧物已乏。權丈歸龍宮倅李愈家, 李爲[56]從行故也。吾則歸渚谷[57]權景初[58]家。金而晦亦在殷豊[59], 方爲伏兵將, 往守縣界, 卽送人邀來, 同枕于權時[60]家, 景初弟景虛[61], 亦同

---

56) 爲: 有.

57) 渚谷(저곡): 경상북도 예천군 은풍면 부초리에 있는 자연부락. 안동권씨 저곡 입향조인 權攇(1475~1558)와 아들 權審言(1502~1574), 손자 權時(1552~1612), 權旭(1556~1612), 權曇(1558~1631) 등 4대의 묘지를 지키기 위한 재실이 있다. 권심언의 딸은 안동 임하면 川前 출신 의성김씨 南嶽 金復一의 둘째부인으로 출가하였다.

58) 景初(경초): 權旭(1556~1612)의 字. 본관은 安東, 호는 梅堂. 權審言의 둘째아들이다. 안동 임하면 신덕리의 의성김씨 입향조 운암 金明一의 사위이다. 1592년 임진왜란 때 鼎山書堂에서 櫟峰 李介立(1546~1625), 讓西 李光胤(1564~1637)과 함께 스승 학봉 김성일의 지휘 하에 나라를 구하기 위해 檄文을 돌려 수백 명의 의병을 모집하고 왜적에 맞서 싸우며 공을 세웠다. 1597년 정유재란이 일어나자 上疏의 우두머리가 되어 임금이 몸소 나아가 왜적을 정벌하기를 청하였다.

59) 殷豊(은풍): 경상북도 풍기군의 屬縣. 풍기와 문경 사이의 소백산맥 남쪽 사면에 있어 군사와 교통의 요지이었다.

60) 權時(권시, 1552~1612): 본관은 安東. 權審言의 첫째아들이다.

宿。而晦之不相見, 今七閱月矣。邂逅客土, 幸各保存, 其喜兩極兩極。

10월 23일。맑음。

김이회(金而晦: 金光燁)는 돌아가고, 김자온(金子韞: 金琬)이 또한 와서 같이 이야기를 나누었다. 김자온은 권씨 가문에 장가들어 현재 저곡(渚谷)에 살고 있는데, 나와는 동향의 죽마고우이다.

오후가 되어 금곡(金谷: 예천군 용문면 쇠실마을)으로 가서 변씨 제수(검간의 이종사촌동생 李應明 부인) 및 이씨 이종사촌여동생(이모부 李安仁의 딸)을 찾아가 만났다. 마침 경한(景閑)도 그곳에 있어서 서로 조용히 이야기를 나누었다. 경한은 일찍이 지난 여름에 경성(京城)에서 그의 어머니를 모시고 관동(關東) 땅으로 피난을 나섰다가 질병으로 말미암아 갑자기 어머니상을 당했다고 하는데, 현재 양어머니의 상도 마치지 못했거늘 또 마음속 깊이 사무치는 아픔을 겪으니 몹시 불쌍하고 가여웠다. 박포(朴苞)·박순(朴筍)과 김지(金漬)가 찾아와 만났고, 신심(申諶: 字는 信叔) 또한 찾아와 만났다.

날이 어두워지고나서야 저곡(渚谷)으로 돌아왔는데, 자온(子韞: 金琬)·경허(景虛: 權曇)·전경선(全景先: 全纘)·이여미(李汝美)와 같이 묵었다. 산양(山陽)의 황공회(黃公會) 또한 와서 같이 이야기를 하였다.

二十三日。晴。

而晦歸, 金子韞[62]亦來同話。子韞作贅權門, 方居渚谷, 於吾爲同鄕竹馬契也。午後, 往金谷[63], 訪見邊嫂及李氏妹。景閑亦在其處, 相與穩叙。景閑, 曾於夏間, 自京城奉其慈闈, 避[64]出關東地, 以疾奄丁內

---

61) 景虛(경허): 權曇(1558~1631)의 字. 본관은 安東, 호는 咸溪. 權審言의 셋째아들이다.

62) 협주【名琬號西潭】있음. 子韞은 金琬(생몰년 미상)의 字. 본관은 商山, 호는 西潭.

63) 金谷(금곡): 金谷里. 경상북도 예천군 용문면 쇠실마을.

64) 避: 누락.

艱云, 方持養母服未関, 而又遭深疚, 甚可矜惻。朴苞·朴筍及金溜來見, 申諶亦來見。乘昏, 還渚谷, 與子昷·景虛·全景先⁶⁵⁾·李汝美, 同宿。山陽黃公會, 亦來同話。

10월 24일。 밤부터 큰 비가 옴。

자온(子昷: 金珽) 등 여러 사람들과 종일토록 이야기를 나누었다。 듣건대 적의 형세가 아직도 치성하다고 하였다。

二十四日。 自夜大雨。

與子昷諸公, 終日打話。 聞賊勢尙熾云。

10월 25일。 흐림。

경초(景初: 權審言의 둘째아들 權旭)가 족건(足巾: 발싸개 또는 버선)·단과(單袴: 홑반바지) 및 내유삼(內襦衫: 속저고리와 속적삼)을 각 1개씩 보내왔고, 공회(公會) 또한 옷감 반 필을 보내왔으니, 가난한 선비를 돌보아주는 정을 여기서 볼 수 있었다。

아침식사 하고나서 길을 떠나 신당곡(申堂谷)에 돌아오니 권장(權丈: 權景虎, 趙竑의 4촌처남)은 이미 와서 머물며 기다리고 있었다。 김달원(金達遠: 金垓)이 향병(鄕兵) 800여 명을 이끌고 집승정(集勝亭) 앞에 와서 진(陣)을 치고 있어서 잠시 그와 더불어 이야기를 나누었다。

날이 저물어서 그대로 신당곡에서 묵었다。

二十五日。 陰。

景初, 以足巾·單袴及內襦衫, 各一事見遺, 公會亦遺衣材半疋, 綈袍之戀⁶⁶⁾, 到此可見。 食後, 發還申堂, 則權丈已來留待矣。 金達遠, 率

---

65) 景先(경선): 全纘(1546~1612)의 字。 본관은 竺山, 호는 蒼巖·四友。

66) 綈袍之戀(제포지련): 옛 친구를 돌보아주는 정을 가리킴。 綈袍는 솜을 넣은 두꺼운

鄉兵八百餘人, 來陣集勝亭⁶⁷⁾前, 暫與做話。日暮仍宿申堂。

10월 26일。 맑음。

아침식사 하고나서 종경(從卿: 權景虎, 趙竑의 4촌처남)과 함께 길을 떠나 먼저 달원(達遠: 金埈)의 의병진영에 도착했더니, 배명서(襄明瑞: 襄龍吉)가 용궁현 안에서 와 말하기를, "적의 기병 50여 명이 아침에 이미 용궁현으로 쳐들어왔는데 그 기세가 매우 치성하여 경솔히 맞받아 공격하기에는 어려워지자, 관군들로서 의병진영에 머물러 있던 자들이 일시에 놀라서 퇴각하니 방어할 도리가 전혀 없었다."라고 운운하였다. 우리는 결코 그냥 길을 갈 수가 없어서 권종경과 함께 되돌아왔다.

듣건대 왜적들이 내려오는 것이 날마다 끊이지 않았고, 당교(唐橋) 이상이며 영순(永順)·반암(盤岩) 등 여러 곳에 머물러 있던 자도 또한 온 길에 가득하였는지라, 막사를 200여 곳에 지어놓고는 사람들을 해치고 물건들을 노략질하면서 살육을 제멋대로 행하여 산양(山陽) 사람들로 피살된 자가 수백여 명이 넘는다고 하니, 그들의 뜻이 어찌 경상좌도(慶尙左道)의 여러 고을들을 통째로 삼켜 겨울을 나려는 계획으로 삼고자 한 것이겠는가? 가슴이 아팠고 마음이 아팠다.

저녁에 권종경과 함께 풍산(豊山)의 시골집에 들어 묵었다. 길에서 김간(金侃)을 만났는데, 장천(長川)으로부터 와 용궁현 땅에서 이리저리 떠돌며 밥을 얻어먹느라 초췌한 모습의 그 끔찍스러움을 차마 볼 수가

웃웃이다. 전국시대 魏나라 范雎가 中大夫 須賈를 섬기다가 무고를 당하여 秦나라로 도망가 이름을 張祿으로 바꾸고 재상이 되었다. 그 후 수가가 위나라 사신으로 진나라에 갔는데, 범저가 낡은 옷을 입은 누추한 모습으로 찾아가자 수가가 동정하여 제포를 주었다 한데서 나온 말이다.

67) 集勝亭(집승정): 경상북도 예천군 남쪽 노포촌에 있었던 정자. 1541년 여름 누정의 주인인 安承宗(1484~?)이 崔演(1503~1549)에게 부탁하여 지은 누정 이름이다.

없어 그와 더불어 같이 잤다. 자루를 털어 주었는데, 그에게는 자녀가
무려 6,7명이나 되니 겨우내 어떻게 길가에서 추위에 떨고 굶주리는
것을 면할 수 있을지 가련하고 가련하였다.

二十六日。晴。

食後, 偕從卿發行, 先到達遠陣所, 則裵明瑞[68]來自縣內, 曰: "賊騎
五十餘人, 朝已入縣, 其勢甚熾, 難於輕犯, 官軍留陣者, 一時驚退,
萬無可禦〈之〉理."云云。吾等則其決不可作行, 與權丈還來。〈聞〉賊之
下歸者, 逐日不絶, 而留屯於唐橋[69]以上及永順·〈盤岩〉等諸處者, 亦
彌滿一路, 結幕二百餘所, 侵劫人物, 恣行屠戮, 山陽人被殺者, 過數
百餘云, 其意豈欲幷呑左道諸邑, 以爲過冬之計耶? 痛心痛心。夕[70],
與◇[71]從卿, 投宿豐山村舍。道遇金侃, 自長川流離寄食於縣地, 憔悴
之容, 慘不忍見, 與之同枕。傾囊以給, 其子女, 多至六七, 冬間豈得
免凍餒於道傍耶? 可憐可憐。

10월 27일。 맑음。

새벽밥을 먹고나서 길을 떠나 안동부(安東府)에 들어가 김창원(金昌
遠: 金弘微)을 만났다. 종경(從卿: 權景虎, 趙竑의 4촌처남)은 예안(禮安)으로
돌아갔고, 나는 임하(臨河)로 돌아왔다.

---

68) 明瑞(명서): 裵龍吉(1556~1609)의 字. 본관은 興海, 호는 琴易堂·藏六堂. 생아버지는
   관찰사 裵三益이며, 어머니는 英陽南氏로 南藎臣의 딸이다. 1592년 임진왜란이 일어
   나자 안동에서 의병을 일으켜 金垓를 대장으로 추대하고 그의 부장으로 활약하였다.
   1594년 洗馬의 직을 받고 이어 侍直·副率을 지내고, 1597년 정유재란 때는 화의에
   반대하는 상소를 하였다.

69) 唐橋(당교): 경상북도 聞慶郡의 茅田洞과 尙州牧 咸昌縣 允直里 사이의 茅田川에 있던
   다리. 신라 때 金庾信이 唐나라 蘇定方의 군사들을 죽여 이곳에 묻었다는 고사에서
   유래된 이름이라 한다.

70) 夕: 누락.

71) 權.

　들건대 지난 21일 밤 인동(仁同)에 머물러 있던 왜적들이 갑자기 군위현(軍威縣) 안으로 쳐들어와 수백여 명을 겁박하고 죽였는데, 사람들은 모두 잠자리에 들어있어서 미처 피하여 달아나지 못했다고 하였다.

　二十七日。晴。

　蓐食[72]而發, 入府內, 見金昌遠。從卿歸禮安, 吾則歸臨河。聞去二十一日夜, 仁同留賊, 猝入于軍威[73]縣內, 劫殺數百餘人, 人皆入寢, 未及避出云。

10월 28일。맑음。

　들건대 김해(金海)의 적들이 부산(釜山)·동래(東萊)의 여러 적들과 합세하고 창원(昌原)·함안(咸安) 등의 고을에까지 진군하여 공격하니 병사(兵使) 류숭인(柳崇仁)이 다시 싸웠으나 모두 패하여 아군이 진중(陣中)에서 죽은 자가 1,400여 명이나 되었고 병사(兵使)도 패하여 달아나자, 적들이 뒤쫓아서 진양(晉陽: 晉州)에 이르러 진양성을 포위한 지 7일이나 되는 동안에 병사(兵使)와 사천 현감(泗川縣監: 鄭得說)이 진양성 밖에서 탄환에 맞아 죽었지만 목사(牧使) 김시민(金時敏)·판관(判官) 성천경(成天慶: 成守慶의 오기)·곤양 군수(昆陽郡守) 이광악(李光岳) 등이 성벽을 굳게 지키며 성문을 닫아걸어 적들이 백방으로 성벽을 넘고자 꾀하였으나 끝내 들어가지 못하였는데, 7일째 비로소 맞붙어 싸우게 되었을 때 아군이 화살을 비오듯 쏘아대면서 더러는 탄환도 쏘아대고 더러는 끓는 물도 쏟아부으니 적들은 이에 포위를 풀었지만 사상자가 부지기수이고 살아남은 적들이 단성(丹城)으로 퇴각해 들어가서 공격하여 약탈하다가 돌아갔다고 하였다. 진양성의 전투에서 만일 목사의 힘이

---

72) 蓐食(욕식): 새벽밥. 아침일찍 잠자리 위에서 식사하는 일.

73) 軍威(군위): 경상북도 중앙부에 위치한 고을.

아니었더라면 함락이 경각에 달렸을 것이나 끝내 대첩을 거둘 수 있었다. 그 전공이야 말로 다할 수가 없지만 목사의 관자놀이에 탄환을 맞아 중상을 입었다고 하니 통탄스러웠다.

왜적들이 내려온 자가 무수하였지만 해변지대에 가서 즉시 배에 오르지 않고 이 고을 저 고을에 머무르며 날마다 분탕질하고 약탈하는 것을 일삼는 바람에 진주 일대가 오래도록 온전한 고을이었으나 지난번 전투에서 죄다 불태워 없어져서 지금 남아있는 집이라고는 없다고 하니, 이것이 심히 우려스럽다.

二十八日。晴。

聞金海⁷⁴⁾之賊, 與釜山·東萊諸賊合勢, 進攻昌原⁷⁵⁾·咸安等邑, 兵使柳崇仁, 再戰⁷⁶⁾皆敗, 我軍陣亡者一千四百餘人, 兵使退走, 賊追入晉陽, 圍城七日, 兵使與泗川縣監⁷⁷⁾, 在城外中丸殞命, 牧使金時敏⁷⁸⁾,

---

74) 金海(김해): 경상남도 동남부에 위치한 고을.

75) 昌原(창원): 경상남도 중부 남단에 위치한 고을.

76) 再戰(재전): 1592년 9월 말, 왜군 3만은 김해성에서 집결하여 진주를 향해 진군을 시작하자, 류숭인이 2천 명의 병력으로 창원 외곽의 露峴에서 9월 24일에서 25일까지 방어했으나 불리하여 창원성으로 물러나 다시 싸웠으나 결국 지키지 못하고 9월 27일 퇴각할 수밖에 없었던 것을 일컬음.

77) 泗川縣監(사천현감): 鄭得說(?~1592)을 가리킴. 본관은 河東, 자는 君錫, 시호는 忠壯. 1592년 임진왜란이 일어났을 때 사천현감으로 왜적 1만여명이 세 길로 나누어 진주로 향하고 있다는 소식을 듣고 경상우병사 柳崇仁의 선봉이 되었다. 유숭인이 전쟁에 패하여 진주성에 들어가 지키기를 원하였으나 판관 金時敏은 받아들이지 않고 밖에서 응원할 것을 요청하였다. 이에 응원하기 위하여 성에서 돌아 나오다 적을 만나 접전, 유숭인이 먼저 전사하고 그도 흩어진 병졸들을 모아 끝까지 싸우다가 전사하였다.

78) 金時敏(김시민, 1554~1592): 본관은 安東, 자는 勉吾. 1578년 무과에 급제했다. 1591년 晉州判官이 되었고, 이듬해 임진왜란이 일어나자 죽은 牧使 李璥을 대신하여 城池를 수축하고 무기를 갖추어 진주성을 지켰다. 이후 곽재우 등 의병장들과 합세하여 여러 차례 적의 공격을 막아내고 고성과 창원 등지의 성을 회복하는 등의 공로로 8월 진주목사에 임명되었다. 9월에는 적장 平小太를 사로잡는 전공을 세웠으며, 10월에는 왜군이 대대적으로 진주성을 공격하였다. 당시 진주성을 지키고 있던 그는 3,800여명의 군대를 이끌고 적장 長谷川秀一가 이끄는 2만의 군대를 맞아 승리를 거두었다. 진주성 안에서의 전체적인 지휘를 그가 이끌었으며, 곽재우, 최경회 등 의병장들이 적군의 배후를 위협하는 도움을 받아 전투가 진행되었다. 10월 5일부터 11일까지 실시

判官成天慶⁷⁹⁾, 昆陽⁸⁰⁾郡守李光岳⁸¹⁾等, 堅壁閉城, 賊多方謀越, 終不得入, 第七日始接戰, 我軍發矢如雨, 或放鐵丸, 或注沸湯, 賊乃解圍, 死傷者不知其數, 餘賊退入丹城, 攻劫而歸云。晋陽之戰, 若非牧使之力, 則陷在呼吸, 而終能大捷⁸²⁾。功不可言, 但額角中丸重傷云, 可歎。賊之下歸者無數, 而行到邊地, 不卽乘舡, 留屯郡邑, 日以焚劫爲事, 晋州一境, 久爲完邑, 而頃日之戰, 盡被焚蕩, 今無餘宅⁸³⁾云, 此甚可慮也⁸⁴⁾。

된 이 전투에서 마지막 날 적의 대대적인 총공세를 맞아 동문을 지키던 김시민 장군이 적의 탄환을 맞아 쓰러지자 곤양군수 이광악이 대신 작전을 지휘해 승리를 거두었다. 이 전투를 임진왜란 3대 대첩의 하나로 꼽기도 한다.

79) 成天慶(성천경): 成守慶(?~1593)의 오기. 본관은 昌寧. 1592년 임진왜란 때 진주판관으로 재임하였다. 왜군이 쳐들어오자 招諭使 金誠一의 아래에서 군무를 맡아 성을 고쳐 쌓고 무기를 수선하는 데 앞장섰다. 한편 격문을 돌려 충의지사를 부름으로서 군세를 늘리고 싸움에 대비하였다. 그해 10월 제1차 진주성싸움에서 진주목사 金時敏과 함께 3,800여 명의 병력으로 2만여 명의 왜군과 싸워 승리했으나, 이 싸움에서 진주목사 김시민이 전사하였다. 이듬해 6월에 벌어진 제2차 진주성싸움에서 3만 7000여 명의 왜군을 맞아 倡義使 金千鎰, 경상우병사 崔慶會, 충청병사 黃進, 진주목사 徐禮元 등이 이끄는 3,400명의 병력과 함께 싸우다가 전사하였다.

80) 昆陽(곤양): 경상남도 泗川郡에 위치한 고을.

81) 李光岳(이광악, 1557~1608): 본관은 廣州, 자는 鎭之. 1584년 무과에 급제하여 선전관을 거쳐 1592년 昆陽郡守가 되었는데, 때마침 임진왜란으로 왜병이 영남일대에 쳐들어오자 선봉으로 장병을 격려하여 대비하였다. 그 뒤 적이 대군을 이끌고 진주성을 포위하여 목사 金時敏은 고립되고 대세가 위급해지자, 당시 거창에 있던 招諭使 金誠一의 명령으로 左翼將이 되어 성안에 들어가 김시민과 합세하여 성을 사수하였다. 김시민이 적탄에 맞아 쓰러지자 그를 대신하여 총지휘관으로 싸워 대승을 거두고 적을 격퇴시켰다. 1594년 의병대장 郭再祐의 부장으로 함께 동래에 갔으나 적이 나오지 않으므로 돌아왔다. 1598년 전라도병마절도사로서 명나라 군대와 합세하여 금산·함양 등지에서 왜군을 무찌르고 포로가 된 본국인 100여명과 우마 60여필을 탈환하였다.

82) 大捷(대첩): 1592년 10월 5일부터 일주일간 벌어진 전투. 진주성에는 이 전투의 주장인 진주목사 金時敏과 판관 成守慶, 곤양군수 李光岳, 전 만호 崔德良, 영장 李訥, 율포권관 이찬종이 이끄는 진주성의 본주군 3천7백, 곤양군의 병력 1백을 더한 3천8백의 군사로 3만의 압도적인 전력을 지닌 왜군을 격퇴한 전투를 가리킨다. 진주성 남쪽에는 南江이 있어 자연 垓子역할을 하고, 서쪽은 가파른 경사의 절벽이 있으며 그 앞에는 羅佛川이란 소하천이 흘러 또 자연 해자가 되었으며, 성의 북쪽에는 大舍池란 이름의 큰 인공 연못을 조성해서 해자로 삼았던 것도 승리의 요인이었다.

83) 宅: 舍.

10월 29일。흐림。

아내가 신곡(申谷)으로 돌아갔는데, 경상우도 방백(慶尙右道方伯: 金誠一) 집에서 열리는 초석(醮席: 혼례)에 참석하기 위함이다.

二十九日。陰。

荊布歸申谷, 爲參右方伯家醮席故也。

10월 30일。맑음。

꿈에서 경성(京城)에 사는 종조부를 뵈었고 또 곽재우(郭再祐)와 이야기를 나누었다.

三十日。晴。

夢拜京居從祖[85], 且與郭再祐接談。

---

84) 此甚可慮也: 누락.

85) 從祖(종조): 검간에게 종조부가 되는 사람은 趙禛뿐이나, 족보에는 이름 석 자만 있어 구체적인 사실은 알 수 없음.

11월 정사삭

11월 1일。맑음。

날씨가 매우 매서웠다.

十一月大 丁巳朔 一日。晴。

日候甚烈。

11월 2일。맑음。

날씨가 매우 추웠다. 아내가 신곡(申谷)에서 돌아왔다.

二日。晴。

日甚寒。荊布自申谷還。

11월 3일。맑음。

三日。晴。

11월 4일。맑음。

들건대 어제 당교(唐橋)에 머물러 있던 왜적들이 밤을 틈타 예천(醴泉)의 유천(柳川)과 용궁(龍宮)의 천덕원(天德院)에 난입하여 주위 40여 리를 일시에 분탕질하였는데, 아군이 포위되어 탈출하지 못한 자는 대부분 도륙을 당했다고 하였다. 그 기세로 점차 깊이 쳐들어와 경상좌도 일대 또한 지탱하기가 어려울 것 같아 두렵고, 방어하는 군사들은 날마다 도망쳐서 또한 막을 수가 없으니 이것이 더욱 근심스럽다. 이날 살해된 자들은 모두 승병(僧兵)이었고, 그 나머지 사람들이 난을 피해 돌아가다가 죽은 자도 또한 백여 명을 넘었다고 하였다.

四日。晴。

聞昨日唐橋留屯之賊, 乘夜闌入于體泉之柳川[1], 龍宮之天德院, 周回四十餘里, 一時焚蕩, 我軍被圍不出者, 多値屠戮。其勢漸次深入, 左路一帶, 恐◇[2]難支保[3], 防禦之軍, 逐日逃歸, 而亦[4]不得禁遏, 是尤可悶。是日被害者, 皆是僧兵, 而他餘避亂出歸而死者, 亦過百餘云。

11월 5일。맑음。

五日。晴。

11월 6일。맑음。

六日。晴。

11월 7일。맑음。

七日。晴。

---

1) 柳川(유천): 경상북도 예천군의 서쪽 지역인 유천면 일대.
2) 亦.
3) 支保: 保.
4) 亦: 누락.

11월 8일。 가랑비。

듣건대 적의 형세가 점차 바싹 들이닥쳐 지난날 용궁현(龍宮縣)의 관아를 전부 불태워 없앴고 올 가을에 거두어들인 창곡(倉穀)도 또한 모두 실어가자 여러 고을의 군졸이 거의 다 도망쳐서 전혀 방어할 만한 형편이 못되었지만, 방백(方伯: 韓孝純)은 안동(安東)의 진영에 머물러 있은 지가 오래였거늘 뜻밖에 무슨 변이 생길까 염려하여 그저께 이미 예안(禮安)으로 향했다고 하였다. 용궁(龍宮)과 예천(醴泉)의 두 지역 및 풍산(豐山)과 안동부(安東府) 등 여러 곳의 마을이 온통 빈데다 사람들 모두가 깊이 들어가 우선 죽음만이라도 피하려는 계책으로 삼으니, 적이 계속 몰아치고자 하면 무엇을 꺼려 하지 못하겠는가?

○ 문경(聞慶) 사람인 신이길(申以吉)의 편지를 얻어 보았는데, 그도 또한 의병 막하에 같이 참여한 사람이다. 이달 초 4일에 황령(黃嶺)에서 금당(金塘)으로 들어왔다가 가까운 시일 내에 되돌아가려고 하는데, 내가 동행해주기를 바랐다. 그 편지에 이르기를, "지난달 27일에 대장(大將: 李逢)이 이축(李丑: 李軸)에게 정예병 50명을 이끌고서 밤에 당교(唐橋)를 습격하도록 명을 내려 사살한 왜적이 15명이고 탈취한 소와 말이 모두 17태(馱)이다."라고 하였다.

의병 막하에서는 나에 빨리 돌아오라고 재촉하였지만 적의 형세가 저와 같아서 떠나갈 길이 없으니, 참으로 답답한 마음을 어찌해야 하며 어떻게 하겠는가?

八日。微雨。

聞賊勢漸[5]逼, 頃日龍宮縣舍, 盡數焚蕩, 今秋所收倉穀, 亦皆輸去, 列邑軍卒, 幾盡逃潰, 了無可禦之勢, 而[6]方伯留鎭于安東者久矣, 慮有不虞, 昨昨已向禮安。龍醴兩境及豐山·安東府內等處, 閭里一空,

---

5) 漸: 甚.
6) 而: 누락.

人皆深入, 姑爲避死之計, 賊欲長驅, 何憚而不爲耶? ○ 得見聞慶人
申以吉書, 渠亦同參義幕者也。月初四日, 自黃嶺入來金塘[7], 近將還
歸, 要余同行。其書曰: "去月二十七日, 大將命李丑[8]率精兵五十, 夜
擊于唐橋, 射殺者十五倭, 奪取牛馬並十七駄。"云。幕中促余速還, 而
賊勢如彼, 末由發行, 悶極奈何奈何[9]?

11월 9일。 흐림。

오랜 친구 신예남(申禮男: 字는 文吉)이 해를 입었다는 소식을 들었는
데, 문길은 진보(眞寶)에 사는 신언(申漹)의 아들이다. 그는 청주(淸州)에
서 부인을 맞아 그대로 그곳에 살았다. 지난 여름에 포로가 되어 왜적
이 그에게 훼복(卉服: 섬 오랑캐의 풀옷)을 입도록 겁박하며 항복하여 빌
붙게 하려고 하자, 문길이 죽음을 무릅쓰고 굴복하지 않으면서 끝내
입기를 거부하여 훼복을 받지 않았다. 왜적이 그의 머리채를 휘어잡
아 끌고나와서 칼을 뽑아 겨누었지만 그래도 굴복하지 않았다. 얼마
후에 왜적은 놓아주고 편안하게 지내도록 했으면서도 여전히 사람들
로 하여금 에워싸서 지키게 하자, 문길은 도망칠 수 없음을 헤아리고
그 즉시 찼던 칼을 뽑아 스스로 목을 찔러 죽고 말았다. 적장이 이를
듣고 놀라 애도하며 말하기를, "이 자는 참된 의인이로다."라고 애석
해 마지않으면서 즉시 그곳에 있던 사람들로 하여금 그의 시체를 메고

---

7) 金塘(금당): 경상북도 예천군 용문면 금당실 마을. 물에 떠 있는 연꽃을 닮은 지형이라
   하여 불렸다고 한다. 마을 앞에는 金谷川이 흐른다.

8) 李丑(이축): 李軸(1565~1647). 본관은 星州, 자는 德載, 호는 佳嶽. 咸昌 출신이다.
   아버지는 李應春이고, 어머니는 咸昌金氏이다. 1592년 임진왜란이 일어나자 黃嶺寺에
   서 의병을 일으켰는데 鄭經世가 尙州召募官이 되고 그는 돌격 선봉대장으로 하여 함창
   당교에 있던 倭陣과 싸웠으며 姑潭, 開寧 등에서 여러 차례 전공을 세웠다. 1596년
   그 공으로 宣武原從功臣에 녹훈되고, 부여현감에 임명되었다. 뒤에 옥천군수가 되어
   선정을 베풀었으므로 백성들이 송덕비를 세웠다.

9) 奈何奈何: 奈何.

가서 산기슭에 묻도록 했다고 하였다. 신문길의 처 또한 사로잡혔는
데 적들이 욕보이려 하니 사력을 다해 항거하고 굴복하지 않자, 왜적
이 칼을 뽑아 위협했지만 끝내 따르지 않았다. 몸소 시퍼런 칼날을 무
릅쓰고 온 살가죽을 죄다 찔러 피가 온몸에 흘러내리자, 왜적이 마침
내 놓아주었다고 하였다. 절개와 의리를 둘 다 이룬 것이 오늘날에도
있거늘, 그 누가 고금이 서로 미치지 못하여 다르다고 했는가?

　九日。陰。

　聞知舊申禮男文吉[10]遇害, 文吉眞寶申馮公之胤子也。娶婦淸州地,
仍居焉。夏間被擄, 賊劫着卉服, 欲令降附, 文吉抵死不屈, 終拒不受。
賊捽髮扶曳[11], 拔劍擬之, 猶不屈。少焉, 賊捨令自便, 而猶使人圍擁,
文吉度不得逃去, 卽拔所佩刀, 自刎以死。賊將聞之, 驚悼曰：“此眞義
人也。” 追惜不已, 卽[12]令其衆, 羿其屍, 送埋于山麓云。文吉之妻, 亦
被擄, 賊欲汚之, 力拒不屈, 賊找劍脅之, 終不肯〈從。躬〉冒白刃, 肌
膚盡傷, 血流遍體, 賊竟捨之云。節〈義雙〉成, 今亦有之, 孰謂古今不
相及也?

11월 10일。흐림。

　인동(仁同)에서 온 사람을 통해 들건대 적도(賊徒)들이 근래에 끊임없
이 내려온다고 하였다.

　十日。陰。

---

10) 申禮男文吉(신예남문길): 申禮男(?~1592). 본관은 平山, 자는 文吉. 아버지는 高山
申馮이다. 1592년에 부인 驪興閔氏의 친정을 따라 충북 청주시 청원구 오창읍 마을에
가 있던 중 임진왜란이 일어나 왜군에게 잡혔다. 왜군들이 그를 데려가려 하자 “우리
집안은 대대로 忠과 孝를 중시하였다. 어찌 오랑캐의 신하로 살기를 바라겠는가.”라며
자결하였다.

11) 扶曳(부예): 잡아 끌거나 당김.

12) 卽: 누락.

因自仁同來人, 聞賊徒近來連續下歸。

11월 11일。맑음。

十一日。晴。

11월 12일。약간의 싸락눈이 내림。

장모(丈母: 金克一의 부인 遂安李氏)를 모시고 남면(南面: 臨南面)에 사는 하인의 집으로 갔는데, 근래에 적들의 불꽃 같은 기세가 점점 다가오는지라 곧장 몰아쳐오는 환난이 있을까 두려워서 미리 깊숙한 곳으로 피하여 급작스럽게 허둥지둥하는 위급함을 모면하고자 도모한 것이었다。

十二日。微下霰。

陪外姑[13]), 往南面[14]) 奴子之家, 近來賊焰漸迫, 恐有長驅之患, 以此預避深處, 圖免倉卒蒼皇之急。

11월 13일。맑음。

날씨가 몹시 추워서 그대로 산골짜기 속에 머물렀다。

十三日。晴。

日候極寒, 仍留山谷中。

---

13) 外姑(외고): 丈母. 아내의 어머니를 이르는 말.

14) 南面(남면): 경상북도 안동시 임하면에 있었던 일대 지역. 조선시대의 안동대도호부에 臨縣內·臨北·臨南·臨東·臨西의 5개 면으로 나뉘어 편입되었던 것이 1914년 행정구역 개편 때 안동군과 예안군이 병합되어 임하면과 임동면이 되었고, 1995년 안동군과 안동시가 통합되어 안동시가 되었다.

11월 14일。 맑음。

날씨가 몹시 추웠다.

아침식사 하고나서 길을 떠났다가 돌아오는 길에 남신지(南申之)를 찾아보았는데, 비로소 군위(軍威)의 장사진(張士珍)이 해를 입었다는 소식을 들었다. 장공(張公: 장사진)은 교생(校生)으로 무예의 재주가 있는 사람이다. 그에게 용기와 무략이 있었기 때문에 방백(方伯: 韓孝純)이 그를 차출하여 그의 고을 복병대장(伏兵大將)으로 삼았는데, 여러 차례 많은 적을 만났지만 그때마다 사살하고 목을 벤데다 또 금의 적장(錦衣賊將) 한 명을 베어 이것으로써 군대의 명성을 크게 떨치게 되자, 장차 인동현(仁同縣)에 머물고 있는 적을 들어가 치고자 하였다. 그 뜻이 소소한 승리에는 안주하지 않아서 매번 적을 만나면 자신이 사졸(士卒)보다 앞장서니 용감함은 그보다 나을 사람이 없었다. 지난 10일에 적들이 얼마되지 않았음에도 가까운 이웃 마을에서 분탕질하자, 장공(張公: 張士珍)이 결사대 30여 명을 이끌고 싸우러 달려갔다. 머지않아 많은 적들이 사방에서 갑자기 들이닥쳐 장사진 이하 모두가 피살되었다. 아마도 왜적은 지난날 제 우두머리를 벤 원수를 보복하고자 미리 복병(伏兵)을 설치해놓고 거짓으로 적은 병력을 보내어 고단하고 약하게 보이도록 해 짐짓 유인하는 계책으로 삼았던 것이나, 장사진은 그것을 알아차리지 못하고 감행하여 패한 것이 이 지경에 이르렀으니 더욱 마음이 아팠다. 의성(義城) 이하 여러 고을들은 장사진(張士珍)을 울타리로 삼아 지켰지만, 갑자기 이처럼 그지없는 지경에 이르러 적들이 만일 곧장 몰아쳐 온다면 막고 꺾을 계책이 없으니, 이것이 더욱 안타깝고 애석하였다.

十四日。 晴。

日候[15]極寒。 食後發還, 歷見南申之, 始聞軍威張士珍[16]遇害。 張公校生而有武才者也。 以其有勇略, 方伯差爲本邑伏兵大將, 累遇多賊,

輒射斬, 又斬錦衣賊將一級, 以此軍聲大振, 將欲入擊仁同縣留賊。其
志不安於小捷, 每遇賊, 身先士卒, 勇敢無出其右。去十日賊小許, 焚
蕩于近隣, 張公率敢死者三十人赴戰。俄而衆賊, 四面猝至, 士珍以下
皆被殺。蓋賊欲報前日斬魁之讐, 豫設伏兵, 陽遣單兵, 以示孤弱, 故
爲引出之謀, 而士珍不悟, 敢敗至此, 尤極痛心。義城以下諸邑, 以士
珍爲藩捍, 遽至此極, 賊如長驅, 則遏折無計, 是尤可惜可惜[17]。

11월 15일。맑음。

기원(基遠: 검간의 맏아들)이 노곡(蘆谷)에서 이곳으로 들어왔는데, 어
머니며 여러 남동생과 누이의 편지를 받아보고서 비로소 그쪽의 모두
가 평안하게 지내고 있음을 알았다. 조준(趙竣: 검간의 막내동생) 동생도
또한 경성(京城)에서 호서(湖西)로 길을 잡아 이달 초 7일에야 어머니가
계신 곳에 이르러, 그대로 한숨 돌릴 수 있게 되었으니 기쁨이야 이루
다 말로 비유할 수가 없다. 왜란을 만난 이후로 남과 북이 아득하여
그가 살았는지 죽었는지 서로 들어 알지 못했었는데, 어찌 오늘을 헤
아려 각자 목숨을 보전해 다시 얼굴을 볼 수 있겠는가? 다만 종조부(從
祖父: 趙祺) 내외가 일찍이 6월중 금성(金城: 강원도 김화) 땅에 있다가 모
두 적의 칼날에 해를 입었다는 소식을 삼가 들으니, 놀랍고 참혹하여
고통스러움은 비유할 만한 곳이 없었다. 두 노인네의 춘추가 모두 여

15) 日候: 누락.

16) 張士珍(장사진, ?~1592): 본관은 仁同. 임진왜란 때 軍威의 향교 유생들과 상의하여
의병을 일으키고 檄文을 보내자 수백 명이 모여들었다. 그는 군대의 이름을 復讐軍이
라 칭하고, 군위와 인동 지역을 돌면서 왜병들을 닥치는 대로 척살하여 큰 전과를
올렸다. 왜군들은 그를 張將軍이라고 일컬으면서 두려워하였다고 한다. 매복한 왜적
의 함정에 빠졌지만 분투하면서 한쪽 팔을 잃었지만 굴하지 않고 계속 싸우다 전사하
였다.

17) 可惜可惜: 可惜.

든에 가까웠거늘 고종명(考終命: 제명대로 살다가 편안히 죽는 것)을 하지
못했으니, 불행함이야 무엇이 이보다 심하겠는가? 조준(趙竣: 검간의 막
내동생)의 가솔과 구씨(具氏: 具光源)에게 시집간 누이의 일행이 창졸간
나뉘어 흩어졌는데, 모두가 지금 어느 곳에 있는지 알지 못한다고 하
였다.

또 정경임(鄭景任: 鄭經世)의 편지를 받았는데, 의병 막하의 모든 일들
이 날로 해이해지고 있으니 나에게 급히 돌아오라고 재촉하였으며,
그는 군량미를 구하려는 일로 일찍이 공주(公州)에 체찰사(體察使: 鄭澈)
가 있는 곳으로 갔다고 하였다. 또 듣건대 진중(陣中)에서 이축(李軸)
·정범례(鄭範禮) 등으로 하여금 정예병을 골라 거느리고 여러 차례 밤
에 당교(唐橋)를 습격하여 왜적 10여 명의 머리를 베었으며, 사살한 자
가 100여 명인데다 화살에 맞은 자는 부지기수이었으며, 탈취한 소와
말도 또한 많다고 하였다. 김 사담공(金沙潭公: 金弘敏)도 또한 이미 군
사를 모아 왜적 4명의 머리를 베었고, 우리 고을 상주(尙州) 신임 반자
(半刺: 판관) 정기룡(鄭起龍)이 부임한 지 겨우 10여 일이었지만 왜적을
토벌하는데 용감하여 사살하거나 머리를 벤 것 또한 많다고 하니 사람
들로 하여금 사기를 더하게 한 것이 지극하였다.

十五日。晴。

基遠, 自蘆谷入來, 得奉慈氏及諸弟妹書, 始審彼地, 俱得支安。竣
弟, 亦自京取路湖西, 月初七日, 得抵慈氏, 仍[18]其爲蘇, 喜不盡言喩,
喜不盡言諭。遭亂以後, 南北邈然, 其存其沒, 兩不聞知, 豈料今日,
各得保全, 重見面目乎? 第伏聞從祖父內外, 曾於六月中, 在金城[19]
地[20], 俱被賊鋒云, 驚慘痛苦, 無地可喩。兩老春秋, 皆近八耋, 而不得

---

18) 仍: 所.
19) 金城(금성): 강원도 김화 지역의 옛 지명.
20) 地: 누락.

令終²¹⁾, 不幸孰甚焉? 竣家屬及具氏妹一行, 倉卒分播, 俱未知時在某
所云。且得鄭景任書, 幕中諸事, 日至解弛, 促余急還, 渠則以軍粮圖
得事, 曾往公州體察使²²⁾所云。且聞陣中令李軸 · 鄭範禮等, 抄²³⁾領精
卒, 累次夜擊于唐橋, 斬首十餘〈級, 射〉殺百餘賊, 射中不知其數, 奪
取牛馬, 亦多云。金沙潭公, 亦已聚軍, 斬得四級, 吾州新半刺鄭起
龍²⁴⁾, 赴任纔浹旬, 勇於討賊, 射斬亦多云, 極令人增氣。

---

21) 令終(영종): 考終命. 제명대로 살다가 편안히 죽는 것.

22) 體察使(체찰사): 鄭澈(1536~1593)을 가리킴. 그는 1592년 7월 29일 의주에서 하직하
고 8월 9일에 영유를 지나 강화도를 거쳐 10월 18일에는 정산을 지나 공주에 도착해
있었던 것으로《瑣尾錄》에 기록되어 있음. 본관은 延日, 자는 季涵, 호는 松江. 어려서
仁宗의 淑儀인 맏누이와 桂林君 李瑠의 부인이 된 둘째누이로 인하여 궁중에 출입하였
는데, 이때 어린 慶原大君(明宗)과 친숙해졌다. 1545년 을사사화에 계림군이 관련되자
부친이 유배당하여 配所를 따라다녔다. 1551년 특사되어 온 가족이 고향인 전라도
담양 昌平으로 이주하였고, 그곳에서 金允悌의 문하가 되어 星山 기슭의 松江가에서
10년 동안 수학하였다. 1561년 진사시에, 다음 해 별시문과에 각각 장원하여 典籍
등을 역임하였고, 1566년 함경도 암행어사를 지낸 뒤 李珥와 함께 賜暇讀書하였다.
1578년 掌樂院正에 기용되고, 곧 이어 승지에 올랐으나 珍島 군수 李銖의 뇌물사건으
로 東人의 공격을 받아 사직하고 고향으로 돌아왔다. 1580년 강원도 관찰사로 등용되
었고, 3년 동안 강원 · 전라 · 함경도 관찰사를 지냈다. 1589년 우의정에 발탁되어 鄭汝
立의 모반사건을 다스리게 되자 西人의 영수로서 철저하게 동인 세력을 추방했고,
다음해 좌의정에 올랐으나 1591년 建儲문제를 제기하여 동인인 영의정 李山海와 함께
光海君의 책봉을 건의하기로 했다가 이산해의 계략에 빠져 혼자 광해군의 책봉을
건의했다. 이때 信城君을 책봉하려던 왕의 노여움을 사 파직되었고, 晉州로 유배되었
다가 이어 江界로 移配되었다. 1592년 임진왜란 때 부름을 받아 왕을 의주까지 호종,
다음 해 謝恩使로 명나라에 다녀왔다. 얼마 후 동인들의 모함으로 사직하고 강화의
松亭村에 寓居하면서 만년을 보냈다.

23) 抄: 누락.

24) 鄭起龍(정기룡, 1562~1622): 본관은 晉州, 초명은 茂壽, 자는 景雲, 호는 梅軒. 경상남
도 하동에서 출생하였다. 1590년 경상우도 병마절도사 申砬의 휘하에 들어가고 다음
해 훈련원봉사가 되었다. 1592년 임진왜란이 일어나자 별장으로 승진해 경상우도방어
사 趙儆의 휘하에서 종군하면서 방어의 계책을 제시하였다. 또한 거창싸움에서 왜군
500여명을 격파하고, 金山싸움에서 포로가 된 조경을 구출했고, 곤양 守城將이 되어
왜군의 호남 진출을 막았다. 이어 游兵別將이 지내고, 상주목사 金澥의 요청으로 상주
판관이 되어 왜군과 대치, 격전 끝에 물리치고 상주성을 탈환하였다. 1593년 전공으로
회령부사에 승진하고, 이듬해 상주목사가 되어 통정대부에 올랐다. 1597년 정유재란
때에는 討倭大將으로서 고령에서 왜군을 대파하고, 적장을 생포하는 등 큰 전과를
올렸다. 이어 성주 · 합천 · 초계 · 의령 등 여러 성을 탈환하고 절충장군으로 경상우도병

11월 16일。흐림。

十六日。陰。

11월 17일。맑음。

직장(直長) 최립지(崔立之: 崔山立)가 피난해 있던 임시거처로부터 나
를 만나보기 위해 일부러 찾아왔다.

十七日。晴。

崔直長立之, 自其避²⁵⁾寓所, 委來見訪。

11월 18일。맑음。

입지(立之: 崔山立)가 그대로 머물러 묵었고, 여장(汝章: 柳褃, 검간의 동
서)·사선(士善: 金元) 등 여러 사람들과 같이 모여 묵었다.

동지(冬至)이다.

十八日。晴。

立之留宿, 與汝章²⁶⁾·士善²⁷⁾諸公, 同會宿。冬至。

마절도사에 승진해 경주·울산을 수복하였다. 1598년 명나라 군대의 摠兵직을 대행해
경상도 방면에 있던 왜군의 잔적을 소탕해 龍驤衛副護軍에 오르고, 이듬해 다시 경상
우도병마절도사가 되었다. 1601년 임진왜란이 끝난 뒤 다시 경상도방어사로 나가 다
시 침입해올지 모르는 왜군에 대처했고, 다음해 김해부사·밀양부사·中道防禦使를
역임하였다.

25) 避: 누락.

26) 汝章(여장): 柳褃(생몰년 미상)의 字. 본관은 豐山. 柳雲龍의 둘째아들이다. 藥峯 金克
一의 사위이자 鶴峯 金誠一의 조카사위이다. 1592년 임진왜란 일어나자 숙부 柳成龍을
도와 공을 세웠다. 狼川縣監을 지냈다.

27) 士善(사선): 金元(1565~?)의 자. 안동에 거주하였다.《火旺入城同苦錄》에 나오지만,
더 이상의 사실은 알 수 없다.

11월 19일。맑음。

입지(立之: 崔山立)가 아사(亞使: 경상좌도 도사) 김창원(金昌遠: 金弘微)을 보려고 임하현(臨河縣)으로 돌아갔으니, 김창원이 사행(使行: 관찰사 행차)을 모시고 지금 진보(眞寶)로 들어간 까닭에 진보현에 도달한 것이었다.

광주 이모(光州姨母: 金宇宏의 부인)의 편지를 받았는데, 지금 영양현(英陽縣)의 남 별감(南別監) 집에 도착하였고 일행이 편안함을 비로소 알았으니 지극히 위로가 되었다.

十九日。晴。

立之, 歸見亞使²⁸⁾金昌遠於臨河縣, 昌遠陪使行, 今入眞寶, 故到縣也。得光州姨母書, 始審今到英陽縣南別監家, 一行安穩, 極慰極慰。

11월 20일。흐렸다가 약간의 눈。

권숙회(權叔晦: 權暐)가 찾아와서 만났다.

二十日。陰微雪。

權叔晦²⁹⁾來見。

11월 21일。맑음。

장모를 뵈러 남면(南面: 臨南面)의 임시거처로 갔다가 머물러 묵었다.

二十一日。晴。

往拜外姑南面寓所, 留宿。

28) 亞使(아사): 조선시대 각 도의 관찰사를 보좌하면서 행정 업무를 총괄한 經歷(종4품)과 都事(종5품)를 가리키는 말.

29) 叔晦(숙회): 權暐(1552~1630)의 字. 본관은 安東, 호는 玉峯. 安東 출신이다. 아버지는 權審行이고, 어머니는 康希哲의 딸이다. 月川 趙穆과 鶴峯 金誠一에게 수학하였고, 金垓·權宇 등과 교유하였다. 1601년 식년문과에 급제한 후, 海美縣監, 형조 좌랑, 호조 좌랑, 예조 좌랑 등을 역임하였다.

11월 22일。

아침일찍 모로곡(毛老谷: 대곡리 모로혈촌인 듯) 마을에 갔는데, 처자식들이 옮겨가 임시로 지낼 수 있는 곳을 고르기 위함 때문이었다. 풍산(豊山)의 정헌(鄭憲: 字는 景誠)·정서(鄭恕: 字는 推卿) 형제가 모두 이 마을에 와서 임시로 지내고 있었다. 이어 가음곡(可音谷: 만음리 갯골인 듯)에 갔다가 김순백(金順伯) 집을 찾아가 보고서 낡은 도포를 주었다.

저녁에 남면(南面: 臨南面)으로 돌아왔는데, 류여장(柳汝章: 柳楫, 검간의 동서)도 왔다.

二十二日。

早, 往毛老谷村[30], 爲擇妻子移寓之所故[31]也。豊山鄭憲[32]景誠·鄭恕[33]推卿, 皆來寓此村。仍往可音谷[34]◇[35], 金順伯家[36], 訪見[37]以弊袍見遺。夕, 還南面, 柳汝章亦來矣。

11월 23일。 맑음。

저물어서야 임하(臨河)로 돌아와서는 이원(以源)의 내조(內助: 부인)를 보러 사위촌(思位村: 思義洞인 듯)의 집으로 찾아갔다.

二十三日。 晴。

---

30) 毛老谷村(모로곡촌): 경상북도 안동시 길안면 大谷里의 모로혈촌인 듯.

31) 故: 누락.

32) 鄭憲(정헌, 1559~?): 본관은 미상, 자는 景誠, 호는 文谷. 안동에 거주하였다.《火旺入城同苦錄》에 나오지만, 더 이상의 사실은 알 수 없다.

33) 鄭恕(정서, 1557~?): 본관은 미상, 자는 推卿, 호는 孤山. 안동에 거주하였다.《火旺入城同苦錄》에 나오지만, 더 이상의 사실은 알 수 없다.

34) 可音谷(가음곡): 경상북도 안동시 길안면 만음리의 갯골인 듯. 지명에 있어서 '가음골'이 '갯골'로 변한다고 하는데, 만음리의 갯골이 길안천의 가장자리이기도 하다.

35) 訪見.

36) 家: 누락.

37) 訪見: 順伯.

晚還臨河, 歷見以源內助于思位村³⁸⁾舍。

11월 24일。 흐림。

김징(金徵)이 두루 찾아보고나서 그대로 머물렀다. 김징은 곧 집안의 서족(庶族)으로 지난 여름과 가을을 노곡(蘆谷)에서 같이 임시로 지냈던 사람이다. 그 또한 있을 곳을 잃어서 처자식을 이끌고 안동부(安東府)의 지경에 임시로 지내고 있다고 하였다. 우연히 서로 만나 보니 마음이 풀리고 위안이 되었다.

二十四日。 陰。

金徵, 歷見仍留。 徵, 乃門庶族, 而夏秋間同寓于蘆谷之人也。 渠亦失所, 率其妻子, 來寓府境云。 邂逅相見, 蘇慰蘇慰。

11월 25일。 맑음。

二十五日。 晴。

11월 26일。 맑음。

아침식사 하고나서 길을 떠났는데, 김도원(金道源: 金涌, 金誠一의 조카)·권숙회(權叔晦: 權曄)·김치원(金治源: 金㵆, 金明一의 아들, 검간의 처4촌)·김사선(金士善: 金元)이 와서 전별해 주었다.

저녁이 되어서 송마(松馬: 안동시 송하동인 듯) 이사회(李士會: 李亨道)의 임시거처에 투숙하였는데, 고향 친구 한택지(韓擇之) 또한 피란하여 이 마을에 와서 임시로 지내고 있었다.

---

38) 思位村(사위촌): 경상북도 안동시 임하면 思義洞인 듯. 1983년 착공하여 10년 만에 준공된 임하댐 바로 밑 동네였는데, 지금은 사라진 지명이다.

二十六日。晴。

食後發行[39]，金道源·權叔晦·金治源·金士善來別。夕，投宿松馬[40] 李士會寓所，鄉友韓擇之，亦避亂來寓于是里矣。

11월 27일。흐림。

아침밥을 안동부(安東府) 안에서 먹었다.

저녁이 되어 구덕(求德: 안동시 풍천면 九潭里)에서 묵었는데, 본디 김 충의(金忠義: 金汝岉을 가리키는 듯) 집안이 있었던 곳으로 이 마을도 또한 거의 다 불태워져 남은 것이라고는 없었다.

어두워지면서 눈이 내렸다.

二十七日。陰。

朝飯于府內。夕，宿求德[41]，本金忠義家，是里亦盡焚燼無餘矣。昏 下雪。

---

39) 發行: 發還.

40) 松馬(송마): 경상북도 안동시 松下洞인 듯. 경상북도 안동시 송현동·노하동을 관할하 는 행정동인데, 솔티고개가 있어서 송현이라 하였고 골짜기의 모습이 백로가 날개를 펴서 논밭에 내려앉는 白鷺下田 형국이어서 鷺河洞이라 하였다.

41) 求德(구덕): 8월 5일자에서 표기한 仇德과 같은 곳인 듯. 곧 안동시 풍천면 九潭里이다. 이곳에는 順天金氏의 집성촌이 있다. 이 순천김씨는 상주목사 權執經의 사위가 된 菊潭 金有溫이 이곳에 정착한 뒤 후손들이 세거하면서 형성된 가문이다. 김유온은 金元石과 金亨石을 두었는데, 김원석의 장남 金若勻 계열은 임진왜란 때 신립 장군과 탄금대에서 장렬하게 죽은 의주목사 金汝岉, 인조반정의 일등공신 영의정 金瑬, 金慶 徵 부자 등이 입관하면서 다시 서울로 옮겨가고, 안동 풍천면 일대에는 김원석의 차남 金粹瀚 계열과 김형석의 아들 목천현감 金若枰 계열이 세거하고 있다. 따라서 金忠義 家는 金汝岉(1548~1592)을 가리키는 듯하다. 그의 본관은 順天, 자는 士秀, 호는 皮裘 子·畏菴. 1567년 20세로 진사가 되고, 1577년 알성문과에 장원급제하였다. 兵曹郎官 ·忠州都事를 거쳐 1591년 義州牧使로 있을 때 西人 鄭澈의 당인으로 몰려 파직당하고 투옥되었다. 1592년 임진왜란이 일어나자 왕의 특명으로 申砬과 함께 忠州 방어에 나섰다. 새재[鳥嶺]의 지세를 이용하여 방어할 것을 건의하였으나, 신립이 이를 듣지 않고, 충주 達川을 등지고 배수의 진을 쳤다가 적군을 막지 못하여, 彈琴臺에서 신립과 함께 물에 투신 자결하였다.

11월 28일. 몹시 춥고 맑음.

아침밥을 진사 이명지(李明之: 李仲陽)의 집에서 먹었는데, 이 마을 또한 거의 다 타버렸고 오직 진사공의 침방(寢房: 침실)만 남아 있었다. 그래도 명지가 목화와 족건(足巾: 발싸개, 버선) 등의 물건을 주었다.

저녁이 되어서 다인현(多仁縣)의 마을에 묵었는데, 마을의 집들이 분탕질을 당하여 열에 한두 채도 남아있지 않았다.

二十八日。極寒晴。

朝飯于李進士明之[42]家, 是里亦盡焚, 惟餘進士公寢房矣。明之以木花·足巾等物見遣。〈夕〉宿于多仁縣里, 里舍焚蕩, 什無一二矣。

11월 29일. 맑음.

한낮이 되어서 매호진(梅湖津) 주변에 도착하여 막 강을 건너려던 즈음, 갑자기 연기가 묵곡(墨谷: 지금의 墨上里)에서 일어나는 것을 보았는데, 곧 왜적이 분탕질을 하는 불길이었다. 엎어지고 자빠지며 발길을 돌려 수산역(遂山驛: 守山驛의 오기)이 있는 마을에 돌아가 정박하였다. 날이 어두워지기를 기다려 길을 떠났는데, 한밤중에도 말을 채찍질하여 달려 내현(奈峴: 石峴인 듯)에 도착하니 밤이 비로소 새벽을 향했다.

二十九日。晴。

日午, 行到梅湖[43]邊, 將欲渡江之際, 忽見烟氣起自墨谷[44], 乃焚蕩之賊火也。顚倒退步, 還[45]泊于遂山驛[46]里。待日昏發行, 冒夜鞭馬,

---

42) 明之(명지): 李仲陽(1534~?)의 字. 본관은 加平. 1567년 식년시에 급제하였다. 그가 세운 曲江亭은 경상북도 예천군 지보면 新豐里에 있던 정자로, 터만 남아 있다고 한다.

43) 梅湖(매호): 梅湖津. 경상북도 상주시 사벌국면에 있던 나루. 예천군, 의성군, 안동군으로 통하는 길목이었다.

44) 墨谷(묵곡): 경상북도 상주시 사벌국면의 墨上里를 가리킴.

45) 還: 누락.

46) 遂山驛(수산역): 守山驛의 오기. 조선시대 경상도 醴泉에 위치한 驛. 경상우도 幽谷道

行到奈峴[47], 夜始向曙矣。

11월 30일。 맑음。

선전동 천로(扇箭洞遷路: 兎遷인 듯)에 이르러 짐바리를 실은 말이 발이 미끄러져 천 길이나 되는 벼랑으로 굴러 떨어지자마자 죽는데도 구하지 못했으며, 실었던 봇짐들도 또한 모두 터지고 말았으니 한스러웠고 한탄스러웠다.

저녁이 되어서야 도장곡(道藏谷)에 들어 정경임(鄭景任: 鄭經世)·이사확(李士擴: 李弘道, 權景虎의 손자인 權以說의 장인, 士廓으로도 쓰임)·강명보(康明甫: 康應哲)와 같이 묵었다.

三十日。 晴。

行到扇箭洞遷路[48], 卜馬躓足, 墜落千丈之崖, 〈卽〉斃不救[49], 所載囊橐, 亦皆折裂, 可恨可恨。 夕, 投道藏谷, 與鄭景任·李士擴·康明甫同宿。

의 屬驛 중의 하나로, 경상북도 예천군 풍양면 고산리에 있었다.

47) 奈峴(내현): 石峴인 듯. 경상북도 문경시 마성면 신현리에 있는 고개. 이 고개는 옛 영남대로의 중요한 길목이었다. 또 다른 이름이 꿀떡고개이다.

48) 扇箭洞遷路(선전동천로): 토끼벼리. 石峴城 鎭南門엣서 동쪽의 오정산과 영강이 만나 단애면을 이루는 산 경사면에 개설된 遷道를 가리키는 듯. 다른 이름으로 兎遷, 串甲遷, 兎棧, 棧道로도 불린다. 경상북도 聞慶(문경시 마성면 신현리) 남쪽의 龍沼 부근 설치된 험한 길이다. 棧道란 험한 벼랑에 나무를 선반처럼 내매어 만든 나무사다리 길을 말한다. 그런데 이곳은 遷道의 기능이 강한데, 하천변의 절벽을 파내고 만든 벼랑길을 뜻하는지라, 이 길은 강가의 벼랑을 이루는 절벽을 깎아낸 길과, 나무 등을 이용해서 만든 길이 복합적으로 연결되어 있다. 영강 수면으로부터 10~20m 위의 석회암 절벽을 깎아서 만든 총연장 2㎞를 조금 넘는 잔도이다.

49) 不救: 누락.

12월 정해삭

12월 1일。맑음。

날이 저물어서야 노곡(蘆谷)의 주인집에 이르러 머물러 묵었다. 고갯길이 얼음과 눈으로 뒤덮여서 열 걸음을 가면 아홉 번은 자빠지니, 비록 안장 지운 말이 있다고는 하나 타고 갈 수가 없어 더욱 염려스러웠다.

十二月小 丁亥朔 一日。晴。

日晩，到蘆谷主人家，留宿。峴路永雪埋覆，十步九僵，雖有鞍馬，不得乘行，尤可慮[1]也。

12월 2일。맑음。

새벽녘 길을 떠나 복천사(福泉寺)에 어머니가 계신 곳으로 들어갔는데, 저물녘에야 비로소 임시거처에 다다라서 모두가 평안함을 알고 매우 위안되었다.

듣건대 의병이 한밤중에 상주성(尙州城)을 습격하여 왜적 1명의 머리를 베고 말 4필을 획득하였다고 하였다.

二日。晴。

曉發，入歸福泉寺慈氏所，冒昏始達寓，聞[2]皆平安，極慰極慰。聞義

---

1) 慮：悶．
2) 聞：中．

卒夜擊州城, 斬一級, 得馬四疋云。

12월 3일。흐림。

내일은 곧 아버지의 제삿날이라서 종일토록 집에만 있었다.

三日。陰。

明日, 乃先君[3]諱辰[4], 終日齋居。

12월 4일。눈。

새벽에 일어나 지방(紙牓)을 설치하고 약소하게나마 전례(奠禮)를 드렸다. 제삿날을 당하여 길이 사모하는 슬픔은 평소에도 감당하지 못한 것이었거늘, 하물며 지금 나라는 망하고 가족들은 뿔뿔이 흩어져 바위투성이의 골짜기를 여기저기 떠돌아다니고 있으니 비통한 심정을 어찌 말로 죄다 비유할 수 있겠는가?

四日。雪。

晨起, 設紙牓, 略行奠禮。此日永慕之痛, 平日之所不堪, 況今國破家亡, 漂迫岩谷, 悲痛之私, 如何盡喩?

12월 5일。맑음。

아침일찍 길을 떠나 속리산(俗離山)의 대찰(大刹: 법주사)로 들어갔는데, 잠깐 사담(沙潭: 金弘敏) 어른을 뵙고 한밤중에 당교(唐橋)를 습격하는 일을 비밀리 의논하였다.

---

3) 先君(선군): 趙光憲(1534~1588)을 가리킴. 본관은 豐壤, 자는 叔度. 아버지는 趙禮이고, 장인은 洪胤崔이다.

4) 諱辰(휘신): 제삿날.

저녁이 되어서 노곡(蘆谷)에 들었는데, 얼어붙은 벼랑길이 미끄러워 여러 차례 자빠졌더니 기운이 매우 고르지 못하였다.

五日。晴。

早發, 入離山大刹, 暫拜沙潭丈, 密議唐橋夜擊事。夕, 投蘆谷, 氷崖路滑, 屢次顚躓, 氣極不調。

12월 6일。흐림。

날씨가 몹시 매서웠다. 근래에 잇따라 매일 음산하고 흐리더니 매서운 추위가 이에 이르러서 길가에 얼어 죽은 자가 즐비하게 있다. 하물며 서북 지방의 땅은 얼어서 처참히 갈라지는 것이 남쪽 지방보다 심하니 행재소(行在所)의 기거(起居)는 차마 말할 수 없을 지경일 것이나, 적들이 길을 아직도 막고 있어서 소식을 들을 길이 없었다. 말과 생각이 이에 미치자 오장이 찢어지는 듯하여 통곡하고 통곡하였다.

전정원(全淨遠: 全湜)이 찾아와서 이야기하다가 그대로 머물러 묵었다. 밤에 눈이 내렸다.

六日。陰。

日候甚冽。近來連日陰晦, 寒冽至此, 道傍凍死者, 比比有之。況西土慘裂, 有甚南方, 行在起處[5], 有不忍言, 而賊路猶梗, 消息無由。言念及玆, 五內如割, 痛哭痛哭。全淨遠來話, 仍留宿。夜下雪。

12월 7일。맑음。

정원(淨遠: 全湜)이 병천(屛川)의 의병 주둔지로 돌아갔고, 채경휴(蔡景休)가 와서 묵었다.

---

5) 起處(기처): 起居. 일정한 곳에서 먹고 자고 하는 따위의 일상적인 생활.

저녁에 경임(景任: 鄭經世)을 보러 도장동(道藏洞)의 임시거처로 갔다
가 어두워지고나서야 되돌아왔다.

七日。晴。

淨源歸屛川陣所, 蔡景休來宿。夕, 往見景任于道藏洞寓次, 冒昏
還來。

12월 8일。맑음。

경휴(景休: 蔡景休)가 돌아갔다.

○ 종경(從卿: 權景虎, 趙竤의 4촌처남) 어른과 함께 함창(咸昌) 가수(假
守: 임시 수령)를 만나러 황령사(黃嶺寺)로 갔는데, 가수가 전염병을 앓고
있어서 서로 만나볼 수가 없었다.

○ 포로가 되었던 여인이 당교(唐橋)의 적진 속으로부터 문서를 가지
고서 석방되어 나왔다. 그 문서에 이르기를, "모든 백성 가운데 토산
물을 공물로 바치려는 곡물 등을 운반하여 바치는 자는 그럭저럭 풀어
주고 더욱 돌보아줄 것이나 따르지 않는 자는 모두 주벌(誅伐)할 것이
니, 이에 대해 회신하는 지면에 조속히 응대하라. 11월 26일 일본군
장수는 조선국의 모든 백성들에게 문서를 내리노라."라고 하였다. 밤
에 눈이 내렸다.

八日。晴。

景休歸。○ 偕從卿丈, 往見咸昌假守于黃嶺〈寺〉, 假守有染疾, 不
得相見。○ 被擄女人, 自唐橋賊陣, 〈持〉文字, 許放而來。其文云: "諸
民百姓等, 土貢[6]之粮米等, 致運上者, 遣免許放, 陪[7]可撫育, 不從之
者, 悉可誅伐, 此返答之紙面, 早可回酬者也。十一月二十六日, 日本

---

6) 土貢(토공): 토산물을 공물로 바치는 것. 조선시대 중앙정부에서 각 지역마다 특산품
   을 지정하여 바치도록 한 제도이다.
7) 陪: 倍.

軍將, 朝鮮國下民百姓中."云云。夜下雪。

12월 9일。 맑음。

매우 추워서 종일토록 문을 닫아걸고 밖에 나서지 않았다.

九日。晴。

極, 終日閉戶, 不得出頭[8]。

12월 10일。 맑음。

종경(從卿: 權景虎, 趙竑의 4촌처남)과 함께 대장(大將: 李逢)을 만나러 병천(屏川)에 갔다가 그대로 머물러 묵었다.

十日。晴。

偕從卿, 往拜大將于屏川, 留宿。

12월 11일。 맑음。

의병 진소(陣所: 주둔지)에 있었다.

十一日。晴。

在陣所。

12월 12일。 맑음。

의병 진소(陣所: 주둔지)에 있었다. 조사갑(趙士甲) 등이 정예병 수십 명을 이끌고 한밤중에 당교(唐橋)를 습격하여 무수하게 사살했는데, 왜적 1명의 머리를 벤 것은 곧 외서족(外庶族) 곽응화(郭應和)가 벤 것이다.

___

8) 出頭(출두): 어떠한 곳에 몸소 나감.

겨울철에 들어선 이래로 병사들은 피곤하고 식량도 떨어졌는데, 비록 큰 승리가 아니라 할지언정 한밤중에 10여 차례 습격하여 살상한 것으로는 매우 많았고 적의 머리를 벤 것만도 합계 50급(級) 가량이 되었다.

十二日。晴。

在陣所。趙士甲等, 率精兵數十, 夜擊于唐橋, 無數射殺, 斬首一級, 乃外庶族郭應和所斬也。入冬以來, 兵疲食盡, 雖不大捷, 而夜斫十餘次, 殺傷甚多, 得馘通許五十級也。

12월 13일。맑음。

진중(陣中)의 일을 상의하려고 대장(大將: 李逢)이 정경임(鄭景任: 鄭經世)을 장항(獐項: 노루목 고개) 도중에서 보기를 요청하여, 나와 전정원(全淨遠: 全湜)이 모두 수행했다가 날이 저물어서야 진소(陣所: 주둔지)로 되돌아왔다.

十三日。晴。

以陣中事[9]相議事, 大將要見鄭景任于獐項[10]道中, 吾與全淨遠, 皆隨之, 日暮還陣所。

12월 14일。맑음。

정경임(鄭景任: 鄭經世)이 진소(陣所: 주둔지)에 왔는데 군량과 병장기 등을 얻기 위한 일을 의논하기 위해서였다.

十四日。晴。

鄭景任來陣所, 爲議軍粮·器械覓得事也。

---

9) 事: 누락.
10) 獐項(장항): 경상북도 상주시 은척면 黃嶺里에 있는 노루목재의 한자어 표기. 풀무골에서 솔안으로 넘어가는 고개이다.

12월 15일。맑음。

도체찰사(都體察使)에게 보고하는 공문을 다듬었다. 체찰상사(體察上使)는 정철(鄭澈)이고 부사(副使)는 김찬(金鑽: 金瓚의 오기)이다. 정공(鄭公: 정철)이 한 시대의 원로로 귀양살이 하는 도중에서 풀려나와 양호(兩湖: 충청도와 전라도)의 일을 주재하러 가니 그 임무야말로 크다. 그런데 임지에 부임한 이래로 날마다 주색에 빠지는 것을 일삼고서 전혀임무를 보지 않는다고 하니 개탄스러웠다.

○ 상의군(尙義軍: 상주에서 기병한 金覺 휘하의 의병)의 좌막(佐幕: 참모) 김홍경(金弘慶)이 관문(關文: 공문서)을 가지고 왔는데, 대개 가까운 곳에 있는 관군과 의병을 합하여 감문(甘文)의 적을 공격하려고 도모하기 위해서였다. 공문서에 '큰 멧돼지가 뛰쳐나오듯 오랑캐가 침범한 때를 당하여, 끈에 묶인 닭들이 동시에 홰대에 올라갈 수 없는 근심으로 고통이다.'는 말 등이 있었는데, 말이 순리에 맞고 조리가 곧은데다 문장 또한 훌륭하였다. 그 문서는 숙평(叔平: 李埈)의 손에서 나왔다고 하였다. 이러한 논의가 만약 이루어진다면 기필코 능히 크게 이길 것임은 의심의 여지가 없었다.

十五日。晴。

修報都體察前文狀[11]。體察上使鄭相澈也, 副使金鑽[12]也。鄭公, 以

---

11) 體察前文狀: 누락.

12) 金鑽(김찬): 金瓚(1543~1599)의 오기. 본관은 安東, 자는 叔珍, 호는 訥菴. 1573년 평안 삼도사로 나가 軍籍을 정리했으며, 다음 해에는 평안도 순무어사로 활약하였다. 1584년 이후로는 典翰·直提學·승지·좌참찬·동지중추부사·대사헌·대사간·대사성·경기도관찰사 등을 역임하였다. 1592년 임진왜란이 일어났을 때 임금의 파천을 반대했으며, 임금 일행이 개경에 이르자 東人 李山海의 실책을 탄핵해 영의정에서 파직시키고, 백성들의 원성을 샀던 金公諒을 공격하는 데 앞장섰다. 뒤에 鄭澈 밑에서 體察副使를 역임하고, 兩湖調度使로 전쟁 물자를 지원했으며, 接伴使로서 명나라와의 외교를 담당하였다. 또, 일본과 강화 회담을 벌일 때 李德馨과 함께 공을 세웠다. 1597년 정유재란 때부터 예조판서·지의금부사·대사헌·이조판서를 지냈고 지돈녕부사를 거쳐 우참찬까지 승진하였다.

一代元老, 起自竄謫之中, 來主兩湖之事, 其任大矣。到界以後, 日事
沉湎[13], 全不治事云, 可歎。○ 尙義幕佐[14]金弘慶[15], 持關來到, 盖爲
合近處官義兵, 謀擊甘文[16]之賊故也。書中, 有'當封豕[17]隳突之日, 痛
連鷄不栖[18]之患'等語, 辭順理直, 而措語亦工。其文出自叔平手云。此
議若成, 必能大捷, 無疑矣。

12월 16일。맑음。

대장(大將: 李逢)의 명으로 상의군(尙義軍: 상주에서 기병한 金覺 휘하의 의
병)의 공문을 가지고 문경 현감(聞慶縣監: 尹浩然인 듯)을 만나러 궁지(宮
址: 농암면 궁기리)로 갔더니, 이 문경 현감은 병사의 수가 적다며 사양
하고 기꺼이 따르려 하지 않아서 한스러웠다.

十六日。晴。

以大將命, 持尙義軍關子, 往見聞慶倅[19]于宮址[20], 則右倅辭以兵
單, 不肯聽從, 可恨。

---

13) 沉湎(침면): (주색 따위에) 빠짐. 탐닉함.
14) 幕佐(막좌): 佐幕. 참모.
15) 金弘慶(김홍경, 1567~?): 본관은 金山, 자는 吉伯. 상주 출신이다. 1615년 식년시에
    급제하였다.
16) 甘文(감문): 경상북도 金陵君 감문면과 開寧面 지역에 걸친 고을.
17) 封豕(봉시): 큰 멧돼지. 성질이 포악하고 탐욕스러운 사람들을 비유하는 말로 쓰이기
    도 한다.
18) 連鷄不栖(연계불서): 전국시대에 秦孝公이 행동 통일을 기하지 못하는 제후들을 비유
    하면서, '끈에 묶인 닭들이 동시에 횃대에 올라갈 수 없는 것과 같다.(猶連鷄之不能俱
    上於棲。)'고 표현한 고사에서 나오는 말. 지휘계통이 확립되지 않아 군사 작전이 일사
    분란하게 전개되지 못하고 지리멸렬하게 된 상태를 형용한 말이다.
19) 聞慶倅(문경쉬): 문경문화원에 문의한 결과, 선생안에 申吉元 다음으로 尹浩然
    (1553~?)이 부임하였다고 함. 본관은 漆原, 자는 景直. 1588년 생원시에 급제하였다.
    聞慶縣監과 永平縣令을 지냈으며, 鄭琢 등과 교유하였던 인물이다.
20) 宮址(궁지): 경상북도 문경시 농암면 궁기리.

12월 17일。맑음。

궁지(宮址: 농암면 궁기리)에서 병천(屛川)으로 되돌아와 대장(大將: 李逢)을 뵈었다. 군량을 구하기 위하는 일 때문에 전정원(全淨遠: 全湜)은 격문을 가지고 경상좌도의 서원(書院)과 마을 여러 곳에 들어갔으며, 정경임(鄭景任: 鄭經世)은 도(道) 및 여러 고을의 곳곳을 살피려 호서(湖西)를 향해 출발하자 이수기(李守基)와 권흡(權潝)이 따라 갔다.

十七日。晴。

自宮址, 還拜大將于屛川。以覓得軍粮事, 全淨遠持檄文, 入歸左道書院及閭里諸處, 鄭景任發向湖西, 體察道及列邑諸處, 李守基·〈權〉潝[21]陪歸。

12월 18일。맑음。

상의군(尙義軍: 상주에서 기병한 金覺 휘하의 의병)의 의병장이 내일 보은(報恩)의 마래리(馬來里: 馬老面 世中里)에서 여러 의병진과 회동하자고 하여 관군과 의병진이 합세하는 일을 함께 의논하기로 되어 있었는데, 대장(大將: 李逢)이 마침 몸이 편찮아서 나를 대신 보내어 날이 저물어서야 길을 떠나게 되어 저녁에 적암촌(炙岩村: 赤岩里)에 묵었다.

○ 김득종(金得宗)이 순영(巡營: 관찰사가 일을 보던 관아)에서 돌아왔는데, 전죽(箭竹: 화살대) 1,000개와 세목(細木: 올이 가는 무명) 20필을 구해왔다.

十八日。晴。

尙義軍將, 以來日會諸陣于報恩馬來里[22], 同議合勢事, 大將適氣不

---

21) 權潝(권흡, 1574~?): 본관은 安東, 자는 子源, 호는 三養. 거주지는 안동이었다. 《火旺入城同苦錄》에 나온다.

22) 馬來里(마래리): 충청북도 보은군 馬老面 世中里인 듯. 본래 역마를 먹이던 곳으로 역마 도는 마루라 불렀다고 한다.

平, 以吾代送, 故日晚發行, 夕宿炙岩村[23]。○ 金得宗, 還自巡營, 得箭竹千介·細木二十疋而來。

12월 19일。

아침 일찍 길을 떠나 아침밥을 구덕용(具德容)의 정사(亭舍: 일종의 별장)인 고봉(孤峯)에서 먹었는데, 정경임(鄭景任)이 어제 저녁에 이 정사에 와서 묵고는 그때까지도 길을 떠나지 않고 있어서 잠시 이야기를 나누었다. 조전장(助戰將) 선의문(宣義問)도 또한 이곳에 진(陣)을 머무르고 있어 밥을 지어 보내왔다. 저물녘에 조전장과 함께 마래리(馬來里: 馬老面 世中里)로 달려가니, 여러 의병진의 우두머리들이 모두 회동하여 약속을 정하였다. 상주 목사(尙州牧使) 김해(金澥), 충보군(忠報軍) 김홍민(金弘敏){대신 소모관(召募官) 조익(趙翊)이 참석}, 선산 부사(善山府使) 정경달(丁景達), 조방장(助防將) 선의문(宣義問), 상주 판관(尙州判官) 정기룡(鄭起龍), 상의장(尙義將) 김각(金覺), 보은 현감(報恩縣監) 구유근(具惟謹), 창의장(昌義將) 이봉(李逢){대신 좌막(佐幕) 조정(趙靖)이 참석}, 충의장(忠義將) 이명백(李命百), 숭의장(崇義將) 노경임(盧景任) 등 이상의 9진(陣)을 좌위(左衛)로 삼았고, 정기룡·선의문·구유근은 장수로 삼아 배속시켰다. 조방장(助防將) 영의장(永義將) 영동 현감(永同縣監) 한명윤(韓明胤), 황의장(黃義將) 박이룡(朴以龍), 회의장(懷義將) 강절(姜節), 청의장(青義將) 남충원(南忠元), 진잠 현감(鎭岑縣監) 변호겸(邊好謙), 회덕 현감(懷德縣監) 남경성(南景誠), 황간 현감(黃澗縣監) 박몽열(朴夢說) 등 이상의 7진(陣)을 우위(右衛)로 삼았고, 남경성·박몽열은 장수로 삼아 배속시켰

---

23) 炙岩村(적암촌): 충청북도 보은군 馬老面의 赤岩里인 듯. 마로면의 동북쪽에 위치하며 동쪽은 경북, 서쪽은 葛坪里, 남쪽은 壬谷里, 북쪽은 內俗離面에 접하여 있다. 본래 보은군 炭釜面의 지역으로서 赤岩이라 하였다고 한다.

다. 이번 달 25일에 하도(下道: 경상도) 의병장 김면(金沔)과 합세하여 감
문(甘文)·선산(善山) 두 고을에 있는 적을 공격하기로 도모하였다.

이 일은 상의장(尙義將)이 영의장 한명윤과 의론을 주장하여 행하게
된 것이다. 한공(韓公: 한명윤)은 왜변이 일어난 초기부터 온 힘을 다하
여 적을 토벌하고 사졸(士卒)들과 함께 고락을 같이하였는데, 이 때문
에 많은 부하들이 기꺼이 달려가서 부모처럼 떠받들었다. 조정에서
특별히 통정대부(通政大夫)에 가자(加資)했다고 하였다.

○ 오늘 종일토록 눈이 내려서 모든 사람들이 각기 흩어졌고 나는
비중(棐仲: 검간의 동생 趙翊)과 함께 시골집에 묵었다.

十九日。

早發, 朝飯于孤峯[24]具德容亭舍, 則鄭景任昨夕來宿此亭, 時未發
行, 仍暫打話。助戰將宣義問[25], 亦方留陣此地, 炊飯以饋。向晚, 偕助
戰將, 馳赴馬來里, 諸陣帥俱會約束。曰尙州牧使金澥, 曰忠報軍金弘
敏, 代以召募官趙翊, 曰善山府使丁景達[26], 曰助戰將宣義文, 曰尙州
判官鄭起龍, 曰尙義將金覺, 曰報恩縣監具惟謹, 曰昌義將李逢, 代以
左幕趙靖, 曰忠義將李命百[27], 曰崇義將盧景任[28], 以右九陣, 爲左衛,

---

24) 孤峯(고봉): 충청북도 보은군 마로면 관기리에 있는 정사. 趙翊의《可畦先生文集》권1
〈避寇錄〉의 詩를 보면 具德容의 別業으로 소개되어 있다.

25) 宣義問(선의문, 1548~?): 본관은 寶城, 자는 汝晦. 1585년 식년시 무과에 급제하고,
대구도호부사를 역임하였다. 임진왜란 때 의병장 崔慶會의 副將으로 활약하였다.

26) 丁景達(정경달, 1542~1602): 본관은 靈光, 자는 而晦, 호는 盤谷. 1592년 임진왜란이
일어나자 선산군수로서 의병을 모으고 관찰사 金誠一, 병마절도사 曺大坤과 함께 奇略
을 써서 적을 金烏山 아래에서 대파하였다. 1594년에는 당시 수군통제사 李舜臣의
啓請으로 그의 從事官이 되었다.

27) 李命百(이명백, 생몰년 미상): 본관 加平, 호는 한포재. 趙憲의 門人이다. 1592년 임진
왜란 때 보은에서 왜적을 방어하다 赤巖에서 전사하였다.

28) 盧景任(노경임, 1569~1620): 본관은 安康, 자는 弘仲, 호는 敬菴. 1592년 임진왜란이
일어나자 고향에 돌아와서 의병을 모집하여 왜군에 대항하였다. 1594년 사헌부지평이
되었고, 그 뒤 예조좌랑·江原道巡按御使가 되어 삼척부사 洪仁傑의 비행을 적발, 보고
하였다. 그 뒤 다시 지평을 거쳐 예조정랑이 되었고, 體察使 李元翼의 종사관이 되어
三南地方을 순찰하면서 임기응변으로 일을 잘 처리하여 그의 신임을 얻었으며, 1597

以鄭起龍·宣義問·具惟謹, 爲將以屬之。曰助防將永義將永同縣監韓
明胤²⁹⁾, 曰黃義將朴以龍³⁰⁾, 懷義將姜節³¹⁾, 曰靑義將南忠元³²⁾, 曰鎭岑
縣監邊好謙³³⁾, 曰懷德縣監南景誠³⁴⁾, 曰黃澗縣監朴夢說³⁵⁾, 以右七陣
爲右衛, 以南景誠◇³⁶⁾·朴夢說, 爲將以屬之將。以今月二十五日, 與
下道義兵將金沔合勢, 謀擊甘文·善山兩邑之賊。此事尙義軍, 與永義

년 이원익의 지시를 받고 올린 전쟁 상황의 상세한 보고로 선조의 신임을 얻어 교리로
임명되었다.

29) 韓明胤(한명윤, 1542~1593): 본관은 淸州, 자는 晦叔. 1590년 영동현감으로 부임하여
치적을 올렸다. 1592년 임진왜란이 일어나자 영동에서 의병을 모아 용전하여 조정에
서는 그 충성스럽고 용감성을 가상히 여겨 품계를 올려 주고 助防將을 겸하게 하였다.
1593년 상주목사로 防禦使를 겸임하고, 같은 해 10월에 전사하였다.

30) 朴以龍(박이룡, 1533~1593): 본관은 忠州, 자는 施允, 호는 鶴村. 1577년 문과에 급제
하고 이조좌랑에 올랐다. 1590년 海西 고을의 수령이 되었지만 軍服에 관한 비위 사건
에 연좌되었다가 1592년 임진왜란을 맞아 누명을 씻기 위해 그 길로 고향인 황간으로
내려와 친척과 동리 장정 500여 명을 모아 의병을 일으켰다. 1592년 8월 군사를 이끌
고 특히 횡포가 심한 왜적을 찾아 金山으로 와 賀老에 진을 치고서 영동의 의병대장
韓明胤, 상주목사 金澥, 訓鍊 鄭起龍 등 군대의 도움을 받아 세 차례나 공방전을 편
끝에 적을 물리쳤다. 10월 초에는 지례 전투에 참가하여 1,500명의 적을 창고에 가둔
채 불살라 적을 몰살하였다. 1593년 1월 처음으로 왜적과 싸웠던 부상고개에서 또
전투가 벌어졌다. 이 싸움에서 박이룡은 적의 화살에 맞아 중상을 입고 말에서 떨어지
고 말았다. 적군에게 잡힐 순간 한명윤 대장과 姜節 대장의 도움으로 죽음을 면하고
하로 본진으로 돌아와 치료를 받았다.

31) 姜節(강절, 1542~?): 본관은 晉州, 자는 和仲, 懷德 출신이다. 1576년 식년시에 급제하
였다. 군자감정, 贊儀, 종부시정 등을 역임하였다.

32) 南忠元(남충원, 생몰년 미상): 본관은 固城. 감찰을 역임하고, 1597년 정유재란 때
청양 현감으로 있으면서 왜적에게 잡혀 포로가 되어 일본에 끌려갔다가 1601년 방환되
었다.

33) 邊好謙(변호겸, 생몰년 미상): 본관은 原州. 장인은 李昌亨이다. 봉산군수를 역임하
였다.

34) 南景誠(남경성, 1558~?): 본관은 宜寧, 永同 출신이다. 1584년 별시 무과에 급제하였
다. 1592년 임진왜란 때 영동 현감 韓明胤을 따라 적을 토벌하였다.

35) 朴夢說(박몽열, 1542~1593): 본관은 蔚山, 자는 汝賁. 거주지는 洪州이다. 1583년
별시에 급제하였다. 1592년 임진왜란이 일어나서 황간현감 朴夢說이 1593년 晋州城
전투에서 패하고 한 사람도 살아오지 못하였으므로 縣을 폐하여 청산현에 편입시켰다
가 1621년에 다시 황간현으로 복귀되었다.

36) 曰.

將韓明胤, 主議以爲之也。韓公, 自變初, 戮力討賊, 與士卒同苦, 以此群下樂赴, 爱戴如父母。朝廷特加通政云。○ 是日終夕下雪, 諸人各散, 而吾與裴仲, 仍宿村家。

12월 20일。눈。

비중(裴仲: 검간의 동생 趙翊)과 함께 해질 무렵에 길을 떠나 곧장 속리산에 도착하여 어머니를 뵙고 아울러 충보 대장(忠報大將: 金弘敏)을 찾아뵈었다. 이 어른은 역질(疫疾: 전염병)로 아들 김탁(金琢)을 새로 장사지내며 과도하게 슬퍼하여 초췌해지니 염려스러웠다.

二十日。雪。

偕裴仲晚發, 直到俗離, 省覲慈氏, 兼拜忠報大將。右丈, 以疫疾, 新喪胤子琢, 哀悴過度, 可慮。

12월 21일。맑음。

속리산(俗離山)에 머물렀다.

二十一日。晴。

留俗離。

12월 22일。맑음。

오후에 길을 떠나 저물녘이 되어서야 용화사(龍華寺)에 묵었는데, 하경협(河景浹) 어른과 홍백인(洪伯仁)·홍경인(洪景仁)이 같이 잤다.

二十二日。晴。

午後發行, 暮宿龍華寺, 與河丈景浹, 洪伯仁·景仁, 同枕。

12월 23일。 맑음。

낮에서야 장암(藏岩)에 도착하여 통진(通津) 노대하(盧大河)를 찾아가
만나보고 겸하여 장리(長利)를 놓고 주는 곡식을 구했는데, 어머니가
계신 곳으로 보내기 위해서였다.

○ 저녁이 되어 병천(屏川)에 들어 대장(大將: 李逢)에게 합세하기로
약속한 사실을 보고하였는데, 단지 군량이 바닥났을 뿐만 아니라 군
졸도 또한 사방으로 흩어져 있어 갑자기 25일 감문(甘文)에 모이게 동
원할 조치를 하기가 어렵다고 말했다.

二十三日。晴。

午, 到藏岩, 歷見盧通津大海, 兼求殖租, 〈爲〉送慈氏所故也。○
夕, 投屏川, 告大將以合勢約束之〈事, 則〉非但粮乏, 軍卒亦[37]四散,
難於猝聚廿五甘文之擧勢及措云。

12월 24일。 맑음。

순상(巡相: 순찰사)이 함창(咸昌)·문경(聞慶) 두 고을의 보고를 듣고서
의병진에 전령을 내려 의병에 소속된 관군(官軍)들을 모두 풀어 돌려보
내도록 하라고 하였다. 이 군졸들이 침해를 받게 되면 장차 모두 흩어
지리니 매우 염려스러웠다.

二十四日。晴。

巡相, 因咸昌·聞慶兩邑之報, 傳令義陣, 義兵所屬官軍, 盡令解送
云。以此軍卒被侵, 將至盡散, 深可慮也。

---

37) 亦: 누락.

12월 25일. 맑음.

관찰사에게 보고하는 초안을 다듬고 아울러 군공안(軍功案)을 기록하였는데, 내가 장차 내일 순영(巡營: 관찰사가 일을 보던 관아)에 가려하기 때문이다.

○ 의병 김계남(金繼男)이 군관(軍官)으로 칭탁하고 나가 도적의 산막(山幕)을 차렸는데, 사람들에게 피소되어 신문해 실정을 알아내고는 즉시 형벌을 집행하였다.

二十五日。晴。

修報使草, 兼書軍功案, 以吾將以明日赴巡營故也。○ 義兵金繼男, 托稱軍官, 作賊山幕, 爲人所訴, 訊問得情, 卽日行刑。

12월 26일. 맑음.

오후에 대장에게 찾아 뵙고 하직인사를 하고나서 저녁이 되어 노곡(蘆谷)에 묵었는데, 비장(裨將) 권수(權綏)가 수행하였고 신추백(申樞伯: 申景斗)도 개인적인 이유로 동행하였다가 돌아갔다.

이번 왜적의 머리 4급(級)을 가지고 가는 길에 데려가는 곽응화(郭應和)·이석수(李石守)는 모두 군공(軍功)이 있는 자들이다.

二十六日。晴。

午後, 拜辭大將, 夕宿蘆谷, 裨將權綏隨行, 申樞伯亦以其私故, 同行而[38]歸。今行所齎賊首四級, 帶行郭應和·李石守, 皆有軍功者也。

12월 27일. 맑음.

일찍 길을 떠나 어두워지고 나서야 중모천(中牟川)의 하촌(下村)에 들

---

38) 而: 누락.

어서 신경지(申景智)의 집에 묵었다. 권경일(權景逸)이 밤사이에 곽란(霍亂: 토하고 설사하는 병)을 일으켜 기운이 매우 불편하니 염려스러웠다.

二十七日。晴。

早發冒昏, 投中牟川[39]下村, 宿申景智家。權景逸, 自夜間得霍亂, 氣極不平, 可慮。

---

39) 中牟川(중모천): 경상북도 尙州 白華山에 흐르는 하천. 주변에 黃喜를 제향하는 玉洞書院이 있다.

찾아보기

역주자 신해진(申海鎭)

경북 의성 출생
고려대학교 국어국문학과 및 동대학원 석·박사과정 졸업(문학박사)
전남대학교 제23회 용봉학술상(2019)
전남대학교 제25회 용봉학술특별상(2021)
현재 전남대학교 인문대학 국어국문학과 교수

저역서 『가휴 진사일기』(보고사, 2021)
『성재 용사실기』(보고사, 2021), 『지헌 임진일록』(보고사, 2021)
『양대박 창의 종군일기』(보고사, 2021), 『선양정 진사일기』(보고사, 2020)
『북천일록』(보고사, 2020), 『쇄일록』(보고사, 2020), 『토역일기』(보고사, 2020)
『후금 요양성 정탐서』(보고사, 2020), 『북행일기』(보고사, 2020)
『심행일기』(보고사, 2020), 『요해단충록 (1)~(8)』(보고사, 2019, 2020)
『무요부초건주이추왕고소략』(역락, 2018), 『건주기정도기』(보고사, 2017)
이외 다수의 저역서와 논문

검간 임진일기 黔澗 壬辰日記

2021년 8월 31일 초판 1쇄 펴냄
2022년 2월 25일 초판 2쇄 펴냄

지은이 조정
역주자 신해진
펴낸이 김흥국
펴낸곳 도서출판 보고사

책임편집 이경민
표지디자인 손정자

등록 1990년 12월 13일 제6-0429호
주소 경기도 파주시 회동길 337-15 보고사 2층
전화 031-955-9797(대표)
　　　 02-922-5120~1(편집), 02-922-2246(영업)
팩스 02-922-6990
메일 kanapub3@naver.com/bogosabooks@naver.com
http://www.bogosabooks.co.kr

ISBN 979-11-6587-220-5　93910
ⓒ 신해진, 2021

정가 25,000원